国学素养一百篇

GUOXUESUYANG YIBAIPIAN

李育书　苟东锋　编著

上海辞书出版社

图书在版编目(CIP)数据

国学素养一百篇 / 李育书，荀东锋编著．—上海：上海辞书出版社，2017．4（2024．1重印）
ISBN 978 - 7 - 5326 - 4694 - 4

Ⅰ．①国…　Ⅱ．①李…　②荀…　Ⅲ．①国学—通俗读物　Ⅳ．①Z126 - 49

中国版本图书馆 CIP 数据核字(2016)第 143956 号

国学素养一百篇
李育书　荀东锋　编著
责任编辑/吴　慧　王　媛　封面设计/杨钟玮

上海世纪出版股份有限公司
上海辞书出版社出版
200040　上海市陕西北路 457 号　www.cishu.com.cn
上海世纪出版股份有限公司发行中心发行
200001　上海市福建中路 193 号　www.ewen.co
合肥市广源印务有限公司

开本 787 毫米×1092 毫米　1/16　印张 20　字数 370 000
2017 年 4 月第 1 版　2024 年 1 月第 3 次印刷

ISBN 978 - 7 - 5326 - 4694 - 4/B・298
定价：56.00 元

目录

序言

谢遐龄

国学，在阅读和领会古籍的意义上，大略指古典学。然而前辈强调践履，又不同于西方的古典学。简捷明快的说法是：国学是传统学；研习国学意在弘扬传统，促使中华民族实现文明自觉。

文明不同于文化。文明指诸种文化要素汇聚整合而成的系统性整体，文明是多元的。当今世界有基督教文明、东正教文明、伊斯兰文明、远东文明（主体是中华文明，日本文明可看作远东文明支派）、印度-巴基斯坦次大陆文明。过去流行文明一元论，因而有"西方先进、中国落后"之说。依文明多元论，西方文明、中国文明乃是相互平行的异质文明，不可比较孰先进、孰落后；可比较的是某些共有的文化及其要素——比如机械制造、服装设计等。可见，"西方先进、中国落后"乃是荒漫无据之说。

有必要重新审视中华文明史。文明多元论在21世纪初进入我国主流思想。消化须经时间；知识更新是必要的，更重要的是模型更新。过去论及文明，一般论者开口就是"古今中西"；所论现代化，往往等同于西方化。持文明一元论不免如此，其观史依据的是两文明模型。更新为文明多元论，须加入苏俄文明一支。中华文明为干流，西方文明、苏俄文明为两大支流——这样一个三文明模型。中华民族的现代化，既不是进步到西方去，也不是进步到苏俄去，而是依着自身的传统，与汇入的支流文明磨合相融，探索前行；还要寻求与世界各文明和平共存之道。

何谓传统？

传统是文明的灵魂，也是人们的文化存在体。传统是活的，活在民众日常生活中；传统是活的，这就意味着其精神贯通古今基本不变、其形态与时俱进适时更新；传统是活的，这就意味着它在民众日常生活中自然而然地传承着，因而不可能被割断，无须刻意讲继承。

每个中华民族成员在社会化过程中不知不觉地成为传统载体。传统活在每一个中华民族成员的文化存在中，化为其文化存在体。

每个人都是传统的载体，传统在每个人的文化存在中。德者，得也；德性是人们自身的存在。在这意义上，修德要反观自身文化存在——王阳明倡导的"致良知"包含了这层意思。

作为个人，人们一般不可能完满体现传统。生活着的民众作为传统载体，是就整体而言。单个人总是不完全的。充实、完满自身，途径之一就是阅读古籍——阅读古人对传统领会的记录。

振兴中华民族前提是振作精神，振作精神须弘扬传统，弘扬传统须民众广泛投入。传统作为客观精神存在于意义世界中。传统活着，但也会有晦暗不明的时期，须有众多个体领会、践履传统，充实、完满、澄明良知，方能汇合为光显传统于天下的宏大潮流。阅读古籍是弘扬传统必不可少的环节。

本书是传布国学的入门书。两位编者，李育书、荀东锋，业精德淳，志在弘扬中华文明传统，推进文明自觉。本书体例严整，选材颇费心思，透出编者兼容并包之意。选材广搜博引，以百篇之微，显国学全貌，覆盖先民生活各个方面。每篇引文短小精当，作简单注解，附参考用白话译文，而后解读。解读部分最见精彩，推陈出新，具显编者深厚功力和对当今生存状况的沉思。古籍经过历史的锤炼，字字珠玑，习读时宜效仿前贤，反复涵咏。虽然读者不必也不会全部采纳编者的解读，但其品咂选文义蕴的学风是必须推崇的。如此入门，今后研习国学当有实在的收获。

倡国学并非排斥西学。就浅层次言，西学是现实，且极强势。国家义务教育中规定的汉语语法，乃模仿西语语法制定，削汉语之足，适西语之履，乃世界观西化之利器，更无论数理化教学推进西方思维方式。就深层次言，即使国学内部自古也存在分歧，甚至对立。墨家"兼爱"说并不否定孝亲，只是主张"爱无差等，施由亲始"。孟子洞悉其意在"无父"，斥为禽兽。宋儒回应佛教思想，创"民胞物与"说，看似向墨家靠拢，实则仍持亲亲为大。今日佛典亦成古典，同属国学乎？20世纪90年代初，本人与王雷泉大德在复旦大学同倡国学，王教授讲授《坛经》，我讲授《论语》。焉知数百年后，今日西学中的若干典籍不会汇入中华文明列为国学要典？耶教博爱说，主张以爱上帝汝主、爱信上帝的教众为第一义，父母兄弟不信神则为敌人，甚于墨家远矣。此教义经由西方文明、苏俄文明广布中华大地，与孝道冲突，家庭纲纪残破，社会基础受损；现今虽在磨合中寻求家庭与社会稳定，却一时难见结局。进一步研究、试行，重建家庭、社会伦理，是时代交托的使命。重建必须立足传统，然而不可忽视外来文明强势进入并稳固存在之现实，也是十分明白的常识。

倡国学意在启迪文明自觉。传统是活的，也就是说，即使在西方基督教文明和东正教苏俄文明两个支派汇入并强势影响下，中华文明仍然有内在不变的主干。这是中国人之所以是中国人、中华民族之所以是中华民族之根据。文明自觉有两层主要意思：一是要领会自身的文化存在，二是要看清当今中华文明之现实——三文明之源流、干支关系。从而可能在三个文明相互冲突及磨合相融中发挥创造性，成就中华文明顺利发展。

当今世界同样处于诸多文明相互冲突、磨合、融和的过程中，中华文明将对全球化提供独有贡献。全球化由科技和经济的发展推动，本质是诸文明相互作用并融汇趋于一体。文明之间的冲突不可避免。缓解这种冲突带来的痛苦，指导磨合，引向融和，要靠好的思想、好的哲学，中华民族的古老智慧能为人类全球化提供好的指导思想。

致中和，天地位焉，万物育焉。

万物并育而不相害，道并行而不相悖。

比较其他文明强制推行自己主张的态度，中华思想何等高明！

中华民族已经向人类提供自己的思想，还要以自己的践履向其他文明提供榜样。

国学，期待中华文明伟大再现。

内圣编

一、为 学

【题解】

中国传统文化中的“内圣之学”大致有两部分，用《中庸》的话来说，即“道问学”与“尊德性”，在“道问学”中，对于“学”本身的研讨又是一个基本问题。大体而言，儒家相信“学以致其道”，道家则主张“为学”有碍于“为道”，不过，在表面相反的背后，两家的为学思想也有一定的相通之处。此外，在儒家内部，关于如何由学而悟道也有分歧。

1. 学以致其道

【原文】

1 子曰：“学而时[1]习[2]之，不亦说[3]乎？有朋自远方来，不亦乐乎？人不知[4]而不愠，不亦君子乎？”

出处：《论语・学而》

2 子曰：“学而不思则罔[5]；思而不学则殆[6]。”

出处：《论语・为政》

3 子曰：“十室之邑[7]，必有忠信如丘者焉，不如丘之好学也。”

出处：《论语・公冶长》

4 子曰：“知之为知之，不知为不知，是知也。”

出处：《论语・为政》

5 子曰：“吾有知乎哉？无知也。有鄙夫[8]问于我，空空如也。我叩[9]其两端而竭焉。”

出处：《论语・子罕》

⑥ 子夏曰："百工居肆[10]以成其事，君子学以致其道。"

出处：《论语·子张》

【简注】

(1) 时：在一定的时候。
(2) 习：实习。
(3) 说：通"悦"。
(4) 知：理解。
(5) 罔：诬罔的意思。
(6) 殆：疑惑。
(7) 邑：泛指一般城镇。
(8) 鄙夫：粗人。
(9) 叩：叩问。
(10) 肆：作坊。

【今译】

孔子说："学了，然后在一定的时候去实习它，不也很高兴吗？志同道合的朋友从远方来，不也很快乐吗？人家不理解我，我不怨恨，不也是君子吗？"

孔子说："只是学习，而不去思考，就容易受骗；只是空想，而不去学习，心中的疑惑就难以去除。"

孔子说："即使只有十户人家居住的小地方，也一定会找到像我这样又忠心又诚实的人，只是找不到像我这样好学的罢了。"

孔子说："知就是知，不知就是不知，其实这也是一种知。"

孔子说："我有知识吗？没有啊。有个粗人问我，我对他谈的问题本来一点也不知道。于是我就去叩问事情的原委，最后问题就搞清楚了。"

子夏说："各行各业的工匠在作坊内完成自己分内的工作，君子则通过学习来通达道。"

【解读】

古往今来，孔子获得过各种各样的称谓，但是他自己承认的，恐怕只有"学者"二字。《论语》中记载，叶公向子路打听孔子是怎样一个人，子路不知怎么回应，孔子后来说，你怎么不这样告诉他："其为人也，发愤忘食，乐以忘忧，不知老之将至云尔。"(《论语·述而》)《论语》是孔门后学编的，第一句就是"学而时习之，不亦说乎？"将学放在这么重要的位置，说明孔门中人对孔子的深刻印象，且在他们看来，学并不是一件苦差事，孔子就是个快乐的学者！学者以好学为第一品性，孔子自信就是这样的人，他说："十室之邑，必有忠信如丘者焉，不如丘之好学也。"到了晚年，孔子总结自己的一生，也以这样一句作为开头："吾十有五而志于学。"(《论语·为政》)可见学对于孔子的重要性。

学为什么这么重要呢？孔子晚年的得意门生子夏一语道出玄机："百工居肆以成其事，君子学以致其道。"君子的本职是在学习中求道，就像工匠的本分是在作坊中完成作品一样。所以，学习的目的是求道，而求道在古人看来具有终极的意味。孔子认为君子有四项重要任务，第一项就是"志于道"(《论语·述而》)，他甚至这样形容道对于人的根本意义："朝闻道，夕死可矣。"(《论语·里仁》)

不过，为什么通过学就可以把握道呢？这涉及儒家对于道的理解。在孔子看来，道就是中道。《论语》中有一条古老的文献，内容为尧对舜的告诫，其中关键的一句叫"允执其中"(《论语·尧曰》)，就是诚恳地秉执中正之道。中道即以中为用的原则，所以又叫"中庸"。孔子认为中庸是至高之德，但是一般人由于不知道学习的重要性，所以很难把握这个原则，所谓"中庸之为德也，其至矣乎，民鲜久矣"(《论语·雍也》)为什么学习就可以通向中道呢？可以透过这段话来理解："好仁不好学，其蔽也愚；好知不好学，其蔽也荡；好信不好学，其蔽也贼；好直不好学，其蔽也绞；好勇不好学，其蔽也乱；好刚不好学，其蔽也狂。"(《论语·阳货》)每个人在成长过程中都会养成各种偏执之性，比如有的"好仁"，有的"好知"，有的"好信"，有的"好直"，有的"好勇"，有的"好刚"。任性，则会生蔽。中道就是一种无所遮蔽的状态，学习正是通达中道的方法。后来荀子有见于此，作《解蔽》篇，专门阐明儒家追求的道就是一种不蔽的大清明境界。

至此，其实还有个问题没有解决，学如何通达道？这涉及学的对象，我们知道，学主要是学习知识，所以这里有两个问题：

其一，学知如何可能？知识是如何产生的，这是认识论的核心问题。孔子对此也进行了思考，大概有这样几个要点。

首先，他认为认识的起点是"无知"。"知之为知之，不知为不知，是知也。"一般来看，"不知"就是缺乏知识，孔子却思考得比一般人更深一层，他认为对于"不知"这种状态的认识，本身也是一种知。孔子还郑重其事地讲了一个故事："吾有知乎哉？无知也。有鄙夫问于我，空空如也。我叩其两端而竭焉。"叩其两端，是一个求知的过程，而这一过程是以无知为起点的。所以说，一个人只有具备这种无知之知，才能提出认知的要求，认识活动才有内在动力。这与古希腊哲学家苏格拉底的"自知自己的无知，乃是智慧的开端"是一个意思。一个人如果满足于自己已知的，认识也就停止了。

其次，他认为知识形成的过程，既有客观一面，也有主观一面。这就是孔子讲的"学而不思则罔，思而不学则殆"。一方面，这里的"学"是从狭义来讲，侧重于客观了解的一面。知识要成立，必须具备客观有效性，于是就要防止在形成知识的过程中，主观臆断的介入。所以孔子提出四个注意事项，"毋意，毋必，毋固，毋我"

(《论语·子罕》)。人总是从自我出发,考虑问题,这样就很难做到客观思考,给出实际判断。另一方面,这里的"思"是自我反思的意思,侧重于主观思考的一面。之所以强调思,是因为知识还有一个重要的特点,即创新性。真正的知识并非陈旧的教条,而是审时度势之中的当下应对。所以知识一定要有创造性,这个创造性的来源就是人的思考。孔子很强调创新,所谓"温故而知新"(《论语·为政》),这里的"温故"就是"学","知新"则是"思"。他教导弟子的原则也是这样:"不愤不启,不悱不发,举一隅不以三隅反,则不复也。"(《论语·述而》)

其二,知如何化为道?知是知识,道是智慧,这个问题也就是"转识成智"如何成为可能。在孔子,则涉及"文化典章"和"性与天道"的关系。孔子的高足子贡曾经慨叹:"夫子之文章,可得而闻也;夫子之言性与天道,不可得而闻也。"(《论语·公冶长》)这段话有很多解释,比较靠谱的是认为孔子有两种学,文章属于下学,性与天道则属于上学,下学可以通过闻见获知,上学则不是闻见所能知的。当然,上学首先也是以闻见为形式,却超越了闻见,所以孔子说"中人以上,可以语上也;中人以下,不可以语上也"(《论语·雍也》)。这说明上学也是可以"语"的。如果以能否言说作为下学的标志,这也说明,上学是由下学转化而来的。就此而言,孔子曾经这样说:"不怨天,不尤人,下学而上达。知我者其天乎!"(《论语·宪问》)

关于上下的涵义,孔子没有直接的界说。但这在中国文化中还是比较清楚的,《易传》中讲:"形而上者谓之道,形而下者谓之器。"可见,上就是关于道的学问,下则是关于器的学问。孔子主张"君子不器"(《论语·为政》),也就是认为君子应该由器入道。然而如何由器入道,如何下学而上达呢?孔子也没有明说。不过,通过《论语》我们可以发现,孔子似乎有意罕言道,而多言器;有意罕言上学,而多言下学。所以相信,孔子一定认为道在器中,上学存于下学之中。诚如宋儒陈亮所言:"《论语》一书,无非下学之事也。……用明于心,汲汲于下学,而求其心之所同然者,功深力到,则他日之上达,无非今日之下学也。"(《经书发题》)

【关键词】 学 好学 道 知 无知

2. 为学日益,为道日损

【原文】

1 为学(1)日益,为道(2)日损。损之又损,以至于无为。无为而无不为。取天下常以无事，及其有事，不足以取天下。

出处：《老子·第四十八章》

2　绝圣弃智，民利百倍；绝仁弃义，民复孝慈；绝巧弃利，盗贼无有。此三者，以为文(3)不足。故令有所属，见素抱朴，少私寡欲，绝(4)学无忧。

出处：《老子·第十九章》

3　大道废，有仁义；智慧出，有大伪(5)；六亲不和，有孝慈；国家昏乱，有忠臣。

出处：《老子·第十八章》

【简注】

(1) 为学：通过学习而求知。
(2) 为道：通过静观玄览而求道。
(3) 文：巧饰。
(4) 绝：断绝。
(5) 伪：人为，不自然。引申为伪诈。

【今译】

1. 为学的原则是通过学习而增加知识，为道的原则是通过静观玄览而减少执着。减少到不能再少，就可以达到一种无为的境界。这虽然是一种无为，却可以无所不为。治理天下不要无事生非，无事生非是不能把天下治理好的。

2. 抛弃聪明和智巧，民众就能获得百倍的好处；抛弃仁与义，民众就能恢复孝慈的天性；抛弃巧诈和货利，盗贼也就没有了。圣智、仁义和巧利这三者全属于巧饰，用来作为治理病态社会的法则是不足的。所以要让人们有所归属，保持纯洁朴实的本性，减少执着和欲望，抛弃圣智之学，才能免于忧患。

3. 正因为大道被废弃掉了，才有仁义出现；正因为聪明和智巧的现象出现了，伪诈才开始盛行；正因为家庭关系出现了纷争，所以才强调孝与慈；正是因为国家昏乱，所以忠臣才涌现出来。

【解读】

在儒家看来，学习，总归没有坏处，这也符合我们的常识。但是道家却不这么看，如果说儒家的思维方式是一种正向思维的话，道家则常常喜欢逆向思维。老子，作为道家的开创者，就是这么一个不按常理出牌的人，在他看来，学习不一定是好的。实际上，判定学习是好是坏的标准，儒家和道家倒没什么区别，都是看学习是否有益于求道。在孔子看来，这是不言而喻的；在老子看来，则需要打个问号。最基本的一个理由，老子发现，学习和求道遵循两种不同的原则，学习的过程遵循一种增加的原则，学习得越深入，知识增加得就越多；而求道的过程则遵循一种减少的原则，求道越深入，人的各种执着，包括欲望和知识，应该越来越少，一直少到不能再少了，那才是真正的道的境界。既然学习与求道遵循两种相反的原则，这样一来，学习似乎不仅无益于求道，甚至有碍于求道了。

老子为什么对学习产生了这么奇怪的看法？当然，你一定注意到了，这与老子对于道的理解有关。老子道的思想是怎么提出的？简单来说，是因为他从礼乐文明出发，从而对文明本身进行了一种根本性的反思。他发现人类社会最初是一个有道的社会，但是随着文明的发展，整个社会越来越倒退，终于酿成当时的乱世。“故失道而后德，失德而后仁，失仁而后义，失义而后礼。”（《老子·第三十八章》）道是理想状态；等到没有了道，人们就用德来治理社会；没有了德，人们就用仁来治理社会；没有了仁，人们就用义来治理社会；没有了义，人们就只能以礼来治理社会了。由此可见，正是这个社会暴露了某种问题，所以人们才进行种种补救，而补救的措施不仅不是大道，而且越来越离谱。所以他说：“大道废，有仁义；智慧出，有大伪；六亲不和，有孝慈；国家昏乱，有忠臣。”仁义、大伪、慈孝和忠臣等现象的出现都有局限性，那么一定还有一种不受局限的根本性的东西，老子说，我们姑且就把这个东西称为“道”吧。道是这么提出来的。

这样来看，道指向的是反人为的一面，反人为就是反人文，就是法自然。所以老子讲：“此三者，以为文不足。”所谓“此三者”就是指圣智、仁义、巧利这些礼乐文明和儒家所彰显的东西，这些东西都需要后天的学习才能获得，所以老子对于学习采取怀疑的态度，也是可以想象的。不过，如果采取较真的态度，我们会想，难道学习真的一点好处都没有吗？老子你自己就不学习吗？读《老子》，我们能够体会到，老子也在学习，向自然学习、向古人学习、向历史学习、向社会学习，五千言就是学习的成果，所以，老子没有理由排斥学习。因此，我们只能得出一个结论，老子反对的是以知识的增长为目标的世俗学习。而他之所以反对这种知识性的学习，乃在于这种学习会消磨人的真朴之心。

于是，我们就能理解，老子为什么在“此三者，以为文不足”之后，紧接着提出“故令有所属，见素抱朴”。老子总结了他的初衷，是想恢复人的朴素自然性。由此，老子就把社会上一般的治国方式称为“以智治国”，并认为：“民之难治，以其智多。故以智治国，国之贼；不以智治国，国之福。”（《老子·第六十五章》）一般的统治者自以智者，他们治国，往往会用自己的智巧设置一些聪明的制度，发明一些灵巧的器械，这样治国，在老子看来，恰恰适得其反，所谓“智慧出，有大伪”“人多利器，国家滋昏”“人多伎巧，奇物滋起”（《老子·第五十七章》），总之，社会上的知识越多，人就越不淳朴。实际上，人变得越来越不淳朴的原因不仅在于知识，还在于欲望，更在于知识和欲望结合，可以放大人的欲望。所以，老子在提出“见素抱朴”之后，又向人们提出两条建议：“少私寡欲，绝学无忧。”

为什么知识越多，人越不淳朴，老子只是提出了大原则，庄子则为我们奉献了一套逻辑。话说子贡路过汉阴，遇到一位老者正在动手浇地，于是他好心地建议这位老人使用当时已经发明的一种名叫“槔”的抽水器械，老人听懂了意思之后，这样回复他：“吾闻之吾师，有机械者必有机事，有机事者必有机心。机心存于胸中则纯白不备，纯白不备则神生不定，神生不定者，道之所不载也。吾非不知，羞而不为也。”（《庄子·天地》）庄子讲的这套道家心性学有道理吗？有机械是否必然有机心？在科学技术大发展的今天，我们一定不完全赞同。但是，我们大概都有这样的体会，当我们与来自五湖四海的人相聚并生活在一起的时候，就会慢慢发现这样一条虽然并不绝对，但是也很有普适性的经验，来自乡村的总比来自城市的人淳朴一些，而且似乎有这样一个规律，地方越偏僻，人越淳朴。这样的生活经验启示我们，老庄对于知识和学习的这种态度，代表了中华文明的一种自我反省的意识。

实际上，就中国传统文化而言，早就有“儒道互补”的说法，儒家代表了正面进取而通达智慧的一面，道家则代表了反面沉潜而通达智慧的一面，两者相得益彰。在学习的问题上，两家的观点表面上看起来有冲突，一个认为学习有益于求道，一个认为学习有碍于求道。但是从他们对于道的理解的共通性来讲，两者都希望将人类带入一种真朴的境地，只不过在儒家看来，可以通过文教的方式，使人通达这一境界，道家则认为文教的方式难以成功，不如保持自然的方式。而两家的这两种基本哲学立场，都与春秋之际的时代问题有关，就是如何评定此前在中国已经延续了一千五百年的礼乐文教制度。儒家认为应该采取积极肯定和改进的方式，道家则以为应当采取根本否定的方式，两者的分歧由此而生。

【关键词】 **为学　为道　朴素　儒道互补**

---

3. 求其放心

【原文】

1　孟子曰：“仁，人心也；义，人路也。舍其路而弗由，放其心而不知求，哀哉！人有鸡犬放则知求之，有放心[1]而不知求。学问之道无他，求其放心而已矣。”

出处：《孟子·告子上》

2 孟子曰：“求则得之，舍则失之，是求有益于得也，求在我者也。求之有道，得之有命，是求无益于得也，求在外者也。”

出处：《孟子·尽心上》

3 是故，君子有终身之忧，无一朝之患也。乃若所忧则有之：舜，人也；我，亦人也。舜为法于天下，可传于后世，我由[2]未免为乡人[3]也，是则可忧也。忧之如何？如舜而已矣。

出处：《孟子·离娄下》

4 孟子曰：“君子深造之以道，欲其自得之也。自得之，则居之安；居之安，则资[4]之深；资之深，则取之左右逢其原[5]，故君子欲其自得之也。”

出处：《孟子·离娄下》

5 孟子曰：“尽信《书》，则不如无《书》。吾于《武成》[6]，取二三策[7]而已矣。仁人无敌于天下。以至仁伐至不仁，而何其血之流杵[8]也？”

出处：《孟子·尽心下》

【简注】

(1) 放心：丢失的本心。放，丢失。

(2) 由：通“犹”。

(3) 乡人：平庸之辈。

(4) 资：积累。

(5) 原：同“源”。

(6) 武成：《尚书》的篇名。现存《武成》篇是伪古文。

(7) 策：竹简。一策竹简相当于我们今天说一页。

(8) 杵：舂米或捶衣的木棒。

【今译】

1. 孟子说：“仁是人的本心；义是人的大道。放弃了大道不走，失去了本心而不知道寻求，真是悲哀啊！有的人，鸡狗丢失了倒晓得去找回来，本心失去了却不晓得去寻求。学问之道没有别的什么，不过就是把那失去了的本心找回来罢了。”

2. 孟子说：“求索就能得到，放弃便会失去，这种求索有益于得到，因为所求的东西就在我自身。求索有一定的方法，能否得到却决定于天命，这种求索无益于得到，因为所求的东西是身外之物。”

3. 所以，君子有终身的忧虑，而没有对一时一事得失的忧患。比如说这样的忧虑是有的：舜是人，我也是人；舜是天下的楷模，名声传于后世，可我却不过是一个普通人而已。这个才是值得忧虑的事。忧虑又怎么办呢？像舜那样做罢了。

4. 孟子说：“君子遵循一定的方法来加深造诣，是希望自己有所收获。自己有所收获，就能够掌握牢固；掌握得牢固，就能够积累深厚；积累得深厚，用起来就能够左右逢源。所以，君子总是希望自己有所收获。”

5. 孟子说：“完全相信《书》，那还不如没有《书》。我对于《武成》这一篇，就只相信其中的两三策罢了。仁人在天下没有敌手，以周武王这样极为仁道的人去讨伐商纣这样极不仁道的人，怎么会使鲜血流得可以漂起木棒呢？”

【解读】

儒家的学习理论到了孟子这里，变得更加系统化了，当然，从另外一个角度来看，也变得更狭窄了。这表现在，孟子将学习的目标主要锁定在学做人上。在孟子看来，人类在做人方面最成功的要属尧舜，因此，学习就是向尧舜那样的圣人学习。为了说明向圣人学习何以可能，孟子进行了多方面的说明。按内在理路梳理一下，大概是这样的。

首先，需要说明圣人与我（常人）是相似的，这是我之所以能够学圣人的前提。也就是说，圣人在先天构造方面跟一般人没什么质的区别，否则，你后天再怎么学也不可能学成圣人。怎么证明这一点呢？孟子说：“故凡同类者，举相似也，何独至于人而疑之？圣人与我同类者。”（《孟子·告子上》）从逻辑学来看，这是一个三段论，大前提：同类相似；小前提：圣人与我同类；结论：圣人与我相似。只要你承认大前提和小前提是对的，这个结论就一定错不了。类似的话，孟子还说过很多，如“舜人也，我亦人也”云云。

其次，既然圣人与我相似，那么就可以谈谈人性的问题了。也就是从人的共通性的角度来说，既然圣人跟我在先天方面没什么不同，为什么后天方面会如此不同。孟子提出，人人共通的方面在于内心都有善端，具体说来就是“四端之心”，即：“恻隐之心，仁之端也；羞恶之心，义之端也；辞让之心，礼之端也；是非之心，智之端也。”（《孟子·公孙丑上》）所谓“四端”，就是仁义礼智的端倪，还不等于仁义礼智，因此，这是说每个人都有善的潜质，但是否能将善的潜质变为现实，就是另一回事了，圣人与常人的区别在于圣人把四端变成了现实。这就是孟子的性善论，简单来说，孟子的性善论是一种“可以为善”论。性善论还意味着人心对善（理义）有一种天然的喜好，为此，孟子论证如下："口之于味也，有同耆焉；耳之于声也，有同听焉；目之于色也，有同美焉。至于心，独无所同然乎？心之所同然者何也？谓理也，义也。圣人先得我心之所同然耳。故理义之悦我心，犹刍豢之悦我口。"(《孟子·告子上》)从这个角度来看，圣人与我从本质上都爱好善，只是他先自觉到这一点而已。

第三，有了性善论，孟子的学习就由一种外在的学变成了一种内在的学了。即不是学习圣人外在的样子，而是学习如何扩充自己的善端。扩充善端是一种讲法，另外一种讲法就是恢复已经被蒙蔽的四端之心。孟子打了个比方，被蒙蔽的四端之心就像走失的鸡或犬，鸡犬走失了，人们知道把它们找回来，本心丢失了，有什么理由不找回来呢？因此，孟子提出："学问之道无他，求其放心而已矣。"从"求其放心"的角度来认识学习，就会发现这种学习有一个特点，就是只要你想求，就一定能够求得。所谓："求则得之，舍则失之，是求有益于得也，求在我者也。求之有道，得之有命，是求无益于得也，求在外者也。"为什么可以求之必得呢？根本原因在于这是一种"求在我者"。由此出发，孟子发现常人不如圣人的原因不在于有没有能力，而在于愿不愿意，即"是不为也，非不能也"(《孟子·梁惠王上》)。

最后，如果明白了上面这些，我们也就能够理解，为什么孟子在学习方面喜欢强调"自得之"，这是因为学习从根本上来说是一种内在的学习，也就是扩充和养护自己本来就具有的仁义礼智的端绪，让知识和大道从自我中生长出来，自然有一种踏实和喜悦的感觉。此外，我们也能理解为什么孟子具有一种怀疑和批判的精神，所谓"尽信《书》，则不如无《书》"，这是因为外在的知识如果不经过一种内在的审查的话，便不是真的知识。

【关键词】 做人 同类 四端 自得

---

4. 劝 学

【原文】

学恶乎始？恶乎终？曰：其数[1]则始乎诵经，终乎读礼；其义则始乎为士，终乎为圣人。真积力久则入，学至乎没而后止也。故学数有终，若其义则不可须臾舍也。为之，人也；舍之，禽兽也。故《书》者，政事之纪也；《诗》者，中声[2]之所止也；《礼》者，法之大分，类之纲纪也，故学至乎《礼》而止矣。夫是之谓道德之极。《礼》之敬文(3)也，《乐》之中和也，《诗》《书》之博也，《春秋》之微也，在天地之间者毕矣。

君子之学也，入乎耳，箸(4)乎心，布乎四体，形乎动静。端而言，蝡(5)而动，一可以为法则。小人之学也，入乎耳，出乎口；口耳之间，则四寸耳，曷足以美七尺之躯哉！古之学者为己，今之学者为人。君子之学也，以美其身；小人之学也，以为禽犊。故不问而告谓之傲(6)，问一而告二谓之囋(7)。傲，非也；囋，非也；君子如向(8)矣。

学莫便乎近其人。《礼》《乐》法而不说，《诗》《书》故而不切，《春秋》约而不速。方(9)其人之习君子之说，则尊以遍矣，周于世矣。故曰：学莫便乎近其人。

出处：《荀子·劝学篇》

【简注】

(1) 数：学习的具体科目。

(2) 中声：和谐的声音。

(3) 文：纹采，花纹。引申为表现义的礼节仪式。

(4) 箸：通“著”，附着。

(5) 蝡(rú)：微动。

(6) 傲：通“躁”。

(7) 囋：唠叨。

(8) 向：通“响”，回响。

(9) 方：通“仿”，仿效。

【今译】

学从哪里开始？到哪里终结？答案是：从学习的科目来说，是从诵读《书》《诗》等经典开始，到阅读《礼》为止；从学习的意义来说，是从做一个士人开始，到成为圣人为止。诚心积累，长期努力，就能深入，学到老死然后才停止。所以从学习的科目来说，是有尽头的；但如果从学习的意义来说，学习是片刻也不能丢的。致力于学习，就成为人；放弃学习，就会沦为禽兽。《尚书》，是政事的记载；《诗》，是和谐的音乐所依止的篇章；《礼》，是行为规范的要领，具体准则的总纲。所以学到《礼》就到头了，这可以称为达到了道德的顶点。《礼》的肃敬而有文饰，《乐》的中正而又和谐，《诗》《书》的内容渊博，《春秋》的词意隐微，存在于天地之间的道理都包括在这些典籍中了。

君子的学习，有益的东西进入耳中，记在心中，贯彻到全身，表现在举止上；所以他稍微说一句话，稍微动一动，都可以成为别人效法的榜样。小人的学习，只是从耳中听进去，从口中说出来。口、耳之间才不过四寸罢了，怎么能够靠它来完美七尺长的身躯呢？古代的学者学习是为了提高自己，现在的学者学习是为了给别人看。君子的学习，是用它来完美自己的身心；小人的学习，只是把学问当作家禽、小牛之类的礼物去讨人好评。所以别人没问就去告诉的叫急躁，别人问一件事而告诉两件事的叫唠叨。急躁，是不对的；唠叨，也是不对的；君子回答别人，就像回声应和原声一样。

学习没有比接近贤师更便利的了。《礼》《乐》记载法度而未加详细解说，《诗》《书》记载旧事而不切近现实，《春秋》文简辞约而不易迅速理解。仿效贤师而学习君子的学说，那就能养成崇高的品德并获得广博的知识，也能通晓世事了。所以，学习没有比接近那理想的良师益友更便利的了。

【解读】

众所周知，荀子是先秦儒家的集大成者，一定程度而言，也是诸子百家的一个融汇者。所以，学习的理论在荀子这里就更加系统和全面，当然，也打上了荀子个人思想的印记。学，在荀子思想中占据着重要地位，在荀子的理论中发挥着举足轻重的作用，《荀子》一书将《劝学》排在第一，从选目次第也可见一斑。

荀子对学习的看法比孟子更加全面。在孟子那里，学习主要是学圣人，尽人伦，这属于“尊德性”一面；到了荀子这里，则不仅重视“尊德性”，而且重视“道问学”，所以，荀子说：“其数则始乎诵经，终乎读礼；其义则始乎为士，终乎为圣人。”他认为学习有“数”和“义”两面，“数”涉及儒家的经典，诵读经典关系“道问学”，“义”涉及儒家的主体，主体的培育关系“尊德性”。这两个方面，荀子认为一个都不能少。只是与思孟学派比较起来，荀子重视经典的一面比较突出，也正因如此，荀子对儒家经典的传承居功至伟，秦汉儒生所学习的五经及其解说，大多本自荀子，这是经学史家们共同承认的。

对于孟子而言，其“尊德性”的理论是可以自圆其说的，“学问之道，求其放心而已矣”(《孟子·告子上》)，学习就是把自己的内在潜质开发出来。对于荀子而言，问题就复杂了。他得解决一个问题，经典中所载的外在的善，如何转化为人的内在的善？为此，荀子开动脑筋，提出了一套与孟子异质的思路。他认为所谓善，并不是人的某种先天潜质，而是后天人为的产物，所以他提出：“人之性恶，其善者伪也。”(《荀子·性恶》)这就是荀子“化性起伪”的思想，从某种程度而言，学习就是“化性起伪”的过程，也就是通过后天努力而造善的过程。因为在人的本性中找不到善的种子，所以善肯定是后天而生的。那么，善是如何出现的？

首先，荀子提出了一种“积”的思想，认为：“虑积焉，能习焉而后成，谓之伪。”(《荀子·正名》)也就是说，伪(善)是思考和学习积累而成。又言：“圣人也者，人之所积也。"(《荀子·儒效》)荀子与孟子一样,相信人人皆可以成圣,甚至,他们都以为,圣人和常人的起点是相同的,只不过孟子断定人有善性,荀子则不以为然,反而认为人性如果任其发展,就会导致恶。所以在荀子这里,圣人之所以与众不同,就在于他能够通过学习而创造善,而创造的方式之一,就是"积",在荀子看来,载于经典上的道理,通过日积月累的学习,人就可以进入那个道理中去,从而与善合一,这大概就是所谓的"真积力久则入"。这种积是一种非常复杂的经验的过程,其中一个重要的原则是向老师学习,所以荀子又讲:"学莫便乎近其人。"

其次,为了进一步说明虑积能习而成善的过程,荀子还提出了一种"虚壹而静"的思想,这是关于"心"的一种理论,荀子认为心有一种知道的功能。"心何以知?曰:虚壹而静。"(《荀子·解蔽》)在荀子看来,既然心可以知道,那么人自然可以用心的这种功能与善合一。"心知道,然后可道;可道然后守道以禁非道。"(《荀子·解蔽》)也就是说,心既然知道,就会认可道,认可道的话,就会守护道,守护道的话就会禁止非道。由此可见,荀子的这种学习的思想涉及一种理性伦理学,是依靠理性的原则来通达善,这与孟子有很大不同。孟子的主张可以称为一种仁性伦理学,在这里,理性与情感原则合二为一,那便是人的良知。

【关键词】 数　义　积　虚壹而静

---

5. 尊德性而道问学

【原文】

大哉圣人之道,洋洋[1]乎发育万物,峻极于天。优优[2]大哉,礼仪三百,威仪三千,待其人而后行。故曰苟不至德,至道不凝[3]焉。故君子尊德性而道问学,致广大而尽精微,极高明而道中庸,温故而知新,敦厚以崇礼。是故居上不骄,为下不倍[4]。国有道,其言足以兴;国无道,其默足以容[5]。《诗》曰:"既明且哲,以保其身。"其此之谓与?

出处:《中庸》

【简注】

(1) 洋洋:盛大浩瀚的样子。

(2) 优优:充足完备的样子。

(3) 凝：凝聚。引申为形成，达到。

(4) 倍：通“背”，背离。引申为自弃。

(5) 容：容身，保全自身。

【今译】

伟大啊，圣人的道！浩瀚无边，生养万物，与天一样崇高；充足有余，礼仪三百条，威仪三千条。这些都要由人来实行。所以说，如果没有极高的德行，就不能达到极高的道。因此，君子尊崇道德修养而追求知识学问；达到广博境界而又钻研精微之处；洞察一切而又奉行中庸之道；温习已有的知识从而获得新知识；诚心诚意地崇奉礼节。所以身居高位不骄傲，身居低位不自弃，国家政治清明时，他的言论足以振兴国家；国家政治黑暗时，他的沉默足以保全自己。《诗经》说：“既明智又通达事理，可以保全自身。”大概就是这个意思吧？

【解读】

《中庸》，相传是孔子的孙子子思的作品，也有人认为是秦汉儒家的作品，但不管如何，这本书的内容既深刻又广博。体现在学习的思想上，该书对学习的原则进行了全面的概括，提出了“尊德性而道问学”的原则，可谓抓住了学习问题的关键。一般而言，“尊德性”是说学习要讲道德，“道问学”是说学习要讲知识，《中庸》的作者其实是说学习既要讲道德，又要讲知识，既要有仁，也要有知。至于在两者之间，是否应该有所偏重，我们似乎读不出来这样的意思，所以这个问题在后世就引起了广泛的争议。

宋明时期，围绕着“尊德性”与“道问学”，朱熹和陆象山之间，广而言之，理学和心学之间形成了尖锐的对决。朱熹和陆象山的治学风格本来就很不一样，于是在他们共同的朋友吕祖谦的调停下，朱熹和陆象山等于南宋淳熙二年(1175 年)在江西信州的鹅湖寺进行了一场对话，但这场对话加深了他们之间的裂痕。根据陆象山的弟子陈淳的记载，这场对话的中心议题是“教人之法”，也就是教人如何学习，“论及教人，元晦之意，欲令人泛观博览而后归之约。二陆之意欲先发明人之本心，而后使之博览。”(《陆九渊集·年谱》)这是讲，两家争论的关键就在于“尊德性”与“道问学”的先后次第。朱熹的意思是，应该让学生先“道问学”，在此基础之上再来“尊德性”，而象山兄弟则认为如果没有“尊德性”打底子，“道问学”就像空中楼阁一样，不牢靠，甚至还可能有害。

朱陆之争在后来的理学和心学各自的支持者那里又有不同的表现，可以说，正是这个问题将宋明新儒学切割为理学和心学两派。归根溯源，这个问题可以追溯到孔子“学以致其道”的问题上去，分歧就在于人究竟如何通达道，在学习的过程中，求知与求道的关系究竟如何。在与道家的区分上，儒家的态度很明显，求知肯定有益于求道，但是在儒家的内部，求知究竟在何种程度上有益于求道，又分化出了不同的派别。在先秦时代，孟荀之分可以这个问题来看，我们知道，孟子更重视内在善端的扩充，亦即天命德性的外化，荀子则强调经典，主张在虑积能习的过程中逐渐积累而内化。宽泛而言，这种分歧在宋明新儒学的时代又重演了一遍，心学一派认为道是由内向外生长，理学一派则认为不应当忽视道由外而内的过程。所以说，关于如何看待知识的问题，是整个中国哲学史的一个枢纽。

这个问题之所以关键，还可以通过西方哲学做一种反观。西方哲学相比中国哲学而言，最突出的地方在于重视知性。所谓知性，可以简单理解为一种"为知识而知识"的追求纯知识的兴趣。西方人很早就意识到他们所追求的是一种纯知识，亚里士多德就曾指出："在所有这些发明相继建立以后，又出现了既不为生活所必需，也不以人世快乐为目的的一些知识，这些知识最先出现于人们开始有闲暇的地方。"(《形而上学》)他区分了两种知识，一种是以实用性为特征的知识，另一种是纯知识，亦即哲学，亚氏还特别强调，这种纯知识最先出现在有闲暇的地方，因为有了闲暇，人们才可能超脱功利的目的。在中国，情况则有所不同，按照牟宗三的讲法，中国传统文化"其用心唯是以成圣贤人格为终极目的"(《历史哲学》)，因此，中国传统学者虽然也讲知识，但都不免带有功利性。也就是说，不管哪家，讲"道问学"，都是为了更好地"尊德性"，而"尊德性"与"道问学"作为"内圣"之学，从某种程度而言，又都服务于"外王"之学。这种特别的偏好就导致中国文化，尤其是儒家文化缺少一个知性的环节。因此，儒家的学者总是没有办法给知识安排一个合适的位置，而只能徘徊于"道问学"对于"尊德性"到底有用还是没用的两端。

不过，说中国传统文化缺少知性的环节只是大而化之来说，一方面，现代新儒家已经充分注意到这个问题，并立志将知性的环节重新嵌入儒家思想；另一方面，从中国古代的各种丰富的思想中，我们也能够发掘出一些关于"道问学"的精彩阐发，通过重新梳理，我们发现中国传统文化中也并非没有知性的因素，只是较弱而已。以下的几个单元，我们将分别从天地、鬼神、万物和人群等几个方面，初步描摹一个中国古代知识的体系。

【关键词】 朱陆之争　孟荀之分　知识　知性

二、天　地

【题解】

本单元的内容为中国古代关于天地的理论，即天地观或宇宙论。从性质上来看，中国传统文化中的天地观大致有三种类型：一为人文视野中的天地，这里为天地的自然世界加入了人文色彩；二为哲学视野中的天地，这里将天地产生的根源上升到形而上学，从而建构出某种宇宙观；三为科学视野中的天地，这里则通过计算和验证的方式提出某种天地的构成模型。其中，人文和哲学视野的天地观在中国古代的地位最突出。

6. 天尊地卑

【原文】

天尊地卑，乾坤定矣。卑高以陈(1)，贵贱位(2)矣。动静有常，刚柔断矣。方(3)以类聚，物以群分，吉凶生矣。在天成象，在地成形，变化见(4)矣。是故刚柔相摩(5)，八卦相荡(6)。鼓之以雷霆，润之以风雨。日月运行，一寒一暑。乾道成男，坤道成女。乾知(7)大始，坤作(8)成物。乾以易(9)知，坤以简能。易则易知，简则易从。易知则有亲，易从则有功。有亲则可久，有功则可大。可久则贤人之德，可大则贤人之业。易简而天下之理得矣。天下之理得，而成位乎其中矣。

出处：《周易・系辞上》

【简注】

(1) 陈：设定。

(2) 位：同“立”，确定。

(3) 方：方向，事物的走向。

(4) 见：同“现”，显现。

(5) 摩：交错。

(6) 荡：激荡从而衍生出。

(7) 知：功能。

(8) 作：作用。

(9) 易：平易。

【今译】

天高地低，因此代表阳性的乾道尊贵，而代表阴性的坤道卑微的道理也就因此确定。这种自然尊卑的理序一经设定，社会的贵贱等差也就因此确定。天动地静的自然规律永久不变，阴阳刚柔的认识规律也就因此分明。事物的走向按其性质聚合，阴阳爻画按其规律分布，这样或吉或凶便因此产生。在天而成为日月星辰，在地则成山泽动植，阴阳变化的道理也就因此显现出来。所以，阴阳刚柔相互交错而生出八卦，八卦相互推衍而生出六十四卦。雷霆鼓动于天，风雨润泽于地，日月往来运行，寒暑交相更替。乾道构成阳性物质，坤道构成阴性物质，乾阳的功能是创始万物，坤阴的作用是成就万物。乾阳以平易的方式发挥功能，坤阴以简约的方式产生作用；由于平易，所以容易被人认知，由于简约，所以容易被人遵从；容易了解，所以有众人亲近它，容易遵从，所以能建立事功；有众人亲附，所以乾道长久，能建立事功，所以坤道广大；能够长久便体现出贤人的美德，能够长久便体现出贤人的事业。了解《易》道的平易简约，便把握了天下的根本道理，便可以在天地之间确立人的地位。

【解读】

我们知道，《易经》在中国古代是群经之首，据传其历史可以追溯到伏羲的时代，距今至少五千年。《易经》本来是一部占卜之书；占卜是为了更好地生活，所以它也是一部修身之书；并且，为了占卜，还必须建构一套世界运行的构成模型，因而它还是一本宇宙之书。就《易经》的宇宙论而言，它所揭示的宇宙学不仅包括了天道，更含涉了人道，可以说，它是一种具有强烈的人文色彩的宇宙论。

《系辞上》开篇就对这种人文的宇宙模式进行了解说。在这里，古人所理解的构成宇宙的两大元素是天与地。客观而言，天具有高的属性，地具有低的属性；天具有动的属性，地具有静的属性。然而，这种客观属性却被赋予了价值色彩，因此，天的高与动，就意味着尊，地的低与静，即意味着卑，于是尊卑的观念便确立起来。总之，天与地在《易经》中已经不再是单纯的宇宙实体，而成了两种原则，这两种原则相互作用，不仅创造了自然万物，而且也是指导人类社会的当然之则。这两种原则，即阴阳的原则。

由此可见,这套宇宙观源于阴阳学说。阴阳的观念是中国先民以理论化的方式来掌握世界的最初尝试。在更加原始的时代,人们或者满足于以经验谈经验,或者习惯于以神话来解释现象,阴阳观念的提出则试图通过相对理性的方式来说明天地万物的统一性。具体说来,人们使用具有对立统一性质的阴爻和阳爻以及它们的排列组合来概括所有的自然和社会现象,这可以视为以抽象的理论化的方式来掌握世界的开始。这套宇宙观的特点在于它处于形上学问题和科学问题的中间地带,因而可以称为人文的宇宙观。

这套人文的宇宙观在中国古代的产生既早,杳渺不知起于何时,其绵延也悠长,直到今天仍有影响。那么它到底有什么作用呢?大体而言,它为我们的人文世界即意义世界提供了一种根基,即为人道的世界找到一个天道的世界作为依靠。这尤其表现在对古代政治制度合法性的说明方面。我们知道,中国古代至少从夏代开始就形成了一种以宗法为核心的政治制度,强调尊卑大小男女的等级之分,这套制度从现实的运行上来讲或许有一定的当然性和可行性,但是仍然需要从文化和思想上进行说明,《易经》中的这套混淆了自然和社会的做法,恰好可以为现实的政治和宗法制度提供一套神圣的外衣。

于是,我们就能够理解古人为什么如此重视《易经》。比如,在汉代学者董仲舒的天人理论中,就将一种绝对化的天尊地卑原则用于君臣关系:“是故《春秋》君不名恶,臣不名善。善皆归于君,恶皆归于臣。臣之义,比于地;故为人臣者视地之事天也。……恶之属,尽为阴;善之属,尽为阳。阳为德,阴为刑。”(《春秋繁露·阳尊阴卑》)宋代学者张载则根据《易经》构筑了一套更加宏大的宇宙观:“乾称父,坤称母;予兹藐焉,乃混然中处。故天地之塞,吾其体;天地之帅,吾其性。民,吾同胞;物,吾与也。……”(《西铭》)原理都是相似的,即为了说明人文的合法性,从而搬出天文来。由此,也便能够知道,近代以来,当中国传统的政治宗法制度被摧毁之后,《易经》的宇宙观也就式微了。

【关键词】 **占卜之书　修身之书　阴阳　人文的宇宙观**

7. 道 生 天 地

【原文】

1　有物混成,先天地生。寂兮(1)寥兮(2),独立而不改,周行而不殆[3]，可以为天地母。吾不知其名，强字之曰道，强为之名曰大。大曰逝[4]，逝曰远，远曰反。故道大，天大，地大，人亦大。域中[5]有四大，而人居其一焉。人法地，地法天，天法道，道法自然。

出处：《老子·第二十五章》

2　道生一，一生二，二生三，三生万物。万物负阴而抱阳，冲[6]气以为和[7]。

出处：《老子·第四十二章》

3　道生之，德畜之，物形之，势成之。是以万物莫不尊道而贵德。道之尊，德之贵，夫莫之命而常自然。故道生之，德畜之；长之育之；亭之毒之[8]；养之覆之。生而不有，为而不恃，长而不宰，是谓玄德。

出处：《老子·第五十一章》

【简注】

(1) 寂兮：静而无声。

(2) 寥兮：动而无形。

(3) 殆：通“怠”，停息。

(4) 逝：流行不息。

(5) 域中：空间之中，也就是今天所说的宇宙中。

(6) 冲：激荡。

(7) 和：阴阳和合的均调状态。

(8) 亭之毒之：定之安之。

【今译】

1. 有一个浑然一体的东西，存在于天地形成以前。听不见它的声音也看不见它的形体，它不依赖外力独立长存而永不休止，循环运行而生生不息，可以作为天地万物的根源。我不知道它的名字，勉强为它取名作“道”作“大”。它广大无边而周流不息，周流不息而伸展遥远，伸展遥远而又返回本源。所以说，道大，天大，地大，人也大。宇宙间有四大，而人是四大之一。人取法地，地取法天，天取法道，道纯任自然。

2. 道是独立无偶的，混沌未分的统一体产生天地，天地产生阴阳之气，阴阳两气相交而形成各种新生体。万物背阴而向阳，阴阳两气互相激荡而达成和谐状态。

3. 道生成万物，德蓄养万物，万物呈现各种形态，环境使各物成长。所以，万物没有不尊崇道不珍贵德的。道之所以受尊崇，德所以被珍贵，就在于它不加干涉，而顺任万物自然生长。所以道生成万物，德蓄养万物，使万物成长发育，使万物安宁心性，使万物受到爱养调护。生长万物却不据为己有，兴作万物却不自恃己能，长养万物却不为主宰，这就是最深的德。

【解读】

老子开创了由形上学来解释天地万物的先河。在先秦诸子中，老子有一种强烈的形上学的思维特质，他始终抓住一个根本问题：万物的终极根据是什么？并通过理性的方式对这个问题进行了探索。对于“万物根据”这个问题，前人并非没有探讨，只是人们根据传统，认为天地合而生万物，且习以为常。老子却不满意这个现成答案，他的思维方式是这样的：作为万物根据的那个东西一定不属于具体的经验层面。因为对经验层面的事物而言，所遵行的是一物降一物的规律，然而没有一种具体的东西可以降住万物，这也就是我们常说的“天下没有万灵药”。所以，能够作为万物根据的，一定不是有形有象的东西，这样一来，老子就突破了传统的天地合而生万物或者神造万物的范式，因为天地或神毕竟还是有形有象的。于是，老子就破天荒地提出“道”的观念，并描述它为“有物混成，先天地生”“吾不知其谁之子，象帝之先”(《老子·第四章》)。总之，在老子之前，人们将万物的产生归结为天地和合，老子则进一步追问天地何以产生，直到追问到道，他认为道“可以为天地母”。

老子这套思维方式与古希腊米利都学派对于“始基”(arche)问题的探索有相通之处。该派的创始人泰勒斯提出一个命题：“水是万物的始基。”黑格尔认为：“哲学是从这个命题开始。”(《哲学史讲演录》)泰勒斯之所以重要，主要不在于他提供了水的答案，而在于提出了“始基”问题，由此开始了对万物根据的探索。随后，米利都学派的其他学者都对这个问题进行了理性思考。阿那克西曼德认为万物的始基是一种没有固定形态或固定性质的原始物“无限”，原因就在于水是有形有象的，很难作为万物的终极根据。阿那克西米尼则认为，万物的始基不是“无限”而是“气”，原因则在于作为万物根据的这个始基虽说是无定形的，但也并不能说它什么也没有，所以他认为“气”最合适。后来，这个学派的学者又沿着这个问题进行探索，相继提出了“火”说、“四根”说、“种子”说、“原子”说等观点，由此开创了西方哲学的方向。只不过在中国，同样的问题，老子提出来，其他的学者很少接着讨论，并且老子自己对这个问题也给出了相对自足的答案。

老子认为，作为万物根据的“道”大概是一种无，但并不是什么都没有。所以，一方面，可以看到老子对于“道”有这样的描述：“视之不见，名曰夷；听之不闻，名曰希；搏之不得，名曰微。……是谓无状之状，无物之象，是谓惚恍。”(《老子·第十四章》)这是说道不是有形的物,所以它“视之不见”“听之不闻”“搏之不得”,眼睛看不见,耳朵听不到,手也抓不到。所以说它是一种“无状之状,无物之象”,没有具体状态的形状,没有具体物体的形象。因此,道给人一种恍恍惚惚的感觉,老子干脆称之为“恍惚”。不过,另一方面,老子却强调这个“恍惚”也不是啥都没有。“道之为物,惟恍惟惚。惚兮恍兮,其中有象;恍兮惚兮,其中有物。窈兮冥兮,其中有精;其精甚真,其中有信。”(《老子·第二十一章》)这个恍恍惚惚、惚惚恍恍的道中也“有象、有物、有精”,并且这些“象”“物”和“精”都非常真切,值得信赖,因而道并不是纯粹的空无。

由此,老子发明了一套关于有无的理论:“天下万物生于有,有生于无。”(《老子·第四十章》)“天下万物生于有”是说经验层面的具体事物只能由经验层面的具体事物产生,“有生于无”则是说经验层面的万事万物可以概括为“有”,“有”的根据是“无”,“无”即“道”也。值得注意的是,“有生于无”并不是无中生有。所以老子有言:“三十辐,共一毂,当其无,有车之用。埏埴以为器,当其无,有器之用。凿户牖以为室,当其无,有室之用。故有之以为利,无之以为用。”(《老子·第十一章》)老子发现,事物之所以成其为事物,“无”比“有”发挥着更为根本的作用,这个发挥了根本作用的“无”就是“道”。

在此基础上,老子提出了一套宇宙观:“道生一,一生二,二生三,三生万物。万物负阴而抱阳,冲气以为和。”(《老子·第四十二章》)“道生一”历来有很多不同解释,但是如果我们从“无”与“有”的关系来看,就会发现,这不过是说,作为万物产生基础的混沌未分的元气(一)毕竟是一种“有”,“有”是以“无”作为根据的。世间万物就是由元气进而分阴分阳,阴阳交错进而产生的。对于万物生成的这个过程,老子还提出了另外一套说法:“道生之,德畜之,物形之,势成之。”(《老子·第五十一章》)这是讲事物形成并发展的四个步骤:第一,万物由道而生;第二,道生万物之后又内在于万物,成为万物的本性;第三,万物各依其本性而发展为独特的存在;第四,周围环境的培养,使得各物生长成熟。

总之,人生活在天地之间,就必然会问“天地万物由何而来”的问题,而回答的方式也不尽相同,或用神话,或用宗教,或用人文,或用科学的方式,但是这些回答或多或少都有不完满的地方,唯有形上学的思维方式具有永恒价值,老子的宇宙观就是如此。

【关键词】　形上学　始基　无　有

8. 太 一 生 水

【原文】

太一[1]生水。水反辅太一,是以成天。天反辅太一,是以成地。天地复相辅也,是以成神明[2]。神明复相辅也,是以成阴阳。阴阳复相辅也,是以成四时。四时复相辅也,是以成沧热[3]。沧热复相辅也,是以成湿燥。湿燥复相辅也,成岁而止。

故岁者,湿燥之所生也;湿燥者,沧热之所生也;沧热者,四时之所生也;四时者,阴阳之所生也;阴阳者,神明之所生也;神明者,天地之所生也;天地者,太一之所生也。

是故太一藏于水,行于时。周而或始,以己为万物母;一缺一盈,以己为万物经。此天之所不能杀[4],地之所不能厘[5],阴阳之所不能成。君子知此之谓道也。

出处:《郭店楚简·太一生水》

【简注】

(1) 太一:按照传统文献,一般有三种理解,一为宇宙的本体或本根,相当于"太极"或"道";二指"太一星";三是"太一神"。从本文来看,当从第一种理解。

(2) 神明:指从功能而言的神妙的作用和规律。

(3) 沧热:凉与热。

(4) 杀:抹杀。

(5) 厘:厘定,即决定。

【今译】

太一孕育出水;水反过来作用于太一,成就出天;天反过来作用于太一,成就出地。天地自身反复交流,相互作用,成就出神妙的作用和规律;神妙的作用和规律反复交流,相互作用,成就出阴柔和阳刚的物质本性;阴阳反复交流,相互作用,成就出春夏秋冬的景象更替;四季更替反复交流,相互作用,成就出寒凉和温热的感受变化;凉热变化反复交流,相互作用,成就出湿润和干燥的物象征候;湿润和干燥反复交流,相互作用,成就出生命的年岁。

因此，年岁是湿燥相互作用所产生的；湿燥是凉热相互作用所产生的；凉热是四季相互作用所产生的；四季是阴阳相互作用所产生的；阴阳是神明相互作用所产生的；神明是天地相互作用所产生的；天地是混沌太一变化作用所产生的。

所以，太一深藏于水，并随着时间运行不息，周而复始，从而使其成为万物之母；又通过缺失盈余的损益调节，使其成为万物发展变化的纲要。这种作用，既不能为天所抹杀，也不能为地所决定，同样也不是阴阳所成就的。君子只有知道了这个道理，才算知道。

【解读】

1993 年，湖北荆门郭店一号楚墓出土了一批竹简，后经整理发现了一篇佚籍，世传文献中从来没有记载过，主要内容为宇宙生成论，这就是《太一生水》。由于从来没见过，而且以一种非常独特的方式来谈中国哲学中较少论及的宇宙论问题，所以引起了学者的极大关注。人们提出了各种观点和疑问，但大体而言，大家都承认，这是老子之后（也有人认为作者为老子），结合了阴阳思想来专门论述宇宙生成的道家文献。

这篇文献最引人注目的地方在于提出了“太一生水”的命题，进而在此基础上演绎出一套天地万物生成的模式。可以发现，这套模式与老子既有相通之处，也有比老子更为深入的地方。就前者而言，两者都认为天地并不能作为万物的本根，《太一生水》在这一点上应该是继承了老子的形上思维，之所以将天地排除在外，在于天地乃有形有象之物。就后者而言，老子关于道生万物的过程，言语模糊，需要读者进行脑补，或许正因如此，《太一生水》的作者才提出了一种更加明确的观点对此进行详细的阐述。

大体而言，这里提出了三种万物生成的形式：一是自生，也就是“太一生水”。这是讲天地产生之前的情况，天地产生之前是水，而水则由太一自生而成。天地产生之前到底是怎样一种情形呢？老子无明言，大概是一种混沌的元气状态，这种元气虽混沌未分，但却包含了孕育万物的可能性，因而是一种生生之气。或许正因为考虑到元气的这个特点，所以作者才根据某种经验或传统，将这种元气具象化为水，因为在古人看来，有水的地方就生生不息，天上有水，地下有水，水似乎是一种超越天地的神秘之物。至于太一与水的关系，更像老子的有与无或道与一的关系，因此，“太一生水”可能并不是时空范围内的无中生有，而是一种逻辑意义的形下决定于形上，就像朱熹的理生气。

二和三分别是“反辅”而生和“相辅”而生。前者是讲天地的生成法则，后者则讲神明、阴阳、四时、沧热、燥湿、成岁的生成法则。两者的最大区别在于“反辅”是反辅太一，这里太一与水、天等的地位是不平等的，有主次之分；"相辅"则是针对相关二者之间的互辅活动，强调其交互性的一面。之所以要区分"反辅"和"相辅"，可能是为了强调天地生成的特殊性，从而联接天地合而生万物的传统；而之所以要区分自生与"反辅"，应当是为了强调太一之道的绝对性，从而区别于天地合而生万物的传统。由此可见，《太一生水》一方面继承了老子的形上学思想，另一方面又将当时流行的阴阳学说代入进来，从而创造了一种在当时来说比较完满的宇宙观念。

有意思的是，本篇作者将"水"放在了至关重要的位置上，实际上，最早对"水"给予关注焦点的肯定不在这里。孔子与老子对于水都有深刻体会，孔子认为"君子见大水必观焉"，原因是"水者，启子比德焉。"(《说苑·杂言》)他认为观水有利于个人修德。同样，在老子看来"上善若水"，因为"水善利万物而不争，处众人之所恶"(《老子·第八章》)。可以发现，孔子和老子之所以推崇水，主要是从水的品质中引申出君子之德，而《太一生水》关注水的用意却与此大有不同，它是将水作为构成宇宙万物的一种基质来看待的。这种思维方式，也只有在古希腊哲学中才能找到知音，那便是被称为西方第一位哲学家的泰勒斯。不过，二者有很大的甚至是质的差异。泰勒斯将水看作万物的基础形态，亦即"始基"，《太一生水》则在认为水是一种基质的同时，又提出"太一生水"和"太一藏于水"的思想，也就是将宇宙论纳入形上学的维度。从某种程度而言，这便克服了泰勒斯这种学说的局限性，因而表现为一种更加成熟和完满的形态。

不过，或许正因其圆满，才少有争论，而后人也便很少将这个话题继续深入下去。因此，我们看到古希腊文化在泰勒斯之后，又出现了诸多的哲学家和观点，而在中国，则很少出现其他标新立异的学说。然而，历史的真相或许更加复杂，至少，如果不是偶然的出土，这篇让人耳目一新的文献也便不会为人所知。

【关键词】 宇宙论　自生　反辅而生　相辅而生　水

9. 天地三说

【原文】

古言天者有三家，一曰盖天，二曰宣夜，三曰浑天。……

《周髀》家云："天圆如张盖[1]，地方如棋局。天旁转如推磨而左行，日月右行，随天左转，故日月实东行，而天牵之以西没。譬之于蚁行磨石之上，磨左旋而蚁右去，磨疾而蚁迟，故不得不随磨以左回焉。天形南高而北下，日出高，故见；日入下，故不见。天之居如倚[(2)]盖，故极在人北，是其证也。极在天之中，而今在人北，所以知天之形如倚盖也。日朝出阳中，暮入阴中，阴气暗冥，故没不见也。夏时阳气多，阴气少，阳气光明，与日同辉，故日出即见，无蔽之者，故夏日长也。冬天阴气多，阳气少，阴气暗冥，掩日之光，虽出犹隐不见，故冬日短也。"

宣夜之书亡，唯汉秘书郎郗萌记先师相传云："天了无质，仰而瞻之，高远无极，眼瞀[(3)]精绝，故苍苍然也。譬之旁望远道之黄山而皆青，俯察千仞之深谷而窈黑，夫青非真色，而黑非有体也。日月众星，自然浮生虚空之中，其行其止皆须气焉。是以七曜[(4)]或逝或住，或顺或逆，伏见无常，进退不同，由乎无所根系，故各异也。故辰极[(5)]常居其所，而北斗不与众星西没也。摄提[(6)]、填星[(7)]皆东行，日行一度，月行十三度，迟疾任情，其无所系着可知矣。若缀附天体，不得尔也。"……

《浑天仪注》云："天如鸡子，地如鸡中黄，孤居于天内，天大而地小。天表里有水，天地各乘气而立，载水而行。周天三百六十五度四分度之一，又中分之，则半覆地上，半绕地下，故二十八宿半见半隐，天转如车毂[(8)]之运也。"

出处：《晋书·天文志》

【简注】

(1) 盖：伞。

(2) 倚：斜的。

(3) 瞀：目眩，眼花。

(4) 七曜：指日、月和金、木、水、火、土五星。

(5) 辰极：北极星。

(6) 摄提：星名。属亢宿，共六星。位于大角星两侧，左三星曰左摄提，右三星曰右摄提。

(7) 填星：土星。

(8) 车毂：车轮。

【今译】

古代提出有关于天的理论有三家，一家主张"盖天说"，一家主张"宣夜说"，一家主张“浑天说”。

……

研究《周髀》的人认为:“天是圆形的,好像张开的大伞,地是方的,好像一个棋盘。天向左运转好像推磨一样,太阳和月亮向右旋转,但它们又随着天运转而向左转,所以太阳和月亮实际上是向东运行的,都因受天的牵制而向西沉没。就好像蚂蚁在磨盘上爬行,磨盘向左旋转而蚂蚁向右爬,磨盘转得快,蚂蚁爬得慢,所以不得不随着磨盘的方向向左边转去。天的形状是南面高而北面低,太阳在高处升起,所以能看见,它向低处隐没,所以看不见。天的整体形状就像倾斜大伞的伞面,所以极点的人在北面,这就是证明;极点本来在天正中,而现在又在人的北面,所以可以知道天的形状就像一个斜倚的大伞的伞面。早晨太阳从阳中升起,晚上落入阴中,阴气幽暗冥晦,所以隐没看不见。夏天阳气盛多,阴气弱少,阳气光照明亮,与太阳一样辉煌,所以太阳一出来就可以看见,没有能遮蔽它的,所以夏季白天的时间就长。冬天阴气盛多,阳气弱少,阴气幽暗冥晦,掩蔽住了太阳的光辉,太阳虽然出来了,但还是像隐没看不见,所以冬季白天的时间就短。”

主张宣夜说的书都失传了,只有汉秘书郎郗萌记载先师相传说:“天完全没有质地,抬头看它,又高又远没有极限,眼花目眩,精绝神息,所以是苍茫一片的样子。譬如侧望远处的黄土,山都呈现出青色,俯视千丈深谷而都显得黝黑。那青,并不是本来的颜色;黑,也不是因为有东西。日月群星,自然地飘浮在虚空之中,它们的移动停止都依靠大气。所以,七星时隐时现,时顺行,时逆行,隐伏和显现没有常规,前进和倒退也不相同,是由于它们没有根基牵系,所以各个都不相同。所以北极星总是在那固定的位置上,而北斗星不和其他的星一起西沉。摄提星、土星都向东运行,每天运行一度,每个月运行十三度,快慢很任意没有规则,正是因为它没有根基牵系。如果是依附连缀在天体上,就不能这样了。”

……

《浑天仪注》说:“天像鸡蛋,地就像是鸡蛋中的蛋黄,独处于天体之内,天是大的而地是小的。天体里到处都是水,天与地各自乘气而立,靠着水而运行。天的一周是三百六十五又四分之一度,又从中间分开,则一半覆盖在地上,一半围绕在地下,所以二十八宿半隐半现,天的运转就像车轮的转动一样。”

【解读】

在人文以及哲学类型的宇宙论出现的同时,甚至更早,还有另外一种宇宙观。这种宇宙观之所以产生,是为了解释人们观察到的天文和地理现象。于是一些解释的模型开始建立,并以被经验验证的方式得以完善。这样形成的宇宙观与今天我们所知道的科学意义的宇宙观从类型上来看，并没有质的区别，只是更为粗糙。这种宇宙模型在中国古代出现了很多，至少根据《晋书·天文志》，就记载了“盖天”“浑天”“宣夜”“昕天”“穹天”“安天”等六种，而以前三种最具代表性。

在三种代表性的宇宙模型中，“盖天”说大概是最早的，这种想法源于古人最直观的经验，当人们看见苍天笼罩着大地时，自然会产生天圆地方的猜想。据说良渚文化时期（距今5 300—4 000年）的代表器物“玉琮”就是盖天说的一种象征，“琮”的形制是外方内圆。这种原始的天圆地方的观念后来经过了修正成了一种比较精密的学说，以《周髀》为代表，认为“天圆如张盖，地方如棋局”。这种学说将日月星辰的出没解释为它们运行时远近距离变化所致，离远了就看不见，离近了就看见它们照耀，这样就可以用来解释昼夜和四季的变化，具有一定的说服力。

然而，如果仔细追究，就会发现盖天说也有不完满的地方，即使经过修正之后依然如此，比如用太阳在天球上的远近来解释昼夜的变化以及各种天体的东升西落，总让人觉得很牵强。于是到了汉代，又出现了一种“浑天”说，以东汉的张衡为代表，这种学说认为：“天如鸡子，地如卵中黄。”这是认为天是一个整球，一半在地上，一半在地下，日月星辰有时看不见，是因为它们随天球转到地下面去了，天球绕轴转一圈就是一昼夜。浑天说对于天象的这种解释，显然比盖天说合理一些，因而被多数人接受。浑天说之所以使人信服的原因还在于人们根据浑天说的原理制作出浑仪和浑象，前者可以准确地测定天体位置，后者能够演示天象的变化。不过，浑天说也并非完美无缺，比如如何解释太阳从充满水的地下经过而不受损，如何解释冬夏寒暑，如何解释极昼现象等，浑天说的支持者始终提不出令人满意的解答，而在这方面盖天说或许更好一些，因此，在中国古代，浑天说和盖天说形成了一种争议的格局，直到西方的地圆说传入才将这种格局打破。

在盖天说和浑天说之外，还有一种“宣夜”说很特别。如果说前两者有一种共通之处的话，就是都认为天是一种有形质的实体，是一个坚硬的球壳，天体都固定在这个球壳上。宣夜说则主张“天了无质”，认为天实际上是一种无限的虚空，各种天体悬浮于虚空之中，运动状态不同，速度各异。至于为什么人们仰头望天时会有一种苍苍然的有质地的感觉，那是因为距离无限远，才有了这种观感。这种宣夜说，从今天的天文学来看，无疑具有正确的成分，但是它在古代难以用某种现象来验证，只是一种思辨的假说，虽然产生很早，若不是《晋书·天文志》的拾遗，我们也很难知道。

中国古人的这些科学意义的宇宙模型具有很强的解释力，可以说，它们距离近代西方天文学所建立的宇宙观只有一步之遥，那便是对球形大地的认识。明代万历以后，西方地球观念传入，很快就被中国天文学家所接受。只是为了争夺优先权，一些人，比如《明史》的作者搬出浑天说的“地如卵中黄”的说法，以证明中国人早就知道地是球状的。实际上，中国的天文学家从来没有将大地球形作为一个明确的条件，放在其宇宙模型中。否则，有了大地球形的引入，也便不会出现盖天和浑天的无休止的争论。而中国之所以久久未能出现大地球形的观念，可能有两方面的原因。一、缺少现象方面的证据。我们知道古希腊人很早就提出了大地球形的猜想，主要源于他们观察到的一个现象，从远处驶来的航船总是先看到桅杆，而驶向远方的总是船身先沉没。但在中国，由于久居内陆，人们很少有这种经验。二、缺少能够将理论推向极致的逻辑思维和数学工具。因此，我们看到中国古人所建立的这些宇宙模型，虽然也可以运用数学进行一些运算，但总会出现各种矛盾，如果从逻辑的角度将这些计算推向极致，也有利于推出大地球形的结论。

【关键词】 盖天　浑天　宣夜　地圆

10. 太极图说

【原文】

无极(1)而太极(2)。太极动而生阳，动极而静，静而生阴，静极复动。一动一静，互为其根。分阴分阳，两仪(3)立焉。阳变阴合，而生水火木金土。五气顺布，四时行焉。五行一阴阳也，阴阳一太极也，太极本无极也。

五行之生也，各一其性。无极之真，二五(4)之精，妙合而凝。乾道成男，坤道成女。二气交感，化生万物。万物生生而变化无穷焉。

唯人也得其秀而最灵。形既生矣，神发知矣。五性(5)感动而善恶分，万事出矣。圣人定之以中正仁义而主静，立人极焉。

故圣人“与天地合其德，日月合其明，四时合其序，鬼神合其吉凶”，君子修之吉，小人悖(6)之凶。故曰：“立天之道，曰阴与阳。立地之道，曰柔与刚。立人之道，曰仁与义。”又曰：“原始反终，故知死生之说。”大哉《易》也，斯其至(7)矣！

出处：《太极图说》

【简注】

(1) 无极：宇宙的本体。

(2) 太极：也是宇宙的本体，偏于从气化层面而言。

(3) 两仪：天与地。

(4) 二五：阴阳五行。

(5) 五性：人的五种性情，喜、怒、哀、乐、怨或喜、怒、欲、惧、忧。

(6) 悖：违背。

(7) 至：极、最。

【今译】

无极也就是太极。太极能动，动起来就生出阳气。动到极致，就变为静了，(太极)静可以产生阴气，而静达到极致，又恢复动。所以，太极的状态是一动一静，动与静互为根据。阴阳相分，便产生了天与地。阴阳在相互的转化过程中，生成了水、火、木、金、土。水、火、木、金、土五气按一定的规则变化，就产生了春、夏、秋、冬四季。所以，五行说到底是阴阳，阴阳说到底是太极，而太极本身呢，又是无极。

五行之所以产生，在于各自秉持其本性。万物是由处于真实状态的无极，转化为阴阳和五行，从而交互作用产生的。具体而言，乾道产生出了男，坤道则产生出女。阴阳二气相互交感生出万物，万物产生之后又变化无穷。

万物之中唯有人汲取了太极的精华，因而最聪敏灵秀。人的形体产生之后，精神也就生发出知觉。人身的五种性情互为感应，善恶随之出现，人类的万事也从中生发出来。圣人由此将人性界定为中正仁义而主张静修，人极便确立起来。

因此，圣人的"德行与天地相配合，生成万物；他的光明与日月相配合，普照一切；他的政令与四季相配合，井然有序；他的赏罚与鬼神相配合，吉凶一致"。君子照此来修身，就会大吉，小人违背此道，则会大凶。所以说："用阴阳来论定天道，用柔刚论定地道，用仁义论定人道。"此外还说："考察万物之始，故知其所以生，究求万物之终，故知其所以死。"《易》道的伟大，竟然精妙到如此地步。

【解读】

从魏晋开始，历经隋唐，直至宋初，中国思想史上占优势地位的主要是佛道(道家与道教)二家，儒学作为一种传统尤其是政治传统还在，但是缺乏活力。这种情况不能不使儒家的学者忧心，于是他们发愿复兴儒学，结果就发展出宋明理学。宋明理学主要解决的问题是重新唤醒人们对儒家核心价值观的热情，为此，他们吸收了佛教和道教的一些好的想法，其中最主要的就是宇宙论。在佛道二家那里，价值观是依附于某种宇宙观的。于是，儒家借鉴了这种结构，为了重新唤醒人们对于"人道"

的热情,因而儒者们热衷于构造“天道”的思想,周敦颐的《太极图说》即为开山之作。

《太极图说》是《太极图》的一篇文字说明,而这个《太极图》与道教有关,周敦颐喜欢与道士切磋交流,所以这幅图很有可能出自道教,而经过了一定的改造。虽然有这样的渊源关系,但是《太极图说》仍可以被视作一篇原创性的奠定了宋明理学基础的作品。其不同于道家和道教思想的特质主要表现在两个方面。

首先,“无极而太极”思想的提出。实际上不管是“无极”还是“太极”都是道家的术语,但是将二者这样组合起来,却出自周敦颐。而它所表达的涵义也与道家不同,我们知道,道家的宇宙观以老子和《太一生水》为代表,都从道或太一开始讲述宇宙的源起,而道与太一从根本而言,只是无,这样一来,如何从无中生有就成了一个需要解释的问题。而在周敦颐这里,作为终极之道的无极,就被界定为太极,也就是说无就被界定为有。这样一来,儒家的宇宙论便有了一个坚实的基础,也就是从气开始。后来的宋明理学家都非常重视气,讨论理气关系,均由此出。

其次,“立人极”思想的提出。如果说前面这一思想还不足以将儒家与道家区分开来,那么“立人极”的思想无疑做到了这一点。“圣人定之以中正仁义而主静,立人极焉。”就是在宇宙生成的过程中,为儒家的中正仁义等核心价值观安置一个合适的位置,为人道找一个天道的根据。如此一来,儒家所追求的仁义礼智,孝悌忠信就不再是一种主观的选择,而获得了一种客观保障。只要你认可这种具有理性主义色彩的宇宙观,就没有理由拒绝儒家的价值观。不仅如此,周敦颐还特别强调“圣人”的观念。佛教讲究“成佛”,道教讲究“成仙”,都是为人生的终极意义指出一个方向,所以重提圣人的传统,并坚信人人可以成圣,也是从儒家的角度为人生意义的寻觅提供一条道路。

如果说道家《道生一》和《太一生水》代表了一种道家哲学的宇宙观的话,那么周敦颐的《太极图说》则开创了一种儒家哲学的宇宙观。两者的共同之处在于都以形上学的思维阐发了宇宙的形成及其演化,因而具有恒久的价值。一些学者曾将《太极图说》与现代天文学的宇宙论进行比较,结果发现有可比类之处。比如今天的宇宙大爆炸学说认为宇宙的起点是一种“奇点”,质量无限大,而体积无限小,这与周敦颐“无极而太极”的描述是相通的;而宇宙大爆炸之后形成微观粒子所组成的世界,进而又形成原子核、原子乃至恒星、星系等具体的万物,后来又出现了生命,这与周敦颐所讲的阴阳、五行、万物的产生过程也有些相似。这或许并非巧合,现代科学与形上学的思维方式都采取一种理性主义,其得出的结论有相似之处,也可想而知。

【关键词】 人道　天道　无极　太极　立人极

三、鬼　神

【题解】

古人生活在天地间，从认识论的角度而言，除了对天地的问题进行思索之外，对于万物和人类也会发生思考的兴趣。而在物和人之外，还有另外一个更加古老的问题，那就是由物引申出的神的问题和由人引发出的鬼的问题。鬼神的问题在中国，像在任何其他文化里一样，渊源极早，难以考证，但是值得注意的是，中国文化的鬼神观从春秋时代开始就经历了一种人文主义的洗礼，从此就形成了一种理性主义的鬼神观。

11. 绝地天通

【原文】

昭王(1)问于观射父(2)曰："《周书》所谓重、黎实使天地不通者，何也？若无然，民将能登天乎？"

对曰："非此之谓也。古者民神不杂。民之精爽不携贰者，而又能齐肃衷正，其智能上下比义，其圣能光远宣朗，其明能光照之，其聪能听彻之，如是则明神降之，在男曰觋(3)，在女曰巫。……于是乎有天地神民类物之官，是谓五官，各司其序，不相乱也。民是以能有忠信，神是以能有明德，民神异业，敬而不渎，故神降之嘉生，民以物享，祸灾不至，求用不匮。

"及少皞之衰也，九黎乱德，民神杂糅，不可方(4)物。夫人作享，家为巫史，无有要质(5)。民匮于祀，而不知其福。烝享无度，民神同位。民渎齐盟，无有严威。神狎(6)民则，不蠲(7)其为。嘉生不降，无物以享。祸灾荐[8]臻[9]，莫尽其气。颛顼受之，乃命南正重司天以属神，命火正黎司地以属民，使复旧常，无相侵渎，是谓绝地天通。

“其后，三苗[10]复九黎之德，尧复育重、黎之后，不忘旧者，使复典之。以至于夏、商，故重、黎氏世叙天地，而别其分主者也。其在周，程伯[11]休父其后也，当宣王时，失其官守，而为司马氏。宠[12]神其祖，以取威于民，曰：‘重实上天，黎实下地。’遭世之乱，而莫之能御也。不然，夫天地成而不变，何比之有？”

出处：《国语·楚语下》

【简注】

(1) 昭王：楚昭王（约前 523—前 489），芈姓，熊氏，名壬，又名轸（珍），楚平王之子。

(2) 观射父：楚国大夫，大巫师，地位显赫。

(3) 觋（xí）：男巫。

(4) 方：区别。

(5) 要质：盟誓之诚信。

(6) 狎：习惯。

(7) 蠲（juān）：清洁。

(8) 荐：反复。

(9) 臻：到来。

(10) 三苗：古代南方部族名，相传为九黎的后人。

(11) 程伯：程，国名；伯，伯爵。

(12) 宠：尊崇。

【今译】

楚昭王问观射父，说：“《周书》上所说的重和黎使天地无法相通，是怎么回事？如果不是这样，人民就能升天吗？”

观射父回答说：“不是说的这意思。古时候民和神不混杂。人民中精神专注不二而且又能恭敬中正的人，他们的才智能使天地上下各得其宜，他们的圣明能光芒远播，他们的目光明亮能洞察一切，他们的听觉灵敏能通达四方，这样神明就降临到他那里，男的称为觋，女的称为巫。……于是就有了掌管天、地、民、神、物的官员，这就是五官，各自主管它的职事，不相杂乱。百姓因此能讲忠信，神灵因此能有明德，民和神的事不相混同，恭敬而不轻慢，所以神灵降福，谷物生长，百姓把食物献祭给神，祸乱灾害不来，财用也不匮乏。

“等到少皞氏衰落，九黎族扰乱德政，民和神相混杂，不能分辨名实。人人都举行祭祀，家家都自为巫史，没有了相约的诚信。百姓穷于祭祀，而得不到福。祭祀没有法度，民和神处于同等地位。百姓轻慢盟誓，没有敬畏之心。神对人的一套习以为常，也不求祭祀洁净。谷物不受神灵降福，(因此)没有食物来献祭。祸乱灾害频频到来，百姓不能尽其天命而多早逝。颛顼承受了这些，于是命令南正重主管天来会合神，命令北正黎主管地来会合民，以恢复原来的秩序，不再互相侵犯轻慢，这就是所说的断绝地上的民和天上的神相通。

“后来，三苗继承了九黎的凶德，尧重新培育了重、黎的后代，使其不忘记他们先人的事业，再度主管天地。一直到夏朝、商朝，仍旧由重氏和黎氏世代主管天地，分辨民与神的祭位和尊卑先后。在周朝，程国伯休父是他们的后代，在周宣王时，失去了掌管天地的官位，变成了司马氏。休父的后代神化他们的祖先，以此向百姓显威，说：‘重能把天向上举，黎能把地向下抑。’后来遭逢幽王、平王的乱世，也没人能抵御他们树立的神威了。否则，天地形成以后不再变化，怎么能相接近呢?”

【解读】

按照德国哲学家雅斯贝斯的理论，凡是古老的文明都经历过漫长的原始宗教的阶段，只不过有的经过了轴心时代的洗礼，保留了下来，有的中断了，有的则仍处于此种阶段。中国的情况属于第一种，在经过了春秋时代的思想喷发之后，逐渐走上了一种以儒道思想为架构的理性主义的道路。那么在春秋之前，中国原始宗教的情形如何呢？很多古籍都记载，在那段时间，曾经发生过一件震天动地的大事件，名为“绝地天通”。这个“绝地天通”是什么事件呢?《国语·楚语下》中，楚昭王与观射父的这段对话记载得最详细。

由此，我们发现，“绝地天通”其实就是中国上古时期的一场“宗教改革”。在此之前，已经出现了两种宗教模式。最初，人类处于一种理想状态，人群中有些天赋异禀的人能通神明，于是这些人自然就成了神职人员并与一般的官员和人民有所区分，这叫作“民神不杂”或“民神异业”。后来出现了人人祭祀、家家作巫的情况，这叫作“民神杂糅”或“民神同位”。于是由统治者出面，重新设定专职的神职人员，这就叫“绝地天通”。简单来说，“绝地天通”就是统治者将神权收归政府，建立了一种“政教合一”的模式。

那么，问题来了，这场“宗教改革”到底是历史事实，还是后人建构的一套宗教史？有人主张这只不过是一种后来者的历史虚构，也有人认为不见得，因为其中提到的“九黎乱德”“三苗复九黎之德”确实涉及上古的史实，这场改革的契机可能是华夏集团在军事和政治上击败了苗蛮集团，从而在宗教上实行的进一步的统一。所以，不管这场改革前面的情形如何，“绝地天通”这件事还是应该肯定下来，它表明中国的原始宗教后来发展为一种与政治密切结合的形态。这种结合的作用在于，原先寄生于原始宗教中“礼”“乐”的要素就可以借助宗教参与到政治中来，从而逐步形成了一种礼乐之制。

众所周知，夏商周三代延续了上千年的文明形态，主要就是一种礼乐文化。可以说，经过了礼乐文化的长时间酝酿，中国文化才由原始的巫祝文化的形态变化出诸子百家的思想，进而形成儒道互补的理性主义的文化结构。礼乐文化之所以有这种妙用，原因在于与原始宗教阶段的巫祝文化比较，礼乐的象征意义远远大于实质意义。比如，在原始的宗教仪式中，也有礼和乐的要素，但在那里，某种乐舞和仪式就被认为和鬼神有关，从而直接可以帮助治病或者祈雨等。而在礼乐文化中，人们渐渐发现，礼乐的象征意义大于实质意义，最终，人们开始产生了一种人文主义的视角，取代了鬼神的视角。这种转折，荀子说得最为明白："日月食而救之，天旱而雩，卜筮然后决大事，非以为得求也，以文之也。故君子以为文，而百姓以为神。"(《荀子·天论》)这是说，礼乐文化发源于卜筮文化，所以从形式上来看都差不多，面对日食月食或天旱，卜筮文化认为真的可以通过礼乐的形式改变客观现实，而礼乐文化则仅仅将礼乐看作一种文化，仅有某种象征的意味。

由此可见，礼乐文化蕴含了某种理性的因素，由此才产生出后来的具有理性主义色彩的鬼神观。这种现象，放眼望去，在世界文化史中还是比较罕见的。而之所以会如此，就与上古时代所发生的那场"绝地天通"的"宗教改革"有密切关系。

【关键词】 宗教改革　政教合一　礼乐文化　卜筮文化　理性主义

---

12. 敬鬼神而远之

【原文】

1 子曰："非其鬼[(1)]而祭之，谄也。见义不为，无勇也。"

出处：《论语·为政》

2 祭如在，祭神[(2)]如神在。子曰："吾不与[(3)]祭，如不祭。"

出处：《论语·八佾》

3 樊迟问知。子曰："务民之义，敬鬼神而远[(4)]之，可谓知矣。"

出处：《论语·雍也》

4 子不语怪、力、乱、神。

出处：《论语·述而》

5　子疾病(5)，子路请祷。子曰："有诸?"子路对曰："有之。诔曰：'祷尔于上下神祇(6)。'"子曰："丘之祷久矣。"

出处：《论语·述而》

6　子曰："禹，吾无间然矣。菲饮食而致孝乎鬼神，恶衣服而致美乎黼冕(7)，卑宫室而尽力乎沟洫(8)。禹，吾无间然矣。"

出处：《论语·泰伯》

7　季路问事鬼神。子曰："未能事人，焉能事鬼?"曰："敢问死。"曰："未知生，焉知死?"

出处：《论语·先进》

【简注】

(1) 鬼：《礼记·祭义》说："众生必死，死必归土，此谓之鬼。"《说文》云："鬼，人所归为鬼。"在古代，人死后称为"鬼"，一般指已死的祖先。

(2) 神：《说文》云："神，天神，引出万物者也。"所以，神的本意是指天地万物的创造者和主宰者，万物的精灵。

(3) 与(yù)：参与。

(4) 远(yuàn)：疏远，避开。

(5) 疾病："疾病"连言，是说重病。

(6) 祇(qí)：地神。

(7) 黼冕(fǔ miǎn)：祭祀时穿戴的衣服和帽子。

(8) 沟洫：水渠，这里指农田水利。

【今译】

1. 孔子说："不是自己应该祭祀的鬼神，却去祭祀，就是献媚。眼见应该挺身而出的事情，却袖手旁观，就是怯懦。"

2. 孔子祭祀祖先的时候，就好像祖先真的在那里；祭神的时候，也像神真在那里。孔子有言："我若是不能亲自参加祭祀，是不请别人代理的。"

3. 樊迟问怎样才算有知，孔子说："把精力专一地放在使人民走向'义'的事业上，严肃地对待鬼神，但并不打算去接近，这可以说就是有知了。"

4. 孔子不谈怪异、勇力、叛乱和鬼神。

5. 孔子病重，子路请求祈祷。孔子说："有这回事吗?"子路回答："有的，《诔文》中讲过：'替你向天神地祇祈祷。'"孔子道："我早就祈祷过了。"

6. 孔子说："禹，我对他没有批评了。他自己吃得很坏，却把祭品办得很丰盛；自己穿得很差，却把祭服做得极华美；自己住得很糟，却把自己的精力完全用于沟渠水利。禹，我对他没有批评了。"

7. 子路问服事鬼神的方法。孔子说:"活人还不能服事,怎么能去服事死人?"子路又问:"我大胆地请问死是怎么回事?"孔子说:"生的道理还没有弄明白,怎么能够懂得死?"

【解读】

中国的鬼神观从孔子开始,发生了质的转变。在此之前,绝大多数人对鬼神都持一种迷信的态度,也就是一种未经反思的执信。孔子则有反思,反思就需要运用智慧,因此,我们看到孔子在回答弟子樊迟问"知"的时候特别提出:"敬鬼神而远之。"这便是孔子对待鬼神的基本立场,敬,但是保持一定的距离。很多材料能证明孔子的这个立场,比如祭祀的对象是鬼神,而孔子对祭祀非常诚敬,他说:"吾不与祭,如不祭。"又如弟子们对于孔子的一个重要的印象是:"子不语怪力乱神。"这种看法似乎很矛盾,既然敬,为什么要保持一定距离呢?从他跟子路的对话中,我们或可一窥消息:"未能事人,焉能事鬼?""未知生,焉知死?"原来,远鬼神是为了强调人生的重要。

可是,问题还没有结束。既然一方面敬鬼神,要与鬼神打交道,这是亲近鬼神的表现,另一方面却很少关注和谈论鬼神,这怎么可能?问题的关键可能在于,孔子到底相信不相信鬼神的存在?孔子在这个问题上态度暧昧,容易使人怀疑。比如他会说:"祭如在,祭神如神在。"所谓"如在",就是如同其在,给人的印象好像鬼神本来不在一样。实际上,如果将孔子关于鬼神的材料收集起来,做一种全面的了解,就会发现,孔子相信有鬼有神。比如孔子生了重病,子路请求祷告,孔子告诉他自己已经祷告过了。既然真心祷告,必然信其为有。不过,孔子理解的鬼神是一种与人、物不同的无形无色之在。

《易·系辞上》说:"精气为物,游魂为变,是故知鬼神之情状。"这是将鬼神理解为阴阳之气的聚散变化之道。所以,在儒家学者看来,鬼神确实存在,但是无形无象。用韩愈的话说就是:"有形而无声者,物有之矣,土石是也;有声而无形者,物有之矣,风霆是也;有声与形者,物有之矣,人兽是也;无声与形者,物有之矣,鬼神是也。"(《原鬼》)所以,鬼神是一种无声无形的存在,换句话来说,是不能通过人的经验感知到的。这就可以解释为什么孔子在祭祀时会主张"如其在",意为如同其可以有形有象地在那里一样。

所以,在孔子及儒家看来,鬼神就是这样一种知其在而不知其所在的特殊存在。于是,情况就变为,人不管在什么时候对于鬼神来说都处于一种无遮蔽的透明状态。换句话说,都处于鬼神的监视下。这就决定了,人对鬼神不能不诚,人做任何事情都不能不诚。因此,《中庸》记载了这样一段孔子的鬼神观:"鬼神之为德,其盛矣乎。视之而弗见，听之而弗闻，体物而不可遗。使天下之人，齐明盛服，以承祭祀。洋洋乎如在其上，如在其左右。《诗》曰：'神之格思，不可度思，矧可射思。'夫微之显，诚之不可掩如此夫。"由于鬼神无色、无声、无形、无象，因而遍在于万物，如在人之上下左右，所以人的所作所为，甚至所思所想都无法欺骗鬼神。鬼神的这样一个特点就决定了，一方面，人不应当把自己的精力用在揣摩鬼神上，因为鬼神好像超越了经验层面，并非人的智力所能应付；另一方面，人只好将自己的精力用在人生和人事方面，并诚心经营，否则就会招致鬼神的惩罚。

在这里，鬼神之道的实质告诉人们要以诚而行其人道。于是才有了"季路问鬼神"的著名桥段，孔子答以"未能事人，焉能事鬼"，又曰："敢问死?"答曰："未知生，焉知死?"单从此话来看，有人说这是孔子认为"鬼神及死事难明，语之无益，故不答也。"(《论语注疏·先进》)其实不然，孔子深明鬼神之道，只不过鬼神之道的实质告诉人们要以诚而行其人道。孔子的这种鬼神观是继承了其前人以及时人的鬼神观而产生的。《论语》记述了一段材料："子曰：'南人有言曰：人而无恒，不可以作巫医。善夫!''不恒其德或承之羞。'子曰：'不占而已矣。'"(《论语·子路》)前段所谓"南人有言"应该是古之遗言，巫医是与鬼神相通而谋求为人治病的，然而一个合格的巫医却不能无恒德。后段所引乃《易·恒卦》之辞，《易》本占筮之书，是向冥冥中的鬼神求问吉凶的，但是《恒卦》之辞却明言缺德的人不能占卜。孔子对这两段材料称道而认同，表明他的鬼神观是继承了前人思想而将重点放在人之为德上的。

总之，大量材料证明孔子不仅相信鬼神的存在，而且对于鬼神之道深有体会，但是正是在这种独特的鬼神观的支持下，他才表现出远鬼神而重人事的态度。

【关键词】 祭祀　人生　无形无象　特殊存在

13. 明　鬼

【原文】

子墨子言曰："逮至昔三代圣王既没，天下失义，诸侯力正[1]，是以存夫为人君臣上下者之不惠忠也，父子弟兄之不慈孝弟长贞良也，正长之不强于听治，贱人之不强于从事也，民之为淫暴寇乱盗贼，以兵刃毒药水火退[2]无罪人乎道路率径[3]，夺人车马衣裘以自利者并作，由此始，是以天下乱。此其故何以然也？则皆以疑惑鬼神之有与无之别，不明乎鬼神之能赏贤而罚暴也。今若使天下之人，偕若信鬼神之能赏贤而罚暴也，则夫天下岂乱哉！”

今执无鬼者曰：“鬼神者，固无有。”旦暮以为教诲乎天下，疑天下之众，使天下之众皆疑惑乎鬼神有无之别，是以天下乱。是故子墨子曰：“今天下之王公大人士君子，实将欲求兴天下之利，除天下之害，故当鬼神之有与无之别，以为将不可以不明察此者也。”

出处：《墨子·明鬼下》

【简注】

(1) 正：同“征”，征战。

(2) 退：当作“迓”，通“御”，阻止。

(3) 率径：读为“术径”，“术”为车行道，“径”为人行道。

【今译】

墨子说：“自从当初三代的圣王死后，天下就丧失了义，诸侯用暴力相互征伐。因此就存在着君臣上下不相互做到仁惠、忠诚，父子弟兄不相互做到慈爱、孝敬与悌长、贞良，行政长官不努力于听政治国，平民不努力于做事。人们做出了淫暴、寇乱、盗贼之事，还拿着兵器、毒药、水火在大小道路上阻遏无辜的人，抢夺别人的车马衣裘以为自己谋利。从那时开始就天下大乱了。是什么原因造成了这种结果呢？那都是因为大家怀疑鬼神的有无，不明白鬼神能够赏贤罚暴的缘故。现在假若天下的人们一起相信鬼神能够赏贤罚暴，那么天下岂能混乱呢？”

现在坚持无鬼论的人说：“鬼神本来就不存在。”一天到晚都用这些话对天下人进行教导，以疑惑天下的民众，使他们都对鬼神有无的分辨感到疑惑，所以天下大乱。所以墨子说：“现在天下的王公大人士君子，如果确实想兴办天下之利，除去天下之害，那么对于鬼神有无的分辨，就不能不考察清楚。”

【解读】

正当孔子按照理性提出“敬鬼神而远之”，将鬼神的观念从人们思想的中心地带请出去的同时，老子也在做一件同样的、但思路完全不同的事情。老子提出：“以道莅天下，其鬼不神。非其鬼不神，其神不伤人。非其神不伤人，圣人亦不伤人。”（《老子·第六十章》）在老子的思想中，道是独一无二的，因而超越了一切有形有象的存在，所以，如果领悟了道，就会发现，鬼神实际上起不到什么作用，可以退居二线了。由此可见，到了春秋时代，鬼神的观念似乎已经要淡出思想的舞台了，不过这个时候，墨子横空出世，主张重新将鬼神请入人们的思想，从而提出“明鬼”的观点。

墨子为什么要做这样一件逆历史潮流的事呢？考察一下墨子的整体思想，其实也不难了解。众所周知，墨子最重要的主张是“兼爱”“非攻”，“兼爱”就是“视人之国若视其国，视人之家若视其家，视人之身若视其身。”（《墨子・兼爱中》）也就是像爱自己一样爱他人，像爱自己的家和国一样爱他人的家和国，“非攻”是这一思想的推论，所谓：“视人国若其国，谁攻？”（《墨子・兼爱上》）既然兼爱他人与他国，谁还会攻杀别人呢？但是，一般人做到自爱，进而爱亲，进而泛爱众，已经很不容易，如何使其毫无区分地去爱所有的人？难度很大！于是墨子从理论上进行了论证，证明人可以做到“兼爱”。问题在于，这种论证似乎只有理论说服力，难以保证“兼爱”主张的落实。为此，墨子开动脑筋，最终提出了“天志”和“明鬼”的思想，认为天之志是“欲义而恶其不义”，鬼神的作用则在于“赏贤而罚暴”。由此，我们发现，“天志”和“明鬼”其实是为“兼爱”和“非攻”的主张张目，是为了保障“兼爱”“非攻”的落实而提出的。正是基于这种考虑，所以墨子才提出“今若使天下之人，偕若信鬼神之能赏贤而罚暴也，则夫天下岂乱哉！”（《墨子・明鬼下》）可见，“天志”和“明鬼”在墨子思想中是作为一种理论工具而出现的，对此，墨子明确说：“我有天志，譬若轮人之有规，匠人之有矩。”（《墨子・天志上》）

墨子“明鬼”最主要的任务，是证明世上有鬼。这怎么证明呢？墨子有办法，用一套严密的逻辑思想来解决。墨子曾经提出一种“三表法”，也就是用来衡量一个命题是不是真理的三种标准。曰：“有本之者，有原之者，有用之者。于何本之？上本之于古者圣王之事。于何原之？下原察百姓耳目之实。于何用之，废以为刑政，观其中国家百姓人民之利。此所谓有三表也。”（《墨子・非命上》）读一下《明鬼》篇，就会发现，墨子的论证逻辑就是这个“三表法”。首先，墨子引用各国史书的材料讲了大量的鬼故事，说明鬼的存在是已经被老百姓的耳目检验过的；其次，墨子进一步说明，中国的古圣先贤，三代圣王是相信鬼的；最后，还指出，鬼神存在就能赏善罚恶，因而有鬼对国家和人民是一件好事。所以，如果你认可“三表法”，就得认可有鬼的结论，否则，墨子会说，那咱们谈一下“三表法”吧，于是你就被引到逻辑学上去了。

如果撇开逻辑学的问题不谈，墨子真的相信鬼吗？尽管墨子花了这么大的力气论证鬼的存在，但是从相关的材料来看，很难说墨子自己相信有鬼。首先，墨子“明鬼”思想有一些明显的漏洞，比如，既然一方面说天下大乱是由人们不信鬼神引起的，另一方面又认为鬼神具有赏善罚恶的作用，而且经常举例说某某不信鬼神而遭到了惩罚，那么，我们自然心生疑问：既然鬼神可以赏善罚恶，那么为什么天下仍不太平呢？所以问题的关键只是在于人们“信”或“不信”，而鬼神实际上到底有没有倒是其次的了。在《鲁问》篇中，有一位弟子曹公子就向墨子提出了类似的问题，他很奇怪墨家既然尊天事鬼，为什么还会出现一些不幸的事情，墨子辩解说，不幸之事的发生有很多原因，就像是有一百扇门，我们祭祀鬼神只是关住了一扇门，怎么可以防止小偷进来呢？这显然不能完全说服人，也说明“天志”和“明鬼”的思想在他那里并不具有终极的地位。其次，墨子自己的一些论述也显得模棱两可，比如他在奉劝人们祭祀鬼神的时候说：“虽使鬼神请亡，此犹可以合欢聚众，取亲于乡里。”（《墨子·明鬼下》）也就是说，即使鬼神不存在，祭祀也可以使人聚众欢乐，增进大家的友谊。这样的话，似乎就有点拿不准鬼神到底存不存在的意思了。

因此，“天志”“明鬼”思想对墨子而言，仅有某种工具性，我们并不能将其与今天一般所说的宗教中的上帝和鬼神相提并论，比如，在基督教中，上帝作为唯一的神，他的地位和作用都是终极性的。至于为什么墨子的鬼神观会表现出这种形态，这与墨子从功利主义出发所建立的兼爱思想体系有关，实际上也是一种理性主义的鬼神观。

【关键词】 兼爱　天志　三表法　工具性　功利主义

14. 涓蜀梁疑鬼

【原文】

凡观物有疑，中心不定，则外物不清。吾虑不清，则未可定然否也。冥冥而行者，见寝石以为伏虎也，见植林以为后(1)人也：冥冥蔽其明也。醉者越百步之沟，以为蹞(2)步之浍(3)也；俯而出城门，以为小之闺也：酒乱其神也。厌(4)目而视者，视一以为两；掩耳而听者，听漠漠(5)而以为哅哅(6)：埶乱其官也。故从山上望牛者若羊，而求羊者不下牵也：远蔽其大也。从山下望木者，十仞之木若箸，而求箸者不上折也：高蔽其长也。水动而景(7)摇，人不以定美恶：水埶玄也。瞽者仰视而不见星，人不以定有无：用精(8)惑也。有人焉以此时定物，则世之愚者也。彼愚者之定物，以疑决疑，决必不当。夫苟不当，安能无过乎？

夏首之南有人焉，曰涓蜀梁。其为人也，愚而善畏。明月而宵行，俯见其影，以为伏鬼也；仰视其发，以为立魅也。背而走，比至其家，失气而死。岂不哀哉！凡人之有鬼也，必以其感忽(9)之间、疑玄(10)之时定之。此人之所以无有而有无之时也，而已以定事。故伤于湿而痹，痹而击鼓烹豚，则必有敝鼓丧豚之费矣，而未有俞疾之福也。故虽不在夏首之南，则无以异矣。

出处：《荀子·解蔽》

【简注】

(1) 后(後)：当作"從"(从)，形近而误。

(2) 蹞：半步曰蹞，蹞与跬同。

(3) 浍：小沟。

(4) 厌：通"擪"(yè)，用手指按捺。

(5) 漠漠：寂静无声。

(6) 哅哅：喧闹嘈杂。

(7) 景：通"影"。

(8) 精：通"睛"，眼睛，视力。

(9) 感忽：神志不清。

(10) 玄：通"眩"，迷惑，迷乱。

【今译】

大凡观察事物有疑惑：内心不平静，那么外界的事物就看不清。自己的思想混乱不清，那就不能判断是非。在昏暗中走路的人，看见横卧的石头就以为是趴着的老虎，看见矗立的树林就以为是跟随着的人：这是昏暗蒙蔽了他的视力。喝醉酒的人过百步宽的水道，以为是过一二步宽的小沟；低着头走出城门，以为是走出狭小的宫中小门：这是酒扰乱了他的心神。按捺眼睛去看的人，看一件东西会以为是两件；捂住耳朵去听的人，听那默默无声会以为是嗡嗡作响：这是因为外力扰乱了他的官能。从山上远望山下的牛就好像是羊，但求取羊的人是不会下山去牵的：这是距离掩盖了牛的高大。从山下远望山上的树木，七丈高的树木像根筷子，但求取筷子的人是不会上山去折的：这是高远掩盖了树木的长度。水晃动而影子也晃动，人们不会以此来判定容貌的美丑：这是水形使人眼花了。瞎子抬头观望而看不见星星，人们不会以此来判定星星的有无：这是眼睛看不清东西。如果有人在这种时候断定事物，那就是世界上的蠢人。那些蠢人断定事物，是用疑惑不清的心去判断疑惑不清的事物，判断一定不得当。判断如果不得当，又怎么能没有错误呢？

夏首的南边有一个人，名叫涓蜀梁，他生性愚蠢而容易害怕。在月光明亮的夜晚行走，低头看见自己的身影，就以为是趴在地上的鬼；抬头看见自己的头发，就以为是站着的妖怪；于是转身就跑，等跑到自己的家中，就断气死了。这难道不可悲吗？大凡人认为有鬼，一定是在他精神恍惚的当口、疑惑迷乱的时候来判定它的。这正是人们把有当作没有、把没有当作有的时候，但他们自己却在这个时候去判定事情。有人得了风湿病却想敲鼓来祛除疾病，并烹猪求神，那就一定会有打破鼓、损失猪的破费了，而不会有治愈疾病的幸福。所以这种人即使不住在夏首的南边，却也与涓蜀梁没有什么区别了。

【解读】

作为先秦孔子后学，荀子对孔子"敬鬼神而远之"的观点做了进一步推展，明确反对有鬼，主张无鬼。我们知道，孔子对鬼神存而不论，在那里，鬼神虽然远离了思想的中心地带，但依然是存在的；在孟子那里，干脆不谈鬼神以及与之相关的话题。到了荀子这里，则希望就此给出一个清晰的答案，鬼神到底有没有，为什么有或没有。

对于有没有鬼这个问题，有个一般的检验方法，就是看看人在经验上是否能接触到，如果可以看到、听到、摸到，就是有，反之，则说明没有。墨子证明有鬼，就明确提出了这种方法："是与天下之所以察知有与无之道者，必以众之耳目之实知有与亡为仪者也，请惑闻之见之，则必以为有，莫闻莫见，则必以为无。"(《墨子·明鬼下》)然而，墨子这个方法也有漏洞：首先，你没有办法保证你所说的众人的"耳目之实"是否是道听途说；其次，即使能够保证，但是眼睛之所见，耳朵之所听的东西，也并不能肯定那一定就是鬼，因为经验毕竟不可靠。荀子论证无鬼，主要就抓住了这一点，经验的东西未必是真。

所以，荀子提出了这样的命题："凡观物有疑，中心不定，则外物不清。吾虑不清，未可定然否也。"也就是说，判定一个事物的真假，关键在于心是否定，虑是否清。这个"心定"或"虑清"就相当于理性。人有了理性，就可以对经验进行分析和判断，从而得出正确的结论。为此，荀子举了很多例子来说明这个道理，比如晚上行路，我们的眼睛被黑暗遮蔽了，所以往往会把石头当作睡虎；又如人喝醉了，我们的神经被麻痹了，所以过一条大河，感觉就像跨过一条小水沟一样，诸如此类，说明理性的清明对于判断来说至关重要。由此，荀子为我们讲了一个"涓蜀梁"的故事，这个人在月下行走，把自己的影子当作鬼，把自己的头发当作魅，于是拼命奔跑，回到家中，就气绝身亡了。当你觉得可笑时，其实就已经接受了荀子的结论，得出有鬼的错误结论只不过因为理性缺失。

荀子提出的这种鬼神观，理论的根源可以从其天人关系的思想中寻找。荀子之外，人们对于天有各种不同的观点，但总的来说，天的观念中都散发着来自远古的神秘气息。因此，人们总是将一些神秘未知的自然现象以及社会现象与天地鬼神联系起来。荀子则提出了一种“天人之分”的思想，认为天地万物的运行有其特定的规律，人没有必要大惊小怪，更没有必要认为是鬼神作怪。所谓：“星坠木鸣，国人皆恐。曰：是何也？曰：无何也，是天地之变，阴阳之化，物之罕至者也。怪之，可也。而畏之，非也。”（《荀子·天论》）可以发现，荀子试图用一种符合理性的道理来说明天的运行，从而斩断其与人的神秘联系。因此，如果说墨子试图将理性主义的方法贯彻到有神论的话，那么荀子则是将理性主义的方法贯彻到无神论上。两者的结论和前提相反，但是所用的方法却有相通之处。

实际上，荀子之前，就有运用理性主义的方法反对鬼神的人物和思想出现，比如我们所熟知的西门豹除巫治邺的故事，只不过，荀子的思想更加精微。荀子之后，这样的思想也不绝如缕，甚至更加纯熟，比如王充在《论死》中提出的观点，既从经验上，也从理性上对于鬼神存在的观点提出了反驳，范缜在《神灭论》中提出了“形神相即”的思想，并以刀刃和锋利的关系加以说明，更有说服力。所以，在中国古代思想史中，运用理性主义的方法反对鬼神存在的思想是一个非常强有力的传统，至今仍有深刻影响。

【关键词】　理性　经验　天人之分　无神论　有神论

15. 论　仙

【原文】

或问曰：“神仙不死，信可得乎？”

抱朴子答曰：“虽有至明，而有形者不可毕见焉。虽禀极聪，而有声者不可尽闻焉。虽有大章、竖亥(1)之足，而所常履者，未若所不履之多。虽有禹、益、齐谐(2)之智，而所尝识者未若所不识之众也。万物云云(3)，何所不有，况列仙之人，盈乎竹素(4)矣。不死之道，曷为无之？”

于是问者大笑曰：“夫有始者必有卒，有存者必有亡。故三五丘旦(5)之圣，弃疾良平(6)之智，端婴随郦(7)之辩，贲育五丁(8)之勇，而咸死者，人理之常然，必至之大端也。……”

抱朴子答曰：“……夫存亡终始，诚是大体。其异同参差，或然或否，变化万品，奇怪无方，物是事非，本钧末乖(9)，未可一也。夫言始者必有终者多矣，混而齐之，非通理矣。谓夏必长，而荠麦枯焉。谓冬必凋，而竹柏茂焉。谓始必终，而天地无穷焉。谓生必死，而龟鹤长存焉。盛阳宜暑，而夏天未必无凉日也。极阴宜寒，而严冬未必无暂温也。……万殊之类，不可以一概断之，正如此也久矣。”

出处：《抱朴子·论仙》

【简注】

(1) 大章、竖亥：传说中善走而跋涉极远的人。《淮南子·地形训》中记载：“禹乃使大章步自东极，至于西极，二亿三万三千五百里七十步；使竖亥步自北极，至于南极，二亿三万三千五百七十里。”

(2) 齐谐：人名。《庄子·逍遥游》：“齐谐者，志怪者也。”成玄英疏：“姓齐名谐，人姓名也；亦言书名也，齐国有此俳谐之书也。”

(3) 云云：通“芸芸”，众多的样子。

(4) 竹素：竹简和素帛，泛指古代典籍。

(5) 三五丘旦：三皇、五帝、孔丘、周公旦。

(6) 弃疾良平：后稷、樗里子、张良、陈平。

(7) 端婴随郦：端木赐、晏婴、随何、郦食其。

(8) 贲育五丁：孟贲、夏育、五丁。

(9) 本钧末乖：根本相通而枝末相背。

【今译】

有人问：“神仙能长生不死，这真的可能做到吗？”

抱朴子回答说：“就算视力最好的人，也不能把有形的事物全部看见；就算听力最好的人也不能把所有的声音全都听见；就算拥有大章、竖亥那样的捷足，所走过的地方，也还是没有没走过的多；就算拥有大禹、伯益、齐谐那样的智慧，所见识的，也还是没有没见识过的多。宇宙万物纷杂，什么没有呢？况且成仙的人已随处见于各种记载，不死之道，怎么会没有呢？”

于是问话的人大笑说：“有始则必有终，有存则必有亡。所以像三皇五帝、孔丘、周公那样的圣人，后稷、樗里子、张良、陈平那样的智者，端木赐、晏婴、随何、郦食其那样的辩才，孟贲、夏育、五丁那样的勇士，也都死了，这是人生事理的必然规律，是一定会来临的最后归宿。……”

抱朴子回答说：“……世事有存必有亡，有始必有终，诚然大体如此，但是其间存在着不同的差异，有的这样，有的那样，变化万端，奇奇怪怪，没有一定的规律。本质相同的表现不同，根本相同的枝末相背，不能一概而论。说有始必有终的人很多，把千变万化的事物混同起来一样看待，不是通达之理。说夏天万物必然生长，但是荠麦却在此时枯萎；说冬天万物必然凋谢，而竹柏却在此时丰茂；说有始必有终，而天地却无尽无穷；说有生必有死，而龟鹤却长生久存。盛夏应该是炎热的，但夏天未必没有清凉的日子；严冬应该是寒冷的，但冬天未必没有短暂的温暖。……世上万物万类，不能用一种标准来一概而论。”

【解读】

如同任何典型的宗教那样，道教也将生死难题看作核心问题。只不过，一般的宗教通过神来解决这个问题，道教则通过使人成为神来解决。为什么道教会产生这种思想呢？通过与同时期的另外两种形神论的比较，或许比较清楚。魏晋以后，一些中国佛教学者，如慧远提出“形尽神存”的观点，另一方面，在玄学发展的基础上，以范缜为代表的学者针锋相对地提出了“形尽神灭”的观点。道教学者对这两种观点都不认同，他们一方面认为“形尽神存”很不切实际，另一方面又觉得“形尽神灭”充满了虚无主义色彩。于是，他们考虑，是否可以走出一条中间道路，既符合实际，又拒绝虚无。这样一来，肉体不灭，因而精神永存的可能性就被郑重其事地提出来。道士们为此进行了积极探索。

最早提出系统的成仙（永生之人）理论的道教学者是东晋道教学者葛洪，《抱朴子·论仙》对于这个问题进行了集中论述。大致有两个问题：

一个是论证成仙是完全可能的。葛洪从理论上对这个问题进行了使人信服的论证，其论证的思路可以概括为两句话：其一，世间万物的变化发展总是遵循一定的规律，其二，但是也并非全篇一律，总能找到例外。为了说明这个道理，葛洪举了大量的例子，比如说夏天是生长的季节，荠麦却在此时枯萎；冬天是凋谢的季节，而竹柏却在此时丰茂。由此，葛洪就开始推导，一般而言，人是有生就有死，但是谁也不能保证可能有某种例外，不死成仙就是这种例外之事。葛洪的这个理论在逻辑上是可以自圆其说的。

另一个是说明人如何成仙。葛洪认为人可以通过“方术”改变事物原来的变化轨迹。他举例说：“泥壤易消者也，而陶之为瓦，则与二仪齐其久焉。柞楢速朽者也，而燔之为炭，则可亿载而不败焉。”（《抱朴子·至理》）泥土被人烧成瓦片，木头被人烧成木炭，这都改变了事物的变化轨迹，葛洪依此认为人可以依靠“方术”改变生命轨迹。“方术”其实就是“技术”，代表了人类改造自然的意愿和努力。从这个角度来看，道教与道家“纯任自然”的基本精神已有根本不同，葛洪提出：“任自然无方术者，未必不有终其天年者也，然不可以值暴鬼之横枉，大疫之流行，则无以却之矣。”(《抱朴子·道意》)道教修正了道家的观点，所以葛洪说：“道成之后略无所为也，未成之间无不为也。”(《抱朴子·地真》)

有了这些理论上的准备之后，葛洪就开始动手实践。首先，他决定通过改变一些不值钱的东西的属性，比如石头，让它变成金银财宝。理由是“变化者，乃天地之自然，何谓嫌金银之不可以异物作乎?”(《抱朴子·黄白》)其次，他就希望通过用含铅、汞等的矿物质炼出长生不老药。为什么通过这些矿物质来炼制呢？或许在于这些东西在天地之间存在的时间最长，所以他希望将其中的长久的属性转嫁到人的身上来。这就是葛洪的成仙理论，所谓“我命在我不在天，还丹成金亿万年!”(《抱朴子·黄白》)

葛洪试图通过“方术”来改变事物原来发展轨迹，从而使人成仙，他的问题在于将问题简单化了。从现代科学技术的角度来看，葛洪提出“金银可以异物作”的梦想或许目前还没办法实现，但是物理学告诉我们，只要想办法改变质子和中子的组合，就可以由一种元素变成另一种元素。此外，永生虽然目前还不可能，但是随着科学技术的发展，很多人相信最终必将变为现实，关于这一梦想，科幻小说家有精彩的论述，大家可以去看刘慈欣的文章《永生的阶梯》。

【关键词】 形尽神存　形尽神灭　永生　方术　现代科学

四、万　物

【题解】

就认识的对象而言，首先为世间万物。对于万物的认知，以理性的态度处理，并上升到方法的维度，就涉及到逻辑学和认识论了。所以，以万物为对象，包括两个方面，一为万物的道理，一为如何看待万物，前者为物理学，后者为认识论。中国传统文化中，这两方面都有，而以后者最为突出，呈现出丰富多彩的形态，并且在与西方经典认识论的比较中，显得很有特色，因此，我们这一单元主要介绍一下这方面的内容。

16. 小　取

【原文】

夫辩[(1)]者，将以明是非之分，审治乱之纪，明同异之处，察名实之理，处利害，决嫌疑。焉[(2)]摹略[(3)]万物之然，论求群言之比，以名举实，以辞抒意，以说出故[(4)]，以类取[(5)]，以类予[(6)]。有诸己不非诸人，无诸己不求诸人。

或也者，不尽也。假者，今不然也。效者，为之法也；所效者，所以为之法也。故中效，则是也；不中效，则非也，此效也。辟也者，举也物而以明之也。侔也者，比辞而俱行也。援也者，曰子然，我奚独不可以然也？推也者，以其所不取之，同于其所取者，予之也。是犹谓也者同也，吾岂谓也者异也。

夫物有以同而不，率[(7)]遂同。辞之侔也，有所至而止。其然也，有所以然也。其然也同，其所以然不必同。其取之也，有所以取之。

其取之也同，其所以取之不必同。是故辟、侔、援、推之辞，行而异，转而诡，远而失，流而离本，则不可不审也，不可常用也。故言多方[(8)]，殊类异故，则不可偏观也。夫物或乃“是而然”，或“是而不然”，或“不是而然”，或“一周而一不周”，或“一是而一非”也，不可常用也。

出处：《墨子·小取》

【简注】

(1) 辩：《墨经上》解释为“争彼也”，即在争论一个问题。

(2) 焉：乃。

(3) 摹略：探讨搜求。

(4) 故：原因。

(5) 取：举例。

(6) 予：推断。

(7) 率：都。

(8) 方：表达方式。

【今译】

辩论的目的，是要分清是非的分别，审察治乱的规律，辨明同异的地方，考察名实的道理，权衡利害，解决疑惑。于是要探求万事万物本来的样子，讨论和比较各种不同的言论。用名称反映事物，用言词表达想法，用推论揭示原因。按类别举例，按类别推断。自己赞同的论点，不反对别人来赞同；自己不赞同的观点，不强求别人不赞同。

或，是不完全如此。假，是现在不如此。效，是为事物立个标准；所效，就是之所以为事物立个标准的理由。所以，符合标准，就是对的；不符合标准，就是错的。这就是效。辟，是举别的事物来说明这一事物。侔，是两个词义相同的命题可以由此推彼。援，是说“你正确，我为什么偏不可以正确呢？”推，是用对方所不赞同的命题，推导出对方所赞同的命题，以此来反驳对方的论点。“是犹谓”是含义相同，“吾岂谓”是含义不相同。

事物有相同之处，并不因此就完全相同。推论的“侔”，有一定限度才正确。事物如此，有所以如此的原因，其然相同，其所以然不必同。对方赞同，有所以赞同的原因；赞同是相同的，之所以赞同并不必同。所以辟、侔、援、推这些论式，运用起来就会发生变化，会转成诡辩，会离题太远而失正，会脱离论题进而离开本意，这就不能不审察，不能经常运用。所以，言语有多种不同的表达方式，事物有不同的类，论断的根据、理由也不同，那么，在推论中就不能偏执来看。对事物的推论有如下不同的情况，有的是“是而然”（前提肯定，结论也肯定），有的是“是而不然”（前提肯定，而结论否定)，有的是“不是而然”(前提否定，而结论肯定)，有的是“一周而一不周”(一种说法周遍，而一种说法不周遍)，有的是“一是而一非”(一种说法成立，而一种说法不成立)。

【解读】

先秦时代，随着诸子百家的产生，必然会出现这样一种情形：对于同样一个事物，各方的看法总是不尽相同，从而引发争辩，于是，人们就将争辩本身作为一个问题来看，形成了“名辩”之学。墨家是这方面的开拓者，根据《淮南子》的记载，墨子年轻时曾经师从儒家，后来因为不同意儒家的观点，所以才自创一派，形成墨家。可以想见，墨子或许是第一个对于争辩现象做出深刻反思的学者。后来，在墨家后学的作品《小取》篇中，关于这个问题形成了一套完善的学说。他们认为“辩”就是要探求万事万物本来的样子，怎么探求呢？需要把各种不同的言论进行综合比较而得出结论。怎么比较呢？用名称反映事物，用言词表达想法，用推论揭示原因，而推论主要是一种类推法。此所谓：“焉摹略万物之然，论求群言之比，以名举实，以辞抒意，以说出故，以类取，以类予。”

《小取》篇对论辩的涵义进行了界定之后，又对其方法进行了讨论。主要涉及两个方面。一个是判断，一个是推理。就前者而言，作者提出，有三种判断的形式：“或”“假”“效”，伍非百先生解释说：“或、假、效三句，释辩之判断性质。‘或’为‘有然有不然’之称。‘假’为‘今不然’之称。‘效’，为‘必然’之称。”(《中国古名家言》)就后者而言，作者论述了四种推论的方式：“辟”“侔”“援”“推”。“辟”，同譬，就是打比方，即列举他物来说明所在讨论的此物。“侔”，意为“齐等”，即意思相同的言词可以互相引证。“援”，意为援引，引彼以说此，你可以这样，我为什么就不可以这样呢？“推”，意为用对方不赞同的命题，来说明对方所赞同的命题，以此来反驳对方的论点。

紧接着，作者又强调四种推理方式如果使用不慎，就容易导致错误，究其原因，乃在于语言具有“多方、殊类和异故”的特点。这表现在五种比辞类推的方法上：“是而然”；或“是而不然”；或“不是而然”；或“一周而一不周”；或“一是而一非”。也就是说，有的推论是前一命题肯定，后一命题肯定。有的是前一命题肯定，后一命题否定。有的是前一命题否定，后一命题肯定。有的是一种说法周遍，而一种说法不周遍。还有的是一种语句结构，代入一种内容成立，代入另一种内容不成立。这些方法对应于不同的实例。

可见，墨家了解万物，是将其作为外在于我的客体看待，这种客体对于人来说是未知的，需要“以名举实”，于是，通过“名”，人便可以获知外物。然而，一旦进入名言的层面，便难免引起争论，为了解决争论，就发展出一套逻辑学来。这套方法不仅用来了解自然世界，也用来了解社会领域，所谓："辩者，将以明是非之分，审治乱之纪，明同异之处，察名实之理，处利害，决嫌疑。"墨子的这套外在式的万物观与儒道两家，甚至与其他任何一家中国思想都很不相同，而与西方文化相通。因此，在近代以来中西文化的交通过程中，人们很容易便产生一种想法，中国之所以落后乃在于文化，而中国文化之所以落后，乃在于没有逻辑学。而当此时，墨子思想中的这种逻辑学便受到了极大重视。

【关键词】 争辩　名　实　逻辑学

17. 万物皆备于我

【原文】

1　孟子曰："万物皆备于我矣。反身而诚，乐莫大焉。强[(1)]恕而行，求仁莫近焉。"

出处：《孟子·尽心上》

2　孟子曰："有事君人者，事是君则为容悦者也；有安社稷臣者，以安社稷为悦者也；有天民[(2)]者，达可行于天下而后行之者也；有大人者，正己而物正者也。"

出处：《孟子·尽心上》

3　孟子曰："君子之于物也，爱之而弗仁；于民也，仁之而弗亲。亲亲而仁民，仁民而爱物。"

出处：《孟子·尽心上》

4　孟子曰："夫夷子，信以为人之亲其兄之子为若亲其邻之赤子乎？彼有取尔也。赤子匍匐将入井，非赤子之罪也。且天之生物也，使之一本[(3)]，而夷子二本故也。盖上世尝有不葬其亲者。其亲死，则举而委之于壑。他日过之，狐狸食之，蝇蚋姑嘬[(4)]之。其颡[(5)]有泚[(6)]，睨[(7)]而不视。夫泚也，非为人泚，中心达于面目。盖归反虆梩[(8)]而掩之。掩之诚是也，则孝子仁人之掩其亲，亦必有道矣。”

出处：《孟子·滕文公上》

【简注】

(1) 强：勉强。
(2) 天民：知道者。
(3) 一本：一个来源。
(4) 嘬(chuài)：叮咬。
(5) 颡(sǎng)：额头。
(6) 泚(cǐ)：汗出貌。
(7) 睨(nì)：斜着眼睛看。
(8) 虆梩(léi lí)：取土的器具。

【今译】

1. 孟子说："万物我都具备了。反躬自问诚实无欺，便是最大的快乐。尽力按恕道办事，便是最接近仁德的道路。"

2. 孟子说："君子对于万物，爱惜它，但谈不上仁爱；对于百姓，仁爱，但谈不上亲爱。亲爱亲人而仁爱百姓，仁爱百姓而爱惜万物。"

3. 孟子说："有侍奉君主的人，专以讨得君主的欢心为喜悦；有安定国家的臣，以安定国家为喜悦；有顺应天理的人，当他的主张能行于天下时，他才去实行；有伟大的人，端正自己，天下万物便随之端正。"

4. 孟子说："夷子真认为人爱自己的侄子就像爱邻人的婴儿一样吗？他只抓住了这一点：婴儿在地上爬，就要掉进井里了，这不是婴儿的过错。(所以人人去救，他以为这就是爱不分差别等级。)再说天生万物，使它们只有一个本源(人只有父母一个本源)。然而夷子(主张爱不分差别等级)，是他认为有两个本源的缘故。大概上古曾有个不安葬父母的人，父母死了，就抬走抛弃在山沟里。后来的一天路过那里，看见狐狸在啃他父母的尸体，苍蝇、蚊虫叮吮着尸体。那人额头上不禁冒出汗来，斜着眼不敢正视。那汗，不是流给人看的，而是内心的悔恨表露在脸上，大概他就回家拿来筐和锹把尸体掩埋了。掩埋尸体确实是对的，那么孝子仁人掩埋他们亡故的父母，也就必然有道理了。"徐子把这番话转告给夷子。夷子怅惘了一会，说："我受到教诲了。"

【解读】

如果说墨家侧重于将万物看作客体，强调物我之分，那么与之相对，儒家则重视物我合一的一面，其中尤以孟子为代表。孟子讲过一句有名的话："万物皆备于我。"识者以为讲出了儒家的真精神，不以为然者则以为痴人说梦。近代以来，一些人将孟子此话简单地处理为"万物都为我而存在"，从而将其判定为唯心主义，加以贬斥。这当然是望文生义和生搬硬套的结果。如果虚心静气，深入孟子的思想和语境，则会看到这句话实有深意，儒家与墨家对于外物的不同态度，正是其思想分歧的表现。

孟子物我合一的思想有一个前提，即物我首先须有分别。也就是说，孟子一定承认有一种作为客体的第一义的物存在。从《孟子》的文本来看，这是一种常识意义的物的概念，孟子所言的大部分的物都是这个层面的。比如他说："舜明于庶物，察于人伦。"(《孟子·离娄下》)还说："亲亲而仁民，仁民而爱物。"这显然将物我作二分看。不仅如此，孟子对于外物的客观性还做了概括，所谓："物之不齐，物之情也。"(《孟子·滕文公上》)"天生蒸民，有物有则。"(《孟子·告子上》)前者是说万物具有不齐的特点，天下没有两样完全相同的东西；后者则说万物都有超出人的主观之外的定则。如果仅仅从这种意义来认识物，孟子与墨子并没有什么区别，只是孟子并未将其作为问题深究。

孟子专注于思考的是另一层含义的物，这种物因为已经进入人的知行过程，所以是一种包含了人的物。从某种程度而言，这种物才是一种更加现实的物，因为很难想象一种脱离了人的知行过程的纯粹客观物。孟子注意到这种物，主要是发展了孔子仁的思想，并将其具体化为人的良心本心。所以，孟子对"万物皆备于我"还做了如下的补充："反身而诚，乐莫大焉。强恕而行，求仁莫近焉。"良心本心具有真诚不欺的特点，所以人们只要能够反躬自问，就会推己及人、推己及物，人至乎此，则能生莫大的快乐，孟子认为，这是求仁的最佳途径。由此可见，孟子之所以认为万物与我合一，是因为通过反身而诚的求取良知的过程，人可以突破小我的观念，将万物也纳入自我，形成大我的观念。

按照这种思想来看，物的概念也突破了客观物的层面，而成为一种物我关系中的物了。这种物相比于客观物，就是一种大物，而其所以是一种大物，就在于人在物我关系中，将物看作物，使物成其为物。所谓："正己而物正者也。"(《孟子·尽心上》)这种与我相对的物，还可以依其客观属性做进一步的区分，孟子说："君子之于物也，爱之而弗仁；于民也，仁之而弗亲。亲亲而仁民，仁民而爱物。"也就是说，我之外的物包括："亲""民""物"，而我对于这三类物的爱也是有所区别的。这种"爱有差等"的思想引起了墨家的反对，《孟子》一书就记载了孟子与一位墨者夷子的思想交锋，夷子认为"爱无差等"，孟子则以"天之生物也，使之一本，而夷子二本故也"加以反驳。在孟子看来，在泛爱万物的过程中，人的爱之所以有差别，因为人是扎根于社会而成长的，比如，人是自己父母所生，所以其父母与别人的父母具有根本的不同，爱自己的父母与爱别人的父母不能等价；但是从根本的角度来讲，爱是由人的良知决定的，一个人有良知，决定了爱不会有本质的不同。所以孟子有言"知

者无不知也，当务之为急；仁者无不爱也，急亲贤之为务。”（《孟子·尽心上》）

孟子的这种万物观，严格来讲并非首创，它是沿着孔子“仁”的方向阐发出来的，是整个“思孟学派”的特点。所以我们从相传为子思所作的《中庸》中也能找到很多相关的思想。比如其中说：“诚者非自成己而已也，所以成物也。”诚是人的主观活动，子思却以为这种主观活动不仅与客观外物有关，甚至能成就外物。在这里，一种包含了人的物的观念就开始以“诚”为中间链接而出现，所以子思又言：“诚者物之终始，不诚无物。”此外，宋明理学家非常重视孟子，所以孟子这种万物观在宋明时代得到了更加精微的阐发。比如张载通过“太虚即气”的观点引申出“民胞物与”的思想，程颢则通过对医者以“手足痿痹为不仁”的体会，提出“仁者以天地万物为一体”的思想，这些都与孟子有关。

【关键词】　物我之分　物我合一　良心本心　诚

18. 齐 物 论

【原文】

夫言非吹[1]也。言者有言，其所言者特未定也。果有言邪？其未尝有言邪？其以为异于鷇[2]音，亦有辩乎？其无辩乎？道恶乎隐而有真伪？言恶乎隐而有是非？道恶乎往而不存？言恶乎存而不可？道隐于小成，言隐于荣华[3]。故有儒墨之是非，以是其所非而非其所是。欲是其所非而非其所是，则莫若以明。

物无非彼，物无非是。自彼则不见，自知则知之。故曰：彼出于是，是亦因彼。彼是方生之说也。虽然，方生方死，方死方生；方可方不可，方不可方可；因是因非，因非因是。是以圣人不由而照之于天，亦因是也。是亦彼也，彼亦是也。彼亦一是非，此亦一是非，果且有彼是乎哉？果且无彼是乎哉？彼是莫得其偶[4]，谓之道枢[5]。枢始得其环中[6]，以应无穷。是亦一无穷，非亦一无穷也。故曰：莫若以明。

出处：《庄子·齐物论》

【简注】

(1) 吹：风吹。

(2) 鷇(kòu)：初生的小鸟。

(3) 荣华：草木之花，喻指华丽的词藻。

(4) 偶：对立面。

(5) 枢：枢要，关键。

(6) 环中：环的中间，喻指要害。

【今译】

说话辩论并不像是吹风。善辩的人辩论纷纭，他们所说的话也不曾有过定论。果真说了些什么吗？还是不曾说过些什么呢？他们都认为自己的言谈不同于雏鸟的鸣叫，真有区别，还是没有什么区别呢？大道是怎么隐匿起来而有了真和假呢？言论是怎么隐匿起来而有了是与非呢？大道怎么会出现而又不复存在？言论又怎么存在而又不宜认可？大道被小小的成功所隐蔽，言论被浮华的词藻所掩盖。所以就有了儒家和墨家的是非之辩，肯定对方所否定的东西而否定对方所肯定的东西。想要肯定对方所否定的东西而非难对方所肯定的东西，那么不如用事物的本然去加以观察而求得明鉴。

万物没有不是"彼"的，也没有不是"此"的。从事物相对立的那一面看便看不见这一面，从事物相对立的这一面看就能有所认识和了解。所以说：事物的那一面出自事物的这一面，事物的这一面亦起因于事物的那一面。事物对立的两个方面是相互并存、相互依赖的。虽然这样，刚刚产生随即便是死亡，刚刚死亡随即便会复生；刚刚肯定随即就是否定，刚刚否定随即又予以肯定；依托正确的一面同时也就遵循了谬误的一面，依托谬误的一面同时也就遵循了正确的一面。因此圣人不走划分正误是非的道路而是观察比照事物的本然，也就是顺着事物自身的情态。事物的这一面也就是事物的那一面，事物的那一面也就是事物的这一面。事物的那一面同样存在是与非，事物的这一面也同样存在正与误。事物果真存在彼此两个方面吗？事物果真不存在彼此两个方面的区分吗？彼此两个方面都没有其对立的一面，这就是大道的枢纽。抓住了大道的枢纽也就抓住了事物的要害，从而顺应事物无穷无尽的变化。"是"是无穷的，"非"也是无穷的。所以说不如用事物的本然来加以观察和认识。

【解读】

同样是解决"辩"的问题，庄子与墨家的思路完全不同。我们知道，争辩因为对某物持不同见解而生，墨家认为，为了结束争辩，需要寻求一致的结论，所谓"辩胜，当也”(《墨子·经上》),而为了寻求一致的结论,就必须对辩论过程中的语言和逻辑问题进行研究,从而形成有效的沟通。可见,墨家相信双方(或多方)的意见可以达到统一,庄子则根本不信这个。在庄子看来,争辩之所以会产生,在于各方都固执己见,所以,试图通过一方来说服另一方,或者通过友好地沟通达成共识,都是不可能的。为了化解争辩,需要另辟蹊径。

庄子的《齐物论》,一定程度而言,就是针对诸子之纷争而作的,所以他说:“故有儒墨之是非,以是其所非而非其所是。”而其思路可谓超乎寻常。孟子说“物之不齐,物之情也”(《孟子·滕文公上》)这是常识,不过,如果按照“物之不齐”的常识,人们自然将万物分为三六九等,于是就很容易根据个人的喜好对某物产生分歧。因此,如果为了消除争辩,倒是有个釜底抽薪的做法,就是“齐物”,然而这似乎是一个不能完成的任务。

庄子是怎么做的呢?一言以蔽之曰:从心出发。庄子认为争辩产生的原因很简单:各方都抱有一颗成心。成心,也就是只看到了事物的一面,而忽视了另一面。对于某物,我们自以为有知,而生出意见,但往往只看到了这一面,却忘记了那一面。如果人人都只看到了自己看到的那一面,争辩自然必不可免,而且永无休止。所以,为了避免争辩,就需要回到事物本身,而事物本身实际上可以从多面来看,“物无非彼,物无非是”。庄子举例说:毛嫱和西施是世人认为最美的,但是鱼见了就要深入水底,鸟见了就要飞向高空,麋鹿见了就要急速奔跑,这四种动物究竟哪一种对于美的标准才算准呢?所以,对于毛嫱和西施,站在不同的视角就会有不同的看法,那么她们本身就不能仅以美来衡量。由此可见,回到事物本身,就会消除成见,从而消解争辩。回到事物本身在庄子这里叫“莫若以明”,只有这样才能抓住道的关键(道枢),才能以不变应万变,是谓“得其环中”。

其实,庄子提出齐物论,不仅在于消除争辩,还有更深入的原因。既然争辩的原因是成心,消除争辩就是为了消除成心,那么对成心的反思才是庄子关注的重点。简单来说,消除成心是为了使人从物中超脱出来,从而回到生命本身。在庄子看来,成心之人执着于物,所以始终为物所累,生活得很不自在。所谓:“与物相刃相靡,其行尽如驰,而莫之能止,不亦悲乎!终身役役而不见其成功,苶然疲役而不知其所归,可不哀邪!”(《庄子·齐物论》)与物纠缠在一起,不仅使人疲于奔命,而且看不见希望,找不到自我。于是,消除成见就是破除小我,回归大我的一种过程。所以,我们看到在《齐物论》一开始,南郭子綦就提出“吾丧我”的命题。“我”即小我,“吾”即大我。回归大我就是从万物本身来看待万物,看到事物的相对性,能够做到这一点,也就可以不为物所累,回到了自己生命的本来状态了。

《齐物论》以庄周梦蝶的美妙故事收尾,最后说:"不知周之梦为胡蝶与,胡蝶之梦为周与?周与胡蝶,则必有分矣。此之谓物化。"给人的印象是,为了消除成见,庄子似乎走向了一条相对主义的道路。很多学者撰文论证庄子不是相对主义,其实没有必要。因为相对主义也要相对来看,在百家争鸣以及后来儒道互补的中国,庄子的这种齐物论对于主张物之不齐的常识世界和其他学派而言,有利于将分裂的世界重新拼合起来。

【关键词】 **争辩　齐物　成心　莫若以明　得其环中**

19. 指物论

【原文】

1 物莫非指[(1)],而指非指。

2 天下无指,物无可以谓物。非指者天下[(2)],而物可谓指乎?指也者,天下之所无也;物也者,天下之所有也。以天下之所有,为天下之所无,未可。

3 天下无指,而[(3)]物不可谓指也。不可谓指者,非指也?非指者,物莫非指也。

4 天下无指,而物不可谓指者,非有非指也。非有非指者,物莫非指也。物莫非指者,而指非指也。

5 天下无指者,生于物之各有名,不为指也。不为指而谓之指,是兼不为指。以有不为指之无不为指,未可。

6 且指者,天下之所兼[(4)]。天下无指者,物不可谓无指也。不可谓无指者,非有非指也。非有非指者,物莫非指。

7 指非非指也,指与物非指也。使天下无物指,谁径[(5)]谓非指?天下无物,谁径谓指?天下有指无物指,谁径谓非指、径谓无物非指?

8 且夫指固自[(6)]为非指,奚待于物而乃与为指?

出处:《公孙龙子·指物论》

【简注】

(1) 指：指称，名或谓。
(2) 天下：有充满天下的意思。
(3) 而：则。
(4) 兼：兼有。
(5) 径：直接。
(6) 固自：仍然。

【今译】

1. 没有不是指的，而这个指却不是指所能指的。

2. 天下如果没有指的话，物就不可以称作物。不可指者充满天下，物还可以称作指吗？指是天下所没有的，物是天下所有的。将天下所有的东西等同于天下所无的东西，这是不可以的。

3. 如果天下没有指的话，物就不能称作指。不能称作指，岂不是指吗？既然这种不是指者也是一种指，那么物就没有不是指的了。

4. 所谓的天下没有指，物就不能称作指，并不是有不是指的东西在。既然不是有不是指的东西在，那么所有的物都是指了。因而，没有物不是指，而指却不是所指本身。

5. 天下所没有的指，产生于具体的事物之名，而这些名并不是指。不是指而称其为指的指，是对具体事物的指称。用不是指加诸无不是指，这是不可以的。

6. 而且所谓指，是兼指天下万物的一种东西。天下没有指，物却不可以说没有指。不可以说没有指，就是没有不指的，既然没有不是指的，那么物就没有不是指的。

7. 指并不是非指，指与物的结合才是非指。假使天下没有物和指的结合，谁还说什么非指？假使天下没有物，谁还说什么指？假使天下只有指，而没有物和指的结合，那么谁还说什么不可指，还说什么非指，说什么没有东西是非指。

8. 况且指仍然是不能被指的，为何要通过与物结合而成为一种所指呢？

【解读】

谈到“辩”的问题，就不能不说到著名的“六国辩士”公孙龙。从一定程度而言，公孙龙代表着先秦名辩之学的高峰。我们知道，名辩的问题因物而生，物之参差异同，人言人殊，如果人们之间的争论无法化解，整个社会便无法团结起来。依此来看，名辩的问题是人类所有社会问题得以解决的前提。公孙龙正是抱着这样的初衷投入到名辩之学的。根据《公论龙子·迹府》的记载：公孙龙“疾名实之散乱，因资材之所长，为‘守白’之论。假物取譬，以‘守白’辩，谓白马为非马也。……欲推是辩，以正名实而化天下焉。”他甚至认为自己所做的工作跟孔子也没什么不同，只是采取的方式有所区别而已。

公孙龙之所以代表着名辩之学的高峰，一个重要的根据在于，他将名与实彻底分离开来，从而建构了一个名理的世界，这可以称为“离形而言名”。众所周知，公孙龙从白马和马这两个名的辨析开始，其辨析超过了经验层面，而上升到一种“概念”层面。比如他强调：马、白、白马的内涵的不同；马的内涵是一种动物，白的内涵是一种颜色，白马的内涵是一种动物加一种颜色；三者内涵各不相同，所以白马非马。这种理解与我们从经验层面所领会的白马是马的结论显然不同。传说公孙龙有一次过函谷关，守关者告诉他“马不能过”，公孙龙辩解称“我马白，非马”，守关者最后竟无言以对，于是只好让公孙龙和他的白马通关。实际上，公孙龙的名辩之学的意义不能仅仅看作一种文字游戏或者诡辩，而应当看作相对于现实世界的名理世界的发现。

如果说白马非马、坚白同异的辨析还停留在具体事例的讨论，《指物论》则上升到纯理性角度的阐发。公孙龙在这里提出了“物莫非指，而指非指”的命题，并反复加以论证。“指”的意思就是指称，大致就相当于名。所以，这篇文章的主体就是专论名。但是，在公孙龙看来，名需要区分为两种，一种是“指”，一种是“物指”，“指”与“物指”并不相同，这就是所谓的“指非指”。“指”是什么呢？《指物论》中有这样三句重要的表述：一曰：“天下无指，物无可以谓物。”这是说“指”的存在非常重要，如果没有“指”，人们就没有办法来认识万物，思维活动就难以展开。二曰：“指也者，天下之所无也。”这是说，“指”从根本上来讲，是一种无，因为只有物才是有。也就是说，从客观性而言，“指”是无；从哲学本体而言，“指”是有，是一种最高的存在。三曰：“指者，天下之所兼。”这是说，“指”之所以是一种无，因为它是兼尽天下万物而言的，兼尽万物，则不能是万有之一，即非有。与“指”看似一样，但有本质区别的是“物指”。如果说“指”是不依附于任何一物的名，那么“物指”则是依附于万物的可以具体指称某物的一种名。公孙龙千说万说，就是为了说明“指”与“物指”的不同，由此，“指”的概念和意义便出现了。

在公孙龙这里，通过区分和辨析，“指”最终成为一种经验世界所没有的东西，也就是“天下之所无”，这实际上通向了一个超越经验的世界。这个超越经验的世界在中国哲学中无以名之，在西方哲学中，则能找到一个对应的表述：柏拉图的“理念世界”。柏拉图认为有两个世界：一个是理念世界，一个是现象世界；前者是真实的，永恒不变的；后者则是虚幻的，变动不居的；前者是后者的模板，后者是前者的影子。这种理念论对于西方文化影响非常深远，怀特海甚至说：“全部西方哲学史不过是为柏拉图的思想做注脚。”在公孙龙的理论中，“指”就相当于理念世界，

“物”则相当于现象世界。

由此可见,虽然不能说完全相同,但是公孙龙与柏拉图之间确实有很大的相通之处。然而,公孙龙的这种思维方式在中国古代长期以来非但没有受到重视,而且饱受误解,人们往往认为这种理论“苛察缴绕,使人不得反其意”(《太史公自序》)。了解到这一点,我们就会看到,如果今天要对中西文化进行某种汇通,公孙龙就是一个重要的交汇点。

【关键词】　名辩　白马非马　名理世界　指　物指

20. 制名指实

【原文】

然则所为有名,与所缘以同异,与制名之枢要(1),不可不察也。

异形离心交喻,异物名实玄(2)纽,贵贱不明,同异不别;如是,则志必有不喻(3)之患,而事必有困废之祸。故知者为之分别制名以指实,上以明贵贱,下以辨同异。贵贱明,同异别,如是则志无不喻之患,事无困废之祸,此所为有名也。

然则何缘而以同异?曰:缘天官(4)。凡同类同情者,其天官之意物也同。故比方之疑似而通,是所以共其约名以相期也。形体、色理以目异;声音清浊、调竽、奇声以耳异;甘、苦、咸、淡、辛、酸、奇味以口异;香、臭、芬、郁、腥、臊、漏、酸、奇臭以鼻异;疾、痒、沧、热、滑、铍、轻、重以形体异;说、故、喜、怒、哀、乐、爱、恶、欲以心异。心有征知。征知,则缘耳而知声可也,缘目而知形可也。然而征知必将待天官之当簿(5)其类,然后可也。五官簿之而不知,心征之而无说,则人莫不然,谓之不知。此所缘而以同异也。

然后随而命之,同则同之,异则异之。单足以喻则单,单不足以喻则兼;单与兼无所相避则共(6);虽共不为害矣。知异实者之异名也,故使异实者莫不异名也,不可乱也,犹使同实者莫不同名也。

出处:《荀子·正名》

【简注】

(1) 枢要：关键。

(2) 玄：通“眩”，混淆不清。

(3) 喻：了解。

(4) 天官：指耳口鼻眼等各种感官。

(5) 簿：本子，引申为记录。

(6) 共：共同使用。

【今译】

既然如此，那么事物之所以需要名，事物之间异同的根据，以及制名的要领，就是必须要搞明白的。

不同的人会有不同的看法，所以要相互晓喻，不同的事物混杂在一起，就会贵贱不分，相同与相异没有区别。这样，就会产生弊病，思想就不能互相了解，事情就会陷入困境而有被废弃的祸害。所以知者给万事万物制定名称，用来表述各种事物，在上用来彰明显贵和贫贱，在下用来区别相同和相异。明确了贵贱，区别了异同，这样，思想交流就不会有弊病，事情也不会陷入困境而做不成了，这就是为什么需要名的原因。

既然这样，根据什么区别事物的异同呢？根据人的感觉器官。凡是同一个种类同一种情况的，其感官就相同，对事物的感知也是相同的。所以，通过各种比方，只要大体相似，就可以互相沟通了，这就是人们要互相交流，给事物共同约定名称的原因了。眼睛可以识别事物的形状、颜色、材料；耳朵可以区别声音的清晰、混杂、杂乱，乐曲的和谐；嘴巴可以区别甜、苦、咸、淡、辣、酸以及各种怪味；鼻子可以区别香、芳香、芬芳、馥郁、腥、臊、马膻气、牛膻气以及各种怪气味；身体可以感觉到痛痒、寒凉、炎热、润滑、粗涩、轻、重；心可以区别舒畅、憋闷、喜、怒、哀、乐、爱好、厌恶、欲望的情感。心可以验证、认识事物。心既然如此，就可以与听觉器官配合，从而辨别声音，也可以与视觉器官配合，而辨别事物的形状大小。但是心的验证和认知，一定要依靠感觉器官提供相应类型的感觉材料。如果有了感觉器官提供的感觉材料却不能验证整合，只有心的验证，却不说出来，那么所有人没有不一样的，会说这是一种无知。这就是事物的名称有异同的原因。

然后，根据这种区别给事物命名：相同的事物就取相同的名称，不同的事物就取不同的名称；单一名称足以表明的就取单名，单一名称不能表明的就用复名；单名和复名之间不相互混淆的就共同使用，即使共同使用也没有什么妨害。既然不同的事物应有不同的名称，就要给不同的事物不同的名称，这是不可混乱的。就像同样的事物具有同样的名称一样。

【解读】

对于先秦名辩思潮，一般学者均追溯到孔子“正名”说，但是孔子的这种名学只是前孔子时代名学的延续，侧重于政治伦理方面（可参见本书下半部分《政道》之《正名》），与后来兴起的墨家和名家的侧重于逻辑学和认识论的名学有很大不同。所以，儒家对于名辩的理解可谓后知后觉，直到被称为先秦儒家之殿军的荀子，才认识到名辩之学的重要意义，并站在儒家的立场对于墨家和名家的研究成果进行了吸收，从而将其改造为一种综合的儒家名学。这一思想反映在《荀子·正名》一文中。

儒家也认同这样的原理：社会混乱的根源在于人们对于事物之名的认识存在分歧，如果名的问题处理不好，人的知行过程将受到根本的阻扰，所谓“志必有不喻之患，而事必有困废之祸”。因此，儒家相信名代表了秩序和规则，一定要保障名的确定性和正当性。为此，荀子在这篇文章中为自己确立的首要任务就是保证我们所知的名具有客观有效性。这项工作可以从两个方面来进行，一是外源性的批判，二是内源性的建构。

就前者而言，荀子指出当时有三种对于名的错误用法。首先是“见侮不辱”“圣人不爱己”“杀盗非杀人也”等观点，其共同之处是将两种涵义相通的名人为约定为两种涵义不同的名，因而荀子认为这类观点的毛病在于“用名以乱名”。其次是“山渊平”“情欲寡”“刍豢不加甘，大钟不加乐”等观点，其共同之处在于故意将名与人们能够共同把握到的实错开，进行不实的匹配，所以荀子认为这种观点的毛病是“用实以乱名”。第三是“非而谒楹”“有牛马非马也”等观点，这两种观点，前者的出处及涵义难以确定，后者则来自《墨子·经上》，所谓：“牛不非牛，马不非马，而牛马非牛非马。”意为如果单说牛之名，牛就是指牛，单说马之名，马就是指马，但是如果说牛马，就既不指牛，也不指马。荀子判定，这种看法并不清楚名的约定过程，因而犯了“用名以乱实”的错误。

针对上述三种用名错误，荀子又提出了三方面的理论论证来解决。首先，为了解决“用名以乱名”的问题，荀子提出了“所为有名”的原则，也就是名对于人类的意义。荀子认为如果没有名的话，人类的知行过程就会受到阻碍。其次，为了解决“用实以乱名”的问题，荀子提出了“所缘以同异”的原则。如果说第一个原则强调的是别同异，那么这里则提出一个问题：人为什么可以辨别同异？荀子认为依靠人们先天具备的能力——“天官”。天官中又分为两种，一种是五官，负责提供感觉材料，一种是心，负责对感觉材料进行综合加工，从而形成异同的认知。第三，为了解决“用名以乱实”的问题，荀子提出了“名约”的原则。也就是根据相似性的原则，对于同类的事物进行命名。以上的这三项工作，都是为了保证人们所获得的名具有客观有效性，从而为秩序的建构提供依据。

分析荀子建构的这套名学，可以发现，为了保障所命之名的客观有效性，需要两个必要条件：一个是人类需要有一种共通而稳定的人性能力，可以辨别实之异同，从而为之命名；另一个是人们需要对所命之名尽可能达成一种约定的共识。就前一个条件而言，虽然理论上这种人性能力人所共有，但在实际层面运用这种能力的水平却有高低之别，因而最终承担制名任务的往往是圣智之人；就后一个条件而言，为了达成共识，一方面需要学习旧名，另一方面则要传授新名。这两个方面共同指向的是圣王教化的事业。可是，圣人已死，空余经书，于是认识的问题便转到经学，儒家在先秦以后主要以经学的形式展开，这种方式的选定或许有诸多缘由，但是以名作为认识论的核心是根本原因。

【关键词】 儒家名学　命名　天官　名约　经学

21. 格物致知补传

【原文】

所谓致(1)知在格(2)物(3)者，言欲致吾之知，在即(4)物而穷(5)其理也。盖人心之灵，莫不有知，而天下之物，莫不有理。惟于理有未穷，故其知有不尽也。是以《大学》始教，必使学者即凡天下之物，莫不因其已知之理而益(6)穷之，以求至乎其极。至于用力之久，而一旦豁然贯通焉，则众物之表里精粗无不到，而吾心之全体大用无不明矣，此谓物格，此谓知之至(7)也。

出处：《四书章句集注》

【简注】

(1) 致：推到极处。
(2) 格：到达。
(3) 物：即事。
(4) 即：接近，接触。
(5) 穷：穷究，彻底研究。
(6) 益：更加。
(7) 至：极致，顶点。

【今译】

所谓获得知识的途径在于认识和研究万事万物，是指要想获得知识，就必须接触事物从而彻底研究它的原理。人的心灵都具有认识能力，而天下万事万物都也总有一定的原理，只不过因为这些原理还没有被彻底认识，所以使知识显得很有局限。因此，《大学》一开始就教学习者接触天下万事万物，用自己已有的知识去进一步探究，以彻底认识万事万物的原理。经过长期用功，总有一天会豁然贯通，到那时，万事万物的里外具细都被认识得清清楚楚，而自己内心的一切认识能力都得到淋漓尽致的发挥，再没有闭塞。这就叫万事万物被认识和研究了，这就叫知识达到极致了。

【解读】

说到古人对于“物”的研究，就不得不涉及《礼记·大学》中提出的“格物致知”的学说。《大学》一文，最初由西汉学者戴胜编入《礼记》第四十二篇，而为人所知。不过，宋代之前，人们对这篇文献并没有特别重视，后经司马光、二程兄弟等人的推崇，才开始受到人们的关注，及至朱熹，撰写《大学章句》，并将其置于《四书》之首，才广为所知。朱熹之所以重视《大学》，因为它提出了儒家“格致诚正，修齐治平”的为学总纲，是“初学入德之门”。这个总纲领，简单来说，就是“三纲领”和“八条目”，后者是对前者的详细展开。在“八条目”中，“格物致知”是总的起点，也是最为关键的地方。然而，不知道什么原因，旧本《大学》对于“八条目”的诠释中，唯独缺少对于“格物致知”的论述，这显然是一个缺憾，于是朱熹就根据自己的理解做了一篇《格物致知补传》。

朱熹的这篇补作，一个最重要的特点在于将“致知在格物”解释为“致知在穷理”，即“所谓致知在格物者，言欲致吾之知，在即物而穷其理也。”由此，朱熹就构建了一套理学体系，这套理学体系简单来讲，就是一套“物理学”。朱熹相信，世界上的任何一种事物都有其特定的道理和规则，所谓：“盖天下之事，皆谓之物，而物之所在，莫不有理。且如草木禽兽，虽是至微至贱，亦皆有理。”（《朱子语类·大学》）而天下事物的道理，又可以分为两种，所谓：“天下之物，则必各有所以然之故，与其所当然之则。”（《大学或问》）前者属于自然物，是事物之所以如此的规律，后者属于社会物，是事情之所以应当如此的法则。不仅如此，从逻辑完备性来讲，朱熹还必须指出人具有认识事物之理的能力，所以他这样说：“盖人心之灵，莫不有知，而天下之物，莫不有理。”

实际上，从理性主义出发，认为这个世界任何一种具体的事物都有规律可循，并不存在某种神秘的东西，这种认识在中国文化中有悠久的传统。《诗经·大雅·蒸民》中就提出："天生蒸民，有物有则。"意为这个世界有人，有物，亦有则。也就是说，一方面认为人具有理性认知的能力，另一方面认为万物都有它的道理，这样一来，就会造成一种困境：天下的道理是无穷无尽的，而人的认知也无穷无尽。这种情况，荀子以及庄子早就认识到了，只不过，面对这种无穷无尽的局面，荀子和庄子难免退却。所以，荀子想了一个"天人之分"的办法，把天道的事情交给专家，只建议大家学习社会的道理，所谓："官人守天，而自为守道也。"(《荀子·天论》)庄子则宣布，学习知识是没前途的，所谓："吾生也有涯，而知也无涯。以有涯随无涯，殆已。"(《庄子·养生主》)朱熹的想法与此不同，他对求知充满了信心，并鼓励大家放心大胆去学，终有一天，功夫下到一定程度，就会悟道，所谓："至于用力之久，而一旦豁然贯通焉，则众物之表里精粗无不到，而吾心之全体大用无不明矣。"

很多学者认为，中国文化与西方文化比较起来，最大的一个弱点在于缺少"知性思维"，所谓"知性思维"可以简单地理解为一种为知识而知识的追求真知的精神。对于西方文化而言，追求纯粹知识几乎是一种根本精神，比如在古希腊人看来，哲学就是一种"既不为生活所必需，也不以人世快乐为目的的知识。"(《形而上学》)在中国文化中，知识往往不具备独立的地位，在"内圣外王"的架构中，知识或者被舍弃，或者被利用，即使在比较重视知识的墨家或名家那里，也不存在一种纯粹的知识。在这一背景下，我们就可以理解朱熹的格物致知学说的可贵之处了，朱熹所格的物很全面，既包括自然物，也包括社会物，而且他对格物充满信念，这种信念多少就带有一些知性色彩。由此，我们就能理解朱熹为什么在自然科学方面有很大的贡献。钱穆说："朱子言格物，不得谓其是一自然科学家，然朱子于自然科学方面亦有贡献。以朱子观察力之敏锐，与其想象力之活泼，其于自然科学界之发现，在人类科学史上，亦有其遥遥领先，超出诸人者。"(《朱子学提纲》)

【关键词】 穷理　自然物　社会物　豁然贯通

五、人　群

【题解】

认识，就其对象而言，无非天、地、人三才，以及由此拓展出去的鬼神与万物，三才当中，人是最为重要和特别的。人的特别之处在于，由于人既是认识主体又是认识对象，所以人的问题即可分为两种视角，一为主观视角，一为客观视角。在中国古代，最为发达的是主观视角的人学，古人所讲的学问几乎可以与这种人学画上等号，但是也并非没有客观视角的人学。比如，大量中医文献对于人体的研究，这一点无需赘述。值得注意的是，古代思想中也有一些对于人作为一个群体进行的研究，本单元的两篇即属于这类。

22. 赖其力者生

【原文】

1 民有三患：饥者不得食，寒者不得衣，劳者不得息，三者民之巨患也。然即当为之撞巨钟、击鸣鼓、弹琴瑟、吹竽笙而扬干戚(1)，民衣食之财将安可得乎？即我以为未必然也。意舍此，今有大国即攻小国，有大家即伐小家，强劫弱，众暴寡，诈欺愚，贵傲贱，寇乱盗贼并兴，不可禁止也。然即当为之撞巨钟、击鸣鼓、弹琴瑟、吹竽笙而扬干戚，天下之乱也，将安可得而治与？即我未必然也。是故子墨子曰："姑尝厚措敛乎万民，以为大钟、鸣鼓、琴瑟、竽笙之声，以求兴天下之利，除天下之害而无补也。"

2 今人固与禽兽麋鹿、蜚鸟(2)、贞虫异者也，今之禽兽麋鹿、蜚鸟、贞虫，因其羽毛以为衣裘，因其蹄蚤(3)，以为绔屦(4)，因其水草以为饮食。故唯使雄不耕稼树艺，雌亦不纺绩织纴，衣食之财固已具矣。今人与此异者也，赖其力者生，不赖其力者不生。君子不强听治，即刑政乱；贱人不强从事，即财用不足。

出处：《墨子·非乐上》

【简注】

（1）干戚：盾与斧，武舞所用的道具。

（2）蜚鸟：同“飞鸟”。

（3）蹄蚤：即蹄爪。

（4）绔屦：裤子和鞋子。

【今译】

1. 民众有三种忧患：饥饿的人得不到食物，寒冷的人得不到衣服，劳累的人得不到休息。这三样是民众的最大忧患。然而当为他们撞击巨钟，敲打鸣鼓，弹琴瑟，吹竽笙，舞动干戚，民众的衣食财物将能得到吗？我认为未必是这样。且不谈这一点，现在大国攻击小国，大家族攻伐小家族，强壮的掳掠弱小的，人多的欺负人少的，奸诈的欺骗愚笨的，高贵的鄙视低贱的，外寇内乱盗贼共同兴起，不能禁止。如果为他们撞击巨钟，敲打鸣鼓，弹琴瑟，吹竽笙，舞动干戚，天下的纷乱将会得到治理吗？我以为未必是这样的。

2. 现在的人本来不同于禽兽、麋鹿、飞鸟、爬虫。现在的禽兽、麋鹿、飞鸟、爬虫，利用它们的羽毛作为衣裳，利用它们的蹄爪作为裤子和鞋子，把水、草作为饮食物。所以，虽然让雄的不耕田、种菜、植树，雌的不纺纱、绩麻、织布，衣食财物本就具备了。现在的人与它们不同：依赖自己的力量才能生存，不依赖自己的力量就不能生存。君子不努力听狱治国，刑罚政令就要混乱；贱人不努力生产，财用就会不足。

【解读】

如果要在古代思想家中寻找一个最早关注人群问题的人，那恐怕就是墨子。墨子之所以这么突出，跟他的学术出身有关。根据《淮南子·要略》的记载，墨子年少时曾经学习过儒家学说，后来因为对儒家的主张不满意，终于自立门户。我们知道，儒家最基本的立场是对当时已有几千年的礼乐文化持一种支持和肯定的态度。不过，墨子在学习的过程中逐渐发现，这个基本立场是有问题的，因为礼乐毕竟是虚的，只有利益才是最实在的。所谓“礼烦扰而不说，厚葬靡财而贫民，（久）服伤生而害事。”在这里，衡量一件事情的标准发生了变化，不再是合不合乎礼乐制度，而是是否使世人高兴（说），是否使人贫困（贫民），是否妨碍社会正常活动的展开（伤生而害事）。沿着这一思路，后来墨子就提出“民有三患：饥者不得食，寒者不得衣，劳者不得息，三者民之巨患也。”（《墨子·非乐》）一个主张，如果有利于解决这三个问题，就是好主张，反之，则为坏主张。墨子依此对儒家的很多思想提出了批评，写出了《非乐》《非命》等文章。总之，墨子之所以能够脱颖而出，主要在于他确立了一个新的判定标准，就是是否有利于“兴天下之利”。

尽管儒家也致力于“兴天下之利”，但是只有到了墨子这里，“利”才变成了一个纯粹的概念，今天的学者也将这个概念称为“功利主义”。按照墨子的这种思路，一些最基本的概念将发生根本的变化。比如，什么是人？这涉及人禽之辩。在儒家看来，主要以人伦道德作为判定标准，孟子说：“人之异于禽兽者几希，庶民去之，君子存之。”（《孟子·离娄下》）这个相差的“几希”是指人的一点道德良知。墨子在这个问题上与儒家完全走的是两条路，他的观点是：“今人与此异者也，赖其力者生，不赖其力者不生。”也就是说，人与动物的根本差别在于人能够从事生产劳动。墨子得出这个结论其实不难理解，因为只有劳动才是产生“利”的根本手段，而墨子的根本追求就是“兴天下之利”。

不仅如此，墨子还沿着这个思路探讨了一系列有关于“利”的问题，形成了一套墨家经济学。简单来说，这套经济学围绕两个问题运转：

第一，如何创造“利”。如前所述，墨子强调为了创造物质财富，应当人人参加劳动。所以他坚决反对不劳而获的行为，这种不义之行不仅包括偷人钱物的小事，更包括攻伐别国的大事，墨子因此主张“非攻”。与此相通，墨子之所以批评儒家也因为儒者往往“倍本弃事而安怠傲，贪于饮食，惰于作务”（《墨子·非儒下》）。此外，墨子还讨论了增加财富的其他环节。比如，在生产环节，墨子就注意到了分工问题。他对于男耕女织这种传统的经济形式表示肯定，认为男子能“早出暮入，强乎耕稼树艺，多聚叔粟”，妇人能“夙兴夜寐，强乎纺绩织纴，多治麻丝葛绪”（《墨子·非命下》）。分工的实质是生产效率的提高，所以墨子还举例说：“譬如筑墙然，能筑者筑，能实壤者实壤，能欣者欣，然后墙成也。”（《墨子·耕柱》）又如，在消费环节，墨子认为大家都忽视了一个大问题，这就是著名的“节用”思想。

第二，如何分配“利”。创造财富的目的是为了合理地分配财富，为此，墨家就注意到了财富的分配环节，触及到了前人从未触及的问题。比如，商品的问题，《经说下》说：“为屦以买，不为屦。”这是说做鞋子的人做鞋子供人购买，其目的不在于鞋子本身。可见墨家已经发现商品不仅有使用价值，更有交换价值。又如货币的问题，《经说下》说：“刀籴相为贾，刀轻则籴不贵，刀重则籴不易。王刀无变，籴有变，岁变籴，则岁变刀。”意为：用刀币购买粮食，两者互为对方的价格。刀币购买力低时，能够买到的粮食虽少，也不能算贵。刀币购买力高时，能够买到的粮食虽多，也不能算贱。君王铸造的刀币并没有变化，购买到的粮食却有变化。刀币的购买力年年在变，就好像刀币年年在变一样。由此可见，这样的观察中已经注意到了货币币值的变化，亦即通货膨胀的问题了。再如税收的问题，墨子试图通过国家征税的方式来达到均天下之利的目的，为此，他特别强调对工商业的征税，认为各级官吏应“夜寝夙兴，收敛关市、山林、泽梁之利，以实官府，是以官府实而财不散”（《墨子·尚贤中》），同时提醒万万不可“厚作敛于百姓”（《墨子·辞过》）。

【关键词】 利 力 经济学 创造财富 分配财富

23. 人 能 群

【原文】

水火有气[(1)]而无生，草木有生而无知，禽兽有知而无义，人有气、有生、有知，亦且有义，故最为天下贵也。力不若牛，走不若马，而牛马为用，何也？曰：人能群，彼不能群也。人何以能群？曰：分。分何以能行？曰：义。故义以分则和，和则一，一则多力，多力则强，强则胜物；故宫室可得而居也。故序四时，裁[(2)]万物，兼利天下，无它故焉，得之分义也。

故人生不能无群，群而无分则争，争则乱，乱则离，离则弱，弱则不能胜物；故宫室不可得而居也，不可少顷舍礼义之谓也。

能以事亲谓之孝，能以事兄谓之弟，能以事上谓之顺，能以使下谓之君。君者，善群也。群道当，则万物皆得其宜，六畜[(3)]皆得其长，群生皆得其命。故养长[(4)]时，则六畜育；杀生时，则草木殖；政令时，则百姓一，贤良服。

圣王之制也：草木荣华[(5)]滋硕之时，则斧斤不入山林，不夭其生，不绝其长也。鼋鼍鱼鳖鳅鳣孕别之时，罔罟毒药不入泽，不夭其生，不绝其长也。春耕、夏耘、秋收、冬藏，四者不失时，故五谷不绝，而百姓有余食也。污池[6]渊沼川泽，谨其时禁，故鱼鳖优多，而百姓有余用也。斩伐养长不失其时，故山林不童，而百姓有余材也。

出处：《荀子·王制》

【简注】

(1) 气：物质基础。

(2) 裁：安排管理。

(3) 六畜：猪、羊、牛、马、鸡、狗六种家畜。

(4) 长：抚养。

(5) 荣华："荣"为草木植物开花，"华"为木本植物开花。

(6) 污池：蓄水的池塘。

【今译】

水、火有气却没有生命，草木有生命却没有知觉，禽兽有知觉却不讲道义；人有气、有生命、有知觉，而且讲究道义，所以人最为天下所贵重。人的力气不如牛，奔跑不如马，但牛、马却被人役使，为什么呢？就是因为：人能结合成社会群体，而它们不能结合成社会群体。人为什么能结合成社会群体？就是因为有等级名分。等级名分为什么能实行？就是因为有道义。所以，根据道义确定了名分，人们就能和睦协调；和睦协调，就能团结一致；团结一致，力量就大；力量大了，就强盛；强盛了，就能战胜外物；所以人才有可能在房屋中安居。所以，人才能依次排列四季，管理好万事万物，使天下都得到利益，这并没有其他的缘故，而是从名分和道义中得来的。

人生活着不能没有社会群体，但结合成了社会群体而没有等级名分的限制就会发生争夺，一发生争夺就会产生动乱，一产生动乱就会离心离德，离心离德就会使力量削弱，力量弱了就不能胜过外物，所以也就不能在房屋中安居了——这是说人不能片刻舍弃礼义。

能够按礼义来侍奉父母叫孝，能够按礼义来侍奉兄长叫悌，能够按礼义来侍奉君主叫顺，能够按礼义来役使臣民叫君。所谓君，就是善于把人组织成社会群体的意思。组织社会群体的原则恰当，那么万物都能得到应有的合宜安排，六畜都能得到应有的生长，一切生物都能得到应有的寿命。所以饲养适时，六畜就生育兴旺；砍伐种植适时，草木就繁殖茂盛；政策法令适时，老百姓就能被统一起来，有德才的人就能被使用。

圣明帝王的制度：草木正在开花长大的时候，砍伐的斧头不准进入山林，这是为了使草木不夭折，让它们不断生长；鼋、鼍、鱼、鳖、泥鳅、鳝鱼等怀孕产卵的时候，鱼网、毒药不准投入湖泽，这是为了使水中这些动物不夭折，让它们不断生长。春天耕种、夏天锄草、秋天收获、冬天储藏，这四件事都不丧失时机，所以五谷不断地生长而老百姓有多余的粮食；池塘、水潭、河流、湖泊，严格禁止在规定时期内捕捞，所以鱼、鳖丰饶繁多而老百姓能有多余的资财；树木的砍伐与培育养护不错过季节，所以山林不会光秃秃而老百姓可有多余的木材。

【解读】

墨子之外，以一种客观立场对于人群进行研究的人，以荀子为代表。近代以来，当西方社会学传入中国之后，严复就根据荀子“人能群”的论述将其翻译为“群学”。可见，荀子在人的社会性的观察方面是独具慧眼的。

荀子之所以拥有这种独特眼光，与他的学术视角有关。我们知道，荀子对儒家“礼”的问题尤为关注，而“礼”与“仁”是孔子思想的两个面向，但是孔子并未就“礼”的根本问题进行深入讨论。荀子则就此进行探索，提出了礼的起源等问题。随着思考的深入，荀子发现“礼”涉及人类社会的一个基本问题，也就是资源分配的问题。按照人的本性，在资源有限的情况下，必然产生混乱，于是就有圣人出来，想办法使每个人都在一定的限度之内行事，所想的办法就是礼义。由此，荀子就触及了社会学的基本问题了。

在《王制》篇中，荀子就从人的社会性的角度对这个原理进行了重新阐发。在荀子看来，天地万物中，人之所以独领风骚，在于“人能群”。《国语·周语》中说：“兽三为群。”“群”的意思由此引申为群体、集体和社会，荀子认为，只有人才真正地具有“群”性。正因如此，人才形成了一种合力，这种合力非常强大，所以才能够支配万物。进一步分析，为什么“人能群”？荀子认为，每个人的职分（分工和名分）不同，这才构成了众人合作的基础。那么，人的职分的不同是凭什么确定的呢？荀子认为，礼义是确定职分的依据。

具体来讲，如果一个社会中的四种主要职分能够确立好，那么这个社会就是成功的。这四种职分就是君、臣、弟、子，每一种职分都遵循一定的礼义，即：“能以事亲谓之孝，能以事兄谓之弟，能以事上谓之顺，能以使下谓之君。”其中，“君”是最为重要的：“君者，善群也。”也就是说，“君”要当好，就必须具有从整体上协调群体的能力。实际上，荀子这种协调群体的思想并不局限于人，而是对整个天地万物而言的。所以，他才说：“群道当，则万物皆得其宜，六畜皆得其长，群生皆得其命。”于是，我们看得很清楚，荀子的这套社会学虽然将人放在非常重要的位置上，但是也并非一种人类中心主义。

荀子这一方式简洁而实用，甚为可惜的是，它在后来的中国思想史上并未延续。人们或者将荀子看作儒学的歧出，或者并未注意到荀子思想的这个方面。直到近代以来，西方社会科学全面侵入，将传统中国学术几乎冲毁。人们才注意到荀子思想的价值，尤其是在社会学方面的探索。可想而知，这将是今后传统中国学术研究的重要方面。

【关键词】　群学　礼　职分

六、养　生

【题解】

"道问学"之外,"内圣之学"的另一块内容是"尊德性"。如果说"道问学"涉及的是知识领域,那么"尊德性"则涉及智慧之境。在中国传统的智慧中,养生之学非常重要,从某种程度而言,也是最为基础的一种学问。古代各家各派都很重视养生的问题,尤其是儒道两家,此外,传统医学也可以理解为因专注于养生,而自成一家。

24. 贵大患若身

【原文】

1　天长地久。天地所以能长且久者,以其不自生[1],故能长生。是以圣人后其身而身先;外其身而身存。非以其无私邪?故能成其私[2]。

出处:《老子·第七章》

2　持而盈之,不如其已[3];揣而锐之,不可长保。金玉满堂,莫之能守;富贵而骄,自遗其咎。功遂身退,天之道也。

出处:《老子·第九章》

3　何谓贵大患若身?吾所以有大患者,为吾有身,及吾无身,吾有何患?故贵以身为天下,若可寄天下;爱以身为天下,若可托天下。

出处:《老子·第十三章》

4　致虚极,守静笃,万物并作[4],吾以观复。夫物芸芸,各复归其根。归根曰静。不知常,妄作凶。知常容,容乃公,公乃全,全乃天,天乃道,道乃久,没身不殆。

出处:《老子·第十六章》

5　名与身孰亲,身与货孰多[(5)],得与亡孰病,是故,甚爱必大费,多藏必厚亡[(6)],知足不辱,知止不殆[(7)],可以长久。

出处:《老子·第四十四章》

【简注】

(1) 不自生:不为自己而生。
(2) 成其私:成就自身。
(3) 已:停止。
(4) 作:动,生长。
(5) 多:重。
(6) 厚亡:惨重的损失。
(7) 殆:危险。

【今译】

1. 天地长久。天地所以能够长久,乃是因为它们的一切运作都不为自己,所以能够长久。所以有道的人把自己退在后面,反而能赢得爱戴;把自己置于度外,反而能保全生命。不正是由于它不自私吗?反而能成就自己。

2. 执持盈满,不如适时停止。显露锋芒,锐势难保长久。金玉满堂,无法守藏。富贵而骄,自取祸患。功业完成,含藏收敛,是合于自然的道理。

3. 什么叫重视身体像重视大患一样?我之所以有大患,乃是因为我有这个身体,如果没有这个身体,我会有什么大患呢?所以,能够以贵身的态度去为天下,才可以把天下寄托给他;以爱身的态度去为天下,才可以把天下委托给他。

4. 致虚和守静的工夫,做到极笃的境地。万物蓬勃生长,我看出往复循环的道理。万物纷纷芸芸,各自返回它的本根。返回本根叫静,静叫回归本原。回归本原是永恒的规律,认识永恒的规律叫明。不认识永恒的规律,轻举妄动就会生出乱子。认识常道的人是能包容一切的,无所不包容就能坦然大公,坦然大公才能无不周遍,无不周遍才能符合自然,符合自然才能符合于道,体道而行才能长久,终身可以免于危殆。

5. 声名和生命比起来哪一样亲切?生命和货利比起来哪一样贵重?得到名利和丧失生命哪一样为害?过分爱名就必定要付出重大的耗费;过多藏货就必定会招致惨重的损失。所以知道满足就不会受到屈辱,知道适可而止就不会带来危险,这样才可以保持长久。

【解读】

中国自古就有所谓隐逸之士，相对于入世之士，他们最大的特点是对参与政治的热情不大，而对于修身，尤其是养生特别在意。这一传统中的代表人物即老子。一个人为什么要重视养护自己的身体呢？老子一针见血，那是由于人的所有忧患的根基就是他的身体。因此，对于这个根基的养护直接决定着你是否能够去除烦恼。这个道理简单地放在那里，似乎人人都明白，但是却很少有人给予充分的重视和贯彻。所以，老子就产生了这样一个联想：假如有人能够像珍爱自己的身体一样处理天下之事，那么天下就可以放心交给他了。由此，我们就能看到老子不仅重视养生，而且为其找到了可靠的根据。

如果上面所谈涉及人为什么要养生，接下来的问题就是人如何养生。老子认为，养生可以遵循"致虚极，守静笃"的原则。也就是说，时刻使自己处于虚弱谦退的状态，达到一种空明寂静的心境。为什么这样做呢？这与老子对于"道"的领会有关，老子认为道法自然，可是，这是一种怎样的自然状态呢？实际上是一种循环往复，回归本根的过程。因而老子说："万物并作，吾以观复。夫物芸芸，各复归其根。"那么，这种"复归其根"又是一种什么情形呢？老子认为："归根曰静。"所以，如果这个世界以动静二字来概括的话，那么它的根在静，而不在动。这也就是养生的要诀，这个要诀又曰"常道"。一个人如果不懂这种"常道"就要遭殃，若是懂得了这种"常道"，也就得到了养生之道。所谓："不知常，妄作凶。知常容，容乃公，公乃全，全乃天，天乃道，道乃久，没身不殆。"(《老子·第十六章》)

值得注意的是，老子的这种"贵大患若身"的"身"不单指人的肉身，在他那里，肉身与精神是密不可分的整体。所以，老子的养生思想需要从"养身"和"养神"两个方面来了解，并且，我们还要知道，这两个方面互相决定，互为条件。

首先，从"养身"一面来看，老子的原则可以概括为"塞兑闭门"，也就是把耳朵、眼睛、嘴巴和鼻子这些欲望的孔道填塞起来，做到"少私寡欲"。实际上，老子并不反对欲望本身，只是敏锐地发现若欲望膨胀到一定的界限，便是对人的戕害。因此他提醒人们："五色令人目盲；五音令人耳聋；五味令人口爽；驰骋畋猎，令人心发狂；难得之货，令人行妨。"(《老子·第十二章》)眼睛对于形色，自然有美的感受，然而若整日沉迷于五色之中，那么人原本具有的那种美的感受能力也就丧失了，其他的感受器官亦然。总之，老子认为："祸莫大于不知足，咎莫大于欲得。故知足之足，常足矣。"(《老子·第四十六章》)

其次，从"养神"一面来看，老子的原则可以理解为"涤除玄览"，也就是清除内心的杂念，使之处于一种虚静的状态。杂念的产生往往是由于随波逐流，过于迷信弱肉强食的社会法则，老子认为这样迟早要遭殃，所谓："持而盈之，不如其已；揣而锐之，不可长保。金玉满堂，莫之能守；富贵而骄，自遗其咎。功遂身退，天之道也。"(《老子·第九章》)所以，去除掉自己的争强好胜之心，不仅可以获得内心的宁静，而且最终也使人立于不败之地。那么，如何使精神达到这种状态呢？老子说，我们可以学学草木："草木之生也柔脆，其死也枯槁。故坚强者死之徒，柔弱者生之徒。"(《老子·第七十六章》)学学水："天下莫柔弱于水，而攻坚强者莫之能胜，以其无以易之。"(《老子·第七十八章》)学学婴儿："含'德'之厚，比于赤子。"(《老子·第五十五章》)模仿这些自然物，人们自然能够达到存神而养生的目的。

需要提醒的是，作为隐逸之士，老子虽然非常重视修身和养身的问题，然而这并不是说老子对于经世与治国的问题不关注。在老子看来，养身与治国是其"道"的思想的应用的两个方面，养身方面的致虚守静在治国方面就表现为无为而治。

【关键词】 **隐逸之士　贵身　养身　养神**

25. 仁者寿

【原文】

1　子曰："知者乐水，仁者乐山；知者动，仁者静；知者乐，仁者寿。"

出处：《论语·雍也》

2　子之燕居，申申[(1)]如也，夭夭[(2)]如也。

出处：《论语·述而》

3　子在齐闻《韶》[(3)]，三月不知肉味，曰："不图为乐之至于斯也！"

出处：《论语·述而》

4　子曰："君子坦荡荡，小人长戚戚[(4)]。"

出处：《论语·述而》

5　食不厌精，脍不厌细。食饐而餲[(5)]，鱼馁而肉败，不食。色恶，不食。臭恶，不食。失饪[(6)]，不食。不时，不食。割不正，不食。不得其酱，不食。肉虽多，不使胜食气[(7)]。唯酒无量，不及乱。沽酒市脯[8]不食。不撤姜食,不多食。

出处:《论语·乡党》

6 君子有三戒:少之时,血气未定,戒之在色;及其壮也,血气方刚,戒之在斗;及其老也,血气既衰,戒之在得。

出处:《论语·季氏》

【简注】

(1) 申申:整饬之貌。

(2) 夭夭:和舒之貌。

(3) 韶:传说中的虞舜时代的乐曲名。

(4) 戚戚:忧虑、担心的样子。

(5) 饐(yì)而餲(ài):饮食经久而腐臭。

(6) 失饪:饪指烹饪时的火候,失饪即指火候不当。

(7) 食气:指主食。

(8) 市脯:买来的干肉。

【今译】

1. 孔子说:"智者乐于水,仁人乐于山。智者活动,仁人沉静。智者快乐,仁人长寿。"

2. 孔子在家闲居,穿戴很整齐,很和乐而舒展。

3. 孔子在齐国听到《韶》的乐章,很长时间尝不出肉味,于是说:"想不到欣赏音乐竟到了这种境界。"

4. 孔子说:"君子心地平坦宽广,小人却经常局促忧愁。"

5. 食物不嫌做得精,鱼肉不嫌切得细。食物变质馊臭,鱼肉腐烂,不吃。颜色难看,不吃。气味难闻,不吃。火候不当,不吃。不是时候,不吃。切得不合刀法,不吃。没有合适的调味酱,不吃。肉虽然吃得多,但不超过主食。酒不限量,但不要喝醉。买来的酒和肉干,不吃。可以吃姜,但也不宜多吃。

6. 孔子说:"君子有三件事情应该警惕戒备:年轻的时候,血气未定,便要警戒,莫迷恋女色;等到壮大了,血气正旺盛,便要警戒,莫好胜喜斗;等到年老了,血气已经衰弱,便要警戒,莫贪求无厌。"

【解读】

上篇讲到隐逸之士爱好养生,这并不意味着入世之士就不在意养生。入世之士中,将养生看作一个重要课题的,以孔子为代表。实际上,孔子不仅非常重视养生问题，而且还开创出与道家养生思路完全不同的儒家养生学。问题在于，儒家讲究介入社会、经邦治国，于是就难免操劳和辛苦，这样来看，儒家的精神似乎有碍于养生。那么，儒家的养生学从何谈起呢？这个问题可以看作理解孔子养生之学的入口。

我们可以这样来看，正是因为儒者经世致用，疲于奔命，容易使得身心受损，所以才尤其需要养生。这套转化的逻辑中包含了一种理性精神，随后我们将会看到，如果说老子的养生智慧中还有某种神秘色彩的话，孔子的养生智慧中则处处闪现理性的光芒。概而言之，孔子养生的原则集中体现在这段话中："知者乐水，仁者乐山；知者动，仁者静；知者乐，仁者寿。"(《论语・雍也》)这是一种动静结合，既充满理智，又超越理智的原则。

从理智的一面来讲，孔子总将有可能伤身害病的因素减少到最少，这主要表现在他对于礼的理解和践行上。《论语・乡党》篇对孔子的饮食起居进行了详细记载，这里面就有孔子的养生术。比如，饮食方面，孔子提倡"食不厌精，脍不厌细"，这是对食物营养和易消化程度的要求，又说"肉虽多，不使胜食气"，这是说要粗细搭配和营养均衡，还讲"不撤姜食，不多食"，这是对保健食品食用，孔子甚至还提到了饮酒适量的问题"唯酒无量，不及乱"。尤为重要的是，孔子还提出了"八不食"的原则，这是对一般人都不太了解的食品卫生的注意事项。有人看到孔子这么讲究饮食，难免有所非议，于是，谢良佐的这段话就可以作为孔子这种作为的一个注解："圣人饮食如此，非极口腹之欲，盖养气体，不伤生，当如此。"(《四书章句集注》)

再如，起居方面，孔子很注意穿衣。"当暑，袗絺绤，必表而出之。"(《论语・乡党》)夏天穿汗衫，出门还要加件外衣以防受寒，冬天则穿保暖的"羔裘""狐裘"，睡觉时还有专门的"寝衣"，并且特别指出"亵裘长，短右袂"，即在家穿的皮衣应该长点，但是右袖应该短些，这样做事也方便。此外，对于睡眠问题，孔子似乎也有研究。他认为作息要规律，反对"昼寝"(一种解释是早上睡懒觉)，提倡"寝不语"，"寝不尸"，这都是有利于静心养神，提高睡眠质量的措施。此外，从《论语》及相关材料中我们还看到，孔子还很重视体育锻炼和户外运动。孔子常言："居无求安。""士而怀居，不足以为士也。"(《论语・宪问》)这就是说不要老窝在舒服的家里。《论语・述而》篇说："子钓而不纲，弋不射宿。"这说明孔子是常去参加钓鱼、射猎这样的活动的。孔子还经常与弟子们结伴郊游，《论语・先进》篇记载孔子："浴乎沂，风乎舞雩，咏而归。"这样的体育和休闲活动也是孔子的养生术。

就超越理智的一面来讲，孔子将影响健康长寿的决定性因素定位为心理境界的提升，这就表现在对于仁的理解和践行上。孔子认为仁人君子的重要特点就在于心态的平和与豁达，所谓"君子坦荡荡，小人长戚戚"。君子总是心怀坦荡，小人却时时忧虑重重。人的一生难免会遇到各种悲催的事情，难免遭受心理打击，这时候心态就很关键了。我们知道，孔子一生怀才不遇，但是他仍然精进不已，这与他乐观平和的心态密不可分。《述而》篇记载孔子："子之燕居，申申如也，夭夭如也。"孔子自言："饭疏食，饮水，曲肱而枕之，乐亦在其中矣。不义而富且贵，于我如浮云。"因此，孔子特别欣赏那些处于逆境而乐观自信的人，他赞扬子弟颜回："贤哉回也，一箪食，一瓢饮，在陋巷，人不堪其忧，回也不改其乐。贤哉回也。"（《论语·雍也》）由此，孔子将是否能在逆境中不被坏心情左右，从而胡作非为看作君子与小人的重要区分，所谓："君子固穷，小人穷斯滥矣。"（《论语·卫灵公》）

总之，遵循礼，可以使人减少身心受害的因素，达到仁，则可以做到心态的和顺豁达，所谓"仁者不忧"，从而实现"仁者寿"的目的。此即孔子养生学之法门。

【关键词】 入世之士　理智　超越理智

---

26. 养生主

【原文】

吾生也有涯[(1)]，而知也无涯。以有涯随无涯，殆已[(2)]！已而为知者，殆而已矣！为善无近名，为恶无近刑，缘督以为经，可以保身，可以全生，可以养亲[(3)]，可以尽年。

庖丁为文惠君解牛，手之所触，肩之所倚，足之所履，膝之所踦，砉然[(4)]响然，奏刀騞[(5)]然，莫不中音，合于桑林[(6)]之舞，乃中经首[(7)]之会。

文惠君曰："嘻，善哉！技盖至此乎？"

庖丁释刀对曰："臣之所好者道也，进乎技矣。始臣之解牛之时，所见无非牛者；三年之后，未尝见全牛也；方今之时，臣以神遇而不以目视，官知止而神欲行。依乎天理，批大郤[(8)]，道大窾[(9)]，因其固然。技经肯綮[(10)]之未尝，而况大軱[(11)]乎！良庖岁更刀，割也；族庖月更刀，折也；今臣之刀十九年矣，所解数千牛矣，而刀刃若新发于硎。彼节者有间而刀刃者无厚，以无厚入有间，恢恢乎其于游刃必有余地矣。是以十九年而刀刃若新发于硎。虽然,每至于族[12],吾见其难为,怵然为戒,视为止,行为迟,动刀甚微,謋然已解,如土委地。提刀而立,为之四顾,为之踌躇满志,善刀而藏之。”

文惠君曰:“善哉!吾闻庖丁之言,得养生焉。”

出处:《庄子·养生主》

【简注】

(1) 涯:边际,界限。
(2) 殆已:殆矣,形容疲困。
(3) 养亲:为“身”之借字。
(4) 砉(huā)然:骨肉相离的声音。
(5) 騞:同“砉”。
(6) 桑林:殷汤乐名。
(7) 经首:尧乐,《咸池》乐章名。
(8) 郤(xì):筋骨的间隙。
(9) 窾(kuǎn):骨节空处。
(10) 肯綮:筋骨结合的地方。
(11) 大軱:大骨。
(12) 族:筋骨交错聚结之处。

【今译】

我们的生命是有限度的,而知识是没有限度的,以有限度的生命去追求没有限度的知识,就会弄得很疲困;既然这样还要汲汲追求知识,就会弄得更加疲困不堪了。做世俗上的人所认为的“善”事不要有求名之心,做世俗上的人所认为的“恶”事不要遭到刑戮之害。顺着自然的理路以为常法,就可以保护生命,可以保全天性,可以养护身体,可以享尽寿命。

庖丁替文惠君宰牛,手所触及的,肩所倚着的,足所踩到的,膝所抵住的,砉然响声,进刀割解发出的哗啦响声,没有不合于音节的;合于《桑林》乐章的舞步,合于《经首》乐章的韵律。

文惠君说:“啊!好极了!技术怎么能到达这般的地步?”

庖丁放下屠刀回答说:“我所爱好的是道,已经超过技术了。我开始宰牛的时候,所见不过是一头牛。三年以后,就未尝看见整只牛了。到了现在,我只用心神来领会而不用眼睛去观看,器官的作用停止而只是心神在运用。顺着牛身上自然的纹理,劈开筋肉的间隙,导向骨节的空隙,顺着牛的自然结构去用刀,即连经络相连的地方都没有一点儿妨碍,何况那大骨头呢!好的厨子一年换一把刀,他们是用刀去割筋肉;普通的厨子一个月换一把刀,他们是用刀去砍骨头。现在我这把刀已经用过十九年了,所解的牛有几千头了,可是刀口还是像在磨刀石上新磨的一样锋利。因为牛骨节是有间隙的,而刀刃是没有厚度的;以没有厚度的刀刃切入有间隙的骨节，当然是游刃恢恢而宽大有余了。所以这把刀用了十九年还是像新磨的一样。虽然这样，可是每遇到筋骨盘结的地方，我知道不容易下手，小心谨慎，眼神专注，手脚缓慢，刀子微微一动，牛就哗啦解体了，如同泥土溃散落地一般(牛还不知道自己已经死了呢)！这时我又提刀站立，张望四方，感到心满意足，把刀子揩干净收藏起来。"

文惠君说："好啊！我听了厨夫这一番话，得着养生的道理了。"

【解读】

在《养生主》一文中，庄子集中讨论了养生的要领。概括起来，约有两点，第一是说明了养生的重要性，庄子指出人的生命是最宝贵的，不以生命的养护为第一追求，而以知识或名利为第一目标，总会使人生变得疲困而焦躁。第二是说明了养生的方法，庄子提出"缘督以为经"的原则，也就是以自然的理路为常法，为此，庄子为我们讲述了庖丁解牛的故事，人的生命就像锋利的刀刃，而人在社会中所遇到的各种矛盾就像牛的筋腱和骨头，如果处理不当，就会像筋骨碰坏刀刃那样，对人的生命造成损害。所以，养生就要像庖丁解牛一样，使刀刃顺着筋骨的间隙游走，才能使"刀刃若新发于硎"。

庄子的这一养生思想在其他篇目也处处提及。首先，就养生的重要性而言，可以说，整个庄子的学说就是一门养生之学。我们知道，老子虽然重视修身的问题，但是仍将治国看作几乎同样重要的另一端。庄子则不然，《让王》篇中说："道之真以治身，其绪余以为国家，其土苴以治天下。"这是认为，道的根本任务是用来修身的，修身之余，如果还有余力，就用来治国，通过修身和治国，道的精华部分已经用掉了，留下来的一些渣滓，可以用来治理天下。中国主流思想一向将治国平天下放在非常重要的位置，庄子可谓一个异类，所以司马迁即言："鄙儒小拘，如庄周等，又滑稽乱俗。"(《史记・孟子荀卿列传》)不过，庄子这样说，显然是有意而为，其实是为了警示以儒家为代表的另一些人总是把家国天下放在心中，说在嘴边，从而忽略了个人的生命价值。

其次，除了重要性之外，庄子还谈到了养生的必要性问题。人的养生何以必要呢？在庄子看来，是为了恢复人的自然本性。庄子有言："彼民有常性，织而衣，耕而食，是为同德；一而不党，命曰天放。"(《庄子・马蹄》)"同德"即人的本能，"天放"则是人追求独立的天性，以今语来说，庄子认为人是生而自由的。然而，这样的自由只是人的当然状态，社会的实然状态却是无人能够自由，充满了矛盾和苦难。庄子用一个字来形容这种状况——"刑"。不过，"刑"也有两种："为外刑者，金与木也；为内刑者，动与过也。"(《庄子・列御寇》)"外刑"即皮肉之苦，"内刑"则为内心的煎熬。于是，养生的必要性就浮现出来，是为了使人免于内外之刑，恢复自然的“常性”。

再次，关于养生的方法，所谓“缘督以为经”的原则多少还有点抽象，庄子在其他地方还指出两种具体的方法。一种方法是“无用之学”，庄子说：“山木自寇也，膏火自煎也。桂可食，故伐之；漆可用，故割之。人皆知有用之用，而莫知无用之用也。”（《庄子·人间世》）也就是讲，一件东西往往因为有用，所以才遭迫害。所以，若想全性保生，最好显得没有用一点，这就叫“无用之用”。可是，无用之学并非处处有用，比如：“昨日山中之木，以不材得终其天年；今主人之雁，以不材死。”（《庄子·山木》）山中的一棵大树因为长得奇形怪状，不是可造之才，所以才免于被砍伐，但是主人家所养的那只不会叫唤使人开心，从而显得没用的雁子，却因不才而被杀。

怎么办呢？庄子提出了一套终极方法：“人能虚己以游世，其孰能害之？”（《庄子·山木》）这套游世之学的要害是“虚己”，也就是隐心或者无心。无心为什么就能保全自身呢？庄子为我们举例说明：“方舟而济于河，有虚船来触舟，虽有惼心之人不怒；有一人在其上，则呼张歙之；一呼而不闻，再呼而不闻，于是三呼邪，则必以恶声随之。向也不怒而今也怒，向也虚而今也实。”（《庄子·山木》）可以发现，前一种情况两船相安无事，后一种情况则快要打起来了。两者的区别何在？在于是否有人。如果有人，别人就会揣测你的动机，你是不是故意的？社会中很多矛盾都是由此引起的。因此，在险恶丛生的社会中，若想不被别人伤害，莫过于隐藏自己的动机，此即无心之意，这是第二种方法。无心的情况，即使产生了过错，别人也会原谅。把握了这个原则，也就领会到养生的要领了。

【关键词】 同德　天放　无用之学　游世之学

27. 上古天真论

【原文】

昔在黄帝，生而神灵，弱而能言，幼而徇齐[1]，长而敦敏，成而登天。乃问于天师[2]曰：“余闻上古之人，春秋皆度百岁，而动作不衰；今时之人，年半百而动作皆衰者，时世异耶，人将失之耶。”

岐伯对曰：“上古之人，其知道者，法于阴阳，和于术数，食饮有节，起居有常，不妄作劳，故能形与神俱，而尽终其天年，度百岁乃去。今时之人不然也，以酒为浆，以妄为常，醉以入房[3]，以欲竭其精，以耗散其真，不知持满[4]，不时御神，务快其心，逆于生乐，起居无节，故半百而衰也。

"夫上古圣人之教下也，皆谓之虚邪贼风[5]，避之有时，恬惔虚无，真气从之，精神内守，病安从来。是以志闲而少欲，心安而不惧，形劳而不倦，气从以顺，各从其欲，皆得所愿。故美其食[6]，任其服，乐其俗，高下不相慕，其民故曰朴。是以嗜欲不能劳其目，淫邪不能惑其心，愚智贤不肖，不惧于物，故合于道。所以能年皆度百岁而动作不衰者，以其德全不危也。"

出处：《黄帝内经·素问》

【简注】

(1) 徇齐：睿智敏捷。

(2) 天师：指岐伯。

(3) 入房：行房事。

(4) 持满：保持精气充满。

(5) 虚邪贼风：指自然界各种致病因素。

(6) 美其食：吃什么食物都觉得很美味。

【今译】

从前的黄帝，生来十分聪明，很小的时候就善于言谈，幼年时对周围事物领会得很快，长大之后，既敦厚又勤勉，及至成年之时，登上了天子之位。他向岐伯问道：我听说上古时候的人，年龄都能超过百岁，动作不显衰老；现在的人，年龄刚至半百，而动作就都衰弱无力了，这是由于时代不同所造成的呢，还是因为今天的人们不会养生所造成的呢？

岐伯回答说："上古时代的人，那些懂得养生之道的，能够取法于天地阴阳自然变化之理而加以适应，调和养生的办法，使之达到正确的标准。饮食有所节制，作息有一定规律，既不妄事操劳，又避免过度的房事，所以能够形神俱旺，协调统一，活到天赋的自然年龄，超过百岁才离开人世；现在的人就不是这样了，把酒当水浆，滥饮无度，使反常的生活成为习惯，醉酒行房，因恣情纵欲，而使阴精竭绝，因满足嗜好而使真气耗散，不知谨慎地保持精气的充沛，不善于统驭精神，而专求心志的一时之快，违逆人生乐趣，起居作息，毫无规律，所以到半百之年就衰老了。"

“古代深谙养生之道的人在教导普通人的时候，总要讲到对虚邪贼风等致病因素应及时避开，心情要清净安闲，排除杂念妄想，以使真气顺畅，精神守持与内，这样，疾病就无从发生。因此，人们就可以心志安闲，少有欲望，情绪安定而没有焦虑，形体劳作而不使疲倦，真气因而调顺，各人都能随其所欲而满足自己的愿望。人们无论吃什么食物都觉得甘美，随便穿什么衣服也都感到满意，大家喜爱自己的风俗习尚，愉快地生活，社会地位无论高低，都不相倾慕，所以这些人称得上朴实无华。因而任何不正当的嗜欲都不会引起他们注目，任何淫乱邪僻的事物也都不能惑乱他们的心志。无论愚笨的，聪明的，能力大的还是能力小的，都不因外界事物的变化而动心焦虑，所以符合养生之道。他们之所以能够年龄超过百岁而动作不显得衰老，正是由于领会和掌握了修身养性的方法而身体不被内外邪气干扰危害所致。”

【解读】

说到养生，就不能不涉及中医，而作为战国之前中华医学的集大成之作，《黄帝内经》则不能不谈。该书分《素问》和《灵枢》两部分，其中《素问》之《上古天真论》对于养生的主要原则进行了介绍，我们由此可以领略医家养生之学的概要。如果说在儒道两家的思想中，养生或多或少还与道德的、政治的或社会的问题相关，那么在医家的思想中，养生则作为一个纯粹的问题而出现，因此，其专业化的程度远非儒道二家能比。

所谓“素问”，就是非常朴素、普通的问题，在养生方面，最一般的，大家都能想到的一个问题是什么呢？就是寿命长短的问题。一般而言，善于养生的人自然能尽其天年，不会养生的人，常常短命。所以黄帝所问岐伯的第一个问题就是为什么当时的人“年半百而动作皆衰者”，而古时的人却“春秋皆度百岁，而动作不衰？”这是因为时世变迁呢？还是人自身是否接近养生之道的问题？依岐伯看来，问题的关键在于人“是否知道”。概言之，此道即“法于阴阳，和于术数”，如果掌握了此道，当时的人一样能长寿。“法于阴阳”这个原则倒并不新鲜，战国之前的中国传统思想尤其是老庄莫不如是观，也就是使人的各种活动合于阴阳四时和周围环境的变化——道法自然。医家之所以厉害的地方在于非常重视“和于数术”，开发出一系列治疗、恢复、锻炼身体的养生方法。

岐伯接下来提出了三条养生法则：“食饮有节，起居有常，不妄作劳。”饮食方面要节制，起居方面要按时作息，劳作方面要劳逸结合。每个人的日常生活都包括了这三个方面，如能充分加以注意，就可以达到“形与神俱”的效果。这就是古之“知道者”之所以能够“尽其天年”的秘密。然而今天的人却在这么简单的事情上犯了糊涂，饮食方面，“以酒为浆，以妄为常”，起居方面，“逆于生乐，起居无节”，这样长此以往，“半百而衰”不是很自然的事吗？值得注意的是，岐伯的回答并不限于具体的养生法则，他还从中医生理学的角度提出了一套人之所以过早衰老的理论，这个理论大致可以概括为：寿命的问题其实是人体功能衰退的问题，而人体功能的衰退则与人的“形神相失”有关，三条养生法则之所以有效，就在于通过它们，人就可以在尽可能长的时间内保证“形与神俱”。

因此，接下来岐伯就从两方面进一步论述了养生的原则：就养形来讲，需要注意“虚邪贼风，避之有时”，这是说对于正常的气候变化和有害于人体的外界致病因素，不要迎上去，而要躲开来，否则身体就要受伤害。再就养神来讲，需要注意“恬惔虚无，真气从之，精神内守”，这是指要以一颗快乐的平常心和饱满的精神状态处事，如此不仅可以获得健康的身心条件，还可以提高生命的质量。总之，如果掌握了“形与神俱”的养生之道，就还可以生发出很多具体的养生和治疗之法，而这些方法的共同目的都是促进人的身体与精神的和合状态。这一理论在几千年的中医实践中已经得到了很好的证明。

【关键词】 中医　素问　法于阴阳　和于术数　形与神俱

七、道　论

【题解】

中国传统智慧中的核心概念为“道”，“求道”乃各家各派共同追求的事业。尽管“道”的概念早已提出，但是将其作为一个终极范畴加以设定和讨论的，要从老子开始，于是乃有“道家”之名。尽管如此，每家思想所理解的道的内容却各不一样。儒道两家所求之道就是如此，即使在两家思想的内部，对于道的领会也不尽相同。本单元，我们分别讨论老子、庄子、《易传》和荀子的道论，以见中国古代道论的概貌。

28. 道可道，非常道

【原文】

1　道可道[(1)]，非常道；名可名[(2)]，非常名。无名，天地之始；有名，万物之母。故常无，欲以观其妙；常有，欲以观其徼[(3)]。此两者，同出而异名，同谓之玄。玄之又玄，众妙之门。

出处：《老子·第一章》

2　视之不见，名曰夷；听之不闻，名曰希；搏之不得，名曰微。此三者不可致诘[(4)]，故混而为一。其上不皎[(5)]，其下不昧[(6)]。绳绳兮不可名，复归于物。是谓无状之状，无物之象，是谓惚恍[(7)]。迎之不见其首，随之不见其后。

出处：《老子·第十四章》

3　道之为物，惟恍惟惚。惚兮恍兮，其中有象；恍兮惚兮，其中有物。窈兮冥兮[(8)]，其中有精；其精甚真，其中有信。

出处：《老子·第二十一章》

【简注】

(1) 道：此第二个“道”为言说之意。
(2) 名：此第二个“名”为名言之意。
(3) 徼：端倪。
(4) 致诘：穷诘、追究。
(5) 皎：光明。
(6) 昧：阴暗。
(7) 惚恍：若有若无，闪烁不定。
(8) 窈兮冥兮：深远暗昧。

【今译】

1. 可以用言词表达的道，就不是常道。可以用名言表述的名，就不是常名。无名是形成天地的本始，有名是产生万物的源头。所以，常从无中去观照道的奥妙，常从有中去观照道的端倪。无和有这两者，同一来源而名称不同，都可以说是很幽深的。幽深又幽深，是一门奥妙的门径。

2. 看它看不见，名叫“夷”；听它听不到，名叫“希”；摸它摸不着，名叫“微”。这三者的形象无从穷诘，它是混论一体的。它上面不显得光亮，它下面也不显得阴暗，它绵绵不绝而不可名状，一切的运动都会回到不见物体的状态。这是没有形状的形状，不见物体的形象，叫它做“惚恍”。迎着它，看不见它的前头；随着它，却看不见它的后面。

3. 道这个东西是恍恍惚惚的，那样的恍恍惚惚，其中却有迹象；那样的恍恍惚惚，其中却有实物；那样的深远暗昧，其中却有精质；那样的暗昧深远，其中却是可信验的。

【解读】

众所周知，老子为中国乃至世界哲学界贡献出了“道”的概念。但是，当大家都心怀好奇地想听他讲讲什么是道的时候，老子却非常郑重地在《道德经》的第一章第一句这样说：“道可道，非常道。”他提醒大家，能够言说出来的道，已经不是真的道了。这难道是让人们闭嘴吗？我想大概不是，这不仅因为这一章紧接着就将“无名”与“有名”作为两个并列的元素加以讨论，还在于老子毕竟留下了五千言的著作。冯友兰先生曾指出中国哲学有两种言说方式：一种是正的方法，亦即以逻辑分析法讲形上学，另一种是负的方法，即讲形上学不能讲。他认为，讲形上学不能讲亦是一种形上学，用中国绘画的术语来讲就是“烘云托月”，不去正面描绘月亮，而是通过云彩的描绘反衬出月亮的形象。(《新知言》)由此可见，之所以讲道之不可讲，是以此作为暗示和隐喻，使我们接近道。

实际上，老子在《道德经》中对于道是大谈特谈，只不过，这些言论并不能作为道的定义，只能作为我们领会道的途径。老子对于道主要进行了下述描绘。

首先，道乃先天地而生。老子反复提及，道"先天地而生""可以为天地母""象帝之先""为天地根"等等，这实在是一个思想史上的大突破。按照周代人的一般观念，"天"是最大的一个概念，天地合而生万物，老子却从中发现了问题。他认为如果我们要找一个最大的概念，从而作为万物的总根源，那么这个概念一定是无形的，因而也是无名的。因为有形的东西一定是有限，而有限者是不能作为所有事物的原因的。这就像我们知道的，这个世间是一物降一物，没有一个东西可以降得住万物，因此世上没有万能药。由此出发，老子就使用有、无，有形、无形，以及有名、无名的概念来描述道。在他看来，道是一种"视之不见""听之不闻""搏之不得"的东西。因此，如果一定要说，那么它只能是一种"无状之状，无物之象"，这就给人一种恍惚的感觉，老子干脆就给道起了个名字叫"恍惚"。然而这个恍恍惚惚当中，也并非空无一物，其中所显现的却是这个世界上最真切的东西，所谓"其中有象""其中有物""其中有精，其精甚真，其中有信"。

其次，反者道之动。这是对道生万物过程的描述，亦即事物的对立面是其发展的根本动力。《道德经》的第二章就申述此意："有无相生，难易相成，长短相形，高下相盈，音声相和，前后相随。恒也。"这样的道理在中外哲学史上并不少见，老子较为深入的地方在于他发现世人总喜欢看起来强大的、高贵的和美好的东西，若从反者道之动的立场来看，这实在是不知道的表现，所以必会遭殃。老子通过观察发现自然界有一种柔弱胜刚强的道理："人之生也柔弱，其死也坚强。草木之生也柔脆，其死也枯槁。故坚强者死之徒，柔弱者生之徒。是以兵强则灭，木强则折。强大处下，柔弱处上。"(《老子·第七十六章》)他认为古代的智者也懂得这个道理："故贵以贱为本，高以下为基。是以侯王自称孤、寡、不谷。此非以贱为本邪?"(《老子·第三十九章》)在老子看来，自然之中，有两样东西最值得我们学习，一样是水，"水善利万物而不争，处众人之所恶，故几于道"(《老子·第八章》)；另一样是婴儿，"含德之厚，比于赤子"(《老子·第五十五章》)。这都是柔弱胜刚强的实例。

再次，道法自然。这是对于道的来源和出处的描述，老子发现：万事万物在不受外界强力干扰的情况下，通常都能发挥自己的最佳状态，都能与周围的事物保持良好的关系，整个宇宙就在万物的最佳状态和良好关系中达到和谐与平衡，这种情况就是"自然"。简言之，自然就是"自己如此，本来如此"的意思。人之所以能够领会道，就在于自然本是如此，所以人要求道，就应当向天地万物学习，"人法地，地法天，天法道，道法自然"(《老子·第二十五章》)。道理如此，但是人往往偏离自然，为此老子提出了"天之道"和"人之道"的区分，前者是："损有余而补不足"，后者则"损不足以奉有余。"(《老子·第七十七章》)两相比较，可见"人之道"是非常自私和幼稚的。于是，人应当如何做，答案是很清楚的，就是仿效“天之道”的自然无为，因而大公无私的过程，所以我们看到《道德经》最后一章意味深长地说：“天之道，利而不害；圣人之道，为而不争。”

【关键词】 正的方法　负的方法　先天地生　反者道之动　道法自然

29. 道在屎溺

【原文】

东郭子问于庄子曰：“所谓道，恶乎在？”庄子曰：“无所不在。”东郭子曰：“期而后可。”庄子曰：“在蝼蚁。”曰：“何其下邪？”曰：“在稊稗(1)。”曰：“何其愈下邪？”曰：“在瓦甓。”曰：“何其愈甚邪？”曰：“在屎溺。”东郭子不应。

庄子曰：“夫子之问也，固不及质。正获之问于监市履狶(2)也，‘每下愈况’。汝唯莫必(3)，无乎逃物。至道若是，大言亦然。周遍咸三者，异名同实，其指一也。尝相与游乎无何有之宫，同合而论，无所终穷乎！尝相与无为乎！澹而静乎！漠而清乎！调而闲乎！寥已吾志，无往焉而不知其所至，去而来而不知其所止。吾已往来焉而不知其所终，彷徨乎冯闳(4)，大知入焉而不知其所穷。物物者与物无际，而物有际者，所谓物际者也。不际之际，际之不际者也。谓盈虚衰杀，彼为盈虚非盈虚，彼为衰杀非衰杀，彼为本末非本末，彼为积散非积散也。”

出处：《庄子·知北游》

【简注】

(1) 稊稗(tí bài)：一种形似谷的草。

(2) 履狶(xī)：用脚踩猪的下腿，用来探知猪的肥瘦。

(3) 莫必：不要绝对化，只想在某个事物中寻找道。

(4) 冯闳(féng hóng)：宏大，开阔。

【今译】

东郭子向庄子请教说:“人们所说的道,究竟存在于什么地方呢?”庄子说:“大道无所不在。”东郭子曰:“必定得指出具体存在的地方才行。”庄子说:“在蝼蚁之中。”东郭子说:“怎么处在这样低下卑微的地方?”庄子说:“在稻田的稗草里。”东郭子说:“怎么越发低下了呢?”庄子说:“在瓦块砖头中。”东郭子说:“怎么越来越低下呢?”庄子说:“在大小便里。”东郭子听了后不再吭声。

庄子说:“先生的提问,本来就没有触及道的本质,一个名叫获的管理市场的官吏向屠夫询问猪的肥瘦,踩踏猪腿的部位越是往下就越能探知肥瘦的真实情况。你不要只是在某一事物里寻找道,万物没有什么东西可以逃离开它。‘至道’是这样,最伟大的言论也是这样。万物、言论和大道遍及各个角落,它们名称各异而实质却是相同,它们的意旨是归于同一的。让我们一道游历于什么也没有的地方,用混同合一的观点来加以讨论,宇宙万物的变化是没有穷尽的啊!我们再顺应变化无为而处吧!恬淡而又寂静啊!广漠而又清虚啊!调谐而又安闲啊!我的心思早已虚空宁寂,不会前往何处也不知道应该去到哪里,离去以后随即归来也从不知道停留的所在,我已在人世来来往往却并不了解哪里是最后的归宿;放纵我的思想遨游在虚旷的境域,大智的人跟大道交融相契而从不了解它的终极。造就万物的道跟万物本身并无界域之分,而事物之间的界线,就是所谓具体事物的差异;没有差异的区别,也就是表面存在差异而实质并非有什么区别。人们所说的盈满、空虚、衰退、减损,认为是盈满或空虚而并非真正是盈满或空虚,认为是衰退或减损而并非真正是衰退或减损,认为是宗本或末节而并非真正是宗本或末节,认为是积聚或离散而并非真正是积聚或离散。”

【解读】

尽管学界对于庄子的学派归属问题仍有争议,但是读过《庄子》的人都能深深感到老子对他的影响。司马迁称庄子“其学无所不窥,然其要归本于老子之言”(《史记·老子韩非列传》),这是很可信的。因此,庄子与老子,必定是一脉相承的。庄子对于道的领会就直接来源于老子,《大宗师》中有一段道的论述即如此:“夫道,有情有信,无为无形,可传而不可受,可得而不可见,自本自根,未有天地,自古以固存,神鬼神帝,生天生地;在太极之先而不为高,在六极之下而不为深,先天地生而不为久,长于上古而不为老。”此皆是就道作为万物的根据而必须是一个无形无限者而言的。然而,庄子之所以为庄子,相比于对老子道的思想的继承,对于道的独特领会才是决定因素。老庄之间所理解的道毕竟有所不同,大体而言,老子之道是在万物之外创生主宰万物的本原，庄子则将道看作遍在于万物而无所不包的万物的本质。这一分歧也决定了老庄各自的思想旨趣。

上篇已介绍过老子的道，但是如果不加以比较，就难以看出它的特点。相对于庄子，老子的道是一个与物相对的超越的存在。具体而言，老子的道“独立而不改，周行而不殆”（《老子·第二十五章》），是一个处于永恒运动之中，不依赖于任何事物的绝对存在。它与万物的关系表现在两方面：一方面，道生万物并赋万物以本性，所谓：“蓄之，长之，遂之、亭之、毒之、养之、覆之。”（《老子·第五十一章》）另一方面，万物从道中产生、远离之后，经过一个过程之后又反归于道，所谓：“大曰逝，逝曰远，远曰反。”（《老子·第二十五章》）这样的道是一个超越于万物的绝对者，所以老子在天地人三才之外加上道，构成了宇宙中的“四大”，所谓：“故道大，天大，地大，人亦大。域中有四大，而人居其一焉。”（《老子·第二十五章》）

对于老子的这套理解，庄子是有意见的。他在很多地方反复申述，认为老子这种做法把道与物、有和无对立了起来，他自己则要打破这种对立。庄子很怀疑，假如说有一个独立的万物之母，这个万物之母又是如何产生的呢？同样，如果有一个在有之先的无，这个无又是如何产生的呢？此即《庄子·齐物论》中所言的：“有‘有’也者，有‘无’也者，有‘未始有无’也者，有‘未始有夫未始有无’也者。俄而有无矣，而未知有无之果孰有孰无也。”就算无是天地万物之始，但是老子所谓的“无”果真是无吗？由无所生的“有”果真是有吗？知与不知的界限在哪里？老子以感官来判定有无，是很可疑的。总之，庄子将有与无，道与物的对立打破，认为无可以为有，有可以为无，道中有物，物中有道。于是就有了这篇选文中所讲的道无所不在，在蝼蚁、稊稗、瓦甓，以至屎溺的桥段。

庄子将道与物的界限打破，实际上是将道引入有形可见的“有”的世界，从而使万物带上不确定和不可知的属性，带上“无”的性质，这样就产生了一种“齐物”的认识。所谓：“物物者与物无际，而物有际者，所谓物际者也。不际之际，际之不际者也。谓盈虚衰杀，彼为盈虚非盈虚，彼为衰杀非衰杀，彼为本末非本末，彼为积散非积散也。”（《庄子·知北游》）“物物者”，使物成为物者，也就是道。这里就是讲消除道与物的区分，最终会发现万物之间的区分并非绝对的区分。《齐物论》中说得更妙：“物固有所然，物固有所可。无物不然，无物不可。故为是举莛与楹，厉与西施，恢诡谲怪，道通为一。”到这里，有形世界中物与物之间的分界被庄子动摇了，老子之作为“有”的世界就变成了“无”。

总之，庄子主张物外无道，这就使得庄子能够以齐物的智慧来面对世间万物，而这种不脱离物而求道，不脱离日常生活而求道的路径，最终也使庄子能够达到一种“不刻意而高，无江海而闲”“不遣是非而与世俗处”，介于出世与入世之间的人生境界。

【关键词】 **超越的存在　道中有物　物中有道**

30. 一阴一阳之谓道

【原文】

1　一阴一阳之谓道，继之者善也，成之者性也。仁者见之谓之仁，知者见之谓之知，百姓日用不知；故君子之道鲜[(1)]矣！

出处：《周易·系辞传上》

2　乾坤其易之缊[(2)]邪？乾坤成列，而易立乎其中矣。乾坤毁，则无以见易；易不可见，则乾坤或几乎息[(3)]矣。是故，形而上者谓之道；形而下者谓之器；化而裁之谓之变；推而行之谓之通；举而错之天下之民，谓之事业。

出处：《周易·系辞传上》

3　易之为书也，广大悉备，有天道焉，有人道焉，有地道焉。兼三才[(4)]而两之，故六；六者非它也，三才之道也。道有变动，故曰爻；爻有等[(5)]，故曰物；物相杂[(6)]，故曰文；文不当，故吉凶生焉。

出处：《周易·系辞传下》

4　昔者圣人之作易也，将以顺性命之理。是以立天之道，曰阴与阳；立地之道，曰柔与刚；立人之道，曰仁与义。

出处：《周易·说卦传》

【简注】

(1) 鲜：少。

(2) 组：蕴藏。

(3) 息：熄灭。

(4) 三才：指天、地、人。

(5) 等：类别。

(6) 杂：指阴阳刚柔交错而成卦爻辞。

【今译】

1. 一阴一阳的对立转化称为道，继承它的是善，成就它的是本性。仁人看见它叫它作仁，智者看见它叫它作智，百姓每天在用它而不认识，所以认识君子之道的人少。

2. 乾坤是《易经》意义的蕴藏吧？乾坤定位，《易经》的道就确立在其中了。乾坤毁，就无从看见《易》道。《易》道看不见，乾坤或许近于熄灭了。所以乾坤两卦，其阴阳之义是无形的，叫作道，其卦画则是有形的，叫作器。对于乾坤之道加以变化而改制叫作变，加以推行叫作通，取来把它用在天下人民身上，叫作事业。

3. 《易经》作为书，内容广大，一切都具备。有天道，有人道，有地道。兼有天地人三才再加重复，故成为六爻。六爻不是别的，是天地人三才的道。道有变动，故称爻。爻有类别，故称物。物相夹杂，故称文。夹杂得恰当的生吉，夹杂得不恰当的生凶。

4. 从前圣人创作《易经》，是用来顺从性命的道理，因此确立天的道叫阴与阳，确立地的道叫柔与刚，确立人的道叫仁与义。

【解读】

"道"的本义为道路，《说文》释之为"所行道也"。道最初自然是人主动走出来的，但是道路一旦造成，就为后人所遵循，由此便引申出客观的轨道和规则义出来。就《周易》而言，道在经文仅 7 次提及，都为本义，而《易传》则大量使用，多达 997 次，这些道字绝大多数是在引申的意义使用的，并且在此基础上形成了一种独特的道论。

《易传》中的"道"，有一个很重要的表述，就是"形而上者谓之道，形而下者谓之器"。这可以看作道的基本界定。这段话非常著名，原因之一在于后来我们用"形而上学"来翻译发源于古希腊的哲学(Philosophy)，不过，《易传》中的形而上者毕竟不等于哲学。这段话的本意是讲筮法，之前讲到乾坤的卦象是六十四卦变易的根本，所以，这里其实是说乾坤两卦，其阴阳之义是无形的，其卦画则是有形的，无形的阴阳之义谓之"道"，有形的卦画谓之"器"。整句话反映了《易传》作者对于《易经》的本质的把握，即通过有形的卦画体现无形的变易法则，于器中揭示不可见之道，所谓"圣人立象以尽意"。由此可见，《易传》中的道，其最基本的内涵就是符号和意象背后的法则和意义。

那么，乾坤两卦，以及六十四卦、三百八十四爻中所表征的变易法则是什么呢？就是阴阳变易，所谓"一阴一阳之谓道"。按照《易传》作者对于《易经》的理解，这个宇宙中的道有三个方面：即"天道""地道""人道"，其中的任何一面都由阴阳两部分组成，从而成为自己的本性。天象继承此道，为寒暖二气；地形继承此道，为刚柔二性；人类继承此道，为仁义二德。总之，世间万物的规定无外乎一阴一阳。可以发现，《周易》以阴阳来说卦爻象，其理论意义在于借用阴阳的范畴模拟宇宙的法则。此所谓："圣人有以见天下之赜，而拟诸其形容，象其物宜，是故谓之象。"(《周易·系辞传上》)也就是说，古圣人因为看到世间万象纷繁复杂，所以就以卦爻象来模拟世界，即通过阴阳法则来理解宇宙。正因如此，《易传》作者不禁感慨："《易》与天地准，故能弥纶天地之道。"(《周易·系辞传上》)

进一步来看，道的内在规定既然是阴阳，那么要体会道，最重要的方式就是观察阴阳互动产生的变化。可以说，"变"是《易经》最重要的概念之一，"易"即变也。《系辞传下》总结说："《易》之为书也不可远，为道也屡迁。变动不居，周流六虚，上下无常，刚柔相易，不可为典要，唯变所适。"也就是说，不能将《易》这本书仅仅看作死的文本，而是要把握其中变易的精要。理解了变，也就能够理解阴阳如何相交相生而成万物。尤其值得注意的是，正是因为有变，所以才有了生生不息的宇宙精神。所谓："天地絪缊，万物化醇。男女构精，万物化生。"(《周易·系辞传下》)变与生相结合就产生了一种"生生"的道论模式，即"富有之谓大业，日新之谓盛德，生生之谓易"(《周易·系辞传上》)。用"生生"来理解道，大概是《易传》最精彩的创造，由此，阴阳变易的宇宙法则就与生命之道打通了。因此，我们看到"一阴一阳之谓道"之后紧接着说："继之者善也，成之者性也。"《说卦传》也说："昔者圣人之作易也，将以顺性命之理。"这都是强调宇宙与生命本质的同一性。

至此，我们不难发现，《易传》中的这种独特的道论，既不同于老子那种近似于西方形上学的道论形态，又不同于孔子那种人伦日用之道的模式。而是既讲宇宙之道，又言人伦之道，通过阴阳法则将儒道两家的道论进行了融贯和综合。

【关键词】 **形而上学　道与器　变易　生生**

31. 解　蔽

【原文】

圣人知心术之患，见蔽塞之祸，故无欲无恶，无始无终，无近无远，无博无浅，无古无今，兼陈万物而中县衡(1)焉。是故众异不得相蔽以乱其伦也。

何谓衡？曰：道。故心不可以不知道。心不知道，则不可道而可非道。人孰欲得恣(2)而守其所不可，以禁其所可？以其不可道之心取人，则必合于不道人，而不知合于道人。以其不可道之心，与不道人论道人，乱之本也。夫何以知！曰：心知道，然后可道；可道，然后能守道以禁非道。以其可道之心取人，则合于道人，而不合于不道之人矣。以其可道之心，与道人论非道，治之要也。何患不知？故治之要在于知道。

人何以知道？曰：心。心何以知？曰：虚壹而静。心未尝不臧也，然而有所谓虚；心未尝不满[(3)]也，然而有所谓壹；心未尝不动也，然而有所谓静。人生而有知，知而有志。志也者，臧也，然而有所谓虚，不以所已臧害所将受谓之虚。心生而有知，知而有异，异也者，同时兼知之。同时兼知之，两也，然而有所谓一，不以夫一害此一谓之壹。心，卧则梦，偷则自行，使之则谋。故心未尝不动也，然而有所谓静，不以梦剧[(4)]乱知谓之静。未得道而求道者，谓之虚壹而静。作之：则将须[(5)]道者之虚则人，将事道者之壹则尽，尽将思道者静则察。知道察，知道行，体道者也。虚壹而静，谓之大清明。

出处：《荀子·解蔽》

【简注】

(1) 县衡：县同“悬”，挂；衡，秤，指标准。县衡即挂秤，指用一定的标准进行权衡。

(2) 恣(zì)：无拘束，自在。

(3) 满：当作“两”，彼此兼顾。

(4) 剧：繁杂。

(5) 须：等待，企求。

【今译】

圣人知道思想方法上的毛病，看到被蒙蔽的祸害，所以既不任凭爱好又不任凭憎恶，既不是只看到开始又不是只看到终了，既不是只看到近处又不是只看到远处，既不只务广博又不安于浅陋，既不是只了解古代又不是只知道现在，而是同时摆出各种事物并在其中根据一定的标准进行权衡。所以众多的差异与对立面就不能互相掩盖以致搞乱了条理。

什么是权衡事物的标准呢？回答说：就是道。所以心里不可以不了解道。如果心里不了解道，就会否定道而认可违背道的东西。人有谁想要得到自在却遵奉自己否定的东西而用它来制止自己所赞成的东西呢？用他那种否定道的思想去选取人，就一定会和不奉行道的人情投意合，而不会和奉行道的人志同道合。带着他那种否定道的思想和不奉行道的人去议论奉行道的人，这就是社会混乱的祸根。像这样，那还凭什么去了解奉行道的人呢？再说：心里了解了道，然后就会赞成道。赞成道，然后就能遵奉道来制止违背道的东西。用他那种赞成道的思想去选取人，就会和奉行道的人情投意合，而不会和不奉行道的人同流合污了。带着他那种赞成道的思想和奉行道的人去议论违背道的人，这是社会得到治理的关键。像这样，又何必担忧不能了解奉行道的人呢？所以，把社会治理好的关键在于了解道。

人靠什么来了解道呢？回答说：靠心。心靠什么来了解道呢？回答说：靠虚心、专心和静心。心从来没有不储藏信息的时候，但却有所谓虚；心从来没有不彼此兼顾的时候，但却有所谓专；心从来没有不活动的时候，但却有所谓静。人生下来就有智能，有了智能就有记忆；记忆嘛，也就是储藏信息；但是有所谓虚，不让已经储藏在心中的见识去妨害将要接受的知识就叫作虚心。心生来就有智能，有了智能就能区别不同的事物；区别不同的事物，也就是同时了解了它们；同时了解它们，也就是彼此兼顾；但是有所谓专，不让那一种事物来妨害对这一种事物的认识就叫作专心。心，睡着了就会做梦，懈怠的时候就会擅自驰骋想象，使用它的时候就会思考谋划，所以心从来没有不活动的时候；但是有所谓静，不让梦幻和烦杂的胡思乱想扰乱了智慧就叫作静心。对于还没有掌握道而追求道的人，要告诉他们虚心、专心和静心的道理，以作为他们的行动准则。想要求得道的人，达到了虚心的地步就能够得到道；想要奉行道的人，达到了专心的地步就能够穷尽道的全部；想要探索道的人，达到了静心的地步就能够明察道。了解道十分明察，知道了道能实行，这就是实践道的人。达到了虚心、专心与静心的境界，这叫作最大的清彻澄明。

【解读】

“道”是中国思想家共享的基本范畴，与道家一样，儒家也非常看重它。然而，在儒家的创始人孔子那里，人们却很少看到关于道的专门言说。对此，孔门高足子贡有一感慨：“夫子之文章，可得而闻也；夫子之言性与天道，不可得而闻也。”（《论语·公冶长》）如果搜集一下孔子有关道的论述就会发现，这并不是说孔子不讨论道，而是说他很少以思辨的方式谈论道。孔子所言之道大都涉及人的知行亦即存在过程，例如：“朝闻道，夕死可矣。”（《论语·里仁》）“人能弘道，非道弘人。”（《论语·卫灵公》）总之，孔子主要关注的是人道问题。相比于孔子，荀子对道的考察涉及更广的视域，并有很多专门的论述。

荀子指出:“故君子壹于道而以赞稽物。壹于道则正,以赞稽物则察。以正志行察论,则万物官矣。”(《荀子·解蔽》)这段话大概可以看作荀子道论的一个纲领。一方面,荀子侧重于从统一性的视角去体察道,另一方面则将道的问题引入认识领域。

就前者而言,荀子对于道的领会需从道物关系中寻找。在荀子看来,道具有整全的品格,万物则从某一方面体现了道,而特定的物又仅仅为万物之一,如果自限于一物,以这种特定之物为道,则离道远之又远,也无法真正达到对世界的理解。此即《天论》中所说的:“万物为道一偏,一物为万物一偏,愚者为一物一偏而自以为知道,无知也。”此外,整全的品格不仅意味着物类之全,还包括万物历时变化中的每种形态,因此《解蔽》中又言:“夫道者,体常而尽变,一隅不足以举之。”如果无视道与发展过程的联系,仅仅限定于某一环节,也就无法达到道,此所谓:“曲知之人观于道之一隅,而未之能识也。”由此可见,在荀子这里,道并非某种超越的实体,对于万物之偏的纠正本身就是道。

就后者而言,对于整全之道的接近必定涉及人的认知和心理。荀子发现,一般人都有一种“心术之患”。“欲为蔽,恶为蔽;始为蔽,终为蔽;远为蔽,近为蔽;博为蔽,浅为蔽;古为蔽,今为蔽。凡万物异则莫不相为蔽,此心术之公患也。”(《荀子·解蔽》)因此,为了“知道”,就必须“解蔽”。那么如何解蔽呢?荀子认为以道来解。道可以实现一种“兼陈万物而中县衡”的目的,从而使人们可以无始无终,无远无近,无古无今等等,也就是不局限于对象的某一方面,而是兼察其不同的规定,达到全面的认识。至于如何实现这一认识的过程,荀子也有讨论。他认为“心”具有这样功能。具体而言,心具有一种“虚壹而静”的本领,也就是说心中已有的知识并不妨碍新知识的接受,心可以兼知很多不同的知识,但在了解新知时仍然能够专心一志,心既有动的状态,也可以恢复静的状态。总之,荀子认为,如果足够用心,就能够兼知各种知识而得到某种全面的认知。因此,他指出:“未得道而求道者,谓之虚壹而静。”从一定程度而言,荀子所理解的“心”的概念相当于西方哲学中的“理性”。荀子将道阐发到这个程度,是其他思想家没有做到的。

【关键词】 整全的品格　认识领域　心术之患　虚壹而静　理性

八、人　伦

【题解】

古人求道，侧重于人伦之道，以儒家最为典型，荀子有言："道者，非天之道，非地之道，人之所以道也，君子之所道也。"（《荀子·儒效》）不过，之所以注重人道，并不是儒家的独创，而是三代礼乐文化自然彰显的一种倾向。人伦，就其大类而言，包含"亲亲"与"尊尊"两个方面，前者涉及伦理，其大端为父子之伦，后者涉及政治，其大端为君臣之伦。此外，就人与天地相对待而言，作为人格之挺立的君子亦可以看作一种大伦。

32. 正名育类

【原文】

1 元年春，公及夫人嬴氏至自王城。秦伯纳卫三千人，实纪纲之仆[(1)]。公属百官，赋职任功。弃责[(2)]薄敛，施舍分寡。救乏振滞，匡困资无。轻关易道，通商宽农。懋穑[(3)]劝分，省用足财。利器明德，以厚民性。举善援能，官方[(4)]定物，正名育类[(5)]。昭[(6)]旧族，爱亲戚，明贤良，尊贵宠，赏功劳，事耈老，礼宾旅，友故旧。胥、籍、狐、箕、栾、郤、柏、先、羊舌、董、韩，实掌近官。诸姬之良，掌其中官。异姓之能，掌其远官。公食贡，大夫食邑，士食田，庶人食力，工商食官，皂隶食职，官宰食加。政平民阜[(7)]，财用不匮。

出处：《国语·晋语四》

2 （晏子）对曰："唯礼可以已[(8)]之。在礼，家施不及国，民不迁，农不移，工贾不变，士不滥[(9)]，官不滔[(10)]，大夫不收公利。"公曰：

"善哉！我不能矣。吾今而后知礼之可以为国也。"对曰："礼之可以为国也久矣。与天地并。君令臣共，父慈子孝，兄爱弟敬，夫和妻柔，姑慈妇听，礼也。君令而不违，臣共而不贰，父慈而敬，子孝而箴；兄爱而友，弟敬而顺；夫和而义，妻柔而正；姑慈而从，妇听而婉：礼之善物也。"公曰："善哉！寡人今而后闻此礼之上也。"对曰："先王所禀于天地，以为其民也，是以先王上之。"

出处：《左传·昭公二十六年》

【简注】

(1) 纪纲之仆：有管理才干的干练的仆从。

(2) 责：同"债"。

(3) 懋穑(mào sè)：勉励农业。

(4) 官方：制定为官的管理常法。

(5) 育类：使每类人都能得到哺育。

(6) 昭：表彰。

(7) 民阜：民众富足。

(8) 已：止。

(9) 滥：失职。

(10) 滔：怠慢。

【今译】

1. 晋文公元年春天，文公和夫人嬴氏从王城前来，秦穆公派卫士三千人护送，都是得力的仆从。文公会见百官，授与官职，任用功臣。废除旧的债务，减免赋税，布施恩惠，舍弃禁令，分财给寡少的人，救济贫困，起用有才德而长期没升迁的人，资助没有财产的人。减轻关税，修治道路，便利通商，宽免农民的劳役。鼓励发展农业，提倡互相帮助，节省费用来使资财充足。利器便民，宣扬德教，以培养百姓的纯朴德性。推举贤良，任用有才能的人，制定官员规章，按法办事，确立名分，哺育众类。表彰有功勋的旧族，惠爱亲戚，荣耀贤良，尊宠贵臣，奖赏有功劳的人，敬事老人，礼待宾客，亲近旧日的友人。胥、籍、狐、箕、栾、郤、栢、先、羊舌、董、韩等十一族，都担任朝廷近官。姬姓中贤良的人，担任朝廷内务官。异姓中有才能的人，担任边远地方的官。王公享用贡赋，大夫收取采邑的租税，士受禄田，一般平民自食其力，工商之官领受官廪，皂隶按其职务领取口粮，家臣的食用取自大夫的加田。于是政治清明，民生丰安，财用充足。

2. 晏子回答说："只有礼可以制止这个，如果符合礼，家族的施舍不能扩大到国内，百姓不迁移，农夫不变动，工人、商人不改行，士不失职，官吏不怠慢，大夫不占取公家的利益。"齐景公说："对呀！我不能做到了。我从今以后开始知道礼能够用来治理国家了。”晏子回答说：“礼可以治理国家，由来很久了，和天地相等。国君发令，臣下恭敬，父亲慈爱，儿子孝顺，哥哥仁爱，弟弟恭敬，丈夫和蔼，妻子温柔，婆婆慈爱，媳妇顺从，这是合于礼的。国君发令而不违背礼，臣下恭敬而没有二心，父亲慈爱而教育儿子，儿子孝顺而规劝父亲，哥哥仁爱而友善，弟弟恭敬而顺服，丈夫和蔼而知义，妻子温柔而正直，婆婆慈爱而肯听从规劝，媳妇顺从而能委婉陈辞，这又是礼中的好事情。”齐景公说：“对呀！我从今以后开始听到了礼应当加以崇尚了。”晏子回答说：“先王从天地那里接受了礼以治理百姓，所以先王尊崇礼。”

【解读】

儒家重人伦，渊源有自。儒学就其根本而言，是对三代礼乐文化正面继承和发展的产物。众所周知，在孔子创建儒家之前，夏商周三代的文化生命已经延续了一千多年，可谓灿烂辉煌。因此，我们从前孔子时代人们关于礼乐的阐发中就能发现对于人伦之道的探讨。实际上，中国人所讲的礼乐大致可以从两方面来认识，就其形式而言，讲究的是一种温和性，这种怀柔的特点与同样包含了规范义的刑罚的刚硬性形成了对比。就其功能而言，礼乐建立和发生的过程也是名分的确定和强化的过程，由此，礼乐制度便有了保障秩序的功能。认识到后面这一点，也就能够理解礼乐文化中对于人伦关系的反复申述。

根据《左传》的记载，早在舜的时代，便有所谓“五教”之说：“舜臣尧，……举八元，使布五教于四方，父义、母慈、兄友、弟共、子孝，内平外成。……故《虞书》数舜之功，曰‘慎徽五典，五典克从’，无违教也。”（《左传·文公十八年》）这里的“五教”指的是父、母、兄、弟、子五种名分，身处每种角色的人都要按本分行事。根据儒家的说法，中国的礼乐文化在舜的时代达到了很高的程度，孔子有言：“无为而治者，其舜也与？夫何为哉？恭己正南面而已矣。”（《论语·卫灵公》）这里的无为而治就是礼治。对此，孟子也追述道：“圣人有忧之，使契为司徒，教以人伦：父子有亲，君臣有义，夫妇有别，长幼有序，朋友有信。”（《孟子·滕文公上》）孟子使用了“人伦”二字，并谈了五对名分关系，后世遂有“五伦”之说。所谓“五伦”就是社会中最重要的五种关系，除了这五种之外，当然也有很多其他关系，礼乐文化的意义就在于使这些关系都得到合理的处理，从而保障社会秩序。

由此，我们可以发现，人伦之道不仅关乎伦理道德，还与国家治理联系在一起。这就涉及上面的两段选文了。先看第二段，故事的开始是这样的，齐景公与晏子坐在一座华丽的房子里，这时齐景公提出一个观点：这座房子将会落到有德者的手中。晏子认为，如果是这样的话，那么您的后代恐怕要失国了，因为现在国内的陈氏乐善好施，长此以往，人民就会归心于他，国家最终也将归于陈氏。齐景公问怎么办？于是晏子就讲了上面一段话，提出与其以德治国，不如以礼治国。因为在礼的规范下，社会中各个职分的人，各种名分的人将被安置在一定的限度内，于是国家就可以安定和谐。晏子还特别强调以礼治国是一个非常古老的优良传统，甚至“与天地并”，是天经地义的。在同样的意义下，我们可以进入第一段材料，这是晋文公重耳取得政权之初的一个施政纲领，这里虽然没有明确提到以礼治国，但是这份治国之策中所反映的也是一种合理安排人伦关系的原则。其中的“正名育类”是指对“公”“大夫”“士”“庶人”“工商”“皂隶”“官宰”七种名分的财用来源以及职分等级做出明确的划分，而这一点是“政平民阜”，亦即良好政治的基础。

柏拉图在《理想国》中提出了自己对正义的理解，亦即社会各阶层的人士“各守其职，各安其分”。儒家从礼乐文化吸取了正人伦的思想，从而形成一种正名的观念。其目的就是保证各种名分之内的人享受其利、安守其义，这是儒家的正义观。

【关键词】 五伦　温和性　名分　秩序　正义

33. 父　子

【原文】

1　宰我问：“三年之丧，期已久矣。君子三年不为礼，礼必坏；三年不为乐，乐必崩。旧谷既没，新谷既升，钻燧改火[(1)]，期[(2)]可已矣。”子曰：“食夫稻，衣夫锦，于女安乎？”曰：“安！”“女安则为之。夫君子之居丧，食旨不甘，闻乐不乐，居处不安，故不为也。今女安，则为之。”宰我出。子曰：“予之不仁也！子生三年，然后免于父母之怀。夫三年之丧，天下之通丧也。予也有三年之爱于其父母乎？”

出处：《论语・阳货》

2　子游问孝。子曰：“今之孝者，是谓能养。至于犬马，皆能有养。不敬，何以别乎？”

出处：《论语・为政》

3　孟武伯问孝。子曰：“父母唯其疾之忧。”

出处：《论语・为政》

4　父在，观其志；父没，观其行；三年无改于父之道[(3)]，可谓孝矣。

出处:《论语·学而》

5　事父母几(4)谏,见志不从,又敬不违(5),劳(6)而不怨。"

出处:《论语·里仁》

【简注】

(1) 钻燧改火:古代用钻木取火的方法,木料因四季而不同,一年一个轮回。

(2) 期(jī):一年。

(3) 道:这里侧重于指善的好的东西,合于道的主张。

(4) 几:轻微,婉转。

(5) 违:冒犯。

(6) 劳:忧愁。

【今译】

1. 宰我问道:"父母去世,守孝三年,为期也太久了。君子有三年不去习礼仪,礼仪一定会废弃掉,三年不去奏音乐,音乐一定会失传。陈谷既已吃完了,新谷又已登场;打火用的燧木又经过了一个轮回,一年也就可以了。"孔子道:"(父母死了,不到三年)你便吃那个白米饭,穿那个花绸缎,你心里安不安呢?"宰我道:"安。"孔子便说:"你安,你就去干吧!君子的守孝,吃美味不晓得甜,听音乐不觉得快乐,住在家里觉得不舒服,才不这样干。如今你既然觉得心安,便去干好了。"宰我退了出去,孔子道:"宰我真不仁呀!儿女生下地来,三年以后才能完全脱离父母的怀抱。替父母守孝三年,天下都是如此。宰我难道就没有从他父母那里得着三年怀抱的爱护吗?"

2. 子游问什么为孝。孔子说:"现在所谓的孝,就是说能够养活父母便行了。至于狗和马都能够得到饲养;若不心存一份尊敬,那么养活父母和饲养狗马怎么去分别呢?"

3. 孟武伯向孔子请教孝道,孔子说:"做父母的只是为孝子的疾病发愁。"

4. 孔子说:"当他父亲活着,要观察他的志向;父亲去世了,要考察他的行为;若是他对他父亲的合理部分,长期地不加改变,可以说做到孝了。"

5. 侍奉父母,(如果他们有不对的地方)得轻微婉转地劝止,如果发现自己的心意没有被领会,也仍然要恭敬地不触犯他们,虽然忧愁,但不怨恨。

【解读】

在儒家看来,父子之伦是家庭关系中长辈和晚辈之间最为重要的一种,也是整个社会最为基础的一种关系。父子之间的相处之道是双向的,但是儒家更加强调的是子对父的孝道。当然,这里的子对父是概说,确切而言,是子女对父母。这就说到孝的问题了。实际上,早在孔子之前,孝的观念就已经作为一种深厚的文化传统而存在了。孝的涵义,《说文》释为:“善事父母者。”不过,孝最初的对象并不限于父母,还包括了鬼神。《论语》中的一则材料就可以证明这一点,孔子说:“禹,吾无间然矣。菲饮食而致孝乎鬼神……”(《论语·泰伯》)此处孝的对象就是鬼神,至于是否专指鬼神,也未可知。孝的传统虽然很悠久,但是通过孔子的继承而被赋予了新的活力,后来又由孔子后学进行了以《孝经》为代表的发挥,进而成为儒家的核心思想以及中华文化的重要表征。

那么,孝到底是什么?从儒家的角度来看,孝从根本而言是子女对父母的一种知恩图报的行为,是通过成全父母而成就自己的一个过程。为此,我们来看孔子对孝的理解,《论语》中多处谈孝,但是与宰我论三年之丧一章比较特别,其他地方多涉及具体情况和人物,这里最后一段则可以看作孔子的自言自语,或许更能反映孝的本质。孔子强调“子生三年,然后免于父母之怀”,又感同身受地想:“予也有三年之爱于其父母乎?”(《论语·阳货》)这就是说,为什么会有子女之孝在后,乃是因为有父母之爱在先,这是一种恩爱的互动。孔子看到,做父母的总是无私地爱护自己的子女,不仅人类如此,动物亦然。但是反过来,子女对父母的爱往往比较欠缺,因而需要通过教化提倡之,这也是人禽之分的重要表现。人类有理性,知道恩必然应当答之以爱,动物则未必然,因而孝是人之为人的重要标志。

如果从报恩的角度来看孝,很多问题就容易理解了。所谓报恩,就是成全别人。“己欲立而立人,己欲达而达人。”(《论语·雍也》)以父母为对象就是满足父母的需求。在这里,我们可以借用马斯洛的需求层次理论加以说明,孝需要满足父母的以下需求:首先,生理的需求和尊重的需求。这是最基本的,所以孔子答子游问孝时说:“今之孝者,是谓能养。至于犬马,皆能有养。不敬,何以别乎?”(《论语·为政》)其次,安全需要和社会需要。“父母之年,不可不知也。一则以喜,一则以惧。”(《论语·里仁》)这里隐含了对父母之安全的关注。社会需求也就是心理方面的爱与归属的需要。其中最重要的一点是能够体会父母的良苦用心,如:“孟武伯问孝。子曰:‘父母唯其疾之忧。’”(《论语·为政》)这句话最恰当的解释应当是告诉孟武伯,要体会父母对自己的心情,除疾病之外,余事都不要使父母忧心。最后,自我实现的需求。孔子再三强调“三年无改于父之道”,其实是想指出孝子还应当有一个可贵的品质,就是继承乃父之志,完成其父未竟的事业。帮助父亲实现其志向和追求,这属于实现父亲自我实现的需求。

不过,这里也隐含着一个难题,报恩是一种为人的行为,当这种为人和人的为己产生矛盾时应该怎么办呢？此时就需要有所权衡。《论语》中特别提到了一种情况，当父母的行为不恰当的时候怎么办？孔子认为应当以合适的方式劝谏。可是劝了不听又怎么办呢？孔子认为你可以很忧愁，但不要怨恨。《礼记》和《孔子家语》也有一些文献与此相关，总之，当自己与父母的意见发生冲突的时候，作为一个真正的孝子，既要讲理又要讲情，当父母的意见是对的，自然应当听从父母的，当确定父母的意见不对时，则要在充分顾及父母恩情的基础上，尽量讲理。《论语》中记载了一个故事，叶公对孔子说："吾党有直躬者，其父攘羊，而子证之。"针对偷羊的行为，叶公的主张是只讲理而不讲情，大义灭亲。孔子则说："吾党之直者异于是，父为子隐，子为父隐。直在其中矣。"(《论语·子路》他认为这种情况将父子之情放到第一位才是真正的正直。然而，这并不意味着在所有的情况下，都将父子之情放在第一位，如果是严重伤天害理，情的作用也是有限的。

【关键词】　孝　报恩　劝谏

34. 君　　臣

【原文】

① 定公问："君使臣，臣事君，如之何？"孔子对曰："君使臣以礼，臣事君以忠。"

出处：《论语·八佾》

② 樊迟问仁。子曰："居处恭，执事敬，与人忠。虽之夷狄，不可弃也。"

出处：《论语·子路》

③ 子张问曰："令尹(1)子文三仕为令尹，无喜色；三已之，无愠色。旧令尹之政，必以告新令尹。何如？"子曰："忠矣。"

出处：《论语·公冶长》

④ 季康子问："使民敬、忠以(2)劝，如之何？"子曰："临之以庄，则敬；孝慈，则忠；举善而教不能，则劝。"

出处：《论语·为政》

5 子曰：“爱之，能勿劳[3]乎？忠焉，能勿诲乎？”

出处：《论语·宪问》

6 子路问事君，子曰：“勿欺也，而犯之。”

出处：《论语·宪问》

【简注】

(1) 令尹：楚国的宰相叫令尹。

(2) 以：连词，与“和”同。

(3) 劳：使之劳苦。

【今译】

1. 鲁定公问：“君主使用臣子，臣子服侍君主，各应怎么样？”孔子答道：“君主应该依礼来使用臣子，臣子应该忠心地为君主做事。”

2. 樊迟问仁。孔子说：“平日容貌态度端正庄严，工作严谨认真，为别人忠心诚意。这几种品德，即使放到夷狄，也是不能废弃的。”

3. 子张问道：“楚国的令尹子文三次做令尹的官，并没有高兴的颜色；三次被罢免，也没有怨恨的颜色。(每次交代)一定把自己的一切政令全部告诉接位的人。这个人怎么样？”孔子说，可算尽忠于国家了。

4. 季康子问道：“要使人民严肃认真，尽心竭力和互相勉励，应该怎么办呢？”孔子说：“你对待人民的事情严肃认真，他们对待你的政令也会严肃认真；你孝顺父母，慈爱幼小，他们也就会对你尽心竭力了；你提拔好人，教育能力弱的人，他们也就会劝勉了。”

5. 孔子说：“爱他，能不叫他劳苦吗？忠于他，能够不教诲他吗？”

6. 子路问怎样服侍国君。孔子道：“不要(阴奉阳违地)欺骗他，却可以(当面)触犯他。”

【解读】

君臣之伦是家庭之外上级与下级之间最重要的一种关系，按照中国古代的政治体制，也是支撑整个国家最基本的一种关系。谈到君臣关系，自然涉及臣对君的忠道。不过，忠并不是为臣的专属之德，而属于人与人之间的一般原则。《论语》中就使用过很多这种意义的忠，比如曾子每日三省其身而说的：“为人谋而不忠乎？”(《论语·学而》)孔子答樊迟问仁所说的：“居处恭，执事敬，与人忠。”(《论语·子路》)再有，对于令尹子文给予“忠”的评价。忠在这里都是尽力为人的意思，孔子所谓“己欲立而立人,己欲达而达人”是也。这就可以说到恕了,曾子以“忠恕”二字概括孔子之道,说明二者从根本上都是与人为善之意,只不过恕是“己所不欲勿施于人”,是消极义,忠则是积极义。至于为什么常常以忠来谈为臣之道,或许是因为一般在受人之托的时候总要尽力为人,而君臣关系是一种典型的委托关系。严格说来,作为事君之道的忠仅仅是一种特别意义的忠,一定要特别注意。

首先,要注意的是忠是有条件的。这表现在两个方面:第一,一般是先有委托人的知遇之恩或物质报酬在先,方有受委托人的尽忠在后。这在孔子虽没有明文论及,但由孔子自身的行事也能看出。如:“齐景公待孔子曰:‘若季氏,则吾不能;以季、孟之间待之。’曰:‘吾老矣,不能用也。’孔子行。”(《论语·微子》)孔子到齐景公处谋事,以实现他的志向,这里就谈到了两个条件:一是待遇方面,齐景公慨然应以季、孟之间的标准相待;二是齐景公是否对孔子知人善任。其中第二个条件是关键,因此当孔子得知不能见用时就离开了齐国。第二,一般是先有委托人相应的德行和礼节作为条件,才有受委托人的尽忠在后。孔子对这一点有明白的论述,“定公问:‘君使臣,臣事君,如之何?’孔子对曰:‘君使臣以礼,臣事君以忠。’”(《论语·八佾》)定公认为君使唤臣,臣为君办事好像是理所当然的,孔子却以为只有君使臣以礼,臣才应该事君以忠,君臣之德是互为条件的。

其次,要注意如何培养忠的问题。关于如何培养忠心,儒家有一个办法,此即《孝经》中所说的“君子之事亲孝,故忠可移于君”,孔子也明确说过“孝慈,则忠”(《论语·为政》)。这是指如果国君以上行下效的方式使民众也做到对自己的父母孝,对自己的子女慈。那么他们就可以对亲人以外的人做到忠了。将这一思想发挥到极致的是有子,有子曰:“其为人也孝弟,而好犯上者,鲜矣;不好犯上,而好作乱者,未之有也。”(《论语·学而》)这是赤裸裸地认为孝可以转化为顺服意义的忠,孔子或许并不认同这种忠,但他一定会同意这种化孝悌为忠信的思路。那么问题来了,为什么孝可以转化为忠呢?这种转化并不是一种简单的类比所致,而是因为忠与孝在原理上相通,两者都有一种报恩之心含于其中。只不过,孝是对于父母之恩的报答,而忠则是对于委托者之恩的一种回报,《诗经》中“投桃报李”之说以及俗谚所谓“滴水之恩,涌泉以报”都备言此意。忠将家庭内部的报恩扩展到了天下之人。

最后,要注意君臣之间的一体性。君与臣实际上是一个共同体,君道与臣道的本义都是为了天下国家。从这个意义来讲,虽然君臣从政治地位来讲是上下级关系,但从另外一方面来讲,臣亦有其独立的价值和人格。在孔子看来,君不仅不等于臣下之父,甚至只相当于臣下弟子,他说:“爱之,能勿劳乎?忠焉,能勿诲乎?”(《论语·宪问》)他在回答子路问事君时也说:“勿欺也,而犯之。”(《论语·宪问》)

为臣之人为什么要教导国君，甚至不惜冒犯他？正因为臣道中所包含的委托是委托于天下国家，而不是仅仅是国君本人。孔子对于为臣之道的这种理解在孔子后学中得到了发扬光大，《郭店楚简》中记载了子思的一句话："恒称其君之恶者，可谓忠臣矣。"孟子则表述得更加清楚，他对国君说："以位，则子君也，我臣也，何敢与君友也？以德，则子事我者也，奚可以与我友？"（《孟子·万章下》）所以，从严格的意义来讲，儒家所讲的君臣关系的本质并非主仆关系，而是一种合作关系。不过，这层意思是后来黄宗羲才说清楚的："夫治天下犹曳大木然……君与臣，共曳木之人也。臣之与君，异而实同耶。"（《明夷待访录》）君与臣共同治理天下，两者只是分工不同，都是国家的公职人员。

【关键词】 忠　共同体　主仆关系　合作关系

35. 君　子

【原文】

1　君子去仁，恶乎[1]成名？君子无终食之间违仁，造次必于是，颠沛必于是。

出处：《论语·里仁》

2　子贡曰："如有博施于民而能济众，何如？可谓仁乎？"子曰："何事于仁，必也圣乎！尧、舜其犹病诸！夫仁者，己欲立而立人；己欲达而达人。能近取譬[2]，可谓仁之方也已。"

出处：《论语·雍也》

3　子曰："不仁者不可以久处约，不可以长处乐。仁者安仁，知者利仁。"

出处：《论语·里仁》

4　子曰："君子道者三，我不能焉：仁者不忧，知者不惑，勇者不惧。"子贡曰："夫子自道也。"

出处：《论语·宪问》

5　宰我问曰："仁者，虽告之曰：'井有仁[3]焉'。其从之也？"子曰："何为其然也？君子可逝[4]也，不可陷也；可欺也，不可罔也。”

出处:《论语·雍也》

【简注】

(1) 恶(wū)乎:何处。

(2) 能近取譬:能就自身打比方,意为推己及人,替人着想。

(3) 仁:仁人。

(4) 逝:往而不返为逝。

【今译】

1. 君子抛弃了仁德,怎么去成就它的声名呢?君子没有吃完一餐饭的时间离开仁德,就是在仓猝匆忙的时候一定和仁德同在,就是在颠沛流离的时候一定和仁德同在。

2. 子贡道:“假若有这么一个人,广泛地给人民以好处,又能帮大家生活得很好,怎么样?可以说是仁道了吗?”孔子道:“哪里仅是仁道!那一定是圣德了!尧舜或者都难以做到哩!仁是什么呢?自己要站得住,同时也使别人站得住;自己要事事行得通,同时也使别人事事行得通。能够推己及人,可以说是实践仁道的方法了。”

3. 孔子说:“不仁的人不可以长久地居于穷困中,也不可以长久地居于安乐中。有仁德的人因有仁德而心安理得;聪明人认识到仁对他长远而巨大的利益,因而践行仁。”

4. 孔子说:“君子所行的三件事情。我一件也没能做到:仁德的人不忧愁,智慧的人不迷惑,勇敢的人不惧怕。”子贡道:“这正是他老人家对自己的叙述哩。”

5. 宰我问道:“有仁德的人,就是告诉他:‘井里掉下一位仁人啦。’他是不是会跟着下去呢?”孔子道:“为什么你要这样做呢?君子可以叫他远远走开不再回来,却不可以陷害他;可以欺骗他,却不可以愚弄他。”

【解读】

孔子之前,人们谈论人伦关系,往往集中在君臣、父子、兄弟、夫妇、朋友等这些具体的名分,到了孔子,则在这些具体的名分之上,更有了一种超越的名分——君子。孔子之所以将这些具体的名分注入君子之名,是为了将具体名分统一起来,于是人们关注问题的方式就发生了变化,由“人应该做什么”转变为“人应当成为什么人”,实际上就将伦理政治的问题引入到道德的问题中来了。与此相应,如果说每一种具体的名分都有一定的内涵,对于名分的承载者提出一定的要求,比如“子”之名要求的“孝”，提倡子女对父母的关爱；“弟”之名要求的“悌”，提倡弟弟对哥哥的尊重；“臣”之名要求的“忠”，提倡臣下对君上的尽心；“友”之名要求的“信”，提倡自己对朋友的信义。那么，作为理想人格的君子，也有其特定的内涵，就是仁，所谓“君子去仁，恶乎成名？”

这就说到仁了，我们知道，这是孔子最核心的概念，孔子的学说因此而被称为“仁学”。可是仁到底是什么？实在是难言也！尽管如此，我们还是想就仁的根本做一些探讨。那么就从孔子提出仁的初衷开始吧，前面述及，与仁对应的君子是一种理想人格，所以仁的核心就在于树立人的概念。人的概念如何产生呢？很简单，就是把人当人看。具体而言，这包括两个方面，一个是“修己以敬”，一个是“修己以安人”，前者是指修养自己的德行从而做到敬人，而“敬人者，人恒敬之”；后者是指修身是为了安人。这层意思到了《中庸》就说得更清楚了：“仁者，人也”，又言：“诚者，非自成己而已也，所以成物也。成己，仁也；成物，知也。性之德也，合内外之道也。”这就是说，不仅通过成就自己而成就别人，还成就万物，通过这样的过程，人和物的概念，进而世界的概念就建立起来了。由此可见，孔子的仁并非一个纯概念，而涉及践行，那么应该怎么行呢？孔子给了“能近取譬”四个字，并称之为“仁之方”。简而言之，仁是从推己及人开始的。

推己及人，似乎大家都知道。不过仔细推敲一下，问题就来了。所谓推己及人，就是感同身受，通过我来感知人，做到视人如己。这里至少有两个疑问：首先，“以我知人”的方法到底可不可靠？以我的感知来判定他人的感知，这种主观的方法未必可靠，庄子与惠施争论“子非鱼，安知鱼之乐”（《庄子·秋水》）就涉及这个难题，一个个体永远也没有办法完全了解另一个个体。其次，“视人如己”的动力在哪里？按照荀子和韩非子的说法，实际上也是一个事实，人生下来都是自私自利的，现在你让他像对待自己一样对待别人，这并不现实。因此，要做到“视人如己”就必须有某种强大的动力，能够克服天性的自私。即使，一个人能够做到“视人如己”，那么他也需要在保证“以我知人”所获得的感知为真的前提下才可以，否则，视人如己的本意是为别人好，结果却可能害人。

那么，孔子是否意识到这两个问题，并加以解决了呢？答案是肯定的。这从孔子关于仁、知关系的讨论中可以看出端倪。《论语》中有多处仁知并论，需要注意的是，这里所说的仁是与知并立的一种狭义的仁，与那种包括了知的广义的仁不同。上述两个问题，前一个与知相关，后一个则与仁相关。孔子说：“仁者安仁，知者利仁。”（《论语·里仁》）前者是说仁者最大的特点是心安于仁，也就是不管怎样的情况，都能心安理得，所以这段话的前面孔子说：“不仁者不可以久处约，不可以长处乐。”仁者之心包含着一种真情和意志，后来孟子即以良知良能来理解孔子所说的这种仁，有了这种仁，视人如己就获得动力，按照孟子的说法，这叫“先立乎其大者，其小者不能夺也”（《孟子·告子上》），良知可以克服自私。

不过，话说回来，如果一个人仅仅凭借自己的仁爱之心去爱别人，也是有问题的。孔子的弟子宰我就敏感地注意到这个问题，他说，仁者会不会为了接近仁而去做傻事，比如告诉他井里有仁人，他就会跳到井里去。孔子立刻给予反驳，认为仁者因为有仁心，所以容易被利用，但是从根本上来说，是不能被欺骗的，因为仁者还有知在。孔子讲“知者利仁”，就是说仁者是会对事物加以综合理性的分析，从而做有利于仁的事，所以并不会被欺骗。由此可见，仁者对人的观察，绝不限于以我观人的主观方法，还会涉及客观方面。这样一来，对他人感知的真切度就大大增加，推己及人就能获得更好的效果。

【关键词】 仁　能近取譬　以我知人　视人如己

九、工　夫

【题解】

中国传统文化注重对人道的探讨和体会，既是人道，则意味着这种道不仅是知，亦是行，于是就有一个践行人道的问题，由此便引出独具中国哲学特色的工夫论。简单而言，工夫论就是修道的方法，儒道两家的工夫论各有不同。后来，从印度传入的佛教在修身方面亦有其专长，在儒释的双重影响下，工夫论也成为宋明理学的重要内容。

36. 切磋琢磨

【原文】

1　子贡曰："贫而无谄，富而无骄，何如？"子曰："可也。未若贫而乐，富而好礼者也。"子贡曰："《诗》云：'如切如磋，如琢如磨'(1)，其斯之谓与？"子曰："赐也，始可与言《诗》已矣。告诸(2)往而知来者。"

出处：《论语・学而》

2　颜渊问仁。子曰："克己复礼为仁。一日克己复礼，天下归仁(3)焉。为仁由己，而由人乎哉？"颜渊曰："请问其目？"子曰："非礼勿视，非礼勿听，非礼勿言，非礼勿动。"颜渊曰："回虽不敏，请事斯语矣。"

出处：《论语・颜渊》

3　孔子曰："君子有九思：视思明，听思聪，色思温，貌思恭，言思忠，事思敬，疑思问，忿思难，见得思义。"

出处：《论语・季氏》

4　子以四教：文，行，忠，信。

出处：《论语·述而》

5　子曰："质胜文则野，文胜质则史。文质彬彬[4]，然后君子。"

出处：《论语·雍也》

6　子曰："君子不器[5]。"

出处：《论语·为政》

【简注】

（1）如切如磋，如琢如磨：语出《诗经·卫风·淇澳》。

（2）诸：相当于"之"。

（3）归仁："称仁"的意思。

（4）彬彬：形容配合适当。

（5）器：器皿。

【今译】

1. 子贡说："贫穷却不巴结奉承，有钱却不骄傲自大，怎么样？"孔子说："可以了；但是还不如虽贫穷却乐于道，纵有钱却谦虚好礼。"子贡说："《诗经》上说：'要像对待骨、角、象牙、玉石一样，先开料，再糙锉，细刻，然后抛光。'那就是这样的意思吧？"孔子道："赐啊，现在可以同你讨论《诗经》了，告诉你一件，你能有所发挥，举一反三了。"

2. 颜渊问仁德。孔子道："抑制自己，使言语行动都合乎礼，就是仁。一旦这样做到了，天下的人都会称许你是仁人。实践仁德，全凭自己，还凭别人吗？"颜渊问："请问行动的纲领。"孔子道："不合礼的事不看，不合礼的话不听，不合礼的话不说，不合礼的事不做。"

3. 孔子说："君子有九种考虑：看的时候，考虑看明白了没有；听的时候，考虑听清楚了没有；脸上的颜色，考虑温和么；容貌态度，考虑庄矜么；说的言语，考虑忠诚老实么；对待工作，考虑严肃认真么；遇到疑问，考虑怎样向人家请教；将发怒了，考虑有什么后患；看见可得的，考虑我是否应得。"

4. 孔子用四种内容教育学生：历代文献，社会生活实践，对待别人的忠心，与人交际的诚实。

5. 孔子说："朴实多于文采，就未免粗野；文采多于朴实，又未免虚浮。文采和朴实配合适当，这才是个君子。

6. 孔子说："君子不像器皿一样（只有一定的用途）。"

【解读】

在孔子的学说中，工夫论围绕这样一个问题而产生：如何成为一名君子？而这个问题，孔子和他的弟子，可以说，时时刻刻都在讨论。为了更清楚地把握这个问题，我们可以从这样一个角度入手：看看孔子是怎样教导弟子的。《论语》记载："子以四教：文，行，忠，信。"（《论语·述而》）孔子对几个优秀弟子有这样的分类："德行：颜渊、闵子骞、冉伯牛、仲弓。言语：宰我、子贡。政事：冉有、季路。文学：子游、子夏。"（《论语·先进》）他还提醒弟子："君子有九思：视思明，听思聪，色思温，貌思恭，言思忠，事思敬，疑思问，忿思难，见得思义。"（《论语·季氏》）孔子教学的主要目标是学做君子，因此，上述三条内容就涉及从哪些方面做君子。这三条所涉及的内容很多，分法各有不同，不过我们还是可以知、行为界，将其划为两类，属于知的有：文、文学、视、听、疑；属于行的则有：行（狭义的行）、忠、信、德行、言语、政事、色、貌、言、事、忿、得。之所以采取这样的两分法，还在于颜回也将孔子的教导分为类似的两个方面，所谓"博我以文，约我以礼"（《论语·子罕》）。其中，"文"涉及知，"礼"则涉及行。在孔子看来，这两方面都是成就君子不可缺少的组成条件，而两者贯彻的原则和方法肯定又有不同。

首先，先来看知的一面，这是讲，作为一个君子就需要博学多识。博学多识主要是通过学与问获得的，而学与问则主要通过看与听两条途径实现，所以孔子提醒弟子，看的时候要看得明白，听的时候也要听得清楚，不能看了听了等于白看白听。从外界接受信息实际上就是一个学的过程，所以孔子非常强调学习。他认为这个世界上大概有四种人："生而知之者上也，学而知之者次也；困而学之，又其次也；困而不学，民斯为下矣。"（《论语·季氏》）最上一等，生下来就有知，即使有也很少，孔子认为："我非生而知之者，好古，敏以求之者也。"（《论语·述而》）他觉得自己只是一个"学而知之"或"困而学之"的人。好不好学，是孔子评价弟子的一个很高的标准，弟子当中，他只承认颜回好学。学习，就其实质而言，就是将外在的知识转化为自己的知识的一个过程，那么这种转化是如何可能的？这就要涉及与学相对的另一个重要概念——思，"学而不思则罔，思而不学则殆"，思考最终会使所获的知识成为属己的一种知识。于是我们可以听到这样一段对话："子曰：'赐也，女以予为多学而识之者与？'对曰：'然，非与？'曰：'非也，予一以贯之。'"所谓"一以贯之"就是通过学习和思考，使所获的知识成为条理贯通的一体的智慧。

其次，再来看行的一面，这是指一个君子在与人相处时的实践智慧。这里的行是概而言之，实际上，孔子常常提醒，在与人相处的过程中要注意两个方面，一个是言，一个是行，比如说"言重心，行笃敬"（《论语·卫灵公》），"言寡尤，行寡悔，禄在其中矣”(《论语·为政》)。因此,我们这里说的行,包括了孔子所谓的言和行两个方面。就言是一种与人相处的重要方面而言,言亦是一种行。关于言,孔子有非常深刻和系统的见解。简单来说,言的智慧包括出言和知言两个方面,出言包括“言必有中”“言而有信”和“时然后言”等内容,知言则包括“不以人废言”“听其言而观其行”“久要不忘平生之言”等内容。关于行,则需要注意更多的方面,“九思”当中,“言”之外的都属于这种行。这里就不再赘言了,总之,所有的言与行,均可以纳入广义的行,而这种行的原则,可以概括为“克己复礼”。如何克己复礼,则为“非礼勿视,非礼勿听,非礼勿言,非礼勿动”(《论语·颜渊》)。视听言动即为行的诸方面,孔子以礼来统摄行,并不是要限制人的自由,而是使人在按照自己原则行事的时候能够同时考虑到他者的存在,最终达到“从心所欲不逾矩”的境界。

最后,若对孔子的工夫论进行总结,则可以注意两个方面:其一,就工夫论的过程而言,无论是求知,抑或是践行,孔子都主张循序渐进,恰如制作玉器那样,“如切如磋,如琢如磨”,一点点达到完美的地步。其二,就工夫论的结果而言,孔子认为君子也有一些标准,比如“君子不器”,这是要求君子不应局限于器,更应当有道的关怀,又如“文质彬彬,然后君子”,这是讲君子不仅应当有质朴的品性,也应当有华美的文采,两方面都恰当,才是完满的境界。总之,孔子的工夫论内容非常丰富,为后世儒家工夫论的渊薮。

【关键词】 文　礼　循序渐进　君子不器

37. 君子慎独

【原文】

1　天命之谓性,率(1)性之谓道,修道之谓教。道也者,不可须臾离也;可离,非道也。是故君子戒慎乎其所不睹,恐惧乎其所不闻。莫见乎隐,莫显乎微,故君子慎其独也。”

出处:《中庸》

2　所谓诚其意者,毋自欺也。如恶恶臭,如好好色,此之谓自谦(2)。故君子必慎其独也。小人闲居为不善,无所不至。见君子而后厌然,掩其不善,而著其善。人之视己,如见其肺肝然,则何益矣。

此谓诚于中，形于外。故君子必慎其独也。

出处：《大学》

3 礼之以少为贵者，以其内心者也。德产之致也精微。观天下之物无可以称其德者，如此，则得不以少为贵乎？是故君子慎其独也。

出处：《礼记·礼器》

4 “淑人君子，其仪一也”(3)。能为一，然后能为君子，慎其独也。

出处：《郭店楚简·五行》

【简注】

(1) 率：因循。

(2) 谦：通“慊”。满足。

(3) 淑人君子，其仪一也：语出《诗经·曹风·鸤鸠》。

【今译】

1. 天所赋予人的就叫作性，循性而行就叫作道，使人修养道就叫作教。道，一会儿也不可以离开，可以离开的就不是道。因此，君子在人看不见的地方也谨慎守道，在没有人听见的地方也生怕离道，即使在隐蔽之处，或在细微的事情上，也没有离开道的表现，所以君子在独自一人的时候也十分谨慎。

2. 所谓自己的意念真诚，就是不要自欺。如同厌恶恶臭，如同喜好女色，这就叫作自求快意满足。因此君子必须在独处的时候也十分谨慎。小人独处的时候做不好的事，无所不为，见到君子而后躲躲藏藏地掩饰自己的坏处而炫耀自己的好处。可是别人看他，如同看透了他的肺肝那样，他这样做又有什么好处！这就叫作真实的意念在内，就会显露在外，因此君子必须在独处的时候十分谨慎。

3. 行礼以礼物少为贵的，是因为这样可以体现崇尚内心的德。德的产生细密而又精微，统观天下的万物，没有任何东西可以和内心的德相媲美，这样能不以少为贵吗？因此，君子谨慎地坚守自己的内心之德。

4. “品性善良的君子，仪容端庄始终如一。”能够始终如一，然后才能成为君子。(君子的特点就是)能够慎守其德(始终如一)。

【解读】

孔子的工夫论中，有一条是“克己复礼为仁”，孔子在解释这句话时说：“为仁由己，而由人乎哉?”(《论语·颜渊》)意为仁是人自己决定自己，而不仅仅是基于礼的规定。由此便引出了孔子仁学中最重要的一个区分，为人还是为己。孔子主张仁是一种自我决定的精神，因此他说:“仁远乎哉?我欲仁，斯仁至矣。”(《论语·述而》)以为己为区分，学问可以分为两种，所谓“古之学者为己，今之学者为人”。(《论语·宪问》)为人之学是以道德行为完全迫于别人或外界对自己的评价和压力而产生，为己之学则是说，道德行为之所以发生，仅仅是因为自己认为理当如此。孔子这种为己之学的精神经过孔子后学的阐发，衍伸而为一种“慎独”之学。从今天留下的材料来看，慎独思想主要保留在《中庸》《大学》《礼记·礼器》《荀子》《淮南子》，以及简帛《五行》篇等典籍中。

“慎独”是什么意思呢?今天人们往往按照字面意思进行理解，比如，《辞海》中就这样说:“在独处时也能谨慎不苟。”这是把“独”解释为个人独处。实际上，最早按照这个意思来解释的是汉代经学家郑玄，他将《中庸》中的“故君子慎其独也”解释为:“慎独者，慎其闲居之所为。”(《礼记正义》)这个解释一方面符合《中庸》的前后文:“是故君子戒慎乎其所不睹，恐惧乎其所不闻。莫见乎隐，莫显乎微，故君子慎其独也。”另一方面，将这个解释应用到《大学》:“所谓诚其意者，毋自欺也。如恶恶臭，如好好色，此之谓自谦。故君子必慎其独也。”人们就更容易心领神会了。慎独被简单明了地理解为独处时也要谨慎地要求自己。因此郑玄的注解被广为接受，成为解释慎独的权威。

不过，如果将这种解释代入其他相关材料，似乎就不那么恰当了。比如《礼记·礼器》中的那段，前面主要是讲送礼要少而精，为什么?因为礼表达了内心之德，而天下能配得上德的东西少之又少，“君子慎其独”是就此而言的。显然，慎独在这里就不能理解为独处时的谨慎不苟，而应当是更加宽泛意义的慎守其内心之德。再如《五行》篇先说:“能为一，然后能为君子”，才引出“慎独”，这同样不能以郑玄的解释对待，从原文的意思来看，“慎独”与“为一”有关，而所谓“为一”从引诗来看是一种内心的坚守，因此，“慎独”的意思也应当是慎重地持守内心之德。这样理解还有一个佐证，帛书《五行》有一篇随带的解说文字，其中就明确说:“慎其独也者，言舍夫五而慎其心之谓也。”

实际上，后世很多儒者对于慎独的理解也不拘泥于郑玄的解释。比如朱熹在对《大学》“诚其意”一段进行解说时就将“独”理解为“人所不知而己所独知之地也”。这样一来，慎独就不限于所谓独处时了，所以朱熹还讲:“这独也又不是恁地独时，如与众人对坐，自心中发一念，或正或不正，此亦是独处。”(《四书章句集注》)也就是说，慎独就是慎重地面对自己内心的一念之想。此后，王阳明也在这一个意义上接着说:“此独知处便是诚的萌芽，此处不论善念恶念，更无虚假，一是百是，一错百错，正是王霸义利、诚伪善恶界头。于此一立立定，便是端本澄源，便是立诚。”（《传习录》）这便回到了《中庸》的本意，《中庸》之所以提到慎独，一方面是为了说明“道也者，不可须臾离也”，人应当时刻追求道；另一方面就是为了说明“诚其意”，人不能欺骗自己。这也就回到了孔子为己之学的精义上来了，质言之，慎独就是人要慎重面对自己内心真实的声音，自我决定。

如果我们了解到儒家工夫论的这个层面，也就能够理解为什么宋明理学最后一位大儒刘宗周的学说被称为慎独之学，而被认为现代中国最后一位大儒的梁漱溟也认为“儒家之学只是一个慎独”。慎独之所以这么重要，只因为它关乎仁学的根本精神。

【关键词】 为己　为人　自我决定　诚其意

38. 大学之道

【原文】

大学(1)之道，在明明德(2)，在亲民(3)，在止于至善。知止而后有定，定而后能静，静而后能安，安而后能虑，虑而后能得。物有本末，事有终始，知所先后，则近道矣。

古之欲明明德于天下者，先治其国，欲治其国者，先齐其家；欲齐其家者，先修其身；欲修其身者，先正其心；欲正其心者，先诚其意；欲诚其意者，先致其知，致知在格物(4)。物格而后知至，知至而后意诚，意诚而后心正，心正而后身修，身修而后家齐，家齐而后国治，国治而后天下平。自天子以至于庶人，壹是(5)皆以修身为本。其本乱而末治者，否矣。其所厚者薄(6)，而其所薄者厚，未之有也。此谓知本，此谓知之至也。

出处：《大学》

【简注】

(1) 大学：大人之学。

(2) 明德：光明正大的品德。

(3) 亲民：根据后面的《传》文，“亲”应为“新”，新民，即使人弃旧图新、去恶从善。不过，也有解释为“亲亲仁民”，也就是亲爱人民的。

（4）格物：朱熹认为，格者穷也，物犹理也，格物就是推究、穷尽事物之理。王阳明则认为格者正也，意之所在谓之物，格物就是正己意，即致良知。

（5）壹是：都是。

（6）厚者薄：该重视的不重视。

【今译】

大学的宗旨在于弘扬光明正大的品德，在于使人弃旧图新，在于使人停留在完善的境界。知道停留才能够志向坚定；志向坚定才能够镇静不躁；镇静不躁才能够心安理得；心安理得才能够思虑周详；思虑周详才能够有所收获。每样东西都有根本有枝末，每件事情都有开始有终结。明白了这本末始终的道理，就接近事物发展的规律了。

古代那些要想在天下弘扬光明正大品德的人，先要治理好自己的国家；要想治理好自己的国家，先要管理好自己的家庭和家族；要想管理好自己的家庭和家族，先要修养自身的品性；要想修养自身的品性，先要端正自己的心思；要想端正自己的心思，先要使自己的意念真诚；要想使自己的意念真诚，先要使自己获得知识；获得知识的途径在于认识、研究万事万物。通过对万事万物的认识、研究后才能获得知识；获得知识后意念才能真诚；意念真诚后心思才能端正；心思端正后才能修养品性；品性修养后才能管理好家庭和家族；管理好家庭和家族后才能治理好国家；治理好国家后天下才能太平。上自国家元首，下至平民百姓，人人都要以修养品性为根本。若这个根本被扰乱了，家庭、家族、国家、天下要治理好是不可能的。不分轻重缓急，本末倒置却想做好事情，这也同样是不可能的！

【解读】

《大学》本是《礼记》中的一篇，我们大致可以肯定它是先秦时代孔子后学的作品，但是作者到底是谁？没人清楚。到了宋代，人们开始重新重视这篇作品，二程认为其作者为曾参，朱熹更将其编入《四书章句集注》，并列在首位。宋代理学家之所以重视《大学》，因为其中构造了一套系统的修身方法，这是其他儒家典籍所欠缺的。二程认为，《大学》是“初学入德之门也”，“可见古人为学次第”。朱熹为此举例说明：“如人起屋相似，须先打个地盘。地盘既成，则可举而行之矣。”他还建议读《四书》应该先读《大学》：“某人要先读《大学》以定其规模。次读《论语》以立其根本。次读《孟子》以观其发越。次读《中庸》以求古人之妙处。”（《朱子语类》卷十四）在理学家看来，儒家学说有其内在的一贯性，《大学》的好处就在于提出了一套系统而完备工夫论。

“大学”是相对于“小学”而言的，一般认为，古代的贵族教育（其对象也包括平民中的俊秀者）在年龄小的时候所教授的主要是一些生活的技术和知识，比如礼、乐、射、御、书、数之类，等到年纪长了，就开始讲授人生的道理，即如何成为一名大人君子。前者称为小学，后者称为大学。这篇《大学》所讲的就是“大学之道”。《大学》开宗明义，首先提出了“三纲领”，即“明明德”“亲民”和“止于至善”，进而又提出了“八条目”来落实纲领，即“格物”“致知”“诚意”“正心”“修身”“齐家”“治国”“平天下”。至于如何落实，也是有讲究的，“止于至善”是修身的总目标，是最高境界，可以不论。“明明德”和“亲民”才是八条目的主要阐发对象，其中，“明明德”是道德意识方面的修养，下设“格物”“致知”“诚意”“正心”四个子项；“亲民”则为道德行为方面的修养，下设“齐家”“治国”和“平天下”三个子项，而“修身”就是“明明德”和“格物”的中间环节。于是，我们可以清楚地看到，《大学》自上而下，把总目标至善层层展开，形成了一个以修身为本、纲目结合、德行统一的儒家工夫论的“间架”结构。

系统而全面是《大学》所讲儒家工夫论的一个特点，就内容而言，《大学》的另外一个特点是，明确提出了一个本末的问题，认为：“自天子以至于庶人，壹是皆以修身为本。其本乱而末治者，否矣。”在《大学》作者看来，修身是一个自明的活动，所以他引用上古的典籍进行说明：“《康诰》曰：‘克明德。’《大甲》曰：‘顾是天之明命。’《帝典》曰：‘克明峻德。’皆自明也。”也就是说，发扬固有的明德是为人的根本，所以，从本末的关系来讲，“明明德”为本，而“格物”“致知”“诚意”“正心”是末，这是就内圣来讲，如果就内圣外王的关系而言，作为内圣的“明明德”为本，作为外王的“亲民”为末，也就是说，“格物”“致知”“诚意”“正心”为本，“齐家”“治国”和“平天下”为末。本和末从某种程度而言就是一种先后次第，指明这一点，工夫也就有了下手处。

不过，如果具体就工夫的次第来讲，问题就出现了。因为《大学》“三纲领”“八条目”的经文之后，紧接着就是传文，传文中对于“诚意”“正心”“修身”“齐家”“治国”“平天下”都有解释说明，唯独对于“格物”与“致知”没有说明，而这两个概念，尤其是“格物”从修身的次第关系来看，恰恰是最关键的。于是，这也就引起了后人的争议。朱熹认为：“格，至也。物，犹事也。”（《大学章句》）所谓“格物”就是研究万事万物，从而穷究其道理。王阳明则提出：“物者，事也，凡意之所发必有其事，意所在之事谓之物。格者，正也，正其不正以归于正之谓也。”（《大学问》）“格物”就是人在万事万物的磨练中祛恶扬善，回归良知。这两种解释有很大的不同，从某种意义而言，正因这个问题才造成了理学和心学的分离。

【关键词】 大学　小学　三纲领　八条目　格物

39. 知言与养气

【原文】

“敢问夫子恶乎长?”

曰:“我知言,我善养吾浩然[(1)]之气。”

“敢问何谓浩然之气?”

曰:“难言也。其为气也,至大至刚,以直养而无害,则塞于天地之间。其为气也,配义与道;无是,馁[(2)]也。是集义所生者,非义袭而取之也。行有不慊[(3)]于心,则馁矣。我故曰,告子未尝知义,以其外之也。必有事焉,而勿正,心勿忘,勿助长也。无若宋人然:宋人有闵[(4)]其苗之不长而揠之者,芒芒然[(5)]归,谓其人曰:‘今日病[(6)]矣!予助苗长矣!’其子趋而往视之,苗则槁[(7)]矣。天下之不助苗长者寡矣。以为无益而舍之者,不耘苗者也;助之长者,揠苗者也非徒无益,而又害之。”

“何谓知言?”

曰:“诐辞[(8)]知其所蔽,淫辞[(9)]知其所陷,邪辞知其所离,遁辞[(10)]知其所穷。生于其心,害于其政;发于其政,害于其事。圣人复起,必从吾言矣。”

出处:《孟子·公孙丑上》

【简注】

(1) 浩然:盛大流行之貌。

(2) 馁:饥饿,这里指虚弱无底气的样子。

(3) 慊:快,痛快。

(4) 闵:担心。

(5) 芒芒然:疲倦的样子。

(6) 病:劳累。

(7) 槁:枯萎。

(8) 诐辞:偏颇的言辞。

(9) 淫辞:夸张的言辞。

(10) 遁辞:搪塞的言辞。

【今译】

公孙丑又问:“请问先生擅长于什么呢?”

孟子说:“我了解言辞,我善于修养我的浩然之气。”

公孙丑说:“请问什么叫做浩然之气?”

孟子说:“这很难说透,这种气,最伟大、最刚强,用正直去培养它而不损害它,那就会充满于天地之间。这种气,要与义和道相匹配,如果不是,就会泄气。它是义在内心积累起所生起的,不是义由外入内而取得的。如果行为使内心感到愧疚,它也就没有力量了。我之所以说告子不了解义,是因为他把义看作是外在的东西。如果有事情必然要发生,先不要去纠正,心里面不要忘记它,不要去助长它。千万不要像宋国人那样,宋国有个人担心他的禾苗长不快而把禾苗拔高,累了一天回家,告诉家里人说:‘今天我累坏了,我帮助禾苗长高了。’他的儿子赶快跑去一看,禾苗都枯萎了。天下不拔苗助长的人太少了。以为没有什么益处而放弃的人,就是不锄草松土的懒汉;帮助禾苗快速成长的人,就是拔苗助长的人;他们这样做,不但没有什么好处,反而会伤害它。”

公孙丑又问:“什么叫了解言辞?”

孟子说:“听了偏颇不正的言辞就知道其有所隐蔽,听了浮夸的言辞就知道其有所失实,听了邪恶的言辞就知道其有所偏离,听了搪塞的言辞就知道其有理屈词穷。这是从心里产生,而危害到政务;如果萌发于政务,就会妨害事情的办理。如果再有圣人出现,也会同意我这个见解的。”

【解读】

先秦儒学中,孟子的工夫论可以说最具特色,他一方面继承了孔子及其之后一百多年儒学发展的成就,另一方面又进行了自己的发挥创造。谈到孟子的修身之道,就不得不涉及“知言养气”章,孟子在这段文字里集中阐述了自己的工夫理论,提出了很多概念和方法,其中尤以“知言”“养气”两个概念最为重要。这两个概念的引出既有偶然性,也有必然性。在这段对话一开始,公孙丑向孟子提了一个很好玩的问题,大意是:假如现在有一个机会让您担任齐国的卿和国相,从而实现您的主张,王霸天下,您会不会动心?由此引出了“动心”的话题,实属偶然。不过孟子显然对此进行过深入的思考,于是他就为公孙丑仔细分析了“不动心”的几种类型,这就不免使公孙丑好奇,您自己在达到“不动心”的过程中,擅长什么呢?于是孟子就将自己的答案告诉他:“我知言,我善养吾浩然之气。”

何谓“知言”?孟子说:“诐辞知其所蔽,淫辞知其所陷,邪辞知其所离,遁辞知其所穷。”这里所说的“言”并非一般意义上的“言辞”，而是包含了特定涵义的思想和主张，因此，朱熹讲：“‘言’，只似‘道理’字。庶几近之。”（《朱子语类》卷五十二）知言也就是能够辨别清楚语言中所含道理的好坏。那么“知言”何用呢？孟子没有正面回答，而是从反面提醒：“生于其心，害于其政；发于其政，害于其事。”也就是说，如果不能判断言辞的好坏，便会影响政治治理，最终就会误事。由这段话，我们也能够理解如何“知言”乃在于“心”。朱熹解释说：“知言者，尽心知性，于凡天下之言，无不有以穷其理，而识其是非得失之所以然也。”（《四书章句集注》）从这个意义来讲，“知言”就是以人的认知之心和道德之心对所听到的各种言辞进行判断，从中择取合于道理的言辞。

何谓“养气”？孟子认为很难说！“气”是中国古代思想中很早就出现的一个概念，不过，早先的时候，比如在孔子的时代，“气”的内涵偏重于自然之气，由此进一步衍伸为与人的身体相关的气，如“血气”“阴气”“阳气”“勇气”等。到了孟子这里，则进一步为其加入了道德的内涵，孟子所谓的“浩然之气”就是这种气，它要求“配义与道；无是，馁也。”自然之气有一个特点，就是充实饱满，所以孟子说他讲的那种“浩然之气”也是“至大至刚……塞于天地之间。”孟子认为自己的工夫论就是养成这种“浩然之气”。如何“养气”呢？孟子认为要配义与道，同时他还强调：“是集义所生者，非义袭而取之也。”也就是说，这种义与道是由内心生发的，并且越积越多，而不是外在的标准加之于内心的。如果不能从内心生发出义与道，那么好不容易充实的气就会泄露。总之，孟子认为他所命名的这种“浩然之气”是一种很难用语言描述的状态，但每个人都能切身体会到它。

综上，孟子的知言养气工夫，前者提供了一种关于如何成德的伦理知识，后者则以此为据由内心生发出道与义，两者有一个共同的主宰：“心”。“知言”是以“心”定“言”，“养气”是以“心”御“气”，两者共同通向“不动心”的理想境界。

【关键词】 **动心　知言　养气　浩然之气**

40. 心斋与坐忘

【原文】

1 颜回曰：“回之家贫，唯不饮酒不茹(1)荤(2)者数月矣。如此，则可以为斋(3)乎？”曰：“是祭祀之斋，非心斋也。”回曰：“敢问心斋。”

仲尼曰:“若一志,无听之以耳而听之以心,无听之以心而听之以气[4]!听止于耳[5],心止于符[6]。气也者,虚而待物者也。唯道集虚[7]。虚者,心斋也。”

出处:《庄子·人间世》

2 颜回曰:“回益矣。”仲尼曰:“何谓也?”曰:“回忘仁义矣。”曰:“可矣,犹未也。”他日复见,曰:“回益矣。”曰:“何谓也?”曰:“回忘礼乐矣!”曰:“可矣,犹未也。”他日复见,曰:“回益矣!”曰:“何谓也?”曰:“回坐忘矣。”仲尼蹴然[8]曰:“何谓坐忘?”颜回曰:“堕肢体,黜聪明,离形去知,同于大通[9],此谓‘坐忘’。”仲尼曰:“同则无好[10]也,化则无常[11]也。而果其贤乎!丘也请从而后也。”

出处:《庄子·大宗师》

【简注】

(1) 茹:吃。

(2) 荤:指葱蒜之类的菜。

(3) 斋:指祭祀前的清心洁身。

(4) 气:指心灵活动到达极纯精的境地。

(5) 听止于耳:当为“耳止于听”。

(6) 符:符号,名词,概念。

(7) 虚:空明的心境。

(8) 蹴然:惊异不安的样子。

(9) 大通:一切无碍。

(10) 同则无好:和同万物就没有偏好。

(11) 化则无常:参与变化而不执滞。

【今译】

1. 颜回说:“我家里贫穷,不饮酒不吃荤已经好几个月了,这样子,可算是斋戒了吗?”孔子说:“这是祭祀的‘斋戒’,并不是‘心斋’。”颜回说:“请问什么是‘心斋’?”孔子说:“你心志专一,不用耳去听而用心去体会;不用心去体会而用气去感应。耳的作用止于聆听外物,心的作用在于感应概念。气乃是空明而能容纳外物的。只要你到达空明的心境,道理自然与你相合。‘虚’(空明的心境)就是‘心斋’。”

2. 颜回说:“我进步了。”孔子说:“怎么进步呢?”颜回说:“我忘记仁义了。”孔子说:“很好,但是还不够。”过了几天,颜回又见孔子说:“我进步了。”孔子说:“怎么进步呢?”颜回说:“我忘记礼乐了。”孔子说:“很好,但是还不够。”过了几天,颜回又见孔子说:“我进步了。”孔子说:“怎么进步呢?”颜回说:“我坐忘了。”孔子惊奇地说:“什么叫坐忘?”颜回说:“遗忘了自己的肢体,抛弃了自己的聪明,离弃了本体忘掉了智识,和大道融通为一,这就是坐忘。”孔子说:“和万物同一体就是没有偏私了,参与万物的变化就没有偏执了。你果真是贤人啊! 我愿意追随在你的身后。”

【解读】

工夫论以修身求道为鹄的,因此与儒家一样,道家也有工夫论。不过,因所求之道有异,所以两种工夫论的路径也大不相同。道家的工夫论中以庄子为代表,而提到庄子的工夫论,就不得不论及“心斋”与“坐忘”。庄子为什么提出这两个概念?源于他对于人生的根本理解。在庄子看来,人生处处充满杀机,怎样才能避免来自他人的伤害呢? 根本的方法是做到“无我”,“无我”就是无心,如果你以无心待人,即使有过错,也容易被原谅。与此同时,这样的一种无所牵累的心境也是与道相通的“大自在”。所以,《逍遥中》描述了庄子理想中的完人境界:“至人无己,神人无功,圣人无名。”由此便可引发一个问题,人如何到达“无我”? “心斋”和“坐忘”便是通向“无我”的途径之一。

何谓“心斋”? 庄子以孔子和颜回为主人公,编造了一段对话,实际上是表达了自己的看法,与儒家关系不大。通过这段对话,可以发现,“心斋”是相对于“祭祀之斋”而言的,斋戒本来就有清洁和清净的意思,庄子由此设想,与人的身体的洁净相对应,还有一种内心的洁净,这种内心的洁净就是“心斋”,这是我们顾名思义就能看到的。具体而言,庄子又指出,做到“心斋”的关键在于“若一志”,也就是内心专一,去除杂念。杂念总由外界的影响而生,所以接下来庄子又重点阐发了一种“听”的工夫。庄子认为有三种“听”,一种是“听止于耳”,一种是“听止于符”,一种是“听止于气”。第一种“听”是感性层面的,与人的欲望相关,第二种“听”是概念层面的,与人的知识相关。在庄子看来,贪欲和智巧都会有碍于清净素朴之心的回复,所谓:“同乎无知,其德不离;同乎无欲,是谓素朴;素朴而民性得矣。”(《庄子·马蹄》)因此,如何超越“耳”与“符”的层面,而达到“听止于气”就是“心斋”的关键。我们知道,“气”的本性为虚,庄子由此认为,如果我们的内心达到一种虚的境界,便会容纳万物的变化和差异,由此人就不再有分别和执着之心,内心的清净世界无非如此。所以,庄子明确说:“虚者,心斋也。”

关于“坐忘”的这段对话同样以孔子和颜回为角色,不过这次,主角由孔子变成了颜回。就字面和背景来看,“坐忘”的核心在于“忘”。忘记什么呢? 首先是“仁义”和“礼乐”,不过这还不够,最后要达到“堕肢体,黜聪明,离形去知”,“堕肢体”就是“离形”,目的是摆脱为了满足人的形体的欲望而带来的种种牵累,也就是要“无欲”;“黜聪明”就是“去知”,也就是去除知识的积累而对人造成的种种障碍,也就是

"无知"。由此可见,"坐忘"与"心斋"其实都是通过无知无欲而通达一种无所牵累的自由之境。这种自由之境,在"坐忘"的理论中,就叫"同于大通",即与道相通。

值得注意的是,无论是"心斋"还是"坐忘"都以实现"无我"为目的,而达到"无我"的修养历程就其实质而言,是一个向道而生的过程。老子有言:"为学日益,为道日损。"(《老子·第四十八章》)这里实际上谈到了两种认识论,一种是一般的认识论,遵循一种增加的原则,一种是对于道的认识,所遵循的是一种减少的原则。"心斋"和"坐忘"所遵循的就是减少的原则,不断的减少贪欲和智巧,最终所通向的,就是道。

【关键词】 无我 心斋 坐忘

十、境　界

【题解】

中国文化既重人道，由此便重工夫论，而践行工夫对于每个人所带来的主观感受是不同的，于是就有了一个境界论的问题。“境界”本是佛教语汇，意为心灵攀登游离所达到的层次，不过，在佛教未入中国之前，中国古代思想中虽未有其名，然已论及其实。以儒道两家为主，儒家的境界论是在完善自身德性的过程中，于人伦日用中寻求超越；道家的境界论则在回归自然天性的过程中，通过摆脱外在的桎梏而寻求超越。

41. 吾与点也

【原文】

子路、曾皙(1)、冉有、公西华侍坐。

子曰：“以吾一日长乎尔，毋吾以也。居(2)则曰：‘不吾知也！’如或知尔，则何以哉？”

子路率尔而对曰：“千乘之国，摄乎大国之间，加之以师旅，因之以饥馑。由也为之，比及(3)三年，可使有勇，且知方也。”夫子哂(4)之。

“求！尔何如？”

对曰：“方六七十，如(5)五六十，求也为之，比及三年，可使足民。如其礼乐，以俟君子。”

“赤！尔何如？”

对曰：“非曰能之，愿学焉。宗庙之事，如会同，端章甫(6)，愿为小相焉。”

“点！尔何如？”

鼓瑟希，铿尔，舍瑟而作(7)，对曰：“异乎三子者之撰。”

子曰：“何伤乎？亦各言其志也。”

曰：“莫(8)春者，春服既成，冠者五六人，童子六七人，浴乎沂(9)，风乎舞雩(10)，咏而归。”

夫子喟然叹曰：“吾与点也！”

三子者出，曾皙后。曾皙曰：“夫三子者之言何如？”

子曰：“亦各言其志也已矣。”

曰：“夫子何哂由也？”

曰：“为国以礼，其言不让，是故哂之。”

“唯求则非邦也与？”

“安见方六七十如五六十而非邦也者？”

“唯赤则非邦也与？”

“宗庙会同，非诸侯而何？赤也为之小，孰能为之大？”

出处：《论语·先进》

【简注】

(1) 曾皙：名点，曾参之父，也是孔子的学生。

(2) 居：平日，平常。

(3) 比(bì)及：等到。

(4) 哂(shěn)：微笑，讥笑。

(5) 如：或者。

(6) 端章甫：端，古代礼服的名称。章甫，古代礼帽的名称。

(7) 作：站起来。

(8) 莫：同“暮”。

(9) 沂：河水名，源出山东邹县东北，西流经曲阜与泗水合。

(10) 舞雩(yú)：台名，是鲁国求雨的坛，在现在曲阜县东。

【今译】

子路、曾皙、冉有、公西华四个人陪孔子坐着。

孔子说道：“因为我比你们年纪都大，没有人用我了。你们平日说：‘人家不了解我呀！’假若有人了解你们，那你们怎么办呢？”

子路不假思索地答道：“一千辆兵车的国家，局促地处于几个大国的中间，外面有军队侵犯它，国内又加以灾荒。我去治理，等到三年光景，可以使人人有勇气，而且懂得大道理。”孔子微微一笑。

又问：“冉求，你怎么样？”

答道：“国土纵横各六七十里或者五六十里的小国家，我去治理，等到三年光景，可以使人人富足。至于修明礼乐，那只有等待贤人君子了。”

又问：“公西赤！你怎么样？”

答道：“不是说我已经很有本领了，我愿意这样学习：祭祀的工作或者同外国盟会，我愿意穿着礼服，戴着礼帽，做一个小司仪者。”

又问：“曾点！你怎么样？”

他弹瑟正近尾声，铿的一声把瑟放下，站了起来答道：“我的志向和他们三位所讲的不同。”

孔子道：“那有什么妨碍呢？正是要各人说出自己的志向呵！”

曾皙便道：“暮春三月，春天衣服都穿定了，我陪同五六位成年人，六七个小孩，在沂水旁边洗洗澡，在舞雩台上吹吹风，一路唱歌，一路走回来。”

孔子长叹一声道：“我同意曾点的主张呀！”

子路、冉有、公西华三人都出来了，曾皙后走。曾皙问道：“那三位同学的话怎样？”

孔子道：“也不过各人说说自己的志向罢了。”

曾皙又道：“您为什么对仲由笑笑呢？”

孔子道：“治理国家应该讲求礼让，可是他的话却一点不谦虚，所以笑笑。”

“难道冉求所讲的就不是国家吗？”

孔子道：“怎样见得横纵各六七十里或者五六十里的土地就不够是一个国家呢？”

“公西赤所讲的不是国家吗？”

孔子道：“有宗庙，有国际间的盟会，不是国家是什么？（我对仲由笑笑，不是说他不能治理国家，关键不在是不是国家，而是他说话的内容和态度不够谦虚。譬如公西赤，他是个十分懂得礼仪的人，但他只说愿意学着做一个小司仪者。）如果他只做一小司仪者，又有谁来做大司仪者呢？”

【解读】

冯友兰先生曾讲：“按照中国哲学的传统，它的任务不是增加关于实际的积极的知识，而是提高人的精神境界。”（《中国哲学简史》）《左传·襄公二十四年》中叔孙豹提出：“‘太上有立德，其次有立功，其次有立言’，虽久不废，此之谓三不朽。”“三不朽”代表了中国人所理解的人生境界，而在这三重境界中，立德显然是最高的。孔子的思想即以立德为其根本鹄的，这是一种怎样的境界呢？颜回对于孔子最高境界体会如下："仰之弥高，钻之弥坚；瞻之在前，忽焉在后。"（《论语·子罕》）在他看来，孔子所达到的境界高深莫测。子贡则这样形容孔子："他人之贤者，丘陵也，犹可逾也；仲尼，日月也，无得而逾焉。人虽欲自绝，其何伤于日月乎？"（《论语·子张》）这是以日月来比喻孔子境界所至的高度。这是弟子们对孔子所达境界的描述，就孔子自己而言，也常有高处不胜寒之感，他曾对颜回说："用之则行，舍之则藏，惟我与尔有是夫！"（《论语·述而》）这是认为在自己的弟子当中，只有颜回在这个方面和自己的心境相通。不过，有些时候他干脆说："莫我知也夫！……知我者其天乎！"（《论语·宪问》）这是认为没人能够理解自己，但是这种内心的状态仍然可以理解而且需要理解，所以孔子便认为，这是上通天道的一种境界。

以上是就孔子所达的最高境界而言，但既然是境界，就有一个层次的高低或面向的区分。众所周知，孔子晚年回顾自己一生时就说："吾十有五而志于学，三十而立，四十而不惑，五十而知天命，六十而耳顺，七十而从心所欲，不逾矩。"（《论语·为政》）这其中所涉及的境界，即使没有明确的高低之分，但至少也展现出了不同的面向。说到面向，孔子再三强调仁、知、勇三者的不同："知者不惑，仁者不忧，勇者不惧。"（《论语·子罕》，又见《论语·宪问》，不过次序调整为："仁者不忧，知者不惑，勇者不惧。"）这里的"不惑""不忧"和"不惧"都是心境的变化，因而是境界的三种面向。孔子在更多地方还谈到了仁者与知者的不同，比如"仁者安仁，知者利仁"（《论语·里仁》）。我们可以想象，孔子所追求的那种最高境界，想必是熔铸了几种心理素质而成的，比如"君子不忧不惧"（《论语·雍也》）。那么，这是一种怎样的境界呢？或许答案就在下面这句话中："知之者，不如好之者；好之者，不如乐之者。"孔子认为学习的最高层次既非获得知识，也非养成爱好，而是乐在其中。

说到"乐"，读过《论语》的人恐怕对于孔子之乐都印象深刻，孔子说："饭疏食，饮水，曲肱而枕之，乐亦在其中矣。不义而富且贵，于我如浮云。"（《论语·述而》）孔子认为与自己心境最接近的颜回亦是如此，所以他称赞道："贤哉回也！一箪食，一瓢饮，在陋巷，人不堪其忧，回也不改其乐。贤哉回也！"（《论语·雍也》）值得注意的是，这种"乐"并不是一种因物质财富的充盈而得到满足的简单快乐，而是一种意味深长的精神幸福。如果说仁通于善，知通于真，那么这种超越了仁与知的境界的特别之处就在于获得了美的色彩。这实际上是一种美的体验，是一种对于人与天地自然之大美的超越感受。由此就可以论及"吾与点也"的典故，当孔子的弟子谈论各自的人生志趣时，唯独曾点与众不同，他不谈治国平天下，而是说他的理想是在天气舒适的暮春之际，与朋友一起，去沂水里洗澡，在舞雩台上吹吹风，然后唱着歌儿回家。孔子听后，立即表示赞同，喟然叹曰："吾与点也！"孔子之所以欣赏曾点，就在于他无意间描绘了一种人与自然和谐相处，具有浪漫主义情调的美学境界。

不过，孔子所向往的这种境界并不是纯美学的，他是同"老者安之，朋友信之，少者怀之"（《论语·公冶长》）这种现实关怀密不可分的。这一点我们通过孔子谈音乐可以清楚地看到："子谓《韶》：'尽美矣，又尽善也。'谓《武》：'尽美矣，未尽善也。'"（《论语·八佾》）美更多与形式相关，善则更多与内容相关，孔子的最高境界是一种尽善尽美。由此可见，孔子的最高境界并不是单纯的成德，而是将成德上升到天地之大美。由此我们也就能够理解冯友兰为什么在其人生四境界中，于"道德境界"之上，另设一重"天地境界"。

【关键词】　三不朽　立德　乐　善　美

42. 如婴儿之未孩

【原文】

唯[(1)]之与阿[(2)]，相去几何？美之与恶，相去若何？人之所畏，不可不畏。

荒[(3)]兮，其未央[(4)]哉！

众人熙熙[(5)]，如享太牢[(6)]，如春登台。

我独泊兮，其未兆[(7)]，如婴儿之未孩[(8)]。

儽儽[(9)]兮，若无所归。

众人皆有余，而我独若遗[(9)]。我愚人之心也哉！沌沌兮！

俗人昭昭，我独昏昏。

俗人察察，我独闷闷。

澹[(10)]兮其若海，飂[(11)]兮若无止。

众人皆有以，而我独顽且鄙。

我独异于人，而贵食母[(12)]。

出处：《老子·第二十章》

【简注】

(1) 唯：恭敬的答应。

(2) 阿：怠慢的答应。

(3) 荒：广远。

(4) 未央：没有尽头。

(5) 熙熙：纵情欢畅，兴高采烈的样子。

(6) 太牢：牛羊豕三牲皆备的筵席。

(7) 未兆：没有形迹，不炫耀自己。

(8) 孩：同"咳"，婴儿笑。

(9) 儽(lěi)儽：落落不群，无所依傍。

(10) 遗：不足。

(11) 澹：澹泊，沉静。

(12) 飂(liù)：高风，形容形迹飘逸。

(13) 贵食母：以道为贵。

【今译】

应诺和呵声，相差很多吗？美好和丑恶，相差很多吗？人所畏惧的人，也是有所畏惧的。

精神领域开阔无比，好像没有尽头的样子。

众人都兴高采烈，好像要参加丰盛的筵席，又好像春天登台眺望景色。

我却独个儿淡泊宁静啊，没有形迹，好像不知嘻笑的婴儿。

落落不群啊，好像无家可归。

众人都有多余，唯独我好像不足的样子。我真是愚人的心肠啊！混混沌沌啊！

世人都光耀自炫，唯独我暗暗昧昧的样子。

世人都精明灵巧，唯独我无所识别的样子。

沉静的样子，好像深湛的大海；飘逸的样子，好像无有止境。

众人都有所施展，唯独我愚顽而拙讷。

我和世人不同，而重视进道的生活。

【解读】

如前所述，儒家哲学的根本任务不是增加知识，而是提升境界，道家哲学亦然，这种特质是由老子奠定的。从《老子》一书来看，老子为我们描述了两种不同的人：一种是俗人或众人，所谓"俗人昭昭""俗人察察""众人熙熙""众人皆有余""众人皆有以"，他们欲望膨胀、聪明有余、注重荣辱、在意得失；另一种则是老子自己所向往的圣人，这种人的表现是"未兆""若无所归""若遗""昏昏""闷闷"，他们少私寡欲、自知自爱、宁静淡泊、宽容慈爱。这两种人的区分主要是心灵层次上的，因而属于境界之不同。从根本的意义而言，老子的哲学无非是希冀俗人能够觉悟，脱俗而自然。

老子之所以将人的境界区分为这两种，由其“道”论所决定。很多人都有同感，老子的学说很有“哲学味”，这表现在他对人生的根本问题进行了思考，比如我从哪里来？要到哪里去？老子用道的思想对这两个问题进行了回答。首先，包括人在内的天地万物都由道而生，所谓：“道生之，德蓄之，物形之，势成之。”在人与物的产生、生长和成熟的过程中，道与德最为重要，所以老子接着说：“是以万物莫不尊道而贵德。”（《老子·第五十一章》）《道德经》之名由此而来。这就解答了第一个问题，我从哪里来，来自道以及由道分化而成的德。其次，老子认为：“万物并作，吾以观复。夫物芸芸，各复归其根。”（《老子·第十八章》）他发现，万物生成之后，遵循一个原则，就是“复归其根”，也就是回到它来的地方，万物来自哪里呢？来自道与德。所以第二个问题也有了答案，我到哪里去，很简单，就是守住德，回归道。由此可见，老子提出道的思想，本身就蕴含着修身。在老子看来，人理所当然地应该回归道，如果一个人对能够觉悟道，便可超凡脱俗，否则便沦为俗人。

那么，人如何守住德，回归道呢？老子认为我们应当“法自然”。自然是什么呢？就是自然而然，自己如此的意思。按照老子的理解，包括人类在内的天地万物在不经人为干扰的情况下，通常都能发挥到最佳的水平。所以，人若想回归道，方法便是向自然学习。按照老子的观察，自然中的有些事物与道尤为接近，比如水，老子认为：“上善若水。水善利万物而不争，处众人之所恶，故几于道。”（《老子·第八章》）如果说水毕竟是自然物，与人的构造不同，难于师法，那么老子又举出了一个与人（成人）更密切意象——赤子亦即婴儿。老子提出：“含‘德’之厚，比于赤子。”（《老子·第五十五章》）所有人都经历过婴儿阶段，但是老子认为一个人在社会中的成长，往往离道越来越远。因此为了回到道，可以学习婴儿。老子对至道境界经常以婴儿之象加以描述，比如：“专气致柔，能如婴儿乎？”（《老子·第十章》）“为天下溪，常德不离，复归于婴儿。”（《老子·第二十八章》）在这篇选文中，老子更以婴儿自比，提出：“我独泊兮，其未兆，如婴儿之未孩。”（《老子·第二十章》）这里的“孩”，一般释为婴儿笑，婴儿初生，一般都还不会笑，后来才逐渐学会，所以“如婴儿之未孩”想必是比一般的婴儿，当然更比一般的成人更接近于自然的那种混沌的初始状态。

老子认为，人通过修道所追求的就是这种赤子境界。那么，这种赤子境界有什么表现呢？其一，赤子境界率自然真性而行。也就是说赤子的表现是将一切外在的，尤其是来自社会的因素置之度外，完全依内在的规定而行，由此赤子就表现出不同于他人的独特个性，因此老子不断地说，“众人”如何，我则“如何”。其二，赤子境界因规律而行。也就是说，赤子虽有个性，却不任性，其性情中包含着道，比如老子这样描述赤子：“终日号而不嗄，和之至也。”（《老子·第五十五章》）婴儿虽然终日哭号，声音却不沙哑，因为他达到了中和之道。其三，赤子境界蕴藏着强大的生命力。也就是说，赤子包含着生命的所有可能性，生命力强大。比如老子指出："婴儿骨弱筋柔而握固。未知牝牡之合而朘作，精之至也。"(《老子·第五十五章》)这是说，婴儿虽然柔弱，但是生命力的表现方面却很突出，精力最盛。总之，如果人能够多向婴儿学习，从而达到赤子境界，那么也就实现了与道相通的目的。

【关键词】 众人　圣人　水　婴儿　赤子境界

43. 逍遥游

【原文】

北冥有鱼，其名为鲲。鲲之大，不知其几千里也。化而为鸟，其名为鹏。鹏之背，不知其几千里也。怒(1)而飞，其翼若垂天之云。是鸟也，海运(2)则将徙于南冥。南冥者，天池也。《齐谐》(3)者，志怪者也。《谐》之言曰："鹏之徙于南冥也，水击三千里，抟(4)扶摇而上者九万里，去以六月息者也。"野马(5)也，尘埃也，生物之以息相吹也。天之苍苍，其正色邪？其远而无所至极邪？其视下也，亦若是则已矣。且夫水之积也不厚，则其负大舟也无力。覆杯水于坳堂之上，则芥(6)为之舟。置杯焉则胶，水浅而舟大也。风之积也不厚，则其负大翼也无力。故九万里则风斯在下矣，而后乃今培风；背负青天而莫之夭阏者，而后乃今将图南。

蜩(7)与学鸠(8)笑之曰："我决起而飞，抢(9)榆枋，时则不至而控于地而已，奚以之九万里而南为？"适莽苍者，三餐而反，腹犹果然；适百里者，宿舂粮；适千里者，三月聚粮。之二虫又何知！

小知不及大知，小年不及大年。奚以知其然也？朝菌不知晦朔(10)，蟪蛄(11)不知春秋，此小年也。楚之南有冥灵者，以五百岁为春，五百岁为秋；上古有大椿者，以八千岁为春，八千岁为秋。而彭祖乃今以久特闻，众人匹之，不亦悲乎！

出处：《庄子·逍遥游》

【简注】

(1) 怒：奋起。

(2) 海运：海水运动，这里指汹涌的海涛。

(3) 齐谐：书名。一说人名。

(4) 抟(tuán)：环绕盘旋而上。

(5) 野马：春天林泽中的雾气。

(6) 芥：小草。

(7) 蜩(tiáo)：蝉。

(8) 学鸠：一种小灰雀，这里泛指小鸟。

(9) 抢(qiāng)：突过。

(10) 晦朔：黑夜和清晨。

(11) 蟪蛄(huì gū)：即寒蝉，春生夏死或夏生秋死。

【今译】

北海有条鱼，它的名字叫鲲。鲲的巨大，不知道它有几千里。变化成为鸟，它的名字叫鹏。鹏的背脊，不知道它有几千里，振翅飞翔起来，它的翅膀像挂在天空的云彩。这只鸟，海动时就将迁移而飞往南海。南海就是天的池。《齐谐》这部书，是记载怪异事物的。《齐谐》的记载说："大鹏迁移到南海去的时候，翅膀在水面上拍击，激起的水浪达三千里远，然后趁着上升的巨大旋风飞上九万里的高空，离开北海，用六个月的时间飞至南海才休息。"像野马奔跑似的蒸腾的雾气，飞荡的尘土，都是生物用气息互相吹拂的结果。天的深蓝色，是它真正的颜色呢？还是因为它太远而没有尽头以致看不清楚呢？大鹏从高空往下看，也不过像人们在地面上看天一样罢了。再说水聚积得不深，那么它负载大船就会浮力不足。倒一杯水在堂上低洼处，那么只有小草可以作为它的船；放只杯子在里面就会粘住，这是因为水浅船大的缘故。风聚积得不大，那么它负载巨大的翅膀就会升力不足。所以大鹏飞到九万里的高空，风就在下面了，然后才能乘风飞翔；背驮着青天，没有什么东西阻拦它，然后才能计划着向南飞。

蝉和学鸠笑话它说："我一下子飞起来，碰上树木就停下来，有时候飞不到，便落在地上就是了，哪里用得着飞上九万里的高空再向南飞那样远呢？"到郊外去旅行的人只要带三顿饭，吃完三顿饭就回家，肚子还是饱饱的；到百里外去旅行的人，头天晚上就要舂米做好干粮；到千里外去旅行的人，要用三个月积聚干粮。这两只飞虫又懂得什么呢？

知识少的比不上知识多的，年寿短的比不上年寿长的。根据什么知道这些是如此的呢？朝生暮死的菌类不知道一个月有开头一天和最后一天，蟪蛄不知道一年有春季和秋季，这是寿命短的。楚国南部生长一种叫冥灵的树，把一千年当作一年。古代有一种叫大椿的树把一万六千年当作一年。彭祖只活了八百岁，可是现在却以长寿而特别闻名，一般人谈到长寿，就举彭祖去相比，这不是很可悲吗！

【解读】

先秦诸子中，庄子的学说更加侧重于人生哲学，这不仅通过与儒家的对比能够看到，更是庄子在道家内部的一个特点。庄子有言："道之真以治身，其绪余以为国家，其土苴以治天下。"（《庄子·让王》）这说明庄子真正关注的乃修身问题。既重修身，可想而知，就有一个修身的方法、理论和实践的问题，必然也会涉及境界的问题。境界论在庄子这里是如此重要，以至于《庄子》一书的开篇《逍遥游》即以之为主要关注对象。《逍遥游》可以看作庄子人生哲学的总纲，庄子在此提出并讨论了人生的三重境界：

第一，鲲鹏的境界。《逍遥游》开篇就为我们描绘了一幅意境开阔，场面十分壮观的景象：不知有几千里大的鲲化而为鹏，振翅飞翔，大鹏的翅膀在水面上拍击，激起的水浪达三千里远，然后趁着上升的巨大旋风飞上九万里的高空……鲲鹏的这种状态就是庄子对人生境界的一种描述。这是一种怎样的境界？如果联系后文就会发现，鲲鹏的境界正是宋荣子和列子的境界，所谓："举世而誉之而不加劝，举世而非之而不加沮，定乎内外之分，辨乎荣辱之境。"可见，这种境界的特点是对我与物、内与外、己与人、荣与辱、好与坏等，都有明确而理性的认识，能够执其两端而得其中。庄子笔下的大鹏亦是如此，能够辨别"野马"与"尘埃"之状，能够明白"大知、小知""大年、小年"的道理。总而言之，这种能够辨别是非和荣辱的境界表现了一种现实的处事品格。这种处事品格当然比一般人的境界要高超得多，但是也并非最高境界。所以，庄子认为其"犹有所待者也"。

第二，蜩与学鸠的境界。庄子在描绘了大鹏的境界之后，紧接着又提出了蜩与学鸠的观点，认为大鹏飞得那么高远，实在是没有必要。庄子的这一安排显然是为了凸显鲲鹏的境界之高，但是蜩与学鸠所体现的也仍可以算得上一种人生境界。表面上看来，这些小动物受到种种限制，老老实实地生活在现实之中，这似乎没有自由可言。不过，从另一方面来看，它们能够顺应其性，各安其本，各施其能，悠然自得，这本身便是一种自由和快乐。由此可见，蜩与学鸠本身也代表了一种人生境界，即庄子所谓："知效一官，行比一乡，德合一君，而征一国者。"简单来说，这是一种服从现实的顺世主义品格。

第三，逍遥的境界。大鹏、宋荣子以及列子既然"犹有所待"，那么那种更高的境界是什么样呢？或许无法直接描绘，所以庄子才让我们通过大鹏想象："若夫乘天地之正，而御六气之辨，以游无穷者，彼且恶乎待哉！"如果说大鹏高飞依然受种种限制，那么那种至高境界就是能够与万物之性相合，与天地的变化相通。一个人达到了这种地步，就不再依附于任何外在的条件，所以庄子说："彼且恶乎待哉！"简单而言，逍遥的境界就是我中有物，物中有我，我随物变的一种状态，因此逍遥即意味着无我。值得注意的是，无我并不是自我的消失，而是消除那个执着于外在的功与名的我，所以庄子总结道："至人无己，神人无功，圣人无名。"可见，庄子认为最高的境界是一种绝对的精神自由。

总之，庄子描绘了三种人生境界，最低一级的是蜩与学鸠的境界，其次为鲲鹏的境界，最高是逍遥的境界。在这三种之外，或许还有不入流的境界。庄子对于人生境界的这种区分，使人们对于较高境界产生一种无限向往，而越高的境界即越接近道的境界。

【关键词】 **鲲鹏　蜩与学鸠　逍遥**

44. 孔颜乐处

【原文】

1　颜子一箪[(1)]食一瓢饮，在陋巷人不堪其忧而不改其乐。夫富贵人所爱也，颜子不爱不求而乐乎贫者，独何心哉？天地间有至贵至富可爱可求，而异乎彼者，见其大而忘其小焉尔。见其大则心泰[(2)]，心泰则无不足，无不足则富贵贫贱处之一也，处之一则能化而齐，故颜子亚圣。

出处：《通书·颜子第二十三》

2　圣希天，贤希圣，士希贤。伊尹颜渊大贤也，伊尹耻其君不为尧舜，一夫不得其所若挞[(3)]于市，颜渊不迁怒，不贰过，三月不违仁。志伊尹之所志，学颜子之所学。过则圣，及则贤，不及则亦不失于令名。

出处：《通书·志学第十》

3　昔受学于周茂叔，每令寻颜子、仲尼乐处，所乐何事。

出处：《二程集》

4　圣人之门，其徒三千，独称颜子为好学。夫《诗》、《书》、六艺，三千子非不习而通也，然则颜子所独好者，何学也？学以至圣人之道也。圣人可学而至与？曰：然。

出处：《颜子所好何学论》，收入《二程集》

【简注】

(1) 箪(dān)：古代盛饭的圆竹器。

(2) 泰：平和，安定。

(3) 挞(tà)：用鞭棍等打人。

【今译】

1. 颜回吃的是用简单的竹筒装的饭，喝的是用瓢装的水，住在简陋的小巷里，别人忍受不了这样的贫苦，颜回身处其中却怡然自乐。富贵是人们所喜爱的，颜回不喜爱不追求，安贫乐道，他心里在想什么呢？天地间值得追求的最珍贵最值得爱的，是和富贵不一样的大道，见到了大道，自然就会忘记小的富贵。见到大道心就平静，心静了就没有什么不满足的，没有什么是不能满足的，就能以平常心来对待富贵和贫贱，能以平常心对待富贵和贫贱就能任随自然造化与自然界融为一体，所以我们称颜回为亚圣。

2. 圣人的目标是向天看齐，贤人的目标是向圣人看齐，士人的目标是向贤人看齐。伊尹、颜回都是最圣明的人。伊尹因为他的君王不像尧舜一样贤明而倍感耻辱，并且认为如果每个人不能在自己的职位上施展才能，就像在市朝中受到鞭打一样受到了侮辱。颜回不会迁怒于人，相同的错误不会犯两次，并且能够三月不违背仁德。我们要立志学习伊尹的志向，学习颜渊的圣贤之学。比他们做得好就是圣人，赶得上他们所做的就是贤人，即使比不上他们，那也不失为有个好名声。

3. 从前我们跟随周敦颐老师学习的时候，他经常让我们思索寻找颜回和孔子乐在什么地方，为什么事而乐。

4. 孔子门下弟子三千，为何单单称赞颜回好学呢？像《诗经》《尚书》以及"六艺"，三千弟子没有不通过学习而能精通的，然而为什么只有颜回才称得上好学呢？他所学的是什么呢？是通过学习而通达圣人之道。那么圣人之道可以通过学习而达到吗？回答是可以。

【解读】

魏晋以后，儒学虽然在政治的理论和现实层面仍保持着若隐若存的影响，但是在人生哲学的发展方面，却乏善可陈。相比于儒家，佛教和道教在这方面取得了较大的优势，儒学衰落了。对此，北宋学者张方平叹息道："儒门淡泊，收拾不住，皆归释氏耳！"(《扪虱新话》)儒家的衰落主要就是在拯救人心上显得无能为力。为此，作为宋明理学的鼻祖，周敦颐做了一些开拓性的工作。他发现佛教和道教都为人生指出一条超越的道路，或成佛，或成仙，人生的意义可于此中寻觅。那么，儒家是否可以依照自身的内在理路为人们指出一条不同的道路呢？周敦颐认为，当然可以。先儒早已明确指示，那就是成圣。

然而，如何成圣呢？周敦颐从儒家最优秀的两个人——孔子和颜回身上看到了希望。他发现这俩人身上有一个共同点，都达到了乐的境界。于是，他便细心体会这种乐的境界到底是什么。不仅如此，当他收了两个小学生的时候，也将体会孔颜乐处作为一个作业布置给他们，而这两个学生通过体会和研究之后，后来果真有所成，他们便是后来对于理学的产生发挥了奠基性作用的二程（程颢、程颐）兄弟。我们知道，在孔子的思想中，乐是一种至高的境界，这种境界既有道德意味，又具审美色彩，是意义充盈的一种状态。更值得注意的是，孔子还认为，这种境界是人人都可以通过学习而达到的。在此意义下，儒家就为人人都指出一条可能的超越的道路，每个人都可从中找到安身立命之本。因此，在程颐年轻时专门写的一篇文章《颜子所好何学论》中，他就指出"圣人可学而至"。

正是基于这样的考虑，周敦颐才说，他是以这两个人为榜样的，所谓："志伊尹之所志，学颜子之所学。"他还对颜回乐的境界做了很好的解释。一般而言，富贵是人人所爱的，颜回却身处贫困却仍然不改其乐，这是因为除了富贵之外，还有道德。道德为大，富贵为小。得到了大的东西，人的内心自然平静安宁，于是就不在乎富贵的得失了，这就叫做"见其大而忘其小"。颜渊很好地做到了这一点，所以孔子才说"人不堪其忧，回也不改其乐"。实际上，周敦颐以道德之乐为大乐，以富贵之乐为小乐的这种思维，孟子也已经说得很清楚了，所谓："耳目之官不思，而蔽于物。物交物，则引之而已矣。心之官则思，思则得之，不思则不得也。此天之所与我者。先立乎其大者，则其小者弗能夺也。此为大人而已矣。"（《孟子·告子上》）耳目之官相当于富贵之乐，心之官则与道德之乐相关。

进一步来看，一个人如何找到自己的人生意义，如何超脱而获得自己的安身立命之本。佛教、道教以及基督教都能给出自己的解决之道。或解脱生死而究竟涅槃，或脱离肉体而获得永生，或获得救赎而升入天国，这些途径对个人而言都是某种安顿。那么，儒家所提供的这种成圣的道路能够将人安顿于何处呢？

通过周敦颐的分析，我们能够看到，儒家并不设想一个彼岸的世界来解决这个问题，而是指出在现实世界中就存在着一种超越的可能。挣扎于现实之中的个人的所有的烦恼，都来源于利欲层面的得失，如果仅仅落实在利欲层面，想通过富贵来解除这种烦恼，那永远也达不到目的。然而，人除了利欲层面之外，还有道德层面，通过在现实的人伦关系中施展德行，人会获得一种道德幸福。这种道德幸福对人而言是必然的，因此就是一种永恒的解决之道。何以是必然的呢？孟子说："求则得之，舍则失之，是求有益于得也，求在我者也。求之有道，得之有命，是求无益于得也，求在外者也。"（《孟子·尽心上》）原因就在于利欲是外在的，得之不必然，道德为内在的，有求必得。这便是孔颜乐处的秘密。

【关键词】 **成圣　道德　富贵　道德幸福**

45. 民胞物与

【原文】

乾称父，坤称母。予(1)兹藐(2)焉，乃混然中处。故天地之塞(3)，吾其体。天地之帅(4)，吾其性。民吾同胞(5)，物吾与(6)也。大君(7)者，吾父母宗子(8)，其大臣，宗子之家相也。尊高年，所以长其长。慈孤弱，所以幼其幼。圣其合德，贤其秀也。凡天下疲癃(9)残疾，茕独(10)鳏寡，皆吾兄弟之颠连而无告者也。于时保之，子之翼也。乐且不忧，纯乎孝者也。违曰悖德，害仁曰贼。济恶者不才，其践形唯肖者也。……存，吾顺事；没，吾宁也。

出处：《西铭》，收入《张载集》

【简注】

(1) 予：我。

(2) 藐：弱小，渺小。

(3) 塞：充塞。

(4) 帅：统率，遵循。

(5) 同胞：同一父母所生的兄弟。

(6) 与：同类。

(7) 大君：天子。

(8) 宗子：嫡长子。

(9) 疲癃(pí lóng)：年老多病。

(10) 茕(qióng)独：孤苦伶仃的人。

【今译】

乾称为父，坤称为母。渺小的我处身于天地之间。所以乾坤的阴阳二气充塞于天地之间。这气就是我的身体。天地引领统帅阴阳二气的就是我的本性。人民是我的同胞，万物是我的同类。天子是天地的嫡亲长子，那些大臣，是长子家的宰相。尊重老者，推及这种道德去尊重其他年长之人。爱抚幼儿，推及这种道德去爱抚其他年幼之人。圣人与天地德性相合为一，贤人钟合了天地的灵秀。凡天下衰老龙钟、残疾病苦、鳏寡孤独、颠沛流离无可诉告之人都是我困苦而无处诉说的兄弟。及时地保育他们，是子女对乾坤父母应有的协助。如此地乐于保育而不为己忧，是对乾坤父母最纯粹的孝顺。若是违背了乾坤父母这样的意旨，就叫做“悖德”，如此地伤害仁德就叫做“贼”。助长凶恶的人是乾坤父母不成材之子，而那些能够将天性表现于形色之身的人就是肖似乾坤父母的孝子。……活着，我顺从天地，死了，我内心安宁。

【解读】

周敦颐之后，张载首创了一套严密而完整的思想体系，奠定了宋明理学的基本格局，史称“关学”。说到张载，人们就会想起《西铭》这篇250余字的小短文，别看它短，张载哲学的精华全在里面。这篇短文原本是其著作《正蒙》最后第十七篇《乾称》中的一段文字，他将它书写在学堂的右窗之上，题为《订顽》，后来程颐将《订顽》改称为《西铭》。这段文字自产生之后就深得包括二程在内的理学家的推崇和赞誉。比如，大程（程颢）就认为：“孟子以后，未有人及此。得此文字，剩多少言语。”小程（程颐）也说：“据子厚之文，醇然无出此文也，自孟子后，盖未见此书。”（《二程集》）

《西铭》将儒家的人生境界和终极理想融会在一起，进行了经典的描述。为了理解它，我们首先简要了解一下张载的哲学。张载的核心观点是“太虚即气”，而这主要是针对佛教的“缘起性空”和道家的“有生于无”而提出的。张载的哲学是气一元论，不过，他设想了一种气的本源或本体状态，将其命名为“太虚”，“太虚”是实存的，却是无形的。由此，张载就重新提出了一套有无的理论，他以冰和水的关系来说明“太虚”与气的关系，认为：“气之聚散于太虚，犹冰凝释于水，知太虚即气，则无无。”（《太和》）这个世界的实质是有，并没有无，或者说无只是一种假象，只是气的本体状态，依然是有。由此，张载就对佛道二家肯定无的观点进行了批评，建立了一套儒家的宇宙论基础。

张载提出“太虚即气”的理论，目的不仅仅是辟佛老，更重要的是要将儒家的道德人格和社会理想安置于这套宇宙论之上。怎么做呢？按照张载的思路，人也是太虚凝聚而成的一种气，既然如此，人就具有两种秉性了，一种来源于太虚，这叫作天地之性，是至纯至善的，另一种来源于太虚的凝聚，这叫作气质之性，是有恶的可能的。实际上，所谓天地之性，相当于性善，承认每个人都有善性，气质之性则相当于性恶，承认每个具体的人都有耳目口腹之欲。张载用“太虚即气”将两者有机地统一到了一起。区分了两种本性之后，张载主张人应当消除气质之性的阻碍，返回天地之性，这叫作“变化气质”。如何变化呢？方法便是学习和反思，所谓：“为学大益，在自求变化气质。”（《义礼》）

有了这些准备，我们就可以进入《西铭》篇的理解了。这里其实讲了三种关系，这三种关系均由“太虚即气”衍伸而来。其一，人与物。由“太虚即气”可知，这个世界的本质由气构成，那么可想而知，构成天地万物的气也就是构成人的气，构成天地的精神就是构成人的精神，依此来看，人与物同体，因而同类，所以张载说“物吾与也”。其二，人与人。相比于人与物，人与人的关系就更近一层，所谓“民吾同胞”。按照这种思路，对于人与人所构成的政权也可以进行解释，所谓天子不过是我们共同的父母天地的长子，而大臣则是长子家的宰相。如果承认人与人的这种构成关系，那么自然就可以生出一种处理人与人之间关系的伦理原则，所谓“尊高年，所以长其长。慈孤弱，所以幼其幼”等等。其三，人与自身。人与自身的关系中，最重要的是指每个人都逃脱不了生死，人如何面对生死。在上述逻辑下，这个问题也迎刃而解，既然人与万物只是太虚的暂时状态，那么死亡仅仅意味着回归太虚，回归世界的本体，这么想来，生死就变得不那么怪异了，活着的时候，我们践行人道，实现生命的意义和价值，即使到了生命的尽头，也没什么遗憾，安然接受就行了。

总之，张载《西铭》篇所表达的这种理论和境界，一方面将儒家的价值理想融为一体，另一方面则获得了清新简朴的形式，难怪获得了理学家的交口赞誉。

【关键词】 西铭　太虚即气　民吾同胞　物吾与也

外王编

十一、政　道

【题解】

中国古代政治历来讲求政道与治道，所谓政道主要涉及政权合法性问题，本单元的主题为政道，共选九篇，分为权力来源、政权变革、君主职责、权力制约四个方面。权力来源包括惟德是辅、为政以德、名正言顺三篇；政权变革包括禅让、革命两篇；君主职责包括民贵君轻、原君两篇，权力制约包括天人感应、道统两篇。这些篇章从不同角度论述了政权合法性问题，对于我们理解古代政治的政道有较好的参考价值。

46. 惟德是辅

【原文】

蔡叔既没[(1)]，王命蔡仲，践诸侯位，作《蔡仲之命》。惟周公[(2)]位冢宰，正百工，群叔流言。乃致辟管叔于商；囚蔡叔于郭邻，以车七乘；降霍叔于庶人，三年不齿。蔡仲克庸只德，周公以为卿士。叔卒[(3)]，乃命诸王邦之蔡。王若曰："小子胡，惟尔率德改行，克慎厥猷，肆予命尔侯于东土。往即乃封，敬哉！尔尚盖前人之愆[(4)]，惟忠惟孝；尔乃迈迹自身，克勤无怠，以垂宪乃后；率乃祖文王之遗训，无若尔考[(5)]之违王命。皇天无亲，惟德是辅。民心无常，惟惠之怀。为善不同，同归于治；为恶不同，同归于乱。尔其戒哉！慎厥[(6)]初，惟厥终，终以不困；不惟厥终，终以困穷。懋乃攸绩[(7)]，睦乃四邻，以蕃王室，以和兄弟，康济小民。率自中，无作聪明乱旧章。详乃视听，罔以侧言改厥度。则予一人汝嘉。"王曰："呜呼！小子胡，汝往哉！无荒弃朕命!”

出处:《尚书·周书·蔡仲之命》

【简注】

(1) 周初,周公旦把商纣王的儿子禄父(也叫武庚)封为商侯,继续留在商都;同时派他的弟弟管叔、蔡叔、霍叔分别担任管国、蔡国和霍国的国君,由他们监视禄父和其他商朝逸民,历史上称为“三监”。后来管、蔡与武庚发动叛乱,散步流言说周公要取代成王,周公镇压“三监”,制止了流言,杀了管叔放逐了蔡叔;还诛杀了武庚,以纣王庶兄微子继承殷祀,在宋(今河南商丘)建国,是为宋国。

(2) 周公:名旦,武王弟,周成王年幼即位,周公旦辅佐周成王至亲政。

(3) 叔卒:蔡叔去世。

(4) 愆(qiān):过失。

(5) 尔考:你的父亲,指蔡叔。

(6) 厥:代词,那个。

(7) 懋:勤勉。攸:所。

【今译】

蔡叔死去后,周成王让蔡仲继承蔡侯爵位了,并写出《蔡仲之命》篇章。在周公位居大宰、统帅百官的时候,几个弟弟都散布流言说周公要取代成王。于是周公到达商地,杀了管叔;囚禁了蔡叔,用七辆车把他送到郭邻;把霍叔降为庶人,三年不许录用。蔡仲能够重视道德修行,于是周公任用他为卿士。蔡叔死后,周公便让成王封蔡仲于蔡国。

成王这样说:“年轻的姬胡!你要遵循祖德改变你父亲的行为,能够谨守正道,因此我让你去做东边诸侯。你去你的封地,凡事主敬!要以忠孝之德掩盖你前人的罪过。做到勤勉不怠不断取得进步,做你后代的模范。你要遵循你祖父文王的遗训,不要像你的父亲那样违背天子之命!”

“皇天无亲,不会偏袒某一人,只辅助有德的人;民心也不会永远拥护某一人,人们只拥护仁德之主。为善可以多种多样,都能实现天下大治;为恶虽然各不相同,都会带来动乱。你要警惕!谨慎对待事物的开始,认真考虑事物的终局,这样结局才不会困窘;如果不认真考虑事物终局,结果一定给你带来困顿不便。尽心做你该做的事,与你的邻邦保持和睦关系,以保卫我周王室,要让你的臣民兄弟和谐,百姓安居乐业。行为要符合大道,不要自作聪明破坏旧章程制度。兼听则明,不要因片面之言改变法度。这样,我就会嘉奖你。”

成王说:“啊!年轻的姬胡。你去封国吧!不要违背我的教导!”

【解读】

本章着重讨论传统政治中政权来源的合法性，政治合法性历来是所有政权需要回应的首要问题，即交代自己的权力来源、说明自己行使权力的正当性，我国传统政治也需要对此做出回答。在说明政治合法性的篇章中，又以本篇所选的《尚书》中“皇天无亲，惟德是辅”的思想最具代表性。

在儒家话语中，“皇天无亲，惟德是辅”的直白讲法就是“上天只把政权授予那些有德之人”。它可以理解为：第一，政权来自于天。政权是得之于天，所以，历代皇帝都称自己为“天子”，也是强调自己的合法地位。第二，那些有德之人才能得到天的垂青，因此，统治者必须有德，做到“以德配天”，只有具备品德的人才能得之于天。第三，天与民之间可以相通，《尚书》有言“天听自我民听，天视自我民视”，也是强调得之于民。所以才有了后来的“得民心者得天下”“民可载舟，也可覆舟”，它们无一例外都强调民心向背对于政权的重要性。而且，在中国政治传统当中，得之于天和得之于民是统一的，二者并不矛盾和冲突。

以“惟德是辅”作为政权合法性来源，在现实政治生活中是有意义的，“皇天无亲”，上天不会只辅助一家一姓，也没有哪一家可以确保政权世代相传，直至万世千秋；如果统治者失德，做不到“以德配天”，最终将失去政权，因此它对统治者是一个警醒，提示统治者必须战战兢兢、慎始慎终，专心善政。而且，中国政治特别看重“德”，也使得传统政治显著区别于西方政治，至今具有积极意义。

如果我们以现代政治来审视“皇天无亲，惟德是辅”的话，它与现代政治，既有相通之处，也有矛盾抵牾。

就其相通之处来说，民心向背决定政权归属来讲，倒是有点类似现代政治理论，二者都认为政治权力来自民众，但是不同之处在于，西方近代民主理论的民众授权是通过社会契约来完成的，统治者和人民一起订立契约，人们把自己的部分权力让渡给统治者，让统治者代替自己行使，如果统治者行为违背了民众授权的初衷，人们可以收回授权，重新订立契约。但我们传统政治中并无“社会契约”这一环节，虽然强调民心向背，但民心往往不像“订立契约”那样看得见摸得着，民意常被盗用，授权环节非常模糊，我们见不到民众的“授权”，只见“天意所属”。因此，我们的政权来源又回到了“天”，皇帝登基，需要向天汇报，举办祭天仪式，一方面是祈求天的保佑，另一方面也是宣告只有他才是“天子”，只能由他来祭天。在日常生活中，在百姓的理解中，天被夸大了，过分倚重天意、天象等，如《三国演义》中常说“汉朝气数已尽”，强调的不是汉天子失民心，而是“气数”“天象”等天的因素；这种话语过分强调政权得之于天，而民众又不足以参与天意，使得民众的重要性没有体现出来，这也成了我们政权合法性的一大短板。

在现实政治逻辑中，惟德是辅、以德配天下往往更显苍白，牟宗三先生就曾指出，真正取得天下的必须德与力兼备者才能得天下，仅有德性没有武力不可能取得天下，“帝王之取得政权而为帝为王，其始是由德与力，其后之继续则为世袭”。[①]而且，这种武力得天下、“马上得天下”的逻辑在中国深得人心，时至今日，国人依然愿意信奉马上得天下的合法性，江山是我打下来的，就应该由我来坐天下，此时，完全不考虑“以德得天下”的道义合法性，似乎是我打下来的，就可以说明这是我的，实际上背离了儒家所宣称的“天下是天下人之天下”，完全把天下当作一家一姓一个集团之私产，这一观念对于我们确立政治的真正合法性为害尤甚，必须先从观念上予以破除。

【关键词】 惟德是辅　以德配天

47. 为政以德

【原文】

1　子曰：“为政以德，譬如北辰(1)，居其所(2)而众星共(3)之。”

出处：《论语·为政》

2　季康子问政于孔子。孔子对曰：“政者正也。子帅以正，孰敢不正？”

季康子问政于孔子曰：“如杀无道(4)，以就有道(5)，何如？”孔子对曰：“子为政，焉(6)用杀？子欲善而民善矣。君子之德风，人小之德草，草上之风(7)，必偃(8)。”

出处：《论语·颜渊》

【简注】

(1) 北辰：北极星。

(2) 所：处所，位置。

(3) 共：同“拱”，环绕。

(4) 无道：指无道的人。

---

① 牟宗三：《政道与治道》，吉林出版集团有限公司，2010年，第3页。

(5) 有道：指有道的人。

(6) 焉：反问，怎么，如何。

(7) 草上之风：指风从草上方吹过。

(8) 偃：倒下，仆倒。

【今译】

1. 孔子说："要依靠德性进行政治治理，这样，君子才能像北极星那样，自己居于固定的方位，而群星都会环绕在它的周围。"

2. 季康子问孔子如何治理国家。孔子回答说："政就是正的意思。如果您自己以身作则走正路，那么还有谁敢不走正道呢？"

季康子问孔子如何治理政事，说："如果杀掉无道的人来成就有道的人，怎么样？"孔子说："治理政事，怎么用得着杀戮的手段呢？如果您想行善，老百姓自然会跟着行善。在位者的品德好比风，老百姓的品德好比草，风在草上吹，草就必定跟着倒。"

【解读】

本篇集中讨论孔子的"为政以德"的思想，就字面意思来说，孔子主张统治者要有德，并依靠道德来实施统治。细分下来，它主要包含两层含义：一、强调执政者须有德，有德才能有其位，孔子政治思想中，对为官者要求十分严格，正人先正己。只要身居官职的人能够正己，那么手下的大臣和平民百姓，就都会归于正道。否则，虽令不从，执政者也无法胜任自己位置。二、执政者的德要发挥引领作用。君子之德风小人之德草，君子引领下，如果实行德治，平民百姓一定会跟从君子，群臣百姓就会自动围绕着官员转，都能实现德性。孔子强调政治不能没有道德，这一点对于现代社会是有借鉴的。的确，无论是政治本身，还是执政者，都肩负一定的道德职责。从政治自身的道德职责来说，政治要体现价值诉求，秉持一定的道德追求，承载人们的道德希望，自身要在某种意义上体现价值，而不仅仅是"必要的恶"。而政治的运转离不开人的作用，特别是对于执政者来说，一方面要有一定的道德修养，促进政治运转，另一方面如果执政者道德低下，往往很难推行政治主张，也很难履行公职，做好本职工作。因此，要求为政以德，政治有道德、执政者有道德，是有合理之处的。

但是，在现代社会，过分强调道德，往往会带来泛道德化的后果，也会忽视了制度的作用。儒家的为政以德，一个基本前提是把人分为君子平民，君子具有政治与道德双重意义，君子负有道德义务。现代社会发展的一个基本倾向就是平等化，人和人之间人格平等，同等享有基本的政治权利，固定的等级、阶级逐渐消亡，人与人之间的差别变小。人的自我意识得到了极大发展，从自我意识出发，经济、政治、道德等领域的平等观念取得全面支配地位，人与人在意识层面的差别日益变小，道德地位上的差距也被抹平，不再有君子和平民的自我区分与定位。

现代社会中不再具有政治、道德功能上统一的君子角色，而是由不同群体来扮演不同角色。政治意义上的君子往往由职业意义上的公职人员担任，但其职业道德不具备传统意义上君子对社会成员的道德引领作用。道德意义上的君子主要由知识分子来担任，但这种担当不够充分。因此，现代社会也已经不具备传统意义上政治与道德合二为一的君子。这一变化也带来了两方面的问题。

首先，在儒家传统中，君子身居政治与道德两重属性，儒家道德自然要对官员提出道德要求。儒家提倡“有德者有其位”，而实然的历史事实却是“王者有德”。我们赋予有位者过多的道德期待，助长了有位者在道德上的傲慢，带来的结果是有位者经常把道德纳入他的治下，政治反而失去了道德的约束。这是长期以来儒家学说发端于君子角色的一个弊端。其次，在儒家道德中，君子是平民的榜样，儒家道德的示范作用是依靠君子引领出来的。如今，君子的角色已经消亡，“皮之不存，毛将焉附”，平民的道德失去了目标参照。就此而论，君子的消亡恰恰给儒家道德带来了两方面的打击，一是主体道德难以建立，二是道德失去参照，这两方面也构成了儒家道德的时代困境。

【关键词】 为政以德　君子

48. 正　名

【原文】

子路(1)曰：“卫君待子而为政，子将奚先(2)？”子曰：“必也正名(3)乎！”子路曰：“有是哉，子之迂也，奚其正？”子曰：“野哉，由(4)也！君子于其所不知，盖阙如(5)也。名不正则言不顺，言不顺则事不成，事不成则礼乐不兴，礼乐不兴则刑罚不中，刑罚不中则民无所错(6)手足。故君子名之必可言也，言之必可行也。君子于其言，无所苟(7)而已矣。”

出处：《论语·子路》

【简注】

（1）子路：孔子弟子，名仲由，字子路，鲁国人，曾为孔子赶车，跟随孔子周游列国，是孔门七十二贤之一。仲由为人鲁莽好勇，周敬王四十年（鲁哀公十五年，前480），卫国内乱，父子争位，仲由为救孔悝，被叛臣杀死，后葬于澶渊。

（2）奚先：以什么为先。

（3）正名：正名分。

（4）由：子路名。

（5）阙如：存疑不言，空缺不书。

（6）错：同“措”。

（7）苟：马虎，随便。

【今译】

孔子的学生子路问孔子：“卫国的国君想请您从政任职，您将先开展哪方面的工作。”孔子说：“那一定是先‘正名’”。子路说：“这样啊，您真迂腐，如何正呢？”孔子说：“仲由你真粗野。君子对于他所不知道的事情，总是采取存疑的态度。名分不正，说起话来就不顺当合理，说话不顺当合理，事情就办不成。事情办不成，礼乐也就不能兴盛。礼乐不能兴盛，刑罚的执行就不会得当。刑罚不得当，百姓就不知怎么办好。所以，君子如果被赋予一定的名分，就一定能够把这种名分言说清楚，并且说出来也一定能够行得通。君子对于自己的言行，从来都不马虎对待。”

【解读】

本节主要介绍了政治的“正名”的思想，孔子认为，政治的首要工作是做到正名，“名不正则言不顺”，政治必须要做到“名正言顺”，这样才能达到目的。的确，如果政治不能有个“名正言顺”的解释，甚至显得理屈词穷，就不能让民众信服，也不会带来积极影响，从民众角度来讲，他们也需要一个“名正言顺”的解释，这样才能接受政治行为。

正名在传统政治中有积极意义，正名要求政治行为必须具有道义上的正当性，如果没有道义正当性，政治行为就丢分，轻则受到批评，重则带来革命，丢了政权。这也就产生了中国政治对道义性的追求。在中国，政治一定要追求道义上的制高点，只有占据了道义性，才能有话语权，才能发挥出影响力。历次改朝换代，无论朝廷还是造反者，都会抢占自己的道义性，表明自己是为民请命，如果丧失了道义，一定离失败不远了。在各种道义当中，“为民”一直是最大的道义根据地，服从君命还是不服从，背后的根据都在于“为民”，可以说，“为民”经常与“道义”和“正名”相联系，这也是因为中国古代政治对正名非常重视。从为政来说，正名不可缺少。

以现代政治的观点来看，政治中的正名类似于政治意识形态，就是统治者日常宣传的那一套政治规范，在通常情况下，统治者的行为需要一个政治意识形态的包装，这样可以对民众提出很多要求，既能显出政治的道义正当性和意识形态的规范性，获得更多民意支持，以此来支持自己的政治行为。同时，统治者自身也得受政治意识形态的约束，不能光喊口号，还要表现得自己也真的相信这一套理论，自己是按照自己宣传的意识形态在从政，否则，如果言行违背了意识形态规范，也会受到非议，并动摇自己的意识形态基础，危及政权。就此而论，正名对于统治者也是一把双刃剑。

名正言顺思想在中国影响深远，不但在政治领域，在日常生活方方面面都有正名的痕迹，国人无论是结婚嫁娶、聚餐吃饭，还是生意往来，几乎所有事情都要"有个说法"，要做到"说得过去"；在中国，如果"没有个说法"，就显得"说不过去"，就一定会带来孔子所说的"事不成"。可以说"名正言顺"扩展到了社会生活所有领域，"名正言顺"也决定了事情最终的成败与走向。当前，中外交往日益频繁，很多外国朋友评价中国人难打交道，其中重要原因他们常搞不清中国人的真实想法，他们认为中国人往往嘴上说的并不是心里想的，但是心里想的嘴上一定不会说出来，而是让你来"体会"，增加了沟通难度。这样事例也可算作中国人重名的一个表现。

在重"名"的文化背景下，要求事事要有个名分，有个说词。如果事情本身的确"说得过去"，做到了"有个说法"，那么这些事情也就不是问题。但是，如果一个行为本身并不光彩甚至很龌龊，那么人们也一定会为自己的行为寻找"托词"，毕竟"图穷而匕首见"的情形不符合日常规则，只能是极端情况下采取的非常手段。为龌龊之事寻找说法在日常生活中也不少见，很多见不得人的利益算计一定会寻找一个美好的托词，用托词来掩盖自己的真实目的，这也助长了虚伪，这一弊端也须引起重视。

【关键词】 正名　名正言顺　政治意识形态

49. 禅　　让

【原文】

万章(1)曰："尧以天下与(2)舜，有诸？"孟子曰："否，天子不能以天下与人。"曰："然则舜有天下也，孰与之？"曰："天与之。"曰："天与之者，谆谆然命(3)之乎？"

曰:“否,天不言,以行与事示之而已矣。”

曰:“以行与事示之者,如之何?”

曰:“天子能荐人于天,不能使天与之天下;诸侯能荐人于天子,不能使天子与之诸侯;大夫能荐人于诸侯,不能使诸侯与之大夫。昔者,尧荐舜于天,而天受之;暴[4]之于民,而民受之。故曰,天不言,以行与事示之而已矣。”

曰:“敢问荐之于天,而天受之;暴之于民,而民受之,如何?”

曰:“使之主祭,而百神享之,是天受之;使之主事,而事治,百姓安之,是民受之也。天与之,人与之,故曰,天子不能以天下与人。舜相尧[5]二十有八载,非人之所能为也,天也。尧崩,三年之丧毕,舜避尧之子于南河之南,天下诸侯朝觐者,不之[6]尧之子而之舜;讼狱[7]者,不之尧之子而之舜;讴歌者,不讴歌尧之子而讴歌舜。故曰,天也。夫然后之中国[8],践天子位焉。而居尧之宫,逼尧之子,是篡也,非天与也。《泰誓》[9]曰:‘天视自我民视,天听自我民听。’此之谓也。”

出处:《孟子·万章上》

【简注】

(1) 万章:孟子弟子。

(2) 与:给予,授予。

(3) 命:告诫,命令。

(4) 暴:公开,有今日政治“公示”之意。

(5) 相:辅佐,担任宰相。

(6) 之:动词,去,往。

(7) 讼狱:诉讼。

(8) 中国:在古文献中多指中原,此处前文说舜居南阳,然后之中国,指的是去都城(中央政府所在)。

(9) 泰誓:《尚书》的《泰誓》篇。

【今译】

万章问:“尧把天下给了舜,有这回事吗?”

孟子说:“没有,天子不能把天下给别人。”

万章问:“那么舜得到天下,是谁给他的呢?”

孟子说:“是天给他的。”

万章问:“天给他天下的时候,有没有反复叮咛告诫他?”

孟子说："没有，天不说话，天用行动和事情来表示。"

万章问："天是怎样用行动和事情来表示的呢？"

孟子说："天子能够向天推荐人，但不能要求天把天下给他推荐的人；诸侯能够向天子推荐人，但不能要求天子把诸侯之位给这人；大夫能够向诸侯推荐人，但不能要求诸侯把大夫的位置给这人。从前，尧向天推荐了舜，天接受了；又向百姓公开介绍舜，老百姓也接受了。所以说，天不说话，只是用行动和事情来表示。"

万章说："推荐给天，天接受了；向老百姓公开介绍，老百姓也接受了。这又是怎么回事呢？"

孟子说："让舜主持祭祀，所有神明都愿意来享用他的祭祀，这就是天接受他；让舜主持政事，政事治理得很好，百姓很满意，这就是老百姓接受他。天可以把天下给他，老百姓也愿意接受他，只有天子不能把天下拿给别人。舜辅佐尧治理天下二十八年，这不是个人的安排，而是天的意思。尧去世后，舜为他服丧三年，然后便避开尧的儿子，去了南河的南边，是为了要让尧的儿子继承天下。可是，天下诸侯来朝见天子，都不去尧的儿子那里，都去舜那里；百姓要断案的，都不去尧的儿子那里，都去舜那里；歌颂的人，也不歌颂尧的儿子，都歌颂舜。所以这是天意。这样，舜才回到国都，登上了天子之位。如果舜占据尧的宫室，逼迫尧的儿子让位，那是篡夺，而不是天授与他天子之位。《尚书·泰誓》说过：'上天通过老百姓来看，上天通过老百姓来听。'说的正是这个意思。"

【解读】

本节主要讨论中国古代历史上的禅让问题，禅让指君主把自己的职位让给贤能之士，让贤能之士继承自己或代替自己做君主，因为禅让不同于后来的"父子相传，兄终弟及""家天下"模式，故常被看作政治理想而受到称赞。

禅让是中国政治的理想，因为禅让使得天下成了"天下人之天下"，是"公天下"，而不是父子相传或者兄终弟及的"家天下"。而且，禅让对于儒家政治理想不可或缺，只有通过禅让，才能充分证明儒家的政治理想中的"天下为公"。在中国传统中，做出禅让行为的君主也一直受到称赞，被认为是"不恋位"，真正做到了以天下为中心，禅让者不但"高风亮节"，还常被看作儒家的圣人，比如尧舜。因此，对于儒家政治理想来说，禅让非常重要，本身便是儒家政治理想的一部分。

但是，禅让也有两个问题需要回应：

一是禅让行为的"合法性"。一般说来，禅让是某位圣贤君主把自己的职位让给另一位圣贤人士的行为，权力在出让者和受让者之间发生过渡，但儒家常号称天下是天下人的天下，君主有权把自己的职位让给另一个人么？公权可以通过私相授受来实现流转么？对于这个问题，孟子给出了明确说法。孟子在此篇章中既肯定了禅让具有重要意义，更着重指出了，天下不可“私相授受”，天下乃天下人之天下，选立天子需要征求天下人意见，不能君王之间私下商定，这一主张具有重要意义。因为根据孟子的观点，天下是天下人之天下，君主并无权私下让与，尧并不能仅凭个人喜好而把天下让给舜。在禅让过程中，尧的作用是向上天推荐舜，同时把舜放到重要岗位上，让百姓来检验舜；只有上天和百姓都接受了舜，舜才能登基成为天子。这才符合儒家对于政权合法性的认识，即真正的合法性必须来自于民众的授权，天下是天下人的天下，君王之间不能私相授受。但是，这一认识往往在社会现实中并未得到贯彻，少有人按照“天下人之天下”的逻辑来完成禅让行为，公权依然在私下流转，这不能不说是禅让理论的一大缺憾。

二是禅让的真实性。在历史上经常有人对它产生怀疑，比如《三国志》记载，汉献帝让位于曹丕，实际上是被胁迫的，所谓禅让只是走形式，在禅让之前曹丕不但掌握了全部朝政，还可掌握汉献帝的生死，因此曹丕认为禅让就是走过场，汉献帝刚说要禅让，曹丕就接受了。还好有人提醒曹丕，禅让要三让三辞，才符合礼仪，之后他才做了一番辞让的表演。经过这件事以后，曹丕断言历史上关于禅让的故事都是编出来的，没人会自愿让位，禅让都是一场逼迫与表演。因此，有理由认为，历史上很多禅让很可能是臣下胁迫君主之后，君主迫不得已让位，之后通过胁迫上位的新君对自己行为进行美化，称之为“禅让”。

就上述两个问题而论，在今天，禅让的内涵需要一定的转化，禅让本意是“天下为公，选贤与能”，墨家还一直主张“民众得选立天子”，也就是说，只要不是“家天下”，而是充分发挥了民众在选立天子过程中的作用，选出为民服务的君王，便可以看作是真正的“禅让”。在此意义上，以人民代表大会制度为内容之一的选举制，倒是可以实现真正的“禅让”精神，通过选举，禅让既不是“私相授受”，也不是对“逼宫”行为的美化，真正体现了“天下人之天下”的内涵。

【关键词】　禅让　公天下

50. 革　命

【原文】

1　天地革而四时成，汤武革命(1)，顺乎天而应乎人(2)。革之事大矣哉。

出处:《周易·革卦·彖传》

2 齐宣王问曰:“汤放桀,武王伐纣,有诸[3]?”孟子对曰:“于传[4]有之。”曰:“臣弑[5]其君,可乎?”曰:“贼[6]仁者谓之贼,贼义者谓之残,残贼之人谓之一夫[7]。闻诛一夫纣矣,未闻弑君也。”

出处:《孟子·梁惠王下》

【简注】

(1) 汤武:分别指商汤王和周武王。汤武革命是指商汤与周武王以武力推翻前朝的革命。夏朝末年,夏桀无道,商汤王起兵,最终打败夏桀王于鸣条之野,灭夏立商。商纣王时,武王伐纣,经过牧野之战,最终成功。由于商汤与周武王都以武力实现了改朝换代,后人把夏商周之间的两场革命称为汤武革命。

(2) 顺:顺从。应:呼应,响应,顺应。

(3) 诸:兼有“之”和“乎”的意思。有诸:有这样的事么?

(4) 传:传是对经的解释与补充。于传有之:书的记载上有这件事。

(5) 弑:下杀上,卑杀尊,臣杀君叫弑。

(6) 贼:残害,败坏。

(7) 一夫:独夫民贼。

【今译】

1. 天命变革,时机成熟,汤武革命,既顺乎天命,也合乎人愿。变革是一件大事。

2. 齐宣王问(孟子):“商汤放逐夏桀,周武王讨伐纣王,有这些事吗?”

孟子回答说:“在传记中有这些事。”

齐宣王说:“臣子杀害他的国君,可以吗?”

孟子说:“残害仁的叫贼,败坏义的叫残。残害仁和义的人叫做独夫。我只认为这是周武王诛灭了独夫纣(商汤诛灭了独夫桀),不认为他们是以臣杀君、犯上作乱。”

【解读】

中国古代把改朝换代说成是天命的变革,称为“革命”。汤武革命是中国历史上最早的武力改朝换代,商汤和周武王分别是夏、商下属的属邦,他们都是以诸侯的身份推翻了天子,并取而代之,带有一定的“造反”“叛乱”意味,因此,他们也迫切需要对自己的“革命”做出说法，既要论证自己“革命”的合法性，也要防止自己的下属邦国效仿自己，有朝一日也来“革命”，取代自己。对此，他们提出的观点便是天命变革，前朝暴君已不再受到天意的垂青，相反，天意发生转移，新的天子由此产生，由他来践位便是顺乎天应乎人之事，所谓顺乎天应乎人，便是既顺应了天意，又得到了民众的支持。这一种“革命”话语，对王朝更替的合法性进行了充分论证，对后世产生过深远的影响。总的说来，它有两层含义：

一、天命发生了转移。“革命者，变更其所受于天之命也。”①如果天命转移，要有新的圣人来做君主，便可发生改朝换代。民间还把天命与天象、气数联系在一起，比如，《封神演义》第一回讲道，商纣得罪了女娲娘娘，女娲欲行报复，推翻昏君。“正行礼间，顶上两道红光冲天。娘娘正行时，被此气挡住云路；因望下一看，知纣王尚有二十八年气运，不可造次，暂回行宫，心中不悦。”这里面说得便是天意和气数问题。

二、旧王朝失德，搞得民不聊生，政权失去了百姓的拥护。《尚书·汤誓》在记载商汤革命时，有这么一段话，叫“时日曷丧，予及汝皆亡!”说的是夏桀自称为太阳，妄想太阳永不落，还想着可以照耀大地温暖百姓，但是百姓最终说出，这个太阳什么时候灭亡，我情愿和他一起灭亡。百姓不惜与他同归于尽，孔子说百姓皆“欲杀身以丧桀”，可见百姓对他的恨。

通常说来，是因为君主失德，使得天怒人怨，失去了上天的垂青，天意和民心是一致的，但是在中国政治话语中，二者并非始终一致。比如在《三国演义》中对汉献帝的描写，汉献帝还算是尽心尽责的天子，想奋发有为，怎奈汉家气数已尽，无力回天。天的作用被夸大，人的作用会显得单薄。就像前篇讲的“得之于天”与“得之于民”存在张力一样。但在孟子的论述中，人是第一位的，他并未有提及“天”，只是说，桀纣残害仁义，使自己成为了独夫民贼，独夫民贼人人得而诛之，汤武是顺应民心、代表百姓去诛杀独夫民贼，是值得肯定的。孟子并不是从天意转移来论述的，这种论述把民心向背作为王朝更迭的主要甚至是唯一因素，《孟子·万章上》中转述《尚书·泰誓》的“天视自我民视，天听自我民听”，以此强调民意的重要性，是值得充分肯定的，毕竟仅从天命变革角度，很多时候不能直接表述民意。

政权变革也是现代政治必须要回应的问题，英国哲学家洛克在《政府论》中提出，人们通过订立社会契约授权产生政府，政府行使权力必须符合人们授权的目的和初衷——保护个人财产与自由，如果违背了这一目的，人们可以另授他人，法国思想家卢梭的《社会契约论》也提出类似主张，并指出，如果政府违背了人们订立契

① 牟宗三：《政道与治道》，吉林出版集团有限公司，2010年，第5页。

约的初衷，人们便可以推翻政府。这种契约论模式的“重新授权”可以看作是现代政治中政权变革的经典解释，并且这一套解释在西方政府轮替中也得到了较好的说明。这种解释话语和我们传统政治中“天命变革”的民心向背在精神内涵上是相通的。在现代政治中，对于政权变革，最应该强调的便是“民心”，而不应去强调“天意”。

【关键词】 顺乎天而应乎人　独夫民贼　天命变革

51. 天下与社稷

【原文】

1 民为贵，社稷[(1)]次之，君为轻。

出处：《孟子·尽心下》

2 有亡国，有亡天下。亡国与亡天下奚辨[(2)]？曰：易姓改号，谓之亡国。仁义充塞[(3)]，而至于率兽食人[(4)]，人将相食，谓之亡天下。……是故知保天下然后知保国。保国者，其君其臣，肉食者[(5)]谋之；保天下，匹夫[(6)]之贱与有责焉耳矣。

出处：《日知录·正始》[(7)]

【简注】

(1) 社稷：指政权。

(2) 奚：什么；辨：区别。奚辨：有何区别。

(3) 仁义充塞：仁义道德被阻塞遮蔽。

(4) 率兽食人：放纵野兽吃人。

(5) 肉食者：指当官的人。

(6) 匹夫：平民百姓。

(7)《日知录》作者顾炎武（1613—1682），明末清初著名思想家，与黄宗羲、王夫之并称为明末清初三大儒。昆山人，青年时发愤为经世致用之学，并参加昆山抗清义军，抗清失败后四处游历，晚岁卒于曲沃。

【今译】

1. 民众最为重要，社稷政权次于民众，与此相比，谁来做君主并不重要。

2. 某些情况可以看作是亡国，某些情况可以看作是亡天下，亡国与亡天下并不一样,如何辨别亡国和亡天下呢?回答是:改姓易号叫作亡国;仁义的道路被遮蔽阻塞,以至于到了放纵禽兽来吃人的地步,人与人之间也要互相吃人,这叫作亡天下。……知道保天下然后才知道保国家。保国家的事,是国君和他的大臣们应该考虑的;对于保天下,每一位普通百姓都有责任。

【解读】

本篇着重讨论君主和天下苍生孰轻孰重的问题。在儒家政治传统中,毫无疑问,天下苍生是第一位的。对于这个问题,我们可以从儒家理论和现实两个层面来辨析。

在理论层面,《吕氏春秋·贵公》言“天下非一人之天下也,乃天下人之天下也”,便是强调天下的重要性,君主必须维护好天下苍生的利益,不能把天下视为一家财物,天下不是私物,如果做不到这一点,就得让位。儒家经典中很多故事也说明了这一点,比如李渊父子从起兵到称帝,号称都是为了天下苍生,而不是为了个人地位,是时事所迫,临危受命。也就是说,在儒家政治话语中,天下苍生必须是第一位的,为了天下苍生,需要你做国君,你就要受命而为,如果不能维护天下苍生的利益,就要让位。比起天下苍生,由谁来做君主并不重要,所以顾炎武才说,江山社稷是“肉食者谋之”,君主人选可以在王室内部自行选立,只要不影响百姓日常生活,选君立君并不重要,而天下百姓才是最重要的。

在现实层面,君主的重要性常常超过天下百姓的重要性,“家天下”经常压倒“天下人之天下”。因为君主掌握政权,便于谋私利,而且他们还打着天下生灵的旗号来谋求私欲。他们把天下变成自己私产,掠夺天下财富,搜刮民脂民膏,只为满足自己的私利,在中国历史上这样的暴君不少,纵情声色犬马之欲,使得天下百姓苦不堪言,根本没有做到“民贵君轻”。这个时候谁要是提出“民贵君轻”,在君王面前一定显得不合时宜,其中最出名的故事当属明太祖朱元璋,朱元璋看到孟子的“民贵君轻”“闻诛一夫纣矣,未闻弑君也”,勃然大怒,最终上演删节《孟子》甚至要把孟子逐出孔庙的闹剧。

在中国历史上很多叛乱、内乱都是统治者为了争权夺利,双方各自驱动百万之众为他们卖命,使得生灵涂炭,让百姓当炮灰,因此才有元朝词人张养浩“兴,百姓苦;亡,百姓苦”的叹息,百姓的地位不但没有得到尊重与保护,还成了权贵阶层争权夺利的棋子与炮灰。黄宗羲在《明夷待访录》中说:“为天下之大害者,君而已矣!”这说的便是君主经常为了一己之私利,涂炭天下之生灵的事。

如何化解中国传统政治中“民贵君轻”问题上理论与现实的悖论,是我们需要思考的问题。用现代政治的话来说,我们需要让民贵君轻真正落实下来,而不是有很多阻碍,停留在口头上。限制特权,真正做到民众当家作主,当是正途。

【关键词】 民贵君轻 天下兴亡 匹夫有责

52. 原 君

【原文】

有生之初,人各自私也,人各自利也;天下有公利而莫或兴之,有公害而莫或除之。有人者出,不以一己之利为利,而使天下受其利;不以一己之害为害,而使天下释其害;此其人之勤劳必千万于天下之人。夫以千万倍之勤劳,而己又不享其利,必非天下之人情所欲居也。故古之人君,量而不欲入者(1),许由、务光(2)是也;入而又去之者,尧、舜是也;初不欲入而不得去者,禹是也。岂古之人有所异哉?好逸恶劳,亦犹夫人之情也。

后之为人君者不然。以为天下利害之权皆出于我,我以天下之利尽归于己,以天下之害尽归于人,亦无不可;使天下之人,不敢自私,不敢自利,以我之大私为天下之大公。始而惭焉,久而安焉。视天下为莫大之产业,传之子孙,受享无穷;汉高帝所谓"某业所就,孰与仲多"(3)者,其逐利之情,不觉溢之于辞矣。此无他,古者以天下为主,君为客,凡君之所毕世而经营者,为天下也。今也以君为主,天下为客,凡天下之无地而得安宁者,为君也。是以其未得之也,屠毒(4)天下之肝脑,离散天下之子女,以博我一人之产业,曾不惨然。曰:"我固为子孙创业也。"其既得之也,敲剥天下之骨髓,离散天下之子女,以奉我一人之淫乐,视为当然。曰:"此我产业之花息也。"然则,为天下之大害者,君而已矣。向使无君,人各得自私也,人各得自利也。呜呼!岂设君之道固如是乎?

古者天下之人爱戴其君,比之如父,拟之如天,诚不为过也。今也天下之人怨恶其君,视之如寇仇,名之为独夫,固其所也。而小儒规规焉(5)以君臣之义无所逃于天地之间,至桀、纣之暴,犹谓汤、武不当诛之，而妄传伯夷、叔齐无稽之事(6)，乃兆人万姓崩溃之血肉，曾不异夫腐鼠。岂天地之大，于兆人万姓之中，独私其一人一姓乎！是故武王圣人也，孟子之言，圣人之言也；后世之君，欲以如父如天之空名，禁人之窥伺者，皆不便于其言，至废孟子而不立(7)，非导源于小儒乎！

……

是故明乎为君之职分，则唐、虞(8)之世，人人能让，许由、务光非绝尘也；不明乎为君之职分，则市井之间，人人可欲，许由、务光所以旷后世而不闻也。然君之职分难明，以俄顷淫乐不易无穷之悲，虽愚者亦明之矣。

出处：《明夷待访录·原君》(9)

【简注】

(1) 量：考虑，考量。入：指登君位。

(2) 许由、务光：传说中的贤者。唐尧让天下于许由，许由认为是对自己的侮辱，就隐居箕山中。商汤让天下于务光，务光负石投水而死。

(3) 汉高祖刘邦年轻时整日游手好闲，混吃混喝，刘邦有一个兄弟刘仲，踏踏实实做生意，生意做得很成功。刘邦父亲很赞赏做生意的儿子，而对游手好闲的刘邦不满意。刘邦登帝位后，曾对其父说："始大人常以臣无赖，不能治产业，不如仲力，今某之业所就，孰与仲多？"(《史记·高祖本纪》)

(4) 屠毒：毒害，残害。成语肝脑涂地说的是肝血脑浆涂抹满地。屠毒肝脑，指残害民众。

(5) 规规：浅陋拘泥原貌。

(6) 伯夷、叔齐：《史记·伯夷列传》载伯夷、叔齐兄弟俩反对武王伐纣，武王成为天子后，他们又耻食周粟，饿死于首阳山。本文鄙视迂儒固守君臣之道称赞伯夷叔齐。

(7) 因《孟子·尽心下》说"民为贵，社稷次之，君为轻"的话，明太祖朱元璋怒而下诏废除祭祀孟子。

(8) 唐、虞：唐尧与虞舜的并称。唐、虞之世指尧与舜的时代，是古人认为的太平盛世。

(9)《原君》是《明夷待访录》的首篇。《明夷待访录》，作者黄宗羲(1610—1695)，明末清初著名的学者和思想家，字太冲，号梨洲，浙江余姚人。清兵南下，他曾在浙东一带组织义兵抗清，失败后，隐居著书讲学。他的主要著作有《宋元学案》《明儒学案》《明夷待访录》等。《明夷待访录》成书于康熙二年(1663)。

【今译】

人类社会刚开始的时候，人们都很是自私自利。社会上对公众有利的事却无人去兴办，对公众有害的事也无人去除掉。有这样一个人出来，他不是仅仅考虑自己一人的利益，而是让天下人得到他的利益；不以自己一人的祸患作为祸患，而是让天下人免受他的祸患。他付出的勤苦辛劳是天下人的千万倍。拿出千万倍的勤苦辛劳，而自己却又不享受利益，因此天下常人都不愿意成为君主。所以古时的君位，有人考虑后而不愿就位，比如许由、务光；有人就位而又离位，比如尧、舜；有人开始不愿就位而最终却未能离位的，这就是禹。古代人难道和我们有什么不同吗？他们也喜好安逸，厌恶劳动，和我们常人一样啊。

后代做人君的不是这样了。他们认为天下的利害都出于自己，我将天下的利益都归于自己，将天下的灾祸都归于别人，认为即使这样也没有什么不可以的。让天下的人不敢自私自利，让他们把君主的私利当作天下的公利。最初还觉得惭愧，时间久了也就心安理得了，将天下看作是广大的产业，把它传给子孙，享受无穷。正如汉高祖所说的“我的产业所达到的成就，与二哥相比，究竟谁多呢？”他的追逐利益的心情，不知不觉已流露于言辞了。这没有其他原因，古时将天下看成是主，将君主看作是客，君主们毕生操劳的，都是为了天下人。现在将君主看作主，将天下看作是客，搞得天下没有一处能够得到安宁，原因正在于君主。因而当他未得到天下时，他让天下的人肝脑涂地，使天下的子女离散，以增多自己一个人的产业，对此他并不感到悲惨，还说：“我本来就是为子孙创业呀。”当他已得到天下后，就敲诈剥夺天下人的骨髓，离散天下人的子女，以供自己一人的荒淫享乐，把这视作理所当然，说：“这些都是我的产业的利息呀。”既然这样，天下最大的祸害就是君主！当初假使没有君主，人们都能得到自己的东西，人们都能得到自己的利益。唉！难道设立君主的道理本来就是这样的吗？

古时候天下人都爱戴他们的君主，把他们比作父亲，比作天，这实在不算过分。如今天下的人都怨恨他们的君主，将他看成仇敌一样，称他为“独夫”，这是他们应得的结果。但迂腐的儒生固守所谓君臣之义，认为君臣之义遍布天地之间，不可逃避，即使遇到夏桀、殷纣那样残暴的君主，商汤、周武王也不应杀他们；他们枉自散布伯夷、叔齐等无从查考之事，把千千万万老百姓的血肉涂炭，看成与一只老鼠的死没有区别。难道天地在千千万万的百姓之中，只偏爱君主的一人一姓吗？所以说周武王是圣人啊，孟子的话，是圣人的言论啊。后代的君主，要求民众像对待父亲、对待天一样来对待他，禁止别人窥视君位，觉得孟子的话对自己不利，最终废除孟子配祀孔子的地位，这难道不是来源于小儒吗？

……

因为明白了君主的职责，所以唐尧、虞舜的时代，人人都能推让君位，许由、务光也并非超尘绝俗的人；因为不明白君主的职责，所以就连市井之间，人人都想得到君位，因而许由、务光的事迹后世就听不到了。然而如果君主的职分尚未明确，就不值得用无尽的悲哀来换取片刻的荒淫享乐，即使是愚蠢的人也应该明白这一道理。

【解读】

本篇既是讨论君主的起源，更是论述君主的职分，而对君主的职分的讨论重点则在于批判今世之君主。

在君主起源问题上，黄宗羲认为，君主起源于公共事务的需要，因为最初每个人都自私自利，只考虑自己的个人利益，而对于公共事务却无人关心，“天下有公利而莫或兴之，有公害而莫或除之”。所以，人们需要一位君主来为大家谋利。君主不能过多谋取自己的利益，更多时候是个吃苦的差使，所以上古时期很多人不愿意做君主。接着，黄宗羲转过话锋，认为当今君主不是这样，大家都挤破头想做君主，因为君主可以有超出想象的好处，它可以任意据天下之利为一人所有，在这其中，最为过分的是把做皇帝看作一种投资的生意，如刘邦对他父亲讲的“某业所就，孰与仲多”。由此带来的恶果便是，很多人为了做皇帝而“屠毒天下之肝脑，离散天下之子女”。最终天下人不但没有享受到君主带来的益处，反而深受君主之害。

应该说，黄宗羲对君主的这段讨论非常形象也非常深刻，特别指出了君主们以天下为一人之产业，不惜驱使、牺牲天下之人。随后黄宗羲讨论了君臣之义问题，认为君主既然为非作歹，民众就不应恪守迂儒提出的“君臣之义”，反之，人人都应效仿周武王。在黄宗羲看来，所谓的君臣之义既是迂儒们以讹传讹的结果，更是君主们别有用心的编撰，他们把一己之私说成是天下之公利，让天下人都像对待父亲、对待天那样对待他。如果我们把君主们编撰的这一套学说当真，那便是黄宗羲说的“小儒”了。最后，黄宗羲讨论了君主的“职分”，在黄宗羲看来，上古时代的职分才是理想的职分，那就是为天下人之利，而不辞辛劳，个人所得名利与他人相比不过于明显，略多于其他人。

今天看来，黄宗羲能够在明清之际提出这样的思想，确实了不起，他能够看到所谓君臣之义背后君主的用心，还把君主直呼为天下之大害，很让人耳目一新。笔者之所以选择《原君》这一篇，还在于黄宗羲直接讨论君主的起源，须知，在传统文化中，讨论君主起源与君主职责的篇章并不多。先秦墨子曾讨论过君主起源问题，在《墨子》的《尚同》篇中，墨子提出“一人一义，十人十义”，大家价值标准不一，然后选立贤者为君，这便是君权的起源，但是一来墨子对君权的传继有所忽视，忽视了后世君主的实际状况，二来墨家不是中国古代思想主流，影响不如儒家深远，所以我们选择了黄宗羲的论述来讨论君权的起源与限度。应该说，黄宗羲的思想虽然表现比较尖锐，但并未违背儒家基本教条，总体上他还是站在儒家立场上的，主张天下是天下人之天下，君主应谋天下之公利，而不是一己之私利，更不能为一己之私利而为害天下，这些思想是值得肯定的。

对于君权的起源，黄宗羲的讨论既简单也明确，那就是为了天下之公利。在黄宗羲看来，天下之公利需要有人去负责，但这又是一件吃苦的差事，正好有圣人自告奋勇，把这件事应了下来，所以便有了君主，但这是比较吃苦，所以没人愿意一直干下去，便有了禅让制。但是，这样的立论其实是比较薄弱的。第一，他把起源限定在自告奋勇上，这样的人物是个圣人，他具有很高的道德觉悟，愿意为天下人而牺牲，在这里，黄宗羲依然对君主充满道德期待。第二，君主的合理待遇与权利限度并没有说明确。君主应该有什么样的待遇，他的权力有多大，这些问题黄宗羲都没有说明。其实这些问题某种意义上更为重要，它可以明确君主的权利义务，权利义务明确了，哪怕下一任君主不是圣人，他也不能为所欲为、为害天下。以法律形式来明确双方的权利义务，这是国人经常忽视的地方，国人经常期待圣人，而忘记了哪怕君王是个圣人，其权利也应受到限制，防止圣人一朝变坏人。相比而言，西方近代契约理论在讨论君主、政府权力起源时，都不忘对君权给予限定，这一点确实约束了君权、政府不去为害民众。相比而言，我们过去几乎所有的讨论在这两方面都有所忽视，这值得我们深思。

【关键词】 君权　产业　权利义务关系

53. 天人感应

【原文】

1　国家将兴，必有祯祥(1)；国家将亡，必有妖孽(2)。见乎蓍龟(3)，动乎四体(4)。祸福将至，善必先知之；不善，必先知之。故至诚如神。

出处：《中庸》

2　春秋至意有二端，不本二端之所从起，亦未可与论灾异也，小大微着(5)之分也。夫览求微细于无端之处，诚知小之将为大也，微之将为着也，……吾所以贵微重始是也，因恶夫推灾异之象于前，然后图安危祸乱于后者，非春秋之所甚贵也，然而春秋举之以为一端者，亦欲其省天谴，而畏天威，内动于心志，外见于事情，修身审己，明善心以反道者也，岂非贵微重始、慎终推效(6)者哉！

出处：《春秋繁露・二端第十五》

3　臣谨案《春秋》之中，视前世已行之事，以观天人相与之际，甚可畏也。国家将有失道之败，而天乃先出灾害以谴告之，不知自省，又出怪异以警惧之，尚不知变，而伤败乃至。以此见天心之仁爱人君而欲止其乱也。自非大亡道之世者，天尽欲扶持而全安之，事在强勉而已矣。强勉学习，则闻见博而知益明；强勉行道，则德日起而大有功：此皆可使还至而有效者也。《诗》曰"夙夜匪解"(7)，《书》云"茂哉茂哉！"(8)皆强勉之谓也。

出处：《汉书・董仲舒传》

【简注】

(1) 祯祥：吉祥的预兆。

(2) 妖孽：物类反常的现象。草木之类称妖，虫豸之类称孽。

(3) 见(xiàn)：呈现。蓍(shī)龟：蓍草和龟甲，古人用它们来占卜。

(4) 四体：四肢，指动作仪态。

(5) 微：细微。着：显著。

(6) 效：征验，证明。

(7) 夙夜匪解：出自《诗经・大雅・烝民》："既明且哲，以保其身，夙夜匪解，以事一人。"形容日夜谨慎工作，勤奋不懈。

(8) 茂：强大的意思。语出《尚书・大禹谟》。

【今译】

1. 国家将要兴旺，必然有祥瑞的征兆；国家将要衰亡，必然有不祥的反常现象。这些现象将会呈现在蓍草龟甲上，表现在四肢运动中。祸福将要降临，是福可以预先知道，是祸也可以预先知道。所以如果做到诚，凡事都将可以体悟。

2. 春秋的征兆有吉凶两种，如果不从两个端点说起，就不能来讨论灾异，这是大与小、细微与显著的区分。如果从细微处观察，一定会知道小会发展为大，细微会发展为显著，……我之所以看重细微和开端，也是因为，往往是先有自然灾难，然后便有了世间祸乱，这是春秋所看重的。然而春秋把这些端倪看作凶吉征兆，也是希望统治者省察天谴，敬畏天威。内心省察，外化于行，修身反省，明晰自己的善心并返于本道，这便是慎始善终的原因。

3. 为臣我谨慎根据《春秋》的记载，考察前代的事情，来研究天和人相互作用，情况真的很可怕。国家如果发生失德的事，那么天就降下灾害来谴责和告诫它；如果不知反省，天又降下一些怪异的事来警告和恐吓它；如果还不知道悔改，那么衰败就会随即而至。由此可以看出，天对君主是仁爱的，希望帮助君主消除祸乱。如果不是特别无道的世代，天总是都想扶持和保全，在于君主的发奋努力了。能够发奋努力钻研学问，就会见闻广博更加聪明；奋发努力推行人道，德行就会日见崇高，而且越发成功，这些都是可以很快得到，并且是可以很快就有成效的。《诗经》上说："从早到晚，不敢懈怠。"《尚书》中说："努力呀！努力呀！"都是奋勉努力的意思。

【解读】

本篇介绍了中国传统中的"天人感应"思想，天人感应思想在中国历史上影响很大，古人常把政治得失与自然现象联系在一起，认为如果政治昌明，那么一定会有祥瑞之兆，如果出现祥瑞之兆，一定会有圣人出。反之，如果政治昏暗，一定会出现灾异气象，如果出现灾异妖孽，则是上天对政治的警告，是为"天谴"。史书记载的祥瑞之兆常有龙凤呈祥，圣人降生天生异香等；史书记载的灾异主要是地震、洪水、旱灾、蝗灾等；妖孽现象则多种多样，有多年怀胎生出怪物，如褒姒，有出现奇怪生物，等等。

如果出现这些灾异妖孽，当政者一方面要自我反思，痛改前非和积弊，施行善政，祈求上天能够谅解，如果还是一意孤行，必将遭到天的更大惩罚。比如汉武帝多年征战，使得民生疲敝，民不聊生，出现了种种灾异，于是他接受天的警告，发布《轮台诏》，把自己的错误告之于天，希望上天能够原谅。当政者另一方面还要采取切实措施来减轻自己罪行，这其中使用得最多的措施有：减免民众赋税、带头过勤俭生活、天下大赦、释放一部分囚犯。相对来说，如果统治者能够在灾异妖孽中认识到自己的错误，采取宽民政策，对于社会来说，天谴理论还是有进步意义的。

如果从政治权力的制约与平衡来讲，古代中国长期是集权统治，当政者受到的约束并不多，很少直接受到民众对其政治胡作非为的制约，在这种情形下，天谴理论是当政者所受到的为数不多的制约之一。对于天象，很少能够被隐瞒，统治者通常都是有所畏惧的，即使他们心里未必愿意把自然灾害和政治得失联系在一起，但是天谴理论深入民心，他们也很少敢公然反驳，如果出现灾异天象，也一定会进行一些自我反省，推动政治改良。因此，天谴理论对于权力的制约与平衡也是有积极意义的。

正因为天谴理论深入人心，影响太大，在中国历史上，每当发生灾异时，都会或多或少引起政局的动荡甚至社会动荡。这种影响小则体现在皇室朝廷内部的一些宫廷流血政变，如唐朝时期韦后专政和太平公主干政，后来延和元年(712)，适逢天空出现彗星，太平公主指使亲信向睿宗李旦说："从天象的变化看，皇太子要当天子了。"这本来是挑拨睿宗与太子的关系，可事与愿违，弄假成真。睿宗立即决定让位传德，把皇位传给了李隆基，使得李隆基很快即位，逼杀太平公主，启用姚崇、宋璟，带来了开元盛世。灾异的影响严重时，会带来社会分裂与战乱，我国古代很多农民战争与农民起义都与灾异有关联，如《史记·秦始皇本纪》载："三十六年，荧惑守心。有坠星下东郡，至地为石，黔首或刻其石曰'始皇帝死而地分'。""秋，使者从关东夜过华阴平舒道，有人持璧遮使者曰：'为吾遗滈池君。'因言曰：'今年祖龙死。'使者问其故，因忽不见，置其璧去。"秦始皇接连遇上陨石、"祖龙死"的预言，都可谓是秦亡的灾异征兆。而且，很多人还会故意制造出一些灾异妖孽现象，以此鼓动民众反对现行政治，制造社会动乱。这也是天谴理论带来的社会混乱。

天谴理论对国人影响至深，直到现今，一旦出现一些灾异，就会有人重提"天谴"。其实，天谴作为中国传统政治中的独有形式，在历史上既有积极方面，也有消极方面。其积极方面是对皇权的制约与推动政治改良，消极方面在于它引起的动乱。但是无论是它的积极方面还是消极方面，都是现代政治不能接受的。现代政治所提倡的权力制约与平衡，不需要借助于灾异天象，而是应该通过制度设计来实现；更何况，天谴一说还常带来各种动乱。

【关键词】 **天人感应　灾异　天谴**

54. 政统与道统

【原文】

1　斯吾所谓道也，非向所谓老与佛之道也。尧以是传之舜，舜以是传之禹，禹以是传之汤，汤以是传之文、武，周公，文、武、周公传之孔子，孔子传之孟轲[(1)]，轲之死，不得其传焉。荀与扬也[(2)]，择焉而不精，语焉而不详。由周公而上，上而为君，故其事行。由周公而下，下而为臣，故其说长。

出处：《原道》[3]

2 “道学”之名，古无是也。三代[4]盛时，天子以是道为政教，大臣百官有司[5]以是道为职业，党庠、术序[6]师弟子以是道为讲习，四方百姓日用是道而不知。是故盈覆载[7]之间，无一民一物不被是道之泽，以遂[8]其性。于斯时也，道学之名，何自而立哉。

文王、周公既没，孔子有德无位，既不能使是道之用渐被斯世，退而与其徒定礼乐，明先章，删《诗》，修《春秋》，赞《易象》，讨论《坟》、《典》[9]，期使五三圣人之道昭明于无穷。故曰：“夫子贤于尧、舜远矣。”孔子没，曾子独得其传，传之子思[10]，以及孟子，孟子没而无传。两汉而下，儒者之论大道，察焉而弗精，语焉而弗详，异端邪说起而乘之，几至大坏。

出处：《宋史·道学传》

【简注】

(1) 文：周文王姬昌。武：周武王姬发。周公：姬旦，文王子，武王弟。孟轲：孟子。

(2) 荀：荀子，名况。扬：扬雄（约前53—18），字子云，西汉末年文学家、思想家。

(3)《原道》：篇名。作者韩愈，唐中期思想家，在《原道》中最早提出儒家道统谱系。

(4) 三代：指夏商周三代。

(5) 有司：古代官职各有所司，故称有司。

(6) 党庠、术序：《礼记·学记》中称“古之教者，家有塾，党有庠，术有序，国有学。”

(7) 覆载：覆盖与承载。谓覆育包容。《中庸》说“天之所覆，地之所载。”泛指天地之间。

(8) 遂：顺应，满足。

(9) 坟典：三坟、五典的并称，后转为古代典籍的通称。《三坟》指伏羲、神农、黄帝之书；《五典》指即少昊、颛顼、高辛、尧、舜之书。

(10) 子思：孔伋，字子思，孔子的嫡孙、孔鲤的儿子，孟子受教于子思门人。

【今译】

1. 这是我所说的道，不是刚才所说的道家和佛家的道。我说的道是从尧传给舜，舜传给禹，禹传给汤，汤传给文王、武王、周公，文王、武王、周公传给孔子，孔子传给孟轲，孟轲死后，没有继承的人。只有荀卿和扬雄，从中摘取过一些但选得不精，论述过一些但并不全面。在周公之前，继承道统的都是君王，所以儒道能够实行；在周公之后，继承道统的都是做臣子的，所以他们的学说能够流传。

2. 古代并没有"道学"这个名称。因为在夏商周三代鼎盛时期，天子以道进行政治教化，大臣百官也都以道为业大力推行，乡党、术里学校的老师弟子都讲习道，普通百姓对道日用不知。因此道充斥于天地之间，民众万物都受到道的泽被，以满足天生之性。从那时起，道学之名，正式确立起来了。

文王、周公去世后，孔子有德性却没有君王之位，不能依靠君王之位让道泽被他的时代，所以他退隐下来修定礼乐，阐明大的典章，删节《诗经》，编修《春秋》，研究《周易》，研读三坟五典等古代典籍，希望通过这种方式把先王之道世代相传下去。因此可以说："孔子在这方面要远远贤于尧舜。"孔子去世后，只有曾子得其真传，并把思想传给子思，子思之后又传给孟子，孟子之后尚无合适传人。两汉以后，儒者再来讨论道，虽能触及但不深入，虽然涉及但不详细，异端邪说趁机兴起，以至于礼崩乐坏。

【解读】

儒家政治一直有政统和道统之分，政统指政权合法性，道统指价值道义合法性，二者关系紧密，但并不重合，政统和道统往往分由君主和士大夫所代表。

政统是政权的合法性，它既可以通过王朝更替即"革命"来维系，也可以通过王朝内部的世袭轮替来实现，其基本要求是政权稳定，但对于君王的轮替方式，它有一定的规则要求。

道统作为道义与价值的体现，在传统政治中它是连贯的，没有中断，在很多情况下，它的生命力要强于政统。道统不会因政权更迭而中断，因为按照汉朝大儒董仲舒的说法，"道之大原出于天，天不变，道亦不变"(《汉书·董仲舒传》)，道统一直延续。韩愈则明确提出儒家有一个始终一贯的"道"，道的内容是"博爱之谓仁，行而宜之之谓义，由是而之焉之谓道，足乎己无待于外之谓德。仁与义为定名，道与德为虚位"。简言之，这个道就是儒家"仁义"。千百年来，传承儒家此道者有一个历史的发展过程。这个过程就是"尧以是传之舜，舜以是传之禹，禹以是传之汤，汤以是传之文武周公，文武周公传之孔子，孔子传之孟轲。轲之死，不得其传焉。"因为这个传承系列类似于佛教所说的"法统"，故称之为"道统"。

在传统政治中，一方面，道统制约并规范政统。士大夫常常依仗自己代表了

“道”，对皇权政治提出各种批评和限定。孔子说“天下有道，则庶人不议”(《论语·季氏》)，明代理学家吕坤有言，“庙堂之上言理，则天子不得以势相夺。”指的都是道统不在朝堂，道统可以评判政统。因此，政统和道统二者的张力尤其是道统对政统的批评，一直是保持中国古代政治平稳的一个重要原因，有了道统的制约，才不至于出现一支独大、不受制约的行政权力。当然，道统也可以强化政统，很多新政权建政以后，必然要强调自己新“政统”是“顺天应人”的，它符合道统的要求，以此强化自己政权合法性，如果一个政权被认为光有政统而无道统，这个政权也必定难以持久。

另一方面，政统还须尊崇道统。我们知道“孔子有德无位”，从政治地位来讲，他是臣子，但是“夫子贤于尧、舜远矣”。所以，很多帝王只能自称是孔子的学生，执师礼奉孔子。其中，政统对道统的尊崇集中体现在对孔子的封号上，孔子去世后，历代帝王为彰显对孔子的尊崇，不断追封追谥。史载，孔子殁，鲁哀公亲诔孔子。诔文说：“旻天不吊，不慭遗一老，俾屏余一人以在位，茕茕余在疚，呜呼哀哉！尼父！无自律。”(《左传·哀公十六年》)西汉元始元年(公元元年)，汉平帝刘衎追封孔子为“褒成宣尼公”，清顺治朝封孔子为“大成至圣文宣先师”，民国二十四年(1935)国民政府封孔子为“大成至圣先师”。这些都可以看作是政治权力对道统的加封和褒扬。

明清以后，中国民间喜欢供奉一个匾牌，匾牌书写“天地君亲师”，其实天地君亲师的思想源头应和荀子相关，荀子在《荀子·礼论》中说：“君师者，治之本也。……尊先祖而隆君师，是礼之三本也。”荀子强调先祖、君王、老师是礼的源头，亦即价值来源。这一思想到了明清，民间把天地君亲师并称，五者都代表价值。在这其中，我们不难发现，君主只是五者之一，君主并不能垄断真理，它是受到制约的，天、地、儒师、先祖都是对他的制约。这种制约是一种良性的制约。近代以来，受极左思潮影响，历史文化传统被割断，天地降格为单纯的自然之天，儒家受到批判，天地君亲师中只剩下“君”，君既掌握行政权力，又掌握思想权力，它带来了严重后果。不受限制的权力带来的破坏一定是空前绝后的。

西方近代以来，一直有政治与道德分离的传统，主张政治与道德分属公共领域和私人领域，二者不得互相干涉，以保持二者的独立空间。儒家传统虽不同意政治与道德的分离，但是政治与道德并不是集合在一个人身上，而是主张政治必须始终接受道德的监督，这就是道统对政统的监督，这一主张与现代政治是可以兼容的。儒家的为政以德并非与现代政治的政治与道德分离水火不相容，只要正确处理好政治与道德、政统与道统的关系，我们倒是可以把二者的优势都发挥出来，既保持权力限度内分离，保护个人权利，防止公权侵犯个人价值；又可发挥道德对政治的涵养，保持政治自身的德性。

【关键词】　政统　道统　天地君亲师

十二、治　道

【题解】

政道与治道是中国政治的中心问题，二者不可偏废，政道讲政权合法性，治道主要讲政治的治理方式。本单元讨论的治道分为政治结构特征、政治治理价值目标、政治治理手段三个主题，政治结构特征介绍大一统、封邦建国等中央集权制度；政治治理价值目标主要介绍儒家的仁政思想和道家的无为而治思想；政治治理手段介绍用势、刑名术的政治手段和儒法并用的治理策略。了解治道，可以深入了解古代政治的基本内容，这样既可发挥对现代政治治理的借鉴作用，也能反思传统政治治理的不足。

55. 大　一　统

【原文】

《春秋》大一统者，天地之常经(1)，古今之通谊(2)也。今师异道，人异论，百家殊方，指意不同，是以上亡(3)以持一统；法制数(4)变，下不知所守。臣愚以为诸不在六艺(5)之科孔子之术者，皆绝其道，勿使并进。邪辟之说灭息，然后统纪可一(6)而法度可明，民知所从矣。

出处：《汉书・董仲舒传》(7)

【简注】

(1) 经：不变也，在儒家典籍中，经常与“权”(权变)相应。

(2) 谊：适宜，义也。

(3) 亡：无，没有。

(4) 数：多次。

(5) 六艺：指礼、乐、射、御、书、数六种技能。或指《诗》《书》《礼》《乐》《易》《春秋》六经。根据上下文,此处指六经。

(6) 一:动词,统一。

(7) 董仲舒(前 179 —前 104),广川郡人,汉代大儒。汉武帝元光元年(前 134),汉武帝下诏征求治国方略。儒生董仲舒作《举贤良对策》(又称天人三策)应对,在《天人三策》中系统地提出了"天人感应""大一统"等主张。

【今译】

《春秋》主张大一统,大一统是天地永恒的原则,是古今共通的道理。如今为师者所尊崇之道彼此不同,人们的言论也彼此各异,诸子百家研究方向各不相同,意向目标也不一样,所以居于上位的君主也没有统一的标准,法令制度经常改变,老百姓不知道遵从什么,显得无所适从。臣认为凡是不属于六艺的科目,违背孔子思想的学说都一律禁止,不能让它们与儒家思想一样发展。各种歪理邪说消失了,然后道统纲纪便可以统一,法令制度就可以显明于众,这样百姓才知道该遵从什么。

【解读】

本篇主要讨论传统政治的"大一统",可以说,大一统是我国古代政治的最主要特征了,具体说来,大一统主要包含以下几个方面的含义:

一、中央集权,君主集权。传统政治的中央集权,最为强调的便是中央集权。在中央地方关系上,地方服从中央。自从秦朝实现郡县制以来,一直由中央任免地方官员,不但如此,地方官员还须到处交流,建立了官员原籍回避制度,实行"客籍为官",就是防止地方尾大不掉,影响中央权威。在中央政府层面,强调的是一人负责,"天无二日,国无二主",君主一人负责,虽然我国中央政府曾从早期的"三公九卿"制度发展到后来的"三省六部制"制度,但都始终强调君权的重要地位。在有些历史时期,比如明初,明太祖朱元璋干脆废除宰相制度,朝政独揽,防止大权旁落,可见大一统对于君权的维护是一贯的。

二、地域长期保持统一。虽然说"天下大势,分久必合,合久必分",但在中国几千年历史中,统一是主流,分裂是少数,四分五裂是历史上著名的"乱世",如"五胡乱华"后的中国约 200 年乱世,五代十国期间的 50 多年乱世,其他时期基本保持统一,这也是传统政治大一统的内涵之一。传统政治更愿意接受统一,不能接受分裂分离。我国历史上曾有过多次"削藩运动",中央与藩镇的关系典型地反映了儒家大一统思想——中央权威,地域统一,所以,虽然削藩运动有成功也有失败,但削藩思想一直是儒家的正统思想,哪怕藩王反客为主入住中央之后,依然会采用削藩思想进一步维护自身权威。

三、意识形态的统一。汉武帝时期,董仲舒提出"罢黜百家、独尊儒术",国家兴太学置五经博士，以儒家思想为官方指导思想。隋唐开始实施科举制度，选拔通晓儒家经典之人担任政府官职，最初以儒家十三经为经典，宋明以后，以四书五经为经典，都是以儒家思想为指导的具体体现。

大一统是我国传统政治的主流思想，总体而言，它对于维护中央君主集权、维护地域统一，具有积极意义，使得中华传统政治显著地区别于西方。直至今日，传统的大一统思想对我们还有很深影响。在中央集权的政府组织形式上，我们没有采用邦联制或者联邦制的政府形式；在保持国家领土完整与统一上，也没有像西方国家那样实行所谓的“民族自决”，维护了国家的统一；在国家意识形态建设问题上，我们都能看到传统大一统思想的影子，防止社会思潮过分多元冲击主流意识形态。在这些方面，我们可以说时至今日，传统的大一统思想仍然很有影响。

但是大一统思想对于中国政治与历史也有一定的负面影响，它主要体现在思想意识方面，过分强调一个文化主流思想，压制了思想的自主、多元发展。春秋战国时期，是我们历史最为典型的“百家齐放、百家争鸣”时期，是我国思想和文化最为辉煌灿烂、群星闪烁的时代。这一时期出现了诸子百家彼此诘难、相互争鸣的盛况空前的学术局面，在中国思想发展史上占有重要的地位。中国伟大的思想家大多出现于这个时代，构成了中华文明的精华和基础。按照德国哲学家雅斯贝尔斯的说法，这一阶段是中华文明的“轴心时代”。但是，自从秦始皇统一六国以后，实行“书同文、车同轨”，“以法为教、以吏为师”，不允许民间藏书，把所有民间书籍收集起来付之一炬，对私下非议的儒生尽行坑灭，以期统一思想。以后历朝历代，虽然很少直接采用秦始皇那样的“焚书坑儒”之举，但是为了维护统治，一直没有停止钳制思想，明清盛行的“文字狱”，很多知识分子因言获罪。这种片面追求思想大一统的做法扼杀了思想的创造力，把国人驯化为听话的顺民，阻碍了中华文化的发展，在当代社会是应该受到批判和抵制的。

【关键词】 大一统　罢黜百家　独尊儒术

---

56. 封 邦 建 国

【原文】

1　溥天之下，莫非王土；率土之滨，莫非王臣。

出处：《诗经·小雅·北山》

2　王者之制禄爵，公、侯、伯、子、男，凡五等。诸侯之上大夫卿、下大夫、上士、中士、下士，凡五等。天子之田方千里(1)，公侯田方百里，伯七十里，子男五十里，不能五十里者，不合于天子(2)，附于诸侯，曰附庸。天子之三公(3)之田视公、侯，天子之卿视伯，天子之大夫视子男，天子之元士视附庸(4)。

凡四海之内九州(5)，州方千里，州建百里之国三十，七十里之国六十，五十里之国百有二十，凡二百一十国，名山大泽不以封(6)，其余以为附庸间田。八州，州二百一十国。天子之县内，方百里之国九，七十里之国二十有一，五十里之国六十有三，凡九十三国。名山大泽不以分，其余以禄士，以为间田。凡九州，千七百七十三国，天子之元士，诸侯之附庸不与。

出处：《礼记·王制》

【简注】

(1) 天子直接管辖的地域方圆千里，因此《诗经》云“邦畿千里、维民所止”，指的便是周天子直接管理的土地方圆千里。

(2) 不能五十里者，不合于天子，不足五十里的，不用朝见天子，做诸侯的附庸。

(3) 三公：天子身边的官员通称为三公九卿，其中三公最为重要、显赫。

(4) 天子的士不能直接封为诸侯，但又不能是诸侯的卿大夫，故为附庸。

(5) 九州：古代中国人将全国划分为九个区域，即所谓的“九州”。根据《尚书·禹贡》的记载，九州分别是：冀州、徐州、兖州、青州、扬州、荆州、梁州、雍州和豫州。

(6) 名山大泽不以封：名山大泽为天子所有，不分封给诸侯。

【今译】

1. 普天之下，都是周天子的领土；四海之内，都是周天子的臣民。

2. 天子为诸臣制定俸禄和爵位。爵位分为公、侯、伯、子、男五等。诸侯为其臣下制定的爵位，分为上大夫卿、下大夫、上士、中士、下士五等。天子直接管辖的土地方圆一千里，侯的封田是百里见方，伯则七十里见方，子、男是五十里见方田，不足五十里见方的是小诸侯，他们不用朝见天子，他们隶属于较大的诸侯，叫作附庸。天子朝中三公的封地数量参照公侯，天子朝中其他官员的封地参照伯，天子的大夫的封地参照子男，天子的上士的禄田参照附庸。

四海之内共有九个州。每个州都有方圆千里的疆域，每州再分封建立三十个方圆百里的大诸侯国，六十个方圆七十里的中等诸侯国，一百二十个方圆五十里的小国，总共二百一十个诸侯国。各个州内的名山大泽不能拿来分封，分封后剩下来的土地或作为附庸，留着用来赏赐。这说的是八个州的情况，每州有二百一十个诸侯国。还有一州，那就是天子直辖的土地，其中分配给公卿大夫的国土，它共有九个方圆百里的国家，二十一个方圆七十里的国家，六十三个方圆五十里的国家，总共九十三个国家。在这九十三国之内，如有名山大川，也不用来分配，分封后剩下来的土地，或用作士人的禄田，或留待赏赐之用。九个州一共有一千七百七十三个国家，这还不包括天子的元士和诸侯的附庸。

【解读】

本篇主要介绍古代中央和地方关系以及古代爵位等级。

我国最早实现的是分封制，周灭商和东征之后，分封土地，把土地和人民分给周室贵族、功臣、前朝后裔等，周初共分封近百个诸侯国。据《荀子·儒效》记载，周公“立七十一国，姬姓独居五十三人”。诸侯国的爵位等级分为公、侯、伯、子、男五等，如周公旦、召公奭、姜太公子牙分封为鲁国、燕国、齐国，成为上述三国先祖。诸侯在自己的领地享有权利，但是必须服从周王室，按期纳贡，并随同作战，保卫王室，如果发生特别严重的情况，周天子可以褫夺诸侯爵位，在该国诸公子中另立诸侯。春秋时期，诸侯日益强大，周王室衰微，诸侯脱离了周天子的控制并出现割据纷争的局面，分封制逐渐解体。

秦统一六国以后，开始实行郡县制，郡县首长由中央直接任命。秦郡一级的最高长官是郡守。郡守之下设丞，辅佐郡守管理郡中的行政及刑狱工作，郡的军事和治安则由郡尉负责。郡尉不干预民事，与郡守的职责有明确分工。秦制满万户以上的县设县令，不满万户的县设县长，是为一县之首。县令下设丞、尉。县尉负责一县的军事和治安。汉承秦制，继续实行郡县制，并改称郡守为太守，俸禄与中央政府三公相同，享二千石。之后不同朝代虽有过州、道、路等行政名称，但都不是常设性的固定行政机构，直至元朝实行行省制（行中书省），正式确立了中央——省——州（府）——县的四级政府模式。比起分封制，郡县制、行省制加强了中央对地方的管理，有利于防止地方割据分裂，有力地维护了国家的统一。值得一提的是，在郡县制或行省制下，地方郡县行省时代的分封。郡县制时代也有诸侯王，但此时的王侯往往只享有封地内的租税，没有行政治理权，封地内的行政事务由中央派驻的行政官员管理，此时的诸侯王与周朝的分封制已然不可同日而语了。

近年来，人们常对"封建"一词发生一些误解，这源于对马克思主义的社会发展五阶段理论的误解。一些学者认为，马克思主义主张人类社会发展要经过原始社会、奴隶社会、封建社会、资本主义社会和社会主义社会，这是人类社会发展的一般规律。自从中国发生社会主义革命以来，为了在理论上让中国的社会发展更符合马克思主义的一般规律，有人提出，中国在春秋之前是奴隶社会，秦以后是封建社会，明朝末年发生了资本主义萌芽，再之后便发展成社会主义社会，大致符合马克思主义的理论。但是，问题在于，中国秦汉以来已经没有"封邦建国"的"封建"了，西方社会从西罗马帝国覆亡以来的"封邦建国"制度是与我国春秋战国之前的封建内涵一致的，都是国王把土地封给贵族，贵族封给骑士（大夫、士）。如果一定要用西方的"封建"来对应中国社会，那么对应的应该是周朝的分封制，这样周朝就不是奴隶制了，秦汉以来的 2 000 多年在社会发展五阶段理论中也没有对应的立足之处，这是当前理论界的一大困境。但是困境总比误读好，削足适履来判定中国的社会发展阶段实在不得要领，也不可取。

【关键词】　公，侯，伯，子，男　封邦建国　郡县制　行省制

57. 仁　政

【原文】

1　孟子曰："人皆有不忍人之心(1)。先王有不忍人之心，斯有不忍人之政矣。以不忍人之心，行不忍人之政，治天下可运之掌上。"

出处：《孟子·公孙丑上》

2　孟子见梁惠王(2)。王曰："叟！不远千里而来，亦将有以利吾国乎？"

孟子对曰："王！何必曰利？亦有仁义而已矣。王曰，'何以利吾国？'大夫曰，'何以利吾家？'士庶人(3)曰，'何以利吾身？'上下交征(4)利而国危矣。万乘之国，弑(5)其君者，必千乘之家；千乘之国，弑其君者，必百乘之家(6)。万取千焉，千取百焉，不为不多矣。苟(7)为后义而先利，不夺不餍(8)。未有仁而遗其亲者也，未有义而后其君者也。王亦曰仁义而已矣，何必曰利？"

梁惠王曰："晋国(9)，天下莫强焉，叟之所知也。及寡人之身，东败于齐，长子死焉(10)；西丧地于秦七百里(11)；南辱于楚(12)。寡人耻之，愿比死者一洒之(13)，如之何则可？"

孟子对曰："地方百里而可以王。王如施仁政于民，省刑罚，薄税敛，深耕易耨(14)；壮者以暇日修其孝悌忠信，入以事其父兄，出以事其长上。可使制梃以达秦楚之坚甲利兵矣。彼夺其民时，使不得耕耨以养其父母。父母冻饿，兄弟妻子离散，彼陷溺其民，王往而征之，夫谁与王敌？故曰：'仁者无敌。'王请勿疑！"

出处：《孟子·梁惠王上》

【简注】

(1) 不忍人之心：怜悯心，同情心。

(2) 梁惠王：魏国国君，也称魏惠王(前400—前319)，惠是谥号。公元前370年即位，即位后由安邑迁都大梁(今河南开封西北)，所以又叫梁惠王。

(3) 士庶人：士和庶人。庶人指平民百姓。

(4) 征：夺取；交征，互相争夺。

(5) 弑：下杀上，卑杀尊，臣杀君叫弑。

(6) 古代用四匹马拉的一辆兵车叫一乘，诸侯国的大小以兵车的多少来衡量。诸侯国内，卿大夫也拥有兵车。

(7) 苟：如果。

(8) 餍(yàn)：满足。遗：遗弃，抛弃。

(9) 春秋末年，韩、赵、魏三家分晋，公元前403年，周威烈王封三家为侯国，三家正式取得诸侯国地位。因为魏国出自晋国，所以梁(魏)惠王自称魏国为晋国。

(10) 东败于齐，长子死焉：公元前341年马陵之战，魏国兵败，主将庞涓被杀，太子申被俘。

(11) 西丧地于秦七百里：马陵之战后，秦屡败魏国，迫使魏国献出河西之地和上郡的十五个县，约七百里地。

(12) 南辱于楚：公元前324年，魏又被楚将昭阳击败于襄陵，魏国失去八邑。

(13) 一：全，都。洒：洗刷。

(14) 耨：除草。易耨：及时除草。

【今译】

1. 孟子说："人人都有怜悯同情他人之心。古代圣王由于有了怜悯同情他人之心，才有怜悯同情百姓的政治。用怜悯同情他人之心，去施行怜悯同情百姓的政治，治理天下就可以像掌握在手掌心一样容易了。"

2. 孟子拜见梁惠王。梁惠王说："老先生，你不远千里而来，一定可以为我的国家带来好处吧？"

孟子回答说："大王！为什么要说好处呢？有仁义就可以了。诸侯王问'怎样对我的国家有利？'大夫们问，'怎样对我的封地有利？'普通百姓说，'怎样对我自己有利？'结果是上上下下都争夺利益，国家就危险了！在拥有万辆兵车的国家里，最终杀害国君的人是拥有千辆兵车的大夫；在一个拥有千辆兵车的国家里，最终杀害国君的人一定是拥有百辆兵车的大夫。这些大夫，国家有万辆兵车他就拥有千辆，国家有千辆兵车他就拥有百辆，即使这样他们还不满足。可见，如果把义放在利的后面，他们不夺得国君的位置是不会满足的。反过来说，从来没有讲仁的人却抛弃父母的，从来也没有讲义的人却不尊重君王的。所以，大王只说仁义就行了，为什么还要好处呢？"

梁惠王说："我们魏国曾一度在天下称强，这是您知道的。可是到了我这时候，在东边被齐国打败，连我的大儿子都死于此；在西边被秦国侵占，丧失了七百里土地；南边又受楚国的欺辱。对这些事，我感到非常羞耻，希望替死难者报仇雪恨，我要怎样做才行呢？"

孟子回答说："只要有方圆百里的土地就可以使天下归服。大王如果对老百姓施行仁政，减免刑罚，少收赋税，让老百姓深耕细作，及时除草；让身强力壮的人抽出时间养成孝顺、尊敬、忠诚、守信的品德，在家侍奉父母兄长，出门尊敬长辈上级。这样他们即使手持木棒也可以打败秦国楚国的坚兵利甲。因为秦国楚国的统治者剥夺了老百姓的生产时间，老百姓不能够深耕细作来赡养父母。父母受冻挨饿，兄弟妻子离散奔波，他们的老百姓生活在深渊之中，大王去征伐他们，谁还会来抵抗您呢？所以说：'施行仁政的人是无敌于天下的。'大王请不要疑虑！"

【解读】

本篇介绍儒家的仁政思想。

孟子集中论述了仁政思想。在孟子看来，仁政的由来在于人的"不忍人之心"，即每个人皆有的同情怜悯之心，有了这个同情怜悯之心，再推己及人推行怜悯之政，即为仁政。可见，仁政的根本在于人性之善，因为孟子随后就谈了人性的"四端"，即恻隐之心、羞恶之心、辞让之心、是非之心。每个人从自己本善之性推行善政，做到政从性出，便是政治的基本要求。

而对于仁政的实际效果，孟子通过解答梁惠王的疑惑，提出仁政在内政和外交上各有意义。在上半段对话中，梁惠王直接问孟子，仁政对自己有什么用，孟子没有正面回答，只是告诉他，如果没有仁政作保证，“万乘之国，弑其君者，必千乘之家”。其实孔子看到了类似问题，当时周天子的大权落入诸侯手中，诸侯国的大权落入大夫之手，大夫的权力落入家臣手中，所以孔子才说“八佾舞于庭，是可忍，孰不可忍也”(《论语・季氏》)。诸侯挟持天子，大夫放逐诸侯，家臣反叛大夫，所有的人都在疯狂地追逐着权力，没有秩序保障，即使取得了权力也不安全，每个人都在暗地盘算如何危害他人，同时又人人自危。这种状况真有点类似前总理温家宝在2012年两会答记者问时所谈到的：“没有政治体制改革的成功，经济体制改革不可能进行到底，已经取得的成果还有可能得而复失。”这说的也是没有制度保障，现有成果极其脆弱。对此，司马迁曾描述：“《春秋》之中，弑君三十六，亡国五十二，诸侯奔走不得保其社稷者不可胜数。”(《史记・太史公自序》)如何稳定政权，恢复社会基本秩序，是当时的一大难题，如果完全以利为政，它一定不能实现政治的长治久安，社会动荡，百姓也无宁日。因此，要实现社会长治久安，维护社会秩序，仁政必不可少。

在下半段对话中，梁惠王认为自己军事受挫，急于一雪前耻。孟子并未接梁惠王的话来教导他如何合纵连横抑或如何用兵打仗，而是问他，你行仁政了吗？如果你夺“民时”，让百姓无暇耕种，妻离子散，谁又能为你去打仗呢？因为在孟子看来，只有行仁政，才能得到百姓拥护，而那些受百姓拥护爱戴的王者之师，必然无敌于天下。孟子的论断也许未能得梁惠王之心，但是他讲的道理却清楚不过，那就是必须对内行仁政，才能得人心，内部团结，自可御敌。

这段对话中，最难能可贵的是，对于孟子来说，仁政不是维护统治的手段，而是政治本身的目的。在君王看来，施行仁政本身不是目的，真正的目的在于对内维护统治，对外称霸天下。但孟子认为，“但有仁义可矣，何必言利”，政治本身是为了行仁义，仁义不是用来实现政治目的的外包装。孟子是为了说明问题，采取了对内对外的两个例子，如果可能，他可以说，但行仁义，不必称霸，行仁政，让老百姓丰衣足食，再“申以孝悌之意”，使其知礼节，足矣，不需要通过让你万世一系、让你称王称霸的许诺来规劝君王行仁义，仁义是政治本应具有的内在追求。如果政治仅仅是为了称霸，那显然违背了“仁政”的基本要求，因为仁政自身就是目的，是政治的价值追求。

政治理想与政治现实之间并不一致，有时接近，但更会有冲突，如果二者接近，政治尚能正常运转；但如果二者冲突，政治常常难以自圆其说而迷失方向，这个时候，为政治确立价值理想就显得尤为重要。价值理想不是用来解决具体问题的“利器”，因为它本身是“道”而非“器”，我们不能因为它很少解决具体问题而怀疑它，我们应该看到，没有政治理想我们将失去方向，儒家的“仁政”正是政治基本的价值理想，它是现实政治的灯塔，每当出现不仁之政，只需对照“仁政”的价值要求，便可再次找寻前行的方向，因此，价值理想才是根本上推动我们前行的动力。

【关键词】 仁政　仁者无敌　义利之辨

58. 无 为 而 治

【原文】

1　天地不仁，以万物为刍狗[(1)]；圣人不仁，以百姓为刍狗。天地之间，其犹橐籥[(2)]乎？虚而不屈，动而愈出。多闻数穷，不如守中。

出处：《老子・第五章》

2　太上，不知有之；其次，亲而誉[(3)]之；其次，畏之；其次，侮之。信不足焉，有不信焉。悠兮，其贵言。功成事遂，百姓皆谓："我自然"[(4)]。

出处：《老子・第十七章》

3　治大国，若烹小鲜[(5)]。以道莅天下，其鬼不神[(6)]，非其鬼不神；其神不伤人，非其神不伤人。圣人亦不伤人。夫两不相伤，故德交归焉。

出处：《老子・第六十章》

【简注】

(1) 刍狗：古人用谷草扎成的用来祭祀的狗。

(2) 橐籥(tuó yuè)：古代冶炼时鼓风吹火的装置，犹今之风箱。

(3) 誉：赞誉，称赞。

(4) 我自然：我自己自然而然就是这样的。

(5) 小鲜：小鱼；烹饪小鱼时不宜经常翻动，故比喻成无为而治，减少侵扰。

(6) 神：起作用。

【今译】

1. 天地是无所谓仁慈的，它对待万事万物就像对待刍狗一样。圣人也不谈仁爱，同样像对待刍狗那样对待百姓。天地之间，就像一个风箱。它空虚而不枯竭，越鼓动风就越多。政令繁多反而更加使人困惑，不如保持虚静。

2. 最好的统治者，人们并不知道他的存在；其次的统治者，人们亲近他并且称赞他；再次的统治者，人们畏惧他；更次的统治者，人们侮辱他。他的威信不足，是因为他做过不守信用的事。好的统治者是多么悠闲，他很少发号施令。事情办成功了，老百姓说"我们本来就是这样的"。

3. 治理大国，好像煎烹小鱼（不宜经常翻动）。用"道"治理天下，鬼神起不了作用，不仅鬼不起作用，而且鬼怪的作用也伤不了人。不但鬼的作用伤害不了人，圣人有道也不会伤害人。这样，鬼神和有道的圣人都不伤害人，所以，就可以让人民享受到德的恩泽。

【解读】

本篇主要介绍道家的"无为而治"思想，这思想流传极广，深刻影响了中国几千年的政治家们。无为而治的具体内涵大概有这么些方面：

第一，减少政治对民众的干扰。"治大国若烹小鲜"不要经常地翻动小鱼，"不折腾"，功成事遂，百姓皆谓"我自然"，老百姓不知道有统治者存在，生活安定，让民众自安其得，自得其乐。

第二，顺应民众的向往，顺势而为。民众有自己喜欢的乐趣，做到圣人不仁，以百姓为刍狗，圣人无常心，以百姓心为心。以百姓之爱好为爱好，也是顺应了民众的需要，这也是顺势而为，才能成功。

第三，老子的政治权谋问题。近代以来，很多人提出，老子的政治学说充满了政治权谋。比如"将欲取之必先予之""功成身退"等，都是以退为进，包含着政治目标，是一种权术。对此，有一定的争议。我们认为，也许从学说旨趣来说，老子并不关心权术问题，但从他的思想中的却可以推论出一些权术来，所以，在历史上很多统治者利用老子的权术来维护统治，也是有原因的。

在中国历史上，汉朝初年为无为而治提供了实践的平台。汉初，经过长期战乱，百业凋敝，民生惨淡，汉初君主们认识到休养生息的重要性，提出无为而治，休养生息，减少对民众的干扰，取得了较好效果。汉初的统治者们普遍喜欢黄老学说，比如张良、窦太后等，他们推行无为而治的方针，为汉武帝奋发有为打下了基础。

【关键词】 无为　自然　治大国若烹小鲜　圣人不仁，以百姓为刍狗

59. 用　势

【原文】

明君之所以立功成名者四：一曰天时，二曰人心，三曰技能，四曰势位(1)。非天时，虽十尧不能冬生一穗；逆人心，虽贲、育(2)不能尽人力。故得天时则不务而自生，得人心，则不趣而自劝(3)；因技能则不急而自疾(4)；得势位则不推进而名成。若水之流，若船之浮。守自然之道，行毋穷之令，故曰明主。

夫有材而无势，虽贤不能制不肖(5)。故立尺材于高山之上，下则临千仞之谷，材非长也，位高也。桀为天子，能制天下，非贤也，势重也；尧为匹夫，不能正三家，非不肖也，位卑也。千钧(6)得船则浮，锱铢(7)失船则沉，非千钧轻锱铢重也，有势之与无势也。故短之临高也以位，不肖之制贤也以势。人主者，天下一力以共载之，故安；众同心以共立之，故尊。人臣守所长，尽所能，故忠。以尊主御(8)忠臣，则长乐生而功名成。

出处：《韩非子·功名》(9)

【简注】

(1) 势：借势。

(2) 孟贲、夏育：传说中的勇士，孟贲力能举鼎，夏育力能拔牛尾，举千钧重鼎。

(3) 趣：督促。劝：勉励。

(4) 疾：康复，恢复。

(5) 虽：即使。贤：贤明之人。不肖：不肖之徒。

(6) 千钧：三十斤为一钧，千钧即三万斤。常用来形容器物之重或力量之大。

(7) 锱铢(zī zhū)：锱为一两的四分之一，铢为一两的二十四分之一，形容极微小。

(8) 御：驾驭。

(9) 韩非子(约前 280—前 233)，韩国公子，荀子的学生。战国末期著名思想家、法家代表人物。作为法家代表，备受秦王嬴政赏识，但遭到李斯等人的嫉妒，最终被下狱毒死。《韩非子》一书，共五十五篇，十万余字。

【今译】

圣明的君主要能够成功，必须要四个条件：一是天时，二是人心，三是技能，四是势位。不顺应天时，即使十个尧帝也不能在冬天让庄稼结穗；违背人心，即使孟贲、夏育这样的大力士也不肯多出力气。所以顺应了天时，即使不去努力，庄稼也会自然生长；得到了人心，即使不去督促，民众自己也会努力；依靠技能，即便不紧张劳碌，事情也会很快完成；得到了势位，即使不去追求，也会获得名声。这就好像水自然往下流，就好像船自然漂浮于水上，遵循自然规律，推行法令就畅通无阻，所以这才是明君。

有才能而没有权势，即使是贤人，也不能制服不贤的人。所以在高山上树立一尺长的木头，就能俯视千仞之深的峡谷，这并不是因为木头本身长，而是因为木材所处的位置高。夏桀做天子，能号令天下，并不是因为他本人贤明，而是因为他权势重；尧作为普通人，管理不好三户人家，不是因为他不贤，而是因为他地位卑贱。千钧重物依靠船就能浮起来，锱铢轻物没有船就沉下去，不是因为千钧重的东西本身轻而锱铢一类的东西本身重，而是因为有没有依靠船的浮力。所以短的东西能够居高临下，凭借的是它的位置；不贤者能够制服贤人，凭借的是他的权势。做君主的，天下合力来共同拥戴他，他的位置就稳定；天下人都齐心合力推举他，他就尊贵。做臣下的，发挥特长，竭尽所能，这就是忠诚。君主用自己尊贵的地位来驱使忠诚的臣子，才能长治久安，才能建功立业。

【解读】

本篇主要介绍法家的帝王统治术——用势。

势的内涵比较丰富，可以包括势力、地位、位置、权势等方方面面。在现实政治中，帝王维护自己的统治权力和地位，必须用势。

首先，只有善于用势、借势才能成事。这里面的势包括事物发展趋势方向，要实现目标，自然不能与大势相背。同时，统治者还要学会借势借力，巧妙运用自己的智谋，实现“四两拨千斤”。这些都是帝王必备的技能。其次，对于帝王的统治来说，维护政权离不开仁义，但又不能信以为真，只知仁义，不知手段，而且很多情况下手段更为直接。因此，统治者往往必须具备用势、借势的本领。

在历史上，用势常被看作是帝王术的一种，甚至被看作是隐而不宣的“厚黑学”，对此，我们需要客观分析。把用势看作是帝王术，是不成问题的，用势、驯化臣民本就是历代君主用来培育继承人的必备技能。要想实现政治稳定，政治手腕的确必不可少。中国古代不少名臣，也一直以外圆内方来处世，坚持自己原则，同时注重手段的灵活，以实现政治目的，最终行仁政。

但是，如果把用势当作“厚黑学”，这样的理解是有偏颇的。因为，“厚黑学”主张的是不择手段谋取最大利益，但是用势本身是“中性”的，它是一门技术，本身并不坏。只是有些君主只知以此驾驭臣民、驱使百姓，言而无信，使用诡计，这才使得用势成了“厚黑学”的一种。实际上，在中国古代传统中，更提倡的是通晓小人的手段而不去使用，能够具备与坏人打交道的能力而保持自身，这是最难为可贵的，而且很多儒家士大夫也做到了这点。

西方有一位叫马基雅维利的政治学家，他是文艺复兴时期的意大利思想家，他主张政治不应追求道德，可以不择手段只看结果，结果的正当性决定了手段的正当性。他的这种主张被称为是“马基雅维利主义”。马基雅维利主义在西方近代一直背负污名，认为它不择手段、教人为恶，其实马基雅维利主义和法家主张的用势是有共同之处的，二者既有共同主张，也都背负了相似的污名，也都遭到了相同的曲解。其实，强调政治手段，尤其是统治者要具有一定的手段，既要通晓天下大势，学会借势借力；也要会使用手段，识人用人，驾驭臣下，这也是必要的技能，对于政治的稳定也是有利的。只是，手段不能反客为主，手段不能成为政治的目标，政治必须要有自己的价值目标，这样才能去运用好手段，在此意义上，手段绝不能摆脱道德的束缚。

【关键词】　用势　帝王术

60. 刑名之术

【原文】

郑子产(1)有疾，谓子大叔曰：“我死，子必为政。唯有德者能以宽服民，其次莫如猛(2)。夫火烈，民望而畏之，故鲜死焉；水懦弱，民狎而玩之(3)，则多死焉，故宽难。”疾数月而卒。大叔为政，不忍猛而宽。郑国多盗，取人于萑苻之泽(4)。大叔悔之，曰：“吾早从夫子，不及此。”兴徒兵以攻萑苻之盗(5)，尽杀之，盗少止。

仲尼曰：“善哉！政宽则民慢，慢则纠之以猛；猛则民残，残则施之以宽。宽以济猛(6)，猛以济宽，政是以和。《诗》曰：‘民亦劳止，汔可小康；惠此中国，以绥四方[7]。’施之以宽也。‘毋从诡随，以谨无良；式遏寇虐，惨不畏明[8]。’纠之以猛也。‘柔远能迩，以定我王[9]。’平之以和也。又曰：‘不竞不絿，不刚不柔，布政优优，百禄是遒[10]。’和之至也。”及子产卒，仲尼闻之，出涕曰[11]：“古之遗爱也[12]。”

出处：《左传·昭公二十年》

【简注】

(1) 子产：名侨，字子产，郑国人。子产于郑简公时被立为卿，执掌郑国国政二十多年，是当时著名政治家。子产曾铸“刑书”，公布成文法，提出“宽猛并济”的主张。

(2) 猛：严厉。

(3) 狎(xiá)：轻视，轻忽，不庄重。

(4) 取：同“聚”。人：指强盗。萑苻之泽：春秋时郑国的沼泽地带(地处今河南中牟)。

(5) 徒兵：步兵。

(6) 济：帮助，调节。

(7) 汔(qì)：接近。中国：指京城。绥：安抚。四方：指四方诸侯国。出自《诗·大雅·民劳》。

(8) 从：放纵。诡随：狡诈的人。遏：遏制。寇虐：指抢劫行凶的人。出自《诗·大雅·民劳》。

(9) 柔：安抚。迩：近处。出自《诗·大雅·民劳》。

(10) 竞：强。絿：缓。布政：发布政令。优优：宽缓。遒：聚拢。这出自《诗·商颂·长发》。

(11) 涕：流泪。

(12) 遗爱：流传下来的仁爱之人。

【今译】

郑国的子产得了重病，他对子大叔(游吉)说：“我死了以后，一定会是你来执政。只有那些有德的执政者，才能够用宽和的方法让民众服从；那些差一等的执政者，不如用严厉的方法来治民。火的特点是猛烈，百姓看见就害怕，所以很少有人死在火里；水的特点是柔弱，百姓轻视而玩弄它，所以有很多人死在水里，因此用宽和的方法施政难。”子产病了几个月后就去世了。大叔执政，不忍心过于严厉，而用宽和之政。郑国的盗贼一下子多了起来，他们都聚集在萑苻这片湖沼里。大叔很后悔，说：“要是我早听子产的话，就不会这样了。”于是，他派步兵去攻打萑苻的盗贼，把他们全部杀了，盗贼才有所收敛。

孔子说：“这样好！施政宽和了，百姓就怠慢，百姓怠慢就用严厉措施来纠正；施政严厉了，百姓就会受到伤害，百姓受到伤害就用宽和的方法。用宽和来补充严厉,用严厉来补充宽和,这样才能政事和谐。《诗经》中说:‘民众辛勤劳作,希望过上小康生活;先让京城民众得到恩惠,才能安抚四方。’这说的是施政宽和。《诗经》还说:‘不要放纵欺诈者,谨防无良之人;遏制抢夺残暴者,不要担心高明的人。’这是用严厉的方法来纠正。《诗经》说:‘近处远方之人都要怀柔安抚,使我王室安定。’这是用和睦来安定国家。又说:‘不怠慢也不急躁,不刚也不柔,施政宽和,福禄齐聚。’这是宽和的顶点。”等到子产去世,孔子知道这个消息,流泪说:“他是古代遗留下来的仁爱之人。”

【解读】

本篇介绍刑名术,中国先秦时期,常将“刑名”和“法术”两词联在一起,其中“刑名”多指严刑峻法,“术”指的是君主实行统治的策略、手段。

仅从文本字面来看,本篇强调的是统治需要宽猛并济,并非单纯柔弱,特别对于乱世,盗贼蜂起,民风衰败,犯罪现像极其严重,往往需要采取较为严厉的手段,杀一儆百,用重刑矫正民风,制止犯罪,用严厉手段才可以较快见效。柔弱不可以治国,德政有不足之处,过分的威猛严厉容易导致残暴,从而引起强烈反抗,法纪大乱。宽和与严厉相互补充调节,可以避免走极端造成的不良后果,让人们心服口服地遵纪守法。

宽猛并济的本意在于强调不能单靠德政。在历史上,很多统治者也采用了这一思想。元末明初,社会动荡,明太祖朱元璋视之为乱世,提出:“吾治乱世,非猛不可”的思想,主张“治乱世用重典”,强调乱世要采取严厉手段下猛药,制定严苛法律来实现社会安定。

重视刑名之术在特定时期解决具体社会治安问题,有过积极作用。但是刑名之术也是有不足,主要表现在:

第一,法律过于严苛。过于严苛的法律本意在于震慑犯罪,加强统治,但也会激化社会矛盾,导致社会矛盾总爆发,最终带来社会动荡。这其中最为典型的便是秦朝的严苛律法。陈胜吴广起义只因为拖延了工期,按律当斩,“等死,死国可乎?”在农民起义领袖看来,延误工期是死罪,造反也是死罪,同样是死罪,干脆为自己前途命运一搏。所以,后人总结说,秦短命而亡,实亡于法;最终秦兴于法,也亡于法。

第二,“乱世用重典”的典并未发展成完备的法律制度,终究逃不过“人亡政息”的悲剧。明初反腐,制订了极其严苛的法律惩治官员贪腐,编《大诰》,对惩治腐败做出详细规定,并严厉实行之。朱元璋亲自参与主持的《大明律》中将《受赃》专门设为一篇,其中详尽规定了对于腐败的惩罚,为他以后的铁腕反腐奠定了基础。按照当时规定,贪腐一百两银子便可扒皮抽筋,但朱元璋死后,明朝还是贪腐盛行,并最终因贪腐盛行带来农民起义，最后被李自成推翻，可见，光有严苛律法，没有其他制度配套，最后难免人亡政息。

重视刑名之术也是中国古代法律的一个重要特点，我国古代立法重视刑法轻视民法缺少程序法，最为典型的是历朝历代修订的法律如《大明律》《大清律》都侧重刑罚，忽视了对个人民事行为的规范和民事权利的保护，地方由行政长官审案。这种状况一直延续至清末，清末法制变革，才明确区分公法、私法，仿照西方民法典，起草独立的《大清民律草案》，并开始建立地方法院。传统法律重视刑名是和把法律仅仅看作是统治手段、看作是统治者治理老百姓的工具的观念有密切联系的，因为在统治者观念中，法律只是统治术的一种，君主立法以治百姓，百姓的权利并非法律所要考虑的首要问题。

【关键词】 刑名之术　宽猛并济　乱世用重典

61. 儒法并用

【原文】

1　道之以政，齐之以刑，民免而无耻。道之以德，齐之以礼，有耻且格(1)。

出处：《论语·为政》

2　孟子曰："离娄之明，公输子(2)之巧，不以规矩，不能成方圆；师旷(3)之聪，不以六律，不能正五音(4)；尧、舜之道，不以仁政，不能平治天下。今有仁心仁闻，而民不被其泽，不可法于后世者，不行先王之道也。故曰：'徒善不足以为政，徒法不能以自行。'"

出处：《孟子·离娄上》

3　孝元皇帝(5)，宣帝(6)太子也。母曰共哀许皇后，宣帝微时生民间。年二岁，宣帝即位。八岁，立为太子。壮大，柔仁好儒。见宣帝所用多文法吏，以刑名绳下(7)，大臣杨恽、盖宽饶等坐刺讥辞语为罪而诛，尝侍燕(宴)从容言："陛下持刑太深，宜用儒生。"宣帝作色曰(8)："汉家自有制度，本以霸王道杂之，奈何纯任德教，用周政乎(9)！且俗儒不达时宜，好是古非今，使人眩于名实，不知所守，何足委任！"

乃叹曰："乱我家者，太子也！"繇(由)是疏太子而爱淮阳王(10)，曰："淮阳王明察好法，宜为吾子。"而王母张倢伃尤幸。上有意欲用淮阳王代太子，然以少依许氏，俱从微起，故终不背焉。

出处：《汉书·元帝纪》

【简注】

(1)"格"字向来说法很多，难以统一。主要有两种说法：一是"正"的意思，改正。二是"至"的意思，至于善。有向善，归顺的意思。

(2) 离娄：相传是黄帝时期人，目力极强，明辨秋毫。公输子，名班，鲁国人，故亦称为鲁班，著名巧匠。

(3) 师旷：春秋晋平公时的著名乐师，生而目盲，善辨音乐。

(4) 六律：音律的概称。五音：古代以宫、商、角、徵、羽为五个音阶。

(5) 孝元皇帝：汉元帝刘奭，汉宣帝之子，公元前49年至前33年在位。

(6) 汉宣帝：刘询，原名刘病已，汉武帝刘彻曾孙，戾太子刘据之孙，史皇孙刘进之子，公元前74年至前49年在位。在巫蛊之祸时襁褓中的刘询曾下狱，后被外祖母史家收养，生活在民间。元平元年(前74)昌邑王刘贺被废后，霍光等大臣将他从民间迎入宫中，先封为阳武侯，后继位。

(7) 刑名：即刑名之学。绳：处治之意。

(8) 作色：勃然变色。

(9) 周政：周朝之政，指仁政。

(10) 淮阳王：刘钦。

【今译】

1. 孔子说："用政令来引导百姓，用刑罚来规范他们，老百姓只求能免于犯罪受惩罚，却没有廉耻之心；用道德引导百姓，用礼制去规范他们，百姓不仅会有羞耻之心，而且有归服之心。"

2. 孟子说："离娄目力好，公输班技巧高，但如果不使用圆规曲尺，也不能画出方、圆；师旷耳聪对声音敏感，但如果不依据六律，也不能校正五音；即使有尧舜之道，如果不去施行仁政，也不能使天下太平。如今有些国君虽有仁爱之心、仁爱之誉，但老百姓不能得到他们的恩惠，也就不能被后世效法，这就是没有实行先王之道的缘故。所以说：'仅有为善之心，是不足以用来治理好国政；仅有法律规章，不能自行实施。'"

3. 汉元帝，是汉宣帝的太子。母亲是共哀许皇后，宣帝生活在民间时所生。他二岁时，宣帝即位，八岁时，被立为皇太子。成年以后，宽厚而尊重儒术。见宣帝所起用的多是文法吏，以刑名之术治理天下，大臣杨恽、盖宽饶等都因为刺谏君上而受诛戮。于是在陪侍宣帝宴席时正色进言："陛下用刑太多，还应重用儒生。"宣帝勃然大怒说："我大汉自有制度，本来就是儒法并用，难不成还只用儒家，重回周朝之政么？俗儒不合时宜，整天喜欢厚古薄今，使人迷惑于名实之间，不知所从。怎能委以重任？"宣帝叹息道："最终败坏我汉家江山的人是太子啊！"于是宣帝开始疏远太子而偏爱淮南王，说："淮南王偏爱律法，适合做我的继承人。"淮南王生母张婕妤也因此备受宠幸。宣帝有意以淮南王取代太子，怎奈从小是许家收养自己，他和许氏也是从贫寒起家，才最终没有背弃许皇后而另立太子。

【解读】

儒法并用是中国古代政治也是古代法律的重要特征，本篇从统治者和儒家思想家两个角度论述了儒法并用，虽然他们都主张儒法并用，但是二者的角度还是有差异的。

对于统治者来说，帝王维护自己的统治权力和地位，必须使用法律，甚至不惜使用严刑峻法，而不是单纯讲仁义，维护政权离不开仁义，但又不能信以为真，只知仁义，不知手段。汉宣帝对太子即汉元帝的讲话也显示了古代政治残酷的一面，即政治不仅需要仁义，更需要铁血手腕。无独有偶，朱元璋原本是立朱标为太子的，后朱标早逝，太孙朱允炆喜好儒家，性格柔弱，朱元璋也是采取了拔钉子的做法，担心功臣尾大不掉，便大肆诛杀，为皇太孙朱允炆顺利即位扫路，后来建文帝过于信任并重用儒生方孝孺等人，才导致失国失位。

对于儒家思想家来说，他们也认识到"徒善不足以为政"，但他们的认识重点是"徒法不能以自行"，因此他们规劝统治者，仅有暴力不行，还需要依靠德行，"齐之以刑，民免而无耻，道之以德，齐之以礼，有耻且格"，只有通过礼义，才可以将道德转化为民众的内在需求，让民众自己产生廉耻感，自己走上正道，否则是"治标不治本"。因此，仁义对于政治仍是必须的。

前者强调不能光有仁义，后者主张没有仁义难以为政，因此"儒法并用"成了最大的价值共识，虽然理解各有偏差。但这种作为共识的"儒法并用"，成了中国政治的真实写照，它也从侧面反映了中国古代政治合法性问题上的悖论和政治自身的虚伪性。

首先是政治合法性来源问题。我们一直主张政权得之于天，但实际上政权往往得之于"力"，宣扬的是有德者据之，但正如牟宗三先生在《政道与治道》中所言，得天下的人往往是"德与力兼有"，而不是仅仅靠道德，道德和军事实力二者缺一不可，而且在更多情况下，力量更为重要。所以"马上打天下"和"仁义守天下"同时构成了我们政权合法性，这二者既相互配合，但也有张力，这种张力使得政治合法性问题的论述不能彻底，不能彻底也就使得很多时候为政者可以无所顾忌，为所欲为。

其次是政治的虚伪性问题。这种虚伪性典型表现在王位继承、王位更迭之时。守住天下或者得天下靠的是血统和权谋，德性基本完全被排除在外。但是在统治者宣传中，依然强调自己德性是第一位的。这种虚伪性对中国古代政治是有破坏性的，中国古代政治本是强调政治与道德合一，“为政以德”，但是统治者即使不具备道德，仍然获得位置，使得民众对政治丧失信任，政治与价值渐行渐远，价值成为一种虚伪的宣传，所以才会有鲁迅说的“满口仁义道德，背后只有吃人二字”。它本意是政治与道德融合，最后却使得道德成为政治权力的附庸，社会道德常因政治败坏而滑坡，政治腐败年代社会经常缺少正面价值的支撑，所以，每当中国政治动荡之时，必然也是“礼崩乐坏”、价值混乱之时。

因此，作为政治治理的技术，儒法并用本没错，很多时候的确需要道德法律结合，推行政治治理，才能达成最大社会效果。但是，如果追问儒法并用背后的价值立场，则古代政治的残酷性立时显露无疑，因为对于统治者来说，无论是儒，还是法，都是他们维护统治的工具，只要有用，尽管拿来，此时他们对儒家道义也不再有所顾忌，最多拿道义来做些粉饰，此时，往往尽显儒家道义面对现实政治的苍白无力。

【关键词】　儒法并用　霸王道杂之

十三、礼 法

【题解】

本单元讨论古代法律体系及其特点，内容包括德与法的关系、礼与法的关系、断案原则、法律思维、法律文化以及法律体现的尊卑贵贱等方面，这些内容共同体现了我国古代法律的儒法并用、礼法合一，重刑名，重道德，重人情等特点；有代表性地反映了儒家思想，是儒家政治思想的重要体现。因此，了解礼法制度，既可以深入了解我国古代法律制度与法律文化，也可以加深对儒家政治的认识。

62. 德 主 刑 辅

【原文】

王若曰："孟侯，朕其弟，小子封[1]。惟乃丕显考文王，克明德慎罚；不敢侮鳏寡，庸庸[2]，祗祗[3]，威威[4]，显民，用肇造我区夏，越我一二邦以修我西土。惟时怙冒[5]，闻于上帝，帝休，天乃大命文王。"

王曰："呜呼！封，敬明乃罚。人有小罪，非眚[6]，乃惟终自作不典[7]，式尔[8]，有厥罪小[9]，乃不可不杀。乃有大罪，非终，乃惟眚灾[10]，适尔，既道极厥辜[11]，时乃不可杀。"

王曰："呜呼！封，有叙时，乃大明服，惟民其敕懋和[12]。若有疾，惟民其毕弃咎。若保赤子，惟民其康乂[13]。非汝封刑人杀人，无或刑人杀人。非汝封又曰劓刵[14]人，无或劓刵人。"

出处：《尚书·康诰》

【简注】

(1) 康叔封：周公弟，此时周公摄政，代成王发布命令，告诫康叔封，成《康浩》。

(2) 庸庸：重用可用之人。

(3) 祇祇：敬重可敬重之人。

(4) 威威：威慑那些应威慑的人。

(5) 怙：依靠，依仗。怙冒（hù mào），谓勤勉治国之大功。

(6) 眚（shěng）：过失。

(7) 终：经常。典：法。

(8) 式：用。尔：如此。

(9) 有：虽然。

(10) 眚灾：由过失造成的灾祸。

(11) 适：偶然。道：指法律。极：穷尽。辜：罪。

(12) 懋：勉也。这里用为勉励之意。

(13) 康乂（kāng yì）：孔颖达疏：“《释诂》云：康，安也；乂，治也。”

(14) 劓（yì）：古代割掉鼻子的刑罚。刵（èr）：古代割去耳朵的刑罚。

【今译】

王这样说：“年轻的封啊，你是诸侯之长，我的弟弟。你一定要发扬你父亲文王的大德，文王彰明品德，对刑罚要谨慎，慎用刑罚；不要欺侮无依无靠的人，任用当用的人，尊敬当敬的人，威慑应当威慑的人，这些都显示于人民，因此开辟了我们的疆土，和我们的几个友邦共同治理我们西方。文王的这种大功劳，被天知道了，上天很高兴，就降大命给文王。”

王说：“啊！封，你要认真通晓刑罚。如果一个人哪怕犯了小罪，但他不是过失，还经常干违法的事；这样，虽然他的罪过最小，却不能不杀。如果一个人犯了大罪，但不是经常如此，他只是因过失才造成了灾祸；这是偶然犯罪，可以按法律给予适当处罚，不应把他杀掉。”

王说：“啊！封，你这样去做，就会明白上天之意；民族就会互相劝诫，和顺相处。对待臣民犯罪，就像自己有病一样，臣民就会完全抛弃恶习；保护臣民就像保护小孩一样，臣民就会康乐安定。你姬封不去刑人杀人，没有人敢刑人杀人；你姬封不下命令要割鼻割耳，没有人敢施行割鼻割耳的刑罚。”

【解读】

这篇诰辞是周公的弟弟康叔到封地殷上任之前，周公对他的训诫辞。当时，周公刚刚平定了三监和武庚发动的叛乱。他要求康叔吸取历史教训，“明德慎罚”，治理好殷民，巩固已经取得的政权。本篇诰辞集中表述了儒家对德与法关系的认识，儒家认为，在德与法之间应该坚持以德为先，以德化人，道德优先于法律，主张依靠德性而不是严刑峻法维持统治。

从本篇诰命具体内容来看，本篇主要主张慎用刑罚，注意轻罚。其中对那些过失犯罪且愿意悔改者，应该适当从轻；要区分过失犯罪与故意犯罪，只有对那些故意犯罪且不思悔改者，才要从重处罚；不要轻易使用肉刑；对判决要慎重，多考虑，刑罚一旦做出，后果或将无可挽回。这也与古代刑罚制度直接相关。

我国古代曾经有过五刑制度，这五种刑罚都是肉刑，五种刑罚是指：黥刑（刺面并着墨）、劓刑（割鼻）、刖刑（斩足）、宫刑（又称腐刑，去势）、大辟（即死刑）。在夏商周三代，这五种刑罚都是国家常刑，秦朝与汉初都沿用了这五种刑罚，比如楚汉之争时的名将黥布，本名英布，因受秦律被黥，才被称为黥布。汉文帝时，齐国的太仓令淳于公犯罪要被处以肉刑，他的小女儿缇萦便陪同父亲到了京城长安，向文帝上书，说愿意去做官奴，以赎父亲的肉刑。文帝深受感动，下诏废除肉刑，开始进行刑制改革，这就是中国历史上有名的文帝刑制改革。

从对待刑罚的态度来看，轻用刑罚、慎用肉刑直至废除是值得肯定的，毕竟，天地贵生，人的生命最为可贵，不因小错就重刑，更不能用刑罚杜绝了罪犯悔改机会，给他们带来不可恢复的伤害。现代社会以来，重视人道主义，更是把肉刑视作违背人道的酷刑，我们可以对犯罪分子施以自由刑、惩以罚金，甚至也可剥夺严重犯罪分子的生命权，但是肉刑过于残酷，与人道相悖，几乎所有的国家都抛弃了肉刑这一方式。

从本篇诰命的思想影响来看，它提出的德主刑辅思想，具有深远意义。首先，它反映了古人对道德与法律关系的认识，古人主张道德更为根本。其次，它认识到统治的基础在德不在刑，统治者要想维护统治，必须依靠德性，而不是依靠严刑峻法进行威胁恐吓，“民不畏死奈何以死惧之”，如果把统治基础完全建立在严刑峻法之上，其统治注定不得长久。最后，在法律实施过程中，应注重德性感化，发挥道德教化对于制止犯罪的作用，这在当时具有了不起的意义，也反映了中国古代法律刑罚的重要特征。我国古代刑罚理论中，主张慎用惩罚、注重道德，让人心悦诚服，真心悔过，对于真心悔过或者无心犯罪之人给予一定的宽大处理的机会；同时也认识到道德教化照样可以维持统治，不能仅仅依靠杀人来维护统治；相比于刑罚的威慑，道德教化的方式更为内在，效果也更为持久。即使在现代社会，减少严刑峻法，注重道德教化，也是预防犯罪、改造犯罪的重要手段，因此，这种德主刑辅、明德慎罚的认识还是值得肯定的。

【关键词】 德主刑辅　明德慎罚　五刑

63. 援礼入法

【原文】

1　故圣人化性而起伪[(1)]，伪起而生礼义，礼义生而制法度；然则礼义法度者，是圣人之所生也。故圣人之所以同于众，其不异于众者，性也；所以异而过众者，伪也。夫好利[(2)]而欲得者，此人之情性也。假之人有弟兄资财而分者，且顺情性[(3)]，好利而欲得，若是，则兄弟相拂夺[(4)]矣；且化礼义之文理，若是，则让乎国人矣。故顺情性则弟兄争矣，化礼义则让乎国人矣。

出处：《荀子·性恶》

2　君臣不得不尊，父子不得不亲[(5)]，兄弟不得不顺，夫妇不得不驩[(6)]，少者以长，老者以养。故天地生之，圣人成之。……礼之于正国家也，如权衡[(7)]之于轻重也，如绳墨[(8)]之于曲直也。故人无礼不生，事无礼不成，国家无礼不宁。

出处：《荀子·大略》

【简注】

(1) 伪：人为也，指后天人为之物。

(2) 好利：喜欢贪得利益。

(3) 顺情性：顺应本性。

(4) 拂夺：争夺。

(5) 父子不得不亲：父子之间没有礼就不会亲密。

(6) 驩：通“欢”，高兴，快乐。

(7) 权：称锤。衡：称杆。权衡，称量物体轻重的器具。

(8) 绳墨：指木工打直线的墨线。

【今译】

1. 所以，圣人为了改变人本性中的恶，才有了“伪”，“伪”就是“人为”，人为的结果就产生了礼义，礼义产生后就制定法度，礼仪和法度都是圣人创制的。所以，说圣人和普通人的相同，因为他们具有人本性中恶的成分；说圣人和普通人不同并超过普通人，那是因为圣人后天人为的努力。喜好私利，并希望得到利益，这是人的本性。弟兄间分财产，如果顺应人的好利本性，都喜好私利都希望得到，那么兄弟之间就会互相争夺；如果按照礼仪规范去分配，那么他们就会与国人互相谦让。所以，顺应人的好利本性，兄弟之间就会争夺，接受礼义规范的节制，人们才会相互谦让。

2. 君臣之间没有礼就没有尊卑，父子之间没有礼就不再亲密，兄弟之间没有礼就不会和顺，夫妻之间没有礼就没有欢乐，年少之人依靠礼才能成长成人，老人依靠礼才得以颐养天年。因此，是天地产生了礼，圣人使礼得以成。……礼对于治理国家，就像秤对于衡量轻重一样重要，就像墨线对于衡量曲直一样重要。所以，没有礼仪人就无法活下去，不懂礼义办事情也不能办成，没有礼仪国家也不得安宁。

【解读】

本篇介绍礼的由来以及儒家的援礼入法、礼法并用思想。

在中国哲学史上，荀子特别注重礼，这是和荀子的性恶论思想是相联系的。荀子认为人性恶，他说的“性”是指人的自然本性，是先天之性。所以需要圣人后天人为地制定礼法，改造人的自然本性，这也就是荀子说的“化性起伪”，“伪”是“人为”之意，是指在自然本性基础上改造出来的新的人性，它是被改造后的人性，不再是自然本性。如何改造人的为恶的自然本性，这就既需要学习，更需要礼仪、法度，因此荀子认为：“故圣人化性而起伪，伪起而生礼义，礼义生而制法度。”有了礼仪和法度，才可以用制度的刚性力量来塑造新人。

在儒家思想史脉络中，荀子常不受后来的儒家待见，尤其是宋明理学对荀子不够重视，在 20 世纪的“儒法斗争”中，荀子还被归类到法家，这也是有原因的。荀子主张性恶，然后“化性起伪”，制定礼法，用法律进行统治，制定出严刑峻法去规范、调整被统治者的行为。法家代表人物韩非和李斯，都是荀子的弟子，他们都接受荀子的性恶说，以法为教，用严刑峻法治理民众。而儒家主流主张“性善”，认为“人皆可为尧舜”，主张为政以德，强调德治，强调德主刑辅，注重道德感化，主张仁政，因此在深层次上，荀子的很多主张和儒家主流是有分歧的。

在荀子的论述中，圣人制礼法，礼仪法度是联系在一起的，这一观点有重要意义。就中国法律史而言，援礼入法、礼法并用的特征非常明显。所谓礼法并用，就是把人们的日常生活礼仪变成法律规范，日常生活不是个人私事，比如对父母要尽孝，这是法律的规定，具有硬性约束力。另一方面，让法律规范要求体现在日常生活当中，法律不再冰冷，而是时刻就在生活之中。这样就使得法律与礼义二者紧密结合，互相补充，既没有隔离感，互相合作，也提高了法律礼义在生活中的效果。

正是因为礼法并用，借助于礼，才让儒家真正全面走向社会生活。我们知道，儒家很多仁义道德的思想就思想影响来讲，主要影响的是士大夫读书人，很多平民百姓没有条件读书，也就无法日常诵读、接触四书五经等儒家经典。那么，儒家思想要传播，就必须借助于日常生活礼仪，儒家知识分子成功地把儒家思想渗透到日常礼仪当中，让百姓从寻常日用中感受圣人之教，使得百姓虽然不知晓儒家经典，但对儒家思想大旨能“日用而不知”，让儒家思想全面进入社会生活，发挥了社会主流价值作用。

当前，援礼入法、礼法并用对于中国的法制建设既有启发，也有不足。其启发在于，法律不能僵化孤立，要尊重社会习俗，与社会习俗良性互动，提升法律效果。但是，它是有局限的，法律需要清晰和确定，能够把各种权利义务关系明确下来，让人们有合理期待，具有可预期性。礼俗的不足在于模糊，过于讲情景，权责不明确，在这方面，需要发挥法律的主导作用，并且独立发挥作用，抵消礼俗的不良效应。中国法律传统过于重礼俗，本身就缺乏明确的权责义务，就此，我们更应注重法，限制礼的影响。

【关键词】 **化性起伪　性恶　援礼入法**

64. 春秋决狱

【原文】

1　凡听五刑之讼，必原父子之亲、立君臣之义以权之。意论轻重之序、慎测浅深之量以别之。悉其聪明、致其忠爱以尽之。

出处:《礼记・王制》

2　《春秋》(1)之听狱(2)也，必本其事而原其志(3)。志邪者，不待成(4)；首恶者，罪特重；本直者，其论轻。是故逢丑父当斮(5)，而辕涛涂不宜执(6)，鲁季子追庆父(7)，而吴季子释阖庐(8)，此四者，罪同异论，其本殊也。俱欺三军，或死或不死；俱弑君，或诛或不诛；听讼折狱，可无审耶！故折狱而是也，理益明，教益行；折狱而非也，闇理迷众，与教相妨。教，政之本也，狱，政之末也，其事异域，其用一也，不可不以相顺，故君子重之也。

出处:《春秋繁露・精华第五》

3 天德施，地德化，人德义。天气上，地气下，人气在其间。春生夏长，百物以兴，秋杀冬收，百物以藏。

出处：《春秋繁露·人副天数第五十六》

【简注】

(1) 春秋：按照春秋的经义，或春秋史书所记载的事情。

(2) 听狱：古人判案断案称听狱。

(3) 本其事而原其志：依据事情本末，追求其最初动机。

(4) 不待成：不要等到犯罪得逞才惩治。

(5) 斮(zhuó)：斩首。

逄(páng)丑父：春秋时期齐国大夫。晋国郤克攻齐，齐顷公亲自率军拒敌，逄丑父为车右武士。后齐军大败，齐顷公被晋军包围。晋将遥见齐君金舆车乘，率兵马驱车来捉。眼看齐顷公要被擒，逄丑父急中生智，他换穿了齐顷公的锦袍绣甲，坐于金舆中，让齐顷公换上自己的服饰，坐于车右位置，后创造机会让齐顷公得以逃脱。

逄丑父作替身代国君赴难，晋帅郤克明白了他代君赴死的真相后，要追究的是他对晋军的欺诈之罪。逄丑父在临诛前的申辩中却转换角度，强调自己的代君赴死之忠，他所强调的方面完全符合于当时君臣之义。郤克如果杀掉他，则否定了君臣之义，为了晋国群臣的忠君之心，郤克最终赦免了逄丑父。

(6) 执：关押。

辕涛涂：春秋时期陈国大夫。公元前656年，召陵之会之后，辕涛涂怕齐国路过自己的国家，向郑国大夫申侯商量建议齐桓公沿东海回国。申侯同意了。但在辕涛涂向齐桓公说了之后，申侯却对齐桓公说这样会使齐国遇到夷人的袭击。齐桓公将辕涛涂扣押，并赐给申侯虎牢。

(7) 鲁桓公有四个儿子，分别是同、庆父、叔牙、季友，长子同继位当了国君，是为鲁庄公。鲁庄公晚年考虑继位人选，叔牙建议兄终弟及；季友主张父子相传。后来庆父杀掉庄公公子般，拥立了不到十岁的公子开为傀儡。季友流亡国外。后来庆父还杀掉了傀儡公子开，所以说“庆父不死，鲁难未已”。后来季友带着庄公的另一个儿子公子申回来了并拥立他为君，庆父出奔，季友在追捕庆父过程中故意放走了庆父。

(8) 吴季子：名札，春秋吴公子，即吴札。吴王寿梦少子，父寿梦欲立之，辞让。兄诸樊欲让之，又辞。诸樊死，其兄余祭立。余祭死，夷昧立。夷昧死，将授之国而避不受。夷昧之子僚立。公子光使专诸刺杀僚而自立，即阖闾(阖庐)。

阖闾认为，先君所以不传位给儿子，而传位给弟弟，都是为了季子即位。若遵照先君遗嘱，那么应由季子即位；不遵先君的遗嘱，那么应由他自己做国君。僚不应做国君。于是派专诸刺杀僚，而把国家交给季子。季子不接受，认为如果接受君位，就和阖闾一起篡位了。如果去杀阖闾，这样父子兄弟相残杀，于是离开国都到了延陵，终身不入吴国宫廷。

【今译】

1. 凡审案断罪，一定要综合考虑父子之亲、君臣之义。要认识到罪行有轻重，量刑有深浅，认识到案件与案件的不同。要用尽自己的才智，发扬忠爱之心，辨清案情。

2. 按照春秋经义来断案，一定要依据事情本末，考虑其最初动机。对动机邪恶的不要等到犯罪得逞才惩处；首恶者，从重判处；动机正直的，从轻论处。因此，从法律规定上看，逢丑父应当砍头，辕涛涂不应被拘禁，鲁季子追杀庆父，而吴季子不追究他侄子阖闾。这四种情况，罪名相同，但判刑不一样，因为其本源不一样。都欺骗三军之帅，有人被处死，有人没被处死。都是弑君，有人被诛杀有人没被诛杀；对于断案来说，难道不应该考虑动机么！因此通过判案，可以让道理更加明白，教化更易施行；错误的判案方法，依据的道理不明使得民众困惑，与教化相妨碍。教化，是为政之本，判案，是为政之末，它们虽然发生在不同领域，但它们的功用是一样的，必须让二者相协调，因此君子重视断狱之事。

3. 天的德性是施与，地的德性是化成，人之德在于义。天在上，地在下，人在天地之间。春天万物发芽，夏天长成，秋天万物肃杀，冬天收藏。

【解读】

本篇讨论中国古代法律如何判定犯罪动机的问题以及判案过程中的儒家经义与法律的关系问题。

在西汉中期儒家思想取得正统地位后，董仲舒提倡以《春秋》大义作为司法裁判的指导思想，凡是法律中没有规定的，司法官就以儒家经义作为裁判的依据；凡是法律条文与儒家经义相违背的，则儒家经义具有高于现行法律的效力。而对于犯罪动机，董仲舒主张，如果一个人的动机是好的，那么一般要从轻处理，甚至可以免罪。如果动机是邪恶的，即使有好的结果，也要受到严厉的惩罚，犯罪未遂也要按照已遂处罚，首犯要从重处罚。

其实，在周朝断案有过“五听”制度：“以五声听狱讼，求民情：一曰辞听，二曰色听，三曰气听，四曰耳听，五曰目听。”（《周礼·秋官·小司寇》）主张依据五个方面来听断诉讼，求得诉讼人的实情：一是依据言辞听断，二是依据神色听断，三是依据气息听断，四是依据听觉听断，五是依据眼神听断。五听强调的是断案过程，如何全面多角度了解嫌疑人，客观掌握案情，春秋决狱则把关注重点转移到了动机和《春秋》经义上来了。

为什么《春秋》经义特别重要？因为在儒家知识分子看来，《春秋》经义反映了基本价值规范，“孔子作《春秋》，乱臣贼子惧”，《春秋》中暗含着儒家的基本价值取向，反映了儒家的价值褒贬。司马迁说：“夫《春秋》，上明三王之道，下辨人事之纪，别嫌疑，明是非，定犹豫，善善恶恶，贤贤贱不肖，存亡国，继绝世，补敝起废，王道之大者也。”（《史记·太史公自序》）符合《春秋》大义，这是大德，大德不亏，小节可从轻；如果大德有亏，违背了儒家基本价值规范，一定要受到严惩。在此意义上，可以说儒家的法律最看重的并不是实际法律条文，而是条文背后的儒家道德规范和价值秩序，价值规范优先于法律条文，法律只是维护和实现儒家价值规范的工具，它的地位要低于儒家经典。

董仲舒的这一主张也使得中华法律具有独特的道德特征，成了我们法律传统区别于西方法律传统的主要特征，这一传统在中国历史上起着积极意义，强调教化、注重动机、侧重感化，主张德治与法治相结合，构成了中华文化的特色。但是，在当时社会条件下，过于重视道德，也有负面作用。一般来说，法律追求精确性，要求可操作，道德过于看重动机，而动机很多时候并不能外化，把动机作为主要判案因素，客观上不够精确，在实际生活中也为部分官员滥用权力打开了缺口。而把《春秋》经义凌驾于法律制度之上，也有缺点：虽然法律源于道德，也须反映道德的要求，但是在既定法律框架下，法律的权威需要得到尊重，不能随便突破法律框架而诉诸道德，这样法律没有确定性，权责义务也不确定，为道德专制留下了隐患。

董仲舒对中国古代法律体系发挥过重要影响，除了春秋决狱之外，他还把天人感应、人副天数引入法律。认为春天万物复苏，生机勃勃，不宜杀生，所以对待犯人，除非犯了谋反等极其严重罪行的，不宜处决。秋天开始，万物肃杀，尤其是下霜以后，草木枯萎，应该根据天气节气，此时再处决犯人。这就是中国古代著名的“秋冬行刑”制度，这一制度便是董仲舒根据《春秋》经义和天地万物生长规律提出来的，认为“人副天数”，人的决定不能违背天，这也是儒家思想渗透到法律制度中的重要表现。

【关键词】 本其事而原其志　诛心之论　五听　人副天数

---

65. 经权之辨

【原文】

淳于髡[(1)]曰："男女授受不亲，礼与[(2)]？"

孟子曰："礼也。"

曰："嫂溺[(3)]，则援之以手乎？"

孟子曰："嫂溺不援，是豺狼也。男女授受[(4)]不亲，礼也；嫂溺，援之以手者，权[(5)]也。"

曰："今天下溺矣，夫子之不援，何也？"

孟子曰："天下溺，援之以道；嫂溺，援之以手——子欲手援天下乎？"

出处：《孟子·离娄上》

【简注】

(1) 淳于髡(kūn)：齐国著名辩士，曾在齐威王、齐宣王和梁惠王的朝廷做官。事迹见于《战国策·齐策》《史记·孟荀列传》《史记·滑稽列传》等。

(2) 礼与：符合礼的要求么？

(3) 溺：溺水。

(4) 授：授予。受：接受。

(5) 权：本指秤锤，衡量轻重。引申为衡量轻重而变通处理，即变通之意。

【今译】

淳于髡问："男女之间不亲手递接东西，这是礼的规定吗？"

孟子说："是的。"

淳于髡又问："那么，如果嫂子溺水，小叔子用手去拉她吗？"

孟子说："嫂嫂掉在水里而不去拉她，这简直是豺狼！男女之间不亲手递接东西，这是礼的规定；嫂嫂掉在水里，小叔子用手去拉她，这是权变。"

淳于髡说："现在整个天下都掉在水里了，先生不去救援，这又是为什么呢？"

孟子说："整个天下掉在水里了，要用'道'去救援；嫂嫂掉在水里，用手去拉就可以了——您难道要我用手去救援天下吗？"

【解读】

本篇介绍了历史上著名的经权之辨。

经与权是我国古代政治与法律中的重要术语。何谓"经"，董仲舒说，"经者，常也"，是亘古不变的永恒原则。何谓"权"，权者宜也，可以根据实际情况灵活变通。照理说来，经与权应该相互补充，经中有权、权不破经，但实际上，人们一直批评古代法律是"以权变经"，用灵活性取代了原则性，使得古代法律的原则性东西一直没有确立，而表现出过分的灵活性，甚至只有灵活而无原则。

关于"以权变经"的批评是有道理的。首先，在我国传统法律中，的确缺少固定不移的法律原则。我国古代法律首先受到了道德的制约，表现非常明显的便是董仲舒提出的"《春秋》决狱"，以《春秋》大义来审案断案，相对于《春秋》大义和道德原则，法律的地位明显低于它们，也就很难唤起人们对法律原则和权威的尊重。其次便是经与权的问题，中国法律过于重视权，重视具体情境下的法律原则，较少依据固定不移的法律原则。在古人的认识中，甚至并不存在固定的原则，人应该根据具体的情境，做出适当的行为，只要在该种情境下行为是适当的，哪怕违背、破坏原则也是可以的。比如对于"义"，《中庸》说："义者，宜也。"后人对此注解为："义之本训谓礼容各得其宜。"可见，只要情境适宜便可看作是"义"。"大行不顾细谨，大礼不辞小让。"(《史记·项羽本纪》)主张的也是只要做大事，礼仪原则都是小问题，可以忽略不计。可见，古人的确对道德、法律原则是不够重视的，在很大程度，"以权变经"的批评是能够成立的。古人重权，也是和我国古代社会格局相联系的，我们古代是伦理社会、人情社会，办事更多讲关系、看人情，法律规则的确缺少用武之地，人情关系比法律原则更为有效，久而久之，也造就了古人重权轻经的状态。

无论在政治实践中，还是在法律实践中，"以权变经"都带来了严重的后果，它使得国人不注重法律原则，法律观念淡薄，缺少法治信仰，在国人看来，法律原则都是可以突破的框框，应该根据具体情境自主决定合适的方法。人们常说，"规矩是死的，人是活的"，言下之意便是，我们可以根据自己需要突破规矩。这一观念至今仍有市场，它直接带来了中国当下法律信仰的难题，人们更多"信权不信法"，法律没尊严，法律难以成为人们的终极信仰，这些都可以看作是"以权变经"带来的后果。

其实，在当代伦理学中，"权"对应的是道德情境主义，情境主义本身也有一定的理论困境。顾名思义，情境主义要求根据具体情境进行道德选择，但是对于具体情境的判断一直是个难题。究竟应该是由个人判断具体情境还是根据普遍规则来判定具体情境？如果由个人来判定，则难免使得个人裁判权过大，放纵了个人的主观性；如果根据普遍规则来决定具体情境，则又陷入了悖论，最终情境并不是真正的情境。因此，正确处理好原则与灵活的关系，既要坚持原则，又允许一定范围的灵活处置，才是一个理想的状态，只不过，这一状态较为难得，需要我们运用政治法律智慧，寻找最佳结合点。但是，我们决不能畏难而退，尤其不能退回到古代“以权变经”的传统中去，只讲权变，不讲原则，如果那样，法治社会的梦想终将落空。

【关键词】 经权之辨　义者宜也　授受不亲

66. 亲亲相隐

【原文】

1　叶公语孔子曰：“吾党有直躬者(1)，其父攘羊(2)，而子证(3)之。”孔子曰：“吾党之直者，异于是，父为子隐(4)，子为父隐，直在其中矣。”

出处：《论语·子路》

2　桃应(5)问曰：“舜为天子，皋陶(6)为士，瞽瞍(7)杀人，则如之何？”孟子曰：“执之而已矣。”“然则舜不禁(8)与？”曰：“夫舜恶得而禁之？夫有所受之也。”“然则舜如之何？”曰：“舜视弃天下犹弃敝蹝也。窃负而逃，遵海滨而处，终身䜣然(9)，乐而忘天下。”

出处：《孟子·尽心上》

【简注】

(1) 党：乡党，古代以五百户为一党。直躬者：正直的人。

(2) 攘羊：偷羊。

(3) 证：告发。

(4) 隐：隐瞒，隐藏。

(5) 桃应：孟子的学生。

(6) 皋陶(gāo yáo)：传说虞舜时的司法官。

(7) 瞽瞍(gǔ sǒu)：虞舜之父。瞽是瞎子的意思。

(8) 禁：干预。

(9) 䜣：同“欣”。

【今译】

1. 叶公告诉孔子说：“我的家乡有个正直的人，他的父亲偷了人家的羊，他告发了父亲。”孔子说：“我家乡的正直的人和你讲的正直人不一样：父亲为儿子隐瞒，儿子为父亲隐瞒。正直就在其中了。”

2. 桃应问：“舜做天子，皋陶做执法官，假如舜的父亲瞽瞍杀了人，那怎么办？”

孟子说：“把瞽瞍抓起来就是了。”

桃应问：“难道舜不干预吗？”

孟子说：“舜怎么能够干预呢？皋陶是按职责办事。”

桃应问：“那么，舜应该怎么办呢？”

孟子说：“舜会看得像抛弃破鞋子一样，抛弃天子之位。他偷偷地背负父亲逃走，一直走到海滨然后住下来，终身享天伦之乐，快乐得不再把治理天下作为重担放在心上。”

【解读】

本篇讨论我国法律中的“容隐问题”，容隐也称“亲亲相隐”，指亲属之间可以相互隐瞒罪行，亲属犯罪可以不告发和不作证。

在儒家话语中，容隐不仅是法律问题，也是道德问题。儒家道德以仁孝为本，君子务本，本立而道生。《论语·八佾》所谓“人而不仁，如礼何”，君子当先立其本，本立好了道自然而生，《论语·学而》说“其为人也孝悌，而好犯上者鲜矣”，《论语·里仁》有“唯仁者能好人，能恶人”，只有立本才能经世，而且进一步讲，务本就是为政，也就是《论语·为政》讲的“或问孔子曰：子奚不为正。子曰：书云‘孝乎惟孝，友于兄弟，施于有政。’是亦为政，奚其为为政。”这个本，对于建立道德规范来说是基础，有了基础，才可能有道德规范，把“本”立好了，各样“用”自然会生长出来。道德人情是法律之本，立法需尊重这个本末顺序，内修其身，外致其用。

儒家的容隐思想也影响了中国法律制度。史载汉宣帝地节四年(前66)诏曰：“父子之亲，夫妇之道，天性也。虽有祸乱犹蒙死而存之，诚爱结于心，仁厚之至也。自今子首匿父母、妻匿夫、孙匿大父母，皆勿坐。其父母匿子、夫匿妻、大父母匿孙也，罪殊死，皆上请廷尉以闻。”①到唐代，容隐制度已很详备，《唐律·名例》规定“诸同居，若大功以上亲及外祖父母外孙，若孙之妇，夫之兄弟及兄弟妻，有罪相为隐”。之后历朝都因袭了这一制度，到1910年的《大清新刑律》、1935年的《中华民国刑法》等法律还规定亲属之间可以相互隐瞒，不受处罚。

西方一直以来就有自然法和成文法、神法和人法的区分，他们认为自然法、神法是永恒法，它们代表了正义，人定的法是短暂的、有特殊利益考量的，当二者发生

① 杨鸿烈：《中国法律思想史》，中国政法大学出版社，2004年，第188页。

冲突时，自然法高于成文法，神法高于人法，我们应该尊重自然法，尊重正义和良知。以此看来，容隐也是有道德基础的，所以西方也有容隐的法律。当然这些国家的容隐制度和中国传统的并不完全相同，比如在亲属范围、认可程度上并不完全一样，但基本的原则是确定的，就是现代法制继续承认容隐制度，承认亲属的作证豁免权。

但是，在中国，容隐问题有一定特殊性，因为中国传统社会过分注重人情，常有法律不敌人情的现象，而这些现象与容隐多少有点关系。首先，容隐的确表达了人情高于法律的思想，主张亲属亲情高于法律原则，并把这些思想推行到法律中去，对中国法律传统产生了深远影响。其次，在中国这样一个缺乏法治传统，甚至像有学者指出的一直官官相护、尊尊为大的国度里，这种文化是有可能会和官场的不正当利益相结合的，为寻租找借口。很多人常为了不正当利益谋取社会关系，并把这种种不义冠上一个亲情人伦之名，比如所谓的“三亲”（血亲、姻亲、干亲）、“五老”（老邻居、老同学、老同事、老战友、老朋友）常被利用起来获取不当利益。因此，为了确立法律自身的崇高地位，也为了防范亲属之间勾结腐败，也有必要对容隐权做出一定限制。

当前，对于容隐问题，一方面，要尊重儒家道德传统，看到容隐权的道德考量，对容隐权可以进行一定程度的法律尊重，比如在法律中引入一定范围的容隐权，而不是全盘否定容隐权的必要性。但是，在引入容隐权的过程中应特别注意限制容隐的负面作用，用法律对其严格限制，甚至可以对公职人员专门加以限制，推动容隐制度的现代转化。另一方面，要尊重现代法治的精神，遏制法律不敌人情的现象，确保法律的严格执行，真正做到“有法必依、执法必严”，在法律没有为亲疏容隐权打开缺口的情况下，严防亲情人情对法律的干扰与破坏，维护法律尊严。总之，既可以尝试在一定范围内，对容隐给予肯定，建立好容隐制度，以法律制度的形式确认容隐；也做好严格的制度设计，防止亲情人情对整个法律制度的破坏，维护法律尊严。

【关键词】 亲亲相隐　容隐　人情社会

67. 尊卑贵贱

【原文】

1　礼不下庶人，刑不上大夫。

出处：《礼记·曲礼上》

2 以八辟丽邦法，附刑罚：一曰议亲之辟，二曰议故之辟，三曰议贤之辟，四曰议能之辟，五曰议功之辟，六曰议贵之辟，七曰议勤之辟，八曰议宾之辟。(1)

出处：《周礼·秋官·小司寇》

3 故先王案为之制礼义以分之，使有贵贱之等，长幼之差，知愚、能不能之分(2)，皆使人载(3)其事而各得其宜。然后使谷禄多少厚薄之称，是夫群居和一之道也。

出处：《荀子·荣辱》

4 礼者，贵贱有等；长幼有差，贫富轻重皆有称者也。故天子袾裷(4)衣冕，诸侯玄裷(5)衣冕，大夫裨冕(6)，士皮弁服(7)。德必称位，位必称禄，禄必称用，由士以上则必以礼乐节之，众庶百姓则必以法数制之。

出处：《荀子·富国》

【简注】

(1) 议亲：皇帝的亲戚。议故：皇帝的故旧。议贤：贤能的人。议能：有才干的人。议功：对国家有功劳的人。议贵：即特定品级以上的官员或有特定等级爵位的人。议勤：勤于政务的人。议宾：即前朝国君的后裔被尊为国宾的。(参见《唐律疏议·名例》)

(2) 知愚：聪明人和愚笨的人。能不能：有能力的和没能力的有所区分。

(3) 载：胜任。

(4) 袾裷(zhū gǔn)：杨倞注“袾，古‘朱’字。裷，与‘衮’同。画龙于衣谓之衮，朱衮以朱为质也”。

(5) 玄裷：古代王公所穿的一种绣着卷龙的黑色礼服。

(6) 裨冕：着裨衣，戴冕。古代诸侯卿大夫朝觐或祭祀时所穿冕服的通称。

(7) 皮弁服：以白缯为之，也称“缟衣”。

【今译】

1. 对待平民百姓不用对上之礼，对待卿大夫不应采用刑罚。

2. 用八议制度来调整国家的法律，用它们调整刑罚：一是对皇室亲族的议罪法，二是对天子的故旧的议罪法，三是对贤能人士的议罪法，四是对有才干的人的议罪法，五是对有重大功勋者的议罪法，六是对地位尊贵者的议罪法，七是对勤勉为政之人的议罪法，八是对宾客的议罪法。

3. 因此古代圣王给人们制定了礼义来区别民众，使他们有高贵与低贱的等级，有年长与年幼的差别，有聪明与愚蠢、贤能与无能的分别，人人都各干各的工作，俸禄的多少与他们的地位和工作相称，这才是使民众群居生活并能够和谐相处的办法。

4. 礼制，一定要做到贵贱有等级，长幼有差别，贫富尊卑各与自己身份相称。所以天子穿红色的龙袍，戴礼帽；诸侯穿黑色的龙袍，戴礼帽；大夫穿裨衣，戴礼帽；士人戴白鹿皮做的帽子，穿白色褶子裙。德行和地位一定要相称，职位与俸禄一定要相称，俸禄与费用一定要相称。对士以上的人群就必须用礼乐来约束节制他们，对群众百姓就用法律去治理他们。

【解读】

本篇主要介绍中国法律重视等级，尊卑贵贱等级森严，这是我国古代法律制度的重要特点。

儒家重视等级是有原因的，从思想认识上看，儒家认为等级代表了秩序，孔子说："八佾舞于庭，是可忍孰不可忍。"（《论语・八佾》）佾是奏乐舞蹈的行列，也是表示社会地位的乐舞等级、规格。一佾指一列八人，八佾八列六十四人。按周礼规定，只有周天子才能用八佾，诸侯用六佾，卿大夫用四佾，士用二佾。诸侯大夫僭越，使用了本属于周天子的礼仪，破坏了社会基本价值秩序，带来了礼崩乐坏，因此，在孔子看来这是不可容忍的，破坏等级秩序就是否定价值规范。因此儒家才会以一系列制度来维护等级区分，衣食住行无不体现等级地位，天子诸侯卿大夫各有自己的车辇、衣着，不能随便僭越。

儒家的等级观念体现在法律制度上，就是要对特定人群给予特殊法律权利，这就包括所谓的八议制度，八议最初出现在周礼之中，经过后来历朝的发展，制度上更加完备，提出这八种人犯了死罪，官府不能直接定罪判刑，而要将他的犯罪情况和特殊身份报到朝廷，由负责的官员集体审议，提出意见，报请皇帝裁决。这八种人犯其他罪行，都要减一等论罪。这也反映了《礼记》主张的"刑不上大夫、礼不下庶人"，可见，在具体法律执行中，等级尊卑还是非常明显的。

至于人为什么要有等级差别，这是一个重要的政治哲学话题。在儒家思想中，特别是在荀子那里，人天生有差别，这种差别既体现在出生的血统上（如庶嫡之分、贵族与平民之分），也体现在个人能力上（智愚、能不能之分），因此，作为制礼法的圣人，应该看到并尊重这种差距，按照其差距给予不同的待遇，这样才能让大家各安其分，相安无事（群居和一之道）。因此，在荀子看来，尊重差异，各安其分，才是政治顺利运转的前提，毕竟，人和人的差别是客观存在的。

但是这种差别理论在现代社会是有困难的，现代社会主张平等，平等首先要求权利平等，不同的人都应具有相同的政治权利、人格权利。不但如此，很多人还要求结果平等，即使身体先天缺陷，我也可以要求获得与其他人同等享受社会福利的权利，为了能让我的权利顺利实现，政府有必要为我专修残疾人通道，这样我才可以和别人在实际上享受了同等权利。可见，现代政治首先主张权利平等，在实际运转中，政治不但不能顺应不平等来制定等级规范和等级待遇，还应该努力消除这种不平等，让每个人最终能够享有平等的权利。这种观念就与儒家顺应不平等并维护这种不平等形成了强烈冲突。现代社会无法接受"刑不上大夫、礼不下庶人"的观念，主张法律面前人人平等，这种平等就是守法平等，还包括立法平等，这种等级观念在现代社会的平等观念面前必须做出调整与修正。

【关键词】 尊卑贵贱　八议　刑不上大夫，礼不下庶人

十四、兵　道

【题解】

本单元讨论古人对战争的理解与古代兵制。战争是政治的表达，对战争的不同理解反映了不同的政治观点。大体说来，儒家主张战争的目的是行王道而非霸道，战争的胜负取决于天时地利人和；兵家系统研究了带兵打仗的策略与技术；墨家向往和平，主张非攻；它们共同构成了古人对待战争问题的态度。兵制是政治制度的重要方面，制度设计反映了古人的价值追求与政治考虑，也值得我们学习了解。

68. 王道与霸道

【原文】

1　孟子曰："以力假仁者霸，霸必有大国。以德行仁者王，王不待大：汤以七十里，文王以百里。以力服人者，非心服也，力不赡也。以德服人者，中心悦而诚服也，如七十子[1]之服孔子也。《诗》云：'自西自东，自南自北，无思不服。'[2]此之谓也。"

出处：《孟子·公孙丑上》

2　齐人伐燕[3]，胜之。宣王问曰："或谓寡人勿取，或谓寡人取之。以万乘之国[4]伐万乘之国，五旬而举之[5]，人力不至于此。不取，必有天殃[6]。取之，何如？"

孟子对曰："取之而燕民悦，则取之。古之人有行之者，武王是也[7]。取之而燕民不悦，则勿取。古之人有行之者，文王是也[8]。以万乘之国伐万乘之国，箪食壶浆[9]，以迎王师。岂有他哉？避水火也。如水益深,如火益热,亦运而已矣。”

出处:《孟子·梁惠王下》

3 孟子曰:“五霸(10)者,三王(11)之罪人也。……五霸者,搂(12)诸侯以伐诸侯者也。故曰五霸者,三王之罪人也。”

出处:《孟子·告子下》

【简注】

(1) 七十子:指孔子门徒中七十贤人。

(2) 自西自东,自南自北,无思不服:指周王盛德感化四方,四方咸服。出自《诗经·大雅·文王有声》。

(3) 齐人伐燕:齐宣王五年(前315),燕王哙将燕国让给他的相国子之,国人不服气,将军市被和太子平进攻子之,子之杀死了市被和太子平,国内一片混乱。齐宣王趁机进攻燕国,很快就取得了胜利。

(4) 五旬而举之:因燕国内乱,齐国军队五十天就攻进了燕国的首都,杀死了燕王哙和子之。

(5) 万乘之国:万乘指一万辆兵车,周代制度规定,天子地方千里,能出兵车万乘,因此“万乘”本指天子,但战国时期王室早已沦为一中等诸侯国,大国都有万乘战车。

(6) 不取,必有天殃:因齐宣王认为他攻打燕国太顺利,“人力不至于此”,是天意。所以,如果不占领它就是违背天意,必有灾殃。

(7) 武王是也:指武王灭纣。

(8) 文王是也:指文王已三分天下有其二,但仍然服事殷商而没有造反。

(9) 箪:盛饭的竹筐。食:饭。浆:米酒。

(10) 五霸:春秋时期,周王室势力衰微,权威不再,已经无法有效控制天下诸侯,一些强大的诸侯国先后成为在政治、军事中占据主导地位的一方霸主。一般指春秋时的齐桓公、晋文公、宋襄公、秦穆公、楚庄王。

(11) 三王:夏禹,商汤,周文王、武王。

(12) 搂:拉拢。

【今译】

1. 孟子说:“凭借武力假托仁义的可以称霸,自身必须得是大国才能称霸;依靠德性、行仁义的可以称王,称王不需要以自身是大国为条件——商汤凭七十里的地方,文王凭百里的地方就称王了。靠武力让人服从,不是真心服从,只是力量不够(反抗)罢了;靠道德让人服从,是心里愉快,真心服从,就像七十位弟子敬服孔子那样。《诗经》上说:‘从西从东,从南从北,无不心悦诚服。’就是说的这种情况。”

2. 齐国人攻打燕国获胜了。齐宣王问孟子:“有人劝我不要占领燕国,又有人劝我占领它。我觉得,以一个拥有万辆兵车的大国去攻打一个同样拥有万辆兵车的大国,只用了五十天就打下来了,光凭人力是做不到的(这一定是天意)。如果我们不占领它,一定会遭到天灾吧。我准备占领它,您看怎么样?”

孟子回答说:“如果占领它而使燕国的老百姓高兴,那就占领它。古人中周武王便是这样做的。如果占领它而燕国的老百姓不高兴,那就不要占领它。古人中周文王便是这样做的。如果一个拥有万辆兵车的大国去攻打另一个同样拥有万辆兵车的大国,他们的老百姓却用饭筐装着饭,用酒壶盛着酒浆来欢迎攻占它的军队,难道有别的什么原因吗?不过是想摆脱他们那水深火热的日子罢了。如果您的攻打让他们的水更深,火更热,那他们也就会转而去求别的出路了。”

3. 孟子说:“对于三王来说,五霸是罪人。……五霸呢,是挟持一部分诸侯来攻伐另一部分诸侯的人,所以说,对三王来说,五霸是有罪的人。”

【解读】

本篇介绍古人对战争的道义性的理解。战争征伐如何具有道义色彩,一直是古人关心的重要问题。因为日常政治生活中,战争往往不可避免,怎么让战争具有道义特征,必须要做出回答。儒家的观点非常明确,战争的目的是为了推行王道。

其实,王道本是内政问题,作为内政的王道强调的是,政治应该追求道义,行大道以济天下,而不仅仅是为了维护君主的统治地位,或者为了实现所谓的富国强兵,富强之类皆属霸道。但战争也属内政,而且在战争问题上王霸之辨区分明显,所以我们可以集中讨论战争中的王霸问题。何为战争中的王道,在孟子看来,首先,战争不是为了统治者的利益,而是为了民众利益,是解民众于水火,把受苦难的民众解救出来,只有这样,民众才会支持战争。就比如武王伐纣,周武王推翻商纣王是为了解救天下受苦之百姓,所以民众必然箪食壶浆以迎王师。如果战争仅仅是为了统治者的一己之私,不但没有解救民众,还把民众推向更深的苦难之中,“如水益深,如火益热”,统治者必定得不到民众的支持,也不会取得最终胜利。其次,战争的过程也要注重道义,不能过于诡诈,使用的手段不能太过残暴、不符合道义特征。在此我们可以看看孟子对春秋五霸的分析,他认为春秋五霸是“搂诸侯以伐诸侯”,手段比较低劣,所以才有“仲尼之徒无道桓文之事者”。

王道是相对于霸道而言的,霸道不追求解救百姓于水火,战争只是为了扩张领土、扩展统治、称霸一方,所以在孟子看来,春秋时代的列国争霸,它们都是君主们为了一己私利之战;而且霸道的战争只追求战争的胜利,不顾惜战争的道义形象,不惜一切手段去赢得战争，用尽计谋，这些手段也为儒家所不取。所以孟子称五霸是“三王之罪人”。孟子认为，只有行王道才能统一天下，“王者无敌于天下”，哪怕地域狭小，因为王道能得到百姓支持，因此行王道而王天下是无条件的，一定可以实现的。反之，行霸道要有一定条件，他要求君主有一定的地域，必须自身是个大国，然后行霸道或可称霸一方，但一定不能王天下，而且这种称霸一方也是短期的，很有可能被别人推翻。因此，行王道而非霸道才是战争的首要价值。

王霸之争对于掌握中国古代政治与战争话语非常重要，战争冲突双方都会把自己打扮成行王道，自称是王者之师，是“救民于水火、解民于倒悬”的正义之师，是来解放人民的军队；并指责对方是行霸道，驱民于水火。因而战争的一方只要占据了“王道”，就能占据道义制高点，来指责审判对方。而实际上，历史上的战争虽多，真正行王道的战争并不多，更多的战争还是统治者为了一己之私而发动的，民众在战争中受益少受苦多，他们并没有被王侯将相们“救于水火，解于倒悬”，相反，民众永远是被忽略的一方，他们并无权参与战争话语，王道也成了很多统治者追逐私欲的贴金纸。王道在更多时候都停留在价值理想层面，诚然，价值理想不可少，如果没有王道霸道之争的制约，现实可能会变得更糟。只是，儒家的价值理想如何更多制约现实，发挥更大作用，而不被轻易盗用，这是一个值得深思的问题。

【关键词】 王道　霸道　春秋五霸

69. 天时地利人和

【原文】

孟子曰：“天时不如地利，地利不如人和。(1) 三里之城，七里之郭(2)，环而攻之而不胜。夫环而攻之，必有得天时者矣；然而不胜者，是天时不如地利也。城非不高也，池(3)非不深也，兵革(4)非不坚利也，米粟非不多也；委而去之，是地利不如人和也。故曰：域(5)民不以封疆之界，固国不以山溪之险，威天下不以兵革之利。得道者多助，失道者寡助。寡助之至，亲戚畔(6)之；多助之至，天下顺之。以天下之所顺，攻亲戚之所畔；故君子有(7)不战，战必胜矣。”

出处：《孟子·公孙丑下》

【简注】

(1) 天时：有利于作战的天气。地利：地势地形。人和：人心所向，内部团结。

(2) 三里之城，七里之郭：内城叫“城”，外城叫“郭”。

(3) 池：护城河。

(4) 兵：武器，指戈矛刀箭等攻击性武器。革：皮革，指铠甲。

(5) 域：疆界，此处为动词，圈定界限。

(6) 畔：同“叛”，背叛，反叛。

(7) 有：要么。

【今译】

孟子说：“有利于作战的天时，比不上有利于作战的地势，有利于作战的地势，比不上内部团结、受人拥护。

“方圆三里的内城，方圆七里的外城，包围并攻打它却不能取胜。包围并攻打它的一方，一定得到了天时，却没有取胜，这说明天时比不上有利的地理形势。城墙不是不高，护城河不是不深，武器装备很精良，粮食也很充足，但是守城者却弃城而逃，这是因为对作战有利的地形比不上作战中的内部团结、人心所向。

“因此，要想让人民定居下来而不迁居他处，光靠划定的疆域界限是没有用的，巩固国防不能光靠山河险要，称霸天下不能仅靠武器装备的锋利。有道之人，帮助支持他的人就多，无道之人，帮助支持他的人就少。帮助他的人少到了极点，亲戚都会背叛他。帮助他的人多到了极点，天下人都会支持他。凭借天下人的支持，去攻打连亲戚都会背叛的人，要么不去攻打他，攻打他就一定会胜利。”

【解读】

本篇主要介绍儒家认为的战争胜负的决定因素。

在儒家看来，决定战争胜负的最重要因素是人和，是人心，而不是气候、地形，或者兵强马壮。所以，统治者不要疲于扩军备战，穷兵黩武，而应该做好内政，让百姓安居乐业，得民心，在此意义上，儒家鼓励君主修文德，行仁政，如此方能无敌天下，才能长治久安，永保社稷。

对此，我国古代很多君王都有类似认识，宋太宗曾颁布上谕：“国家若无外忧，必有内患，外忧不过边事，皆可预防；唯奸邪无状，若为内患，深可惧也。帝王用心，常须谨此。”(《续资治通鉴长编 · 卷三十二》)因此，帝王在维护江山社稷方面应牢记，外忧比不上内患，堡垒最易从内部攻破，因此，内政高于外交。

无独有偶，清圣祖康熙也曾颁布类似上谕，康熙年间，古北口总兵蔡元向朝廷上书，他所管辖的那一带长城“倾塌甚多，请行修筑”。康熙竟然完全不同意，批示：“秦筑长城以来，汉、唐、宋亦常修理，其时岂无边患？明末我太祖统大兵长驱直入，诸路瓦解，皆莫能挡，可见守国之道，唯在修得民心，民心悦则邦本固，而边境自固，所谓‘众志成城’者是也。如古北、喜峰口一带。朕皆巡阅，概多损坏，今欲修之，兴工劳役，岂能无害百姓？且长城延袤数千里，养兵几何方能分守？”（《清圣祖实录·卷一五一》）康熙的话也很直白，历朝历代几乎都不是外部攻破的，问题都出自内部。

诚然，这些帝王的认识是难能可贵的，他们都认识到，要实现江山社稷永固，必须做好内政，获取内部支持，民众不造反，权贵不夺权。但是，他们并没有完全忠实于儒家思想。

儒家关心的是仁政与王道，但统治者关心的永远只是江山社稷，他们认为，战争、军事的目的就是为了维护统治，所以行仁政只是手段，如果内政与维护统治冲突，如果内政不是决定他们统治的根据，他们一定不会对老百姓客气，而是尽可能掠夺百姓，对外求荣求安稳。比如在清朝《辛丑条约》签订过程中，慈禧已被八国联军赶到西安，在洋人更容易威胁到清廷统治时，慈禧发布了“量中华之物力，结友邦之欢心”的著名上谕，表现出“宁予友邦，不予家奴”的态势，清廷宁可得罪老百姓，也要取悦外国主子，以维护统治，此时哪里还有康熙宣称的“守国之道，在修民心”？统治者关心的只是守国，至于是卖国以守国还是行仁政以守国，民众福祉在所不顾在所不问。

应该说，统治者为维护江山社稷而卖国求安稳的方法，在儒家思想看来应该受到批判，孟子主张民贵君轻，社稷安危是王公大臣的事，卖国求安实际上是为了江山社稷出卖天下人之利益。应知，天下乃天下人之天下，如果出现这样的事，此时政权合法性就应受到质疑了，人们应该另择君主。但是，在中国历史上，这样的事情却屡见不鲜，比如石敬瑭为维护自己儿皇帝地位，割让燕云十六州等，可见，在帝王眼中，民众实际上并不重要，他们只关心自己江山，江山也是他们自己囊中之物，虽有儒家思想众多忠告，他们总是和儒家貌合神离。对于这种貌合神离状态与原因要有清醒认识。

【关键词】 天时地利人和　内忧与外患

---

70. 计　　谋

【原文】

1 孙子(1)曰：兵者，国之大事，死生之地，存亡之道，不可不察也。故经之以五事，校之以计而索其情[2]：一曰道，二曰天，三曰地，四曰将，五曰法。道者，令民与上同意也，故可以与之死，可以与之生，而不畏危。天者，阴阳、寒暑、时制也。地者，远近、险易、广狭、死生也。将者，智、信、仁、勇、严也。法者，曲制[3]、官道、主用也。凡此五者，将莫不闻，知之者胜，不知者不胜。故校之以计而索其情，曰：主孰有道？将孰有能？天地孰得？法令孰行？兵众孰强？士卒孰练？赏罚孰明？吾以此知胜负矣。

出处：《孙子兵法·计》

2　凡用兵之法，全[4]国为上，破国次之；全军为上，破军次之；全旅为上，破旅次之；全卒为上，破卒次之；全伍为上，破伍次之。[5]是故百战百胜，非善之善者也；不战而屈人之兵，善之善者也。故上兵伐谋，其次伐交[6]，其次伐兵，其下攻城。攻城之法，为不得已。

出处：《孙子兵法·谋攻》

【简注】

(1) 孙武(约前545—前470)：字长卿，春秋时期齐国人，吴国将领。著名军事家。曾率领吴国军队大破楚国军队，占领了楚的国都郢城，几灭亡楚国。著有《孙子兵法》十三篇，为后世兵法家所推崇，被誉为“兵学圣典”。

(2) 校(jiào)之以计：以计谋来检校用兵。

(3) 曲制：军队编制的制度。亦用以指军队。

(4) 全：保全。

(5) 卒、伍：《周礼》百人为卒，五人为伍。

(6) 交：外交，指通过外交手段解决军事问题。

【今译】

1. 孙子说：战争是国家的大事，它关系到国家的生死存亡，必须慎重对待。因此，要比较五个方面的情况，掌握实情，以此分析战争胜负：一是道义，二是天时，三是地势，四是将领，五是法度。道义，占据道义，民众就会和君主同心同德，战时他们才会为君主去死，不会有所畏惧。天时，就是指昼夜变化、寒暑季节、时令变化等。地势，就是指路途远近、险隘平坦、开阔狭窄、便于作战还是不利作战等条件。要看将领是否具备智慧、诚信、仁爱、勇猛、严明等素质。法度，主要指军队编制、军官制度、军需制度等。将领必须了解这五个方面的情况，孰知这些情况的就能取胜，不然就会失败。此外，还要对下述情况进行比较，以掌握真实情况。即双方君主哪一方占据道义？哪一方将帅更有才能？哪一方占据天时地利？哪一方军纪严明？哪一方兵力强壮？哪一方士兵经常训练？哪一方赏罚分明？我通过分析这些情况来判断谁胜谁负。

2. 孙子说：大凡用兵的原则，保全整个国家使其投降是上策，击破敌国就次一等；保全敌人全军使其投降是上策，击破敌人的军队就次一等；使敌人一个“旅”的队伍投降是上策，击破敌人一个“旅”就次一等；使敌人全“卒”投降是上策，击破敌人一个“卒”的队伍就次一等；使敌人全“伍”投降是上策，击破敌人的“伍”就次一等。因此，百战百胜，还不算是最好，互不消耗让别人投降才是最好。因此，最好的用兵策略是通过谋略取胜，其次是以外交手段取胜，再次是出动军队作战取胜，最下策才是攻城，不到万不得已不去攻城。

【解读】

本篇主要介绍兵家对待战争的思考与策略。其中《计》篇主张慎重对待战争，认为决定战争的有五方面因素，都要通盘考虑，《谋攻篇》提出作战的原则，如何减少自己牺牲，以最小代价取得最大胜利。这两篇在《孙子兵法》中有一定典型性。前者说明，哪些因素最为重要；后者反映出对战争的整体考虑。它们都反映出《孙子兵法》的一个共同特点，凡事需要统筹谋略，要重视谋略，只有做好谋略，方能百战不殆。

就《孙子兵法》全书来看，《孙子兵法》共十三篇，第一篇为《计》，讲比较敌我的各种条件，制订作战计划。第二篇为《作战》，讲如何全面做好战争准备，取得胜利。第三篇《谋攻》讲的是以智谋攻城，取得最大战争成果。第四篇《军形》，讲的影响战争的基本因素，如战争的物质准备。第五篇《兵势》，讲影响成败的其他因素，做到奇正结合。第六篇《虚实》，讲如何虚实结合，分散敌人、集中优势战胜强敌。第七篇《军争》，讲的是如何夺取会战的先机之利。第八篇《九变》，讲将领可以根据不同情况采取变通。第九篇《行军》，讲行军中宿营和观察敌情。第十篇《地形》，讲不同的作战地形及相应的战术要求。第十一篇《九地》，根据不同地理形势和深入敌方的程度，区分九种作战环境，提出相应的战术要求。第十二篇《火攻》，讲火攻的方法，并提出慎用火攻。第十三篇《用间》，如何使用间谍作战。在中国古代，通晓《孙子兵法》也是战争的必备技术，但凡将领率兵打仗，对《孙子兵法》所列的各项技术大体都要有所了解。在中国历史上，通晓《孙子兵法》并能常打胜仗的将帅不计其数，比如毛泽东对《孙子兵法》就非常熟悉，也常能指挥打胜仗，可见，《孙子兵法》对于打仗的技术之论述深刻。

兵家提出“将者，智、信、仁、勇、严也”，把它们看作是将领的基本素质，并给予高度肯定。对此，杜牧曾指出：“先王之道，以仁为首；兵家者流，用智为先。”从这一点来看，儒家和兵家区别明显，儒家一定要以道义为先，“明其道不计其功”，而不是把计谋放在首位。兵家虽然也有对战争的一些筹划，但基本仍停留在朝堂之上，做战前的规划，并没有占据道义，并非谋道，只是谋略。可见，兵家作为一种战争的技术，能够做到“战必胜、攻必克”的谋略，其他在所不问。这就涉及到中国古人的道器之分。

《周易》有言，“形而上者谓之道，形而下者谓之器”，《孙子兵法》主要讨论战争的技术，尚停留在技术层面，应该说依然是“器”。作为战争之器，谋略主要在技术层面谈技术，力求技术的完备，但忽视了对战争正义性的思考，这是有局限的。应该看到，没有道义的规范，技术愈加完备，带来的后果可能愈加严重。这种情况在现代社会屡见不鲜，科学技术越是发达，造就的杀人机器威力愈大，给人类带来的后果也可能越严重。这个问题不仅体现在军事科学技术上，也体现在将领与士兵的能力上，我们可以这样说，将领与士兵不能仅仅知道怎么打仗，不能仅仅知道杀人的技术，更要明了为什么打仗，辨明正义与邪恶，守住道德底线，关键时刻辨清大义，在道义指引下激励自己，造福苍生百姓；而不是为虎作伥，祸害民众。因此，将领熟读《孙子兵法》还是不够的，还需要明明德，行大义，做到以道制器，这样器既能锋利无比，也不会自伤其手。

【关键词】　不战而屈人之兵　知己知彼百战不殆

71. 非　攻

【原文】

1　今有一人，入人园圃[(1)]，窃其桃李，众闻则非之，上为政者得则罚之。此何也？以亏人自利也。至攘人犬豕鸡豚[(2)]者，其不义，又甚[(3)]入人园圃窃桃李。是何故也？以亏人愈多，其不仁兹甚，罪益厚。至入人栏厩、取人牛马者，其不仁义，又甚攘人犬豕鸡豚。此何故也？以其亏人愈多。苟亏人愈多，其不仁兹甚，罪益厚。至杀不辜人也，扡[4]其衣裘、取戈剑者，其不义，又甚入人栏厩，取人马牛。此何故也？以其亏人愈多。苟亏人愈多，其不仁兹甚矣！罪益厚。当此天下之君子皆知而非之，谓之不义。今至大为攻国，则弗知非，从而誉之，谓之义。此可谓知义与不义之别乎？杀一人，谓之不义，必有一死罪矣。若以此说往，杀十人，十重[5]不义，必有十死罪矣；杀百人，百重不义，必有百死罪矣。

出处：《墨子·非攻上》

2 今师徒唯毋[6]兴起，冬行恐寒，夏行恐暑，此不可以冬夏为者也。春则废民耕稼树艺，秋则废民获敛[7]。今唯毋废一时，则百姓饥寒冻馁而死者，不可胜数。今尝计军上：竹箭、羽旄、幄幕、甲盾、拨劫，往而靡弊腑冷不反者，不可胜数。又与矛、戟、戈、剑、乘车，其列住碎折靡弊而不反者，不可胜数。与其牛马，肥而往，瘠而反，往死亡而不反者，不可胜数。与其涂道之修远，粮食辍绝而不继，百姓死者，不可胜数也。与其居处之不安，食饭之不时，饥饱之不节，百姓之道疾病而死者，不可胜数。丧师多不可胜数，丧师尽不可胜计，则是鬼神之丧其主后[8]，亦不可胜数。

出处：《墨子·非攻中》

【简注】

(1) 园圃：果园。

(2) 攘：偷盗。豕（shǐ）：猪。豚（tún）：也指猪。

(3) 甚：超过。

(4) 扡：同“拖”。

(5) 十重（chóng）：十倍。

(6) 毋：不要。

(7) 获敛：收获。

(8) 鬼神之丧其主后：因士兵阵亡，家族断绝，先辈鬼神没人给他们祭祀。

【今译】

1. 现在假如有一个人，跑进别人的果园，偷窃人家的桃子、李子，人们听说后就会指责他，执政者抓到后也要处罚他。这是为什么呢？因为他损人利己。如果他盗窃了别人的鸡犬，他的不义程度又要超过偷桃李了。为什么呢？因为别人损失更大，他的不仁也更明显，罪过也更深重。如果进入别人的牛栏马厩内，偷取别人的牛马，他的不仁不义，又比盗窃别人鸡犬更严重。为什么呢？因为别人损失更大。别人遭受的损失越大，他的不义也就越明显，罪过也就越深重。至于杀害无辜之人，夺取他人的皮衣刀剑，这种行为的不义程度又超过了翻越别人家的牛栏马厩，偷盗别人家的牛马。为什么呢？别人遭受的损失越大，他的不义也就越明显，罪过也就越深重。对此，天下的君子都会去指责他的不义。但现在，大张旗鼓地攻伐别国，人们却不知道指责其错误，反而跟着去赞誉他，称之为义。这能算是明白义与不义的区别吗？杀掉一个人，叫作不义，必定判以死罪。按照这种说法类推，杀掉十个人，就有十倍不义，也就有了十重死罪了；杀掉一百个人，则有百倍不义，也就有了百重死罪。

2. 现今应该尽量少出动军队，冬天行军担心天气寒冷，夏天行军担心天气暑热，因此，冬、夏二季是不能行军打仗的。春天出动军队，就会荒废百姓耕种庄稼；秋天行军打仗，就会荒废百姓收获聚藏。如果荒废了春秋中的一季劳作，那么因饥寒而冻死饿死的百姓，就多得数不胜数。我们可以算一算：出兵时所用的竹箭、羽旄、帐幕、铠甲、大小盾牌和刀柄，打完仗多数会腐烂掉无法带回来，数量不可胜数；再加上戈矛、剑戟、兵车，它们也会破损而无法再用，也多得数不胜数；出征时带出去的牛马都很肥壮，回来时全部瘦弱不堪，途中死亡的牛马牲口多得数不胜数；战争时因为道路遥远，要让粮食运输没有中断，百姓为此而搭上性命的也多得数不胜数；战争时人民居无定所，饥饱无度，老百姓因此生病而死的也多得数不胜数；打仗总有打败的一方，士兵因败仗而阵亡的更是无法计算，这些阵亡将士的先辈鬼神将不再有人给他们祭祀，这种情况也多得数不胜数。

【解读】

本篇介绍墨家的“非攻”思想，“非攻”表达的是墨家反对战争、渴望和平的思想，墨家反对战争，特别针对的就是春秋战国时期诸侯间的兼并战争。墨子认为，战争是天下的“巨害”，诸侯通过战争追求一己私利，毫无正义可言；而且无论对战胜国还是战败国都将造成巨大损害，带来的是巨大牺牲和社会资源的巨大浪费，同时延误农时带来饥荒。因此，战争既不合于“圣王之道”，也不合于“国家百姓之利”。

在历史上，墨家反对战争，是有原因的，因为墨家成员多来自社会下层。对于社会底层来说，他们承受了战争的痛苦，却由别人来占有战争的利益。底层民众充当王侯将相争权夺利的炮灰，无论战争结局如何，民众的命运毫无改变，还是继续生活在底层，除了承担赋税之外，还要承担力役，被抓壮丁去充军，在又一次改朝换代争权夺利的游戏中继续充当炮灰。底层民众承受战争苦难最深重，所以反对战争最坚决。当然，墨家反对战争还有一个重要原因，那就是墨家主张兼爱，战争不符合兼爱的社会理想，关于兼爱的社会理想，将在本书的“兼爱”篇中详加讨论，此处不予展开。

历史上，战争给人们带来了深重疾苦。“洛阳何寂寞，宫室尽烧焚。……中野何萧条，千里无人烟。”（曹植《送应氏二首》）战争带来的疾苦，使得很多人认同“宁做太平犬，不做乱世人”（《太平广记》），而不愿承受战乱带来的颠沛流离。晋朝南渡之后，北方士族纷纷来到江南，也常对江北长吁短叹，悲人生无常，家园沦丧。豪门大族尚且如此，何况平民百姓！而对于战争带来的创伤，更多时候，底层百姓的感受更为深刻，他们遍尝妻离子散、食不果腹、朝不保夕的辛酸与疾苦，生活只是为了苟延残喘，为了生计卖儿卖女，上演一场场人伦悲剧。

而这一切苦难的源头，却是王侯将相的一己私欲，黄宗羲说古今之帝王“为一己之私欲，涂炭天下之生灵”，很大程度上就是在说，古今帝王们为了成就自己的帝业，争权夺利，驱使天下百姓，用累累白骨堆就自己金灿宝座，完全不顾及战争给百姓带来的灾难与伤苦。在《墨子》篇中，还有人为战争辩护，认为战争是有道诛无道，墨子批驳了这种为战争辩护的言论，提出绝大多数战争并不是有道对无道的讨伐，而是大国对小国的欺凌与兼并。在它看来，战争不是为了道义，只是为了满足侯王的称霸野心，只不过称霸的野心披上了道义的外衣。

对于战争带来疾苦问题。我们认为，首先，在任何情况下，战争一定会给人们带来伤害，因此，我们应该反对战争，只有当战争被用来消灭暴政、减少更大苦难时，它才是可容忍的，即使在这种情况下，也应该把战争的伤害降低到最小程度。其次，对于经常发生的在战争中底层百姓受苦不受益的状态，也要改变“游戏规则”，不能让底层百姓永远只是承受代价而不能分享收益，如果战争的受益者永远只是王侯将相，战争只是王侯将相争权夺利的手段，老百姓只是他们驱使的工具，让老百姓来承受颠沛流离，这是不公平的，他们一定会反对战争的。就如当前经济发展一样，老百姓承受了环境污染、征地拆迁等代价，如果不能分享经济发展带来的成果，必然会反对这种发展模式。应该在战争的逻辑中增加百姓的话语。在现代西方国家，由议会来决定战争与否，而不是由一般政客或军方将领来主导战和，其实就是在限制少数人发动战争谋取私利的可能性并把这项权利还给社会大众，让那些承受代价的人来决定战争与否。这种方向才是值得肯定的。

【关键词】 非攻

---

72. 兵　制

【原文】

1　凡制军，万有二千五百人为军，王六军[1]，大国三军，次国二军，小国一军，军将皆命卿。二千有五百人为师，师帅皆中大夫；五百人为旅，旅帅皆下大夫；百人为卒，卒长皆上士；二十五人为两，两司马皆中士；五人为伍，伍皆有长。

出处：《周礼·夏官司马》

2　国有三军何？所以戒非常[2]，伐无道，尊宗庙[3]，重社稷，安不忘危也。何以言有三军也？《论语》曰："子行三军，则谁与？"《诗》云："周王于迈[4]，六师及之。"三军者何法？天、地、人也。……《穀梁传》曰："天子有六军，诸侯上国三军，次国二军，下国一军。"诸侯所以一军者何？诸侯，蕃屏[5]之臣也，任[6]兵革之重，距[7]一方之难，故得有一军也。

出处：《白虎通·三军》[8]

【简注】

(1) 王：指周天子。国：指诸侯国。

(2) 戒非常：戒备应付特殊状况。

(3) 宗庙：指古代帝王、诸侯或大夫、士为维护宗法制而设立的祭祀祖宗的处所。庙制规定，天子立七庙，诸侯立五庙，大夫立三庙，士立一庙，庶人无庙，以此区分亲疏贵贱。

(4) 于迈：出征。

(5) 蕃：通"藩"，护卫。屏：屏障。语本《诗·大雅·板》："价人维藩，大师维垣，大邦维屏，大宗维翰。"

(6) 任：负担，担当。

(7) 距：抵挡，平息。

(8) 东汉初年，今古文经学的门户之见日益加深，对儒家经典的解说不一。为统一见解，东汉章帝建初四年(79)朝廷召开白虎观会议，由太常、将、大夫、博士、议郎、郎官及诸生、诸儒陈述见解，"讲议五经异同"。汉章帝亲自裁决其经义奏议，会议的成果由班固写成《白虎通义》一书，简称《白虎通》。

【今译】

1. 军队编制是这样的，一万二千五百人为一军，天子有六军，大的诸侯国有三军，次一等的诸侯国有二军，小的诸侯国拥有一军，军的将领都是卿；二千五百人为一师，师的将领都是中大夫；五百人为一旅，旅的首领都是下大夫；一百人为一卒，卒长都是上士；二十五人为一两，两的司马都是中士；五人为一伍，每伍都有伍长。

2. 国家为什么要有三军？它用来戒备非常状态，用来讨伐无道之人，用来尊崇祖宗宗庙，用来稳固江山社稷。为什么是“三军”呢？《论语》说：“如果让你来统帅三军，你愿意带谁一起？”《诗经》说：“周天子出征，六师跟随。”（为什么一会用三，一会用六呢？）三军的“三”出自何处，出自天、地、人三才。……《春秋穀梁传》说：“天子有六军，诸侯上国三军，次国二军，下国一军。”诸侯为什么需要一军？因为诸侯承担着保卫天子担当屏障的重任，他们需要担负兵革之重，平息一方之难，因此他们也要有一军。

【解读】

本篇着重介绍古代军事制度，其中包括军事力量的来源、兵制、中央和地方兵力分配等方面内容。大体说来，主要包括以下几个方面：

一、军队产生方式。我国古代主要采取服役制的形式建立军队。《孟子·尽心下》：“有布缕之征，粟米之征，力役之征。”“力役之征”就包括了百姓服役产生军队的内容。《木兰辞》说的“昨夜见军帖，可汗大点兵，军书十二卷，卷卷有爷名”也是指朝廷向百姓征兵，但有男丁的家庭都要出人服役，服役是成年男性的应尽义务。

我国在隋唐时期曾经实行过一段时间的“府兵制”，隋文帝杨坚开皇十年（590）下诏：“凡是军人可悉属州县，垦田籍帐，一与民同，军府统领，宜依旧式。”主要由国家划拨土地给固定农户，这些家庭“三时耕稼，一时治武”（杜牧语），耕战合一，藏兵于民，后来由于晚唐时期土地兼并严重，国家直接控制的土地大幅减少，不能再支持府兵制，导致中央政府兵力大幅减少，这也是唐朝后期藩镇尾大不掉的重要原因。

二、中央与地方军力比例。总体上，我国古代军事制度上重视中央力量，一直强调中央军事力量的绝对优势，如《周礼》要求“王六军，大国三军，次国二军，小国一军”，《白虎通》提出“诸侯，蕃屏之臣也，任兵革之重，距一方之难，故得有一军也”。诸侯之所以掌握一定的军队，主要用来保卫京畿，除此以外，诸侯地方不能割据擅权，必须贯彻中央权威，所以历朝历代皆强调内重外轻。历史上，内重外轻最为典型的当属宋朝,宋朝皇帝为了防止出现唐朝末年藩镇割据的局面,笃信“外患不足虑”,废蕃置镇,将其军队精英编入禁卫军,中央禁卫军不仅担负着守卫京城和外出征战的重大任务,而且轮流驻守边城。但不幸的是,两宋皆亡于外敌入侵。可见,如何平衡中央和地方军力的比例,既要保证中央权威,又要防止外敌入侵,也是个重要问题。

三、军队职责。军队用来维护政权。按照《白虎通》的说法,军队主要用来“戒非常,伐无道,尊宗庙,重社稷”,也就是应对国家不时之需,如自然灾害的救灾;伐无道,如征伐盗贼;巩固政权,防止外敌侵略和内部造反。总体上,在我们的历史上,军队也是按照上述规定来履行职责的,只是很多情况下更偏重江山社稷,轻视伐无道戒非常,维护政治统治重于维护公共利益,军队难免属于一家一姓。比如北洋军后来成了袁世凯的私家军,无人能指挥,无人能调度;袁世凯死后,北洋军分裂为各个集团,形成军阀割据,都是过分重视军队的政治职能,把军队变成了统治者、军事将领等少数人手中的利器,没有体现出其天下之利器的特征。

【关键词】　三军　六师　藩镇

十五、国　际

【题解】

本单元阐述中国古人的国际观念，内容包括古代的世界与地理概念，国与国交往原则，文化交流与文化差异，对外交往制度，外交官员的礼仪尺度等方面。外交是内政的一部分，国内生活也离不开国际交往，全面了解古人的国际观念与外事交往，可以进一步加深对古人政治社会生活的了解。

73. 天下一家

【原文】

1　故近者歌讴而乐之，远者竭蹶[(1)]而趋之，无幽闲辟陋之国，莫不趋使而安乐之，四海之内若一家，通达之属莫不从服，夫是之谓人师。《诗》曰："自西自东，自南自北，无思不服。[(2)]"

出处：《荀子·议兵》

2　地之所载，六合之间[(3)]，四海之内，照之以日月，经之以星辰，纪之以四时[(4)]，要之以太岁[(5)]，神灵所生，其物异形，或夭或寿，唯圣人能通其道。

出处：《山海经·海外南经》[(6)]

3　司马牛[(7)]忧曰："人皆有兄弟，我独亡[(8)]。"子夏[(9)]曰："商闻之矣：死生有命，富贵在天。君子敬而无失，与人恭而有礼。四海之内皆兄弟也。君子何患乎无兄弟也？"

出处：《论语·颜渊》

【简注】

(1) 竭蹶(jié jué)：原指走路艰难，后用来形容经济困难。

(2) 出自《诗经·大雅·文王有声》。

(3) 六合：古人以东、西、南、北、上、下六方为六合。

(4) 四时：古人以春、夏、秋、冬四季为四时。

(5) 太岁：又叫岁星，即木星。木星在黄道带里每年经过一宫，约十二年运行一周天，所以古人用以纪年。

(6)《山海经》：先秦古籍，它主要记述古代地理、物产、神话、巫术、宗教等，也包括古史、医药、民俗、民族等方面的内容。除此之外，《山海经》还记载了一些奇怪的事件。《山海经》中还有很多为我们熟知的神话故事，如夸父逐日、女娲补天、精卫填海、大禹治水等。

(7) 司马牛：孔子的弟子。复姓司马，名耕，一名犁，字子牛。宋国人。

(8) 亡：同"无"。

(9) 子夏：姓卜，名商，字子夏，故后文自称"商"。孔子的著名弟子，才思敏捷，以文学著称。

【今译】

1. 所以近处的人歌颂周朝而且热爱周朝，远处的人历经艰辛前来投奔周朝，对于周朝的盛德，没有哪个国家是幽隐闭塞而不知道的，大家都前来归附周朝，都热爱周朝。四海之内就像一个大家庭，凡是能通交通的地方，没有谁不心悦诚服，这才是万民之师。《诗经》说："从西边又从东边，从南边又从北边，没有谁不心悦诚服。"

2. 大地所负载的，上下前后左右的空间之内，在四海之间，太阳和月亮照射这片地方，浩瀚星辰点缀，春夏秋冬四季分明，太岁正时值守。大地上的一切都是神灵所造，万物各有不同的形状，有的寿短而有的寿长，只有圣明之人才能通晓万物之道。

3. 司马牛忧愁地说："别人都有兄弟，唯独我没有。"子夏说："我听说过：'死生有命，富贵在天。'君子主敬，不出差错，对人恭敬有礼，那么，天下人就都是自己的兄弟了。君子何愁没有兄弟呢？"

【解读】

本篇主要介绍中国古人的总体地理观念。中国古人的地理观念与文化观念相联系，总体认为：

一、从地理空间上，四海范围内有不同国家。中国古人认为，中国的四个方位都是海。四海环绕中国四周，四海环绕的范围内有不同的国家，中国华夏处于这些国家的中间。《战国策》说“古者四海之内分为万国”，《山海经》提出“四海之内，是为中国”，都认识到四海相通、四海内有不同国度。这种四海的观念在古代深入人心，比如庄子多次举例来说明中国南北两端是南北海：“南海之帝为倏，北海之帝为忽，中央之帝为浑沌。”（《庄子·应帝王》）“北冥有鱼，其名为鲲。鲲之大，不知其几千里也。化而为鸟，其名为鹏。……是鸟也，海运则将徙于南冥。”（《庄子·逍遥游》）贾谊在《过秦论》中，写到秦国统一天下时是“囊括四海，并吞八荒”，把四海范围内看成了天下。这些都可以看出，中国古人把四海视为陆地的边界，四海内有许多国家，这些国家地理空间上接近，他们不但地理相连，而且文化相亲。

二、不同国家文化相通。《山海经》说：“四海之内，照之以日月，经之以星辰，纪之以四时，要之以太岁，神灵所生，其物异形，或夭或寿，唯圣人能通其道。”说的是不同国家之间天文历法相通，不但如此，圣人还通晓各物种之间的伦常，因为四海范围的“道”是一样的。《荀子》说“无幽闲辟陋之国”，也是认为各个国家在文化上是相互交流的，没有隔绝于文化交流之外的化外之地。

三、天下一家、四海相通也反映了中国古人的价值理想。古人一直有天下一家的观念，提出四海皆兄弟，天下所有的人，不论你身处何处，国别虽然有所不同，但不同国家应该和平相处，互相平等亲善，所以，在《论语》中，当司马牛说他没有兄弟时，子夏很快补正：“四海之内皆兄弟也。君子何患乎无兄弟也？”汉乐府诗也唱道：“四海皆兄弟，谁为行路人。”（汉无名氏《别诗》其一）唐朝诗人王勃的“海内存知己，天涯若比邻”（《送杜少府之任蜀州》）都说明了在古人看来，四海之内人们具有相同价值观念，对问题有相同看法，可以交流沟通，应该相亲相爱，友善对待。

当前，社科领域常流行“西方中心主义”一词，意指以西方为中心来看世界、评价世界，也包括以西方价值来评价其他文化。其实，四海相通、天下一家也反映了中国人的“中华中心主义”。其实，就真实的地理概念来说，中国四周并不是四个海，四海之外也有许多国家，但是它表达了中国人的价值观念。中国人表达天下一家、四海相通的重点是文化，是人伦，是“道”。古人认为，中国人和外国人在“道”上可以相通，“圣人能通其道”，也就是价值观念相通。但实际上，“道”未必如古人想象的那样一定是相同的，也有很多不相同之处，甚至会有很多价值观念冲突，这种冲突既有饮食等日常生活习惯，如少数民族生食、南方民族披发文身等；也有婚嫁风俗等日常礼俗，如匈奴继任可汗常会娶前任可汗之妻，这在汉族看来是乱伦行为，绝对不能接受。对此，我们古人乐观地认为文化价值相通，并自觉不自觉地以自己的价值观念去判定他人，如果二者相符，则认为文化相通，四海之内皆兄弟；如果不符合我们的价值观念，视之为蛮夷，与之不相往来。总体上，我们认为，古人把天下一家、四海相通作为价值理想，反映了古人的天下情怀，是有积极意义的。

【关键词】 四海相通　天下一家

74. 和 而 不 同

【原文】

1　子曰："君子和而不同，小人同而不和。"

出处：《论语·子路》

2　子路问强[1]。子曰："南方之强与？北方之强与？抑而强与？[2]宽柔以教，不报无道[3]，南方之强也，君子居之[4]。衽金革[5]，死而不厌[6]，北方之强也，而强者居之。故君子和而不流[7]，强哉矫[8]！中立而不倚，强哉矫！国有道，不变塞焉[9]，强哉矫！国无道，至死不变，强哉矫！"

出处：《中庸》

【简注】

(1) 子路：名仲由，孔子的学生。

(2) 抑：选择性连词，意为"还是"。而：代词，你。与：疑问语气词。

(3) 报：报复。

(4) 居：处。

(5) 衽：卧席，此处用为动词。金：指铁制的兵器。革：指皮革制成的甲盾。

(6) 厌：畏惧。

(7) 和而不流：性情平和又不随波逐流。

(8) 矫：坚强的样子。

(9) 塞：穷困不当官。

【今译】

1. 君子可以与他周围的人保持和谐融洽的关系，但不会随便附和；小人则没有自己独立的见解，只求与别人完全一致，但他却与别人不能保持和谐融洽的关系。

2. 子路问什么是强。孔子说："你问的是南方的强，抑或是北方的强，还是你认为的强呢？用宽容柔和的精神去教育人，不用无道之举去报复别人，这是南方的强，品德高尚的人具有这种强。用兵器甲盾当枕席，哪怕是死也在所不辞，这是北方的强，勇武好斗的人就具有这种强。所以，品德高尚的人和顺而不随波逐流，这才是真强啊！保持中立而不偏不倚，这才是真强啊！国家政治清平时为国效力，这才是真强啊！国家政治黑暗时坚持操守，宁死不变，这才是真强啊！”

【解读】

本篇讲的和而不同既是君子处世的原则，更是国家对外交往的原则。

在古人看来，对外交往应体现君子的处事原则，应以君子之道对待邦交，君子处事原则和国与国交往原则能够相通。对外交往应该体现道义性要求，恪守君子之道，树立良好国家形象，受四方称赞。对于个人原则与外交原则二者的相通性，也许有不同认识，人们认为，个人交往是个人交往，外交是国家交往，二者不可混同，也许在现代社会看来，这种认识是有道理的。但在古人那里，他们强调的乃是，国家也负有道义形象，外交要有原则，这种认识非常难得。

首先，在交往过程中应该坚持原则，做到“和而不同”。孔子看来，君子就应坚持原则而不是随意附和，孔子的学生子路性情鲁莽，勇武好斗，所以孔子教导他，真正的强不是体力的强，而是精神力量的强，它体现为坚持自己的信念不动摇，宁死不改变志向和操守。其次，从南方与北方的孰为刚强的讨论中，也可以看到中国古人不尚武力，对外交往不喜欢用武力，所以中国古代极少穷兵黩武，很少侵略他人，多数王朝在与周边民族、国家交往时多处于防御性状态，推行和平外交。这种坚持原则与不尚武是一致的，古人不对外用武、也很少使用武力解决争端，但它不是无原则的退让，而是在根本问题上的坚守，做到有底线有原则。

当前，我国对外交往经常强调自身的“和而不同”，强调对外交往中与其他国家和谐相处，保持友好关系；同时，在重要问题上坚持自己观点，原则问题不退让，这的确是对“和而不同”的生动阐释。在外交上的“和而不同”，可以引申出文明多样性的思考。文明多样性是当代国家关系、外交领域的重要原则，因为不同国家、不同文明有不同的特点，所以，应该保持自身特点与原则，不做无原则的苟同。它强调的是民族文化自身的特点，不同民族有不同特点，所以不应该以同一个标准来要求所有国家，也不能以自己标准要求彼此，让对方按照自己的原则行事，因为这样就没有考虑到对方文明、文化的特殊性。尊重文化多样性，就应尊重彼此的选择，这一套话语对于我国当前外交的确非常实用。但是，我们也应看到，单讲“文明多样性”也有一些问题，那就是“多样性”本身的模糊不确定，我们强调的多样性究竟能不能撑起文明的要求，能不能反映出普遍价值诉求，这是需要回答的问题。如果一味强调自身特点，并以自身特点为托词，拒绝对外深度文化交流，这难免又会走向“闭关锁国”。相比之下，中国古人在强调“和而不同”的同时，还提出了“四海相通”“天下一家”，认为人类文明在很多根本问题上是相通的，存在全人类都认同的价值观念，外交过程中恪守的君子之道便是普遍价值的一个部分，这些认识的确比只强调文明多样性多了一份大气。

【关键词】　和而不同　文明多样性

75. 夷夏之辨

【原文】

1　东方曰夷，被发文身(1)，有不火食者矣。南方曰蛮，雕题交趾(2)，有不火食者矣。西方曰戎，被发衣皮，有不粒食者矣。北方曰狄，衣羽毛，穴居，有不粒食者矣。中国、夷、蛮、戎、狄，皆有安居、和味、宜服、利用、备器(3)，五方之民，言语不通，嗜欲不同。达(4)其志，通其欲：东方曰寄，南方曰象，西方曰狄鞮，北方曰译。

出处：《礼记·王制》

2　是以《春秋》内诸夏而外夷狄，夷狄之人贪而好利，被发左衽，人面兽心，其与中国殊章服(5)，异习俗，饮食不同，言语不通，辟居北垂寒露之野，逐草随畜，射猎为生，隔以山谷，雍(6)以沙幕，天地所以绝外内也。是故圣王禽兽畜之(7)，不与约誓，不就攻伐；约之则费赂而见欺，攻之则劳师而招寇。其地不可耕而食也，其民不可臣而畜也，是以外而不内(8)，疏而不戚(9)，政教不及其人，正朔(10)不加其国；来则惩而御之，去则备而守之。其慕义而贡献(11)，则接之以礼让，羁靡(12)不绝，使曲(13)在彼，盖圣王制御蛮夷之常道也。

出处：《汉书·匈奴传下》

【简注】

(1) 被：披。文：纹身。

(2) 雕题：在额上刺花纹，古代南方少数民族的一种习俗。交趾：足相向。

(3) 和味：适口之食。利用：便利的用具。

(4) 达：表达。

(5) 章服：以纹饰为等级标志的礼服。

(6) 雍：通“壅”，壅塞，阻断。

(7) 禽兽畜之：把他们当禽兽而使唤。

(8) 外而不内：把他们当作外，而不是内。

(9) 戚：联姻，古代称通过联姻形成的关系为戚。

(10) 正朔：正即正月，为一年的第一月；朔即初一，为一月的第一天，综合起来即为一年的第一天，也指帝王颁布的历法。

(11) 贡献：进贡或赠与。

(12) 羁靡：联系。

(13) 曲：与是非曲直的“直”相对，指理亏。

【今译】

1. 住在东方的民族叫夷，他们披头散发，在身上刺花纹，有些部族甚至不吃熟食。住在南方的少数民族叫蛮，他们额头上刻着花纹，走路时脚趾相向，有些部族不吃熟食。住在西方的少数民族叫戎，他们披头散发，用兽皮作衣服，有些部族不吃粮食。住在北方的少数民族叫狄，他们以鸟的羽毛为衣，住在洞穴里，也是只吃禽兽的肉，不吃粮食。华夏民族、夷人、蛮人、戎人、狄人这五方民众，都有自认为安适的住所、自己喜好的口味、自己喜欢的衣服、自己认为便利的工具、自己认为完备的器物。五方的民众，他们言语不通，嗜好不同，有人帮他们表达各自的意思，沟通各自的想法。这种从事翻译的人，在东方叫寄，在南方叫象，在西方叫狄鞮，在北方叫译。

2. 为什么《春秋》把中原各族看作内部关系，把夷狄看作外族。因为夷狄的人贪婪好利，披头散发，左肩裸露，人面兽心。他们与中原人服饰不同，风俗不同，饮食不同，言语不通；他们居住北部边陲，露宿与寒风之中，逐水草而居，随牲畜迁徙，以射猎为生；他们与中原被山川分隔，被沙漠阻断，大自然把他们与中原分为内外。圣明的君主把他们当作禽兽来使唤，不与他们订立盟约，也不去攻打他们。与他们订立盟约就会既要花费巨大，又会被他们欺骗，攻打他们军队疲惫，还招致他们的侵袭。他们的土地不能耕种，也不出产食物，那里的民众不会臣服，难以使唤。所以要排斥而不接纳他们，疏远而不亲近他们，不要对他们施行教化，也不要让他们用正朔历法来纪年；他们来侵犯我们就抵御他们，他们离去我们就防备他们。如果他们向慕道义，来朝拜天子贡献礼品，那么就按礼节接待他们，与他们保持联系，如果再有战端，那么就让他们处于理亏一边，这大概就是圣王制服、驾御匈奴蛮夷的根本之道吧。

【解读】

本篇介绍中国文化传统中的夷夏之辨，夷夏之辨涵盖了古代外交、文化、民族交往多个方面，一直以来都是中华文化的重要话题。

古代华夏民族居于中原，少数民族居于周边，中原地区是文明中心，周边地区较为落后，因此古人称东夷西戎，南蛮北狄，把周边落后地区视为蛮夷，自称为“中国”或者华夏。其中，需要指出的是，夷夏之辨的“辨”更多指的是文化差异、礼俗差异，而不是种族差异，比如东夷大概地处今日淮扬一带，今日江浙很多地区被看作是南蛮，这些地区并无少数民族。

夷夏之辨在中国古代褒贬色彩明显，《论语・八佾》说：“夷狄之有君，不如中原之无也。”《左传》说：“非我族类，其心必异。”《孟子》说：“吾闻用夏变夷者，未闻变于夷者也。”在当时人们看来，中原代表先进，代表文化正统，蛮族不懂礼仪，不懂教化，是“野蛮人”兼“异教徒”，他们是应该受到鄙视和打压的。

在历史上，民族冲突不断，也加固了夷夏之辨的观念。西周时期，犬戎攻破镐京，使得平王东迁，之后，少数民族对中原纷扰不断，因此齐桓公提出“尊王攘夷”，重要任务就是联合各诸侯国对付北方少数民族。因此《春秋公羊传》称：“南夷北狄交，中国不绝如线，桓公攘夷狄而救中国。”在汉朝，因与匈奴战争不断，汉匈冲突也被看成是夷夏之辨的一部分，匈奴人理所当然被看成是蛮夷，所以《汉书》把他们描述成“夷狄之人贪而好利，被发左衽，人面兽心”，使用的都是一些贬义词语，而《礼记》对夷狄的描述，尚能使用“中国、夷、蛮、戎、狄，皆有安居、和味、宜服、利用、备器”。可见，战争加深了隔阂与敌对，使得夷夏之辨愈演愈烈。

夷夏之辨对中国古代外交与文化产生了深远影响，其中很多是负面影响，突出表现在：

一、它影响了国与国的正常交往，国人经常抱着“非我族类，其心必异”的心态与外国打交道，固守夷夏之辨、礼仪之争，没有把别的国家看作是对等的国家来打交道，没有对等的国与国交往。这种心态在清朝时期表现非常突出，比如英国女王使者马嘎尔尼觐见乾隆皇帝的时候被要求行跪拜礼，英国使团认为这是正常的国与国之间交往，坚持鞠躬行礼，但是清廷坚持三叩九拜大礼，马嘎尔尼使团访华最终不欢而散。

二、它助长文化中心的心态，夷夏之辨其实是最为典型的“中华中心主义”，它把所有外来事物都看作是夷狄，反对“以夷变夏”。晚清时期，洋务派首领奕䜣提出学习外国天文、数学知识，培育外语人才，内阁大学士倭仁马上引经据典，指出这是“以夷变夏”，中华大地人才无处不有，为何要学夷狄，直至最后奕䜣让他来推荐国人教天文和数学，让他去和洋人打交道，这才算是罢休，但是根深蒂固的文化中心心态并未改变。

【关键词】 尊王攘夷　夷夏之辨　匈奴

76. 怀柔远人

【原文】

孔子曰：“求(1)！君子疾(2)夫舍曰欲之而必为之辞(3)。丘(4)也闻有国有家者，不患寡而患不均，不患贫而患不安。盖均无贫，和无寡，安无倾。夫如是，故远人不服，则修文德以来(5)之。既来之，则安之。今由与求也，相夫子(6)，远人不服而不能来也；邦分崩离析，而不能守也；而谋动干戈于邦内。吾恐季孙之忧，不在颛臾(7)，而在萧墙(8)之内也。”

出处：《论语·季氏》

【简注】

(1) 求：冉求(前522—前489)，春秋末鲁国人。孔子弟子，以政事见称，曾担任季氏宰臣。

(2) 疾：讨厌，痛恨。

(3) 辞：托词，借口。

(4) 丘：孔子名丘，此处是孔子的自称。

(5) 来：使他来。

(6) 夫子：那个人，指季氏。

(7) 颛臾(zhuān yú)：古国名，相传东夷部落首领太皞建立。春秋时期，由于颛臾国小势弱，就变成了鲁国附庸国，后被楚国所灭。

(8) 萧墙：古代宫室内作为屏障的矮墙，借指内部。

【今译】

孔子说："冉求，君子很讨厌那些心里想要却又编出一套说辞的人。我听说，治理国与家的人，不怕少就怕不平均，不怕贫困就怕不安定。因为平均就没有贫穷，社会和谐就不怕匮乏，社会安定政权就不会倾覆。能做到这样，如果远方的人还不归服，就要整顿礼乐，凭借仁德吸引他们归附。他们来了就安顿他们。如今你仲由和冉求去辅佐季孙，远方的人不愿归附，却又不能招抚他们来；国家内部要分崩离析，却不能维护，却要在国内大动干戈。我担心季孙的忧患不在颛臾，而是在宫室之内。"

【解读】

本篇介绍古代怀柔远人的外交方针。

怀柔远人说的是，统治者做到有德，内政清明，英名遍布天下，四方诸侯受到感化，主动与中原王朝交好，向中原王朝学习，接受中原王朝熏陶。怀柔远人的前提是做好内政，远人受道德感化，主动来学习，接受先进文化，实现"四方咸服，无思不服"。就此而论，怀柔远人有两个要点值得注意：

第一，怀柔远人主要是内政，同时是一个国家的外交方针，它关心的重点是怎么样让自己有德，让天下四方之国感受到自己的盛德，慕名前来朝贺。汉代大儒何休在注《春秋》时说："王者不治夷狄，来者不拒，去者不追。"这句话也反映出，天子并不干涉夷狄事务，中心工作是做好内政，内政昌明，让夷狄四方来朝，施文德于天下，立天下威名，国力强大。

第二，怀柔远人反映了国与国的对等交往，它并不是针对或者说主要不是针对藩属国的，怀柔的对象甚至是在四方之外的国家，它们与我们之前并无交集，只是因为受我朝仁德感化，才主动来接受我们的"文化辐射"的，这就要求国内文化兴盛，能够输出有内容的文化，使自己真正成为天下的文化中心和文化高地。

在历史上，"修文德以来之"最为典型的例子是唐朝，唐朝时国力强盛，政治昌明，日本、波斯等国纷纷遣使来华。公元七世纪初至九世纪末，日本为了学习中国文化，两百多年间共十九次派"遣唐使"组成使节团来华，学习唐代政治、经济、文化，回国后加以传播。遣唐使不仅认真学习唐朝典章律令，回国后仿行唐制，确定其官制、田制、刑法等，推动日本社会制度的革新。遣唐使还吸取盛唐文化，提高日本文化艺术水平，这其中就包括汉籍佛经、唐诗汉文、汉字绘画、雕塑、音乐、舞蹈等艺术，加以消化改造，融进日本文化。遣唐使对推动日本社会的发展和促进中日友好交流做出了巨大贡献，他们的努力结出了丰硕的果实，但应注意，遣唐使并不是朝贡使节，并没有称臣的行为。

近年来，我们一直主张“文化走出去”，让中华文化走向世界，改变西方向我们单向输出文化的被动格局，提升中华文化的世界影响力，这种文化走出去其实正是“怀柔远人”的现代版本。当前，要做到“怀柔远人”，首先要做好内政，做到政治清明，百姓安居乐业，国家富强；除此以外，更要实现文化繁荣，特别是文化自身能够贡献“核心价值”，文化对别的国家有吸引力，对此，我们要在自身的价值观内涵方面下大功夫，真正占据价值高地，有价值内涵，才能真正实现文化走出去。

【关键词】 怀柔远人　修文德以来之

77. 朝 贡 体 系

【原文】

邦畿(1)方千里，其外方五百里，谓之侯服，岁壹见(2)，其贡祀物(3)；又其外方五百里，谓之甸服，二岁壹见，其贡嫔物(4)；又其外方五百里，谓之男服，三岁壹见，其贡器物(5)；又其外方五百里，谓之采服，四岁壹见，其贡服物(6)；又其外方五百里，谓之卫服，五岁壹见，其贡材物(7)；又其外方五百里，谓之要服，六岁壹见，其贡货物；九州(8)之外，谓之蕃国(9)，世壹见(10)，各以其所贵宝为挚(11)。

王之所以抚邦国诸侯者，岁遍存(12)，三岁遍覜(13)，五岁遍省，七岁属象胥(14)，谕言语，协辞命；九岁属瞽史(15)，谕书名，听声音；十有一岁，达瑞节(16)，同度量，成牢礼(17)，同数器，修法则；十有二岁王巡守殷国(18)。凡诸侯之王事，辨其位，正其等，协其礼，宾而见之。若有大丧(19)，则诏相诸侯之礼。若有四方之大事，则受其币，听其辞。凡诸侯之邦交，岁相问也，殷相聘也，世相朝也。

出处：《周礼·秋官司寇·大行人》

【简注】

(1) 邦畿：指天子所在的京城及周围属其管辖的地域。

(2) 岁壹见：一年一次朝见。

(3) 祀物：用来祭祀的物品，多指牺

牲之类。

(4) 嫔物：诸侯进献供王接待宾客用的贡物。指妇女所生产的丝麻等制品。

(5) 器物：指尊彝之类。

(6) 服物：衣服器物。

(7) 材物：可供制造成品的材料。

(8) 九州：指中国。

(9) 蕃国：藩属国。

(10) 世壹见：产生一代新君主朝见一次。

(11) 挚：礼物。

(12) 存：表示抚慰、安慰。

(13) 覜(tiào)：通“眺”。古代诸侯聘问相见之礼。

(14) 象胥：古代接待四方使者的官员。亦用以指翻译人员。

(15) 瞽史：前者指乐师，后者指史官，并用指乐师与史官的并称。

(16) 瑞节：即玉节，古代朝聘时用作凭信的玉制符节。

(17) 牢礼：古代以牛、羊、猪三牲宴饮宾客之礼。

(18) 殷国：据郑玄的注释，殷是众的意思。巡守殷国：巡视众国。

(19) 大丧：指帝王、皇后、世子之丧。

【今译】

周天子直接管辖的邦畿方圆千里。王邦畿之外五百里叫侯服，一年一次朝见天子，他们进贡祭祀用物。侯服之外五百里叫甸服，二年一次朝见天子，他们进贡接待宾客用物。甸服之外五百里叫男服，三年一次朝见天子，他们进贡宗庙器物。男服之外方五百里是采服，四年一次朝见天子，他们进贡缝制祭服的材料。采服之外五百里是卫服，五年一次朝见天子，他们进贡竹、木材。卫服之外五百里是要服，六年一次朝见天子，他们进贡各种珍贵财物。九州之外叫蕃国，每有一代国君产生，朝见天子一次，用他们视为宝贵的物品作见面礼。

天子用以下办法安抚各国诸侯：派使者一年普遍慰问一次；派使者三年普遍看望一次；派使者五年普遍探视一次；七年召集诸侯国的译官，谕令他们天朝语言，协调他们的言辞；九年召集诸侯国的乐师和史官，告诉史官书名，让乐师听习声音；十一年颁发瑞节，统一度量单位，统一宴饮宾客之礼，统一度量单位，修治法则；十二年王巡守众国。凡诸侯来朝见天子，必须辨清自己的位置，按照自己的等级，以相应的礼仪，由摈者相引而朝见周王。如果诸侯国有大丧，就教导诸侯行丧礼。如果四方有紧急的大事，就接受他们的见面礼，听他们当面报告情况。凡诸侯国之间的交往，每年相互问候一次，若干年相聘一次，新君即位就临朝恭贺。

【解读】

本篇介绍中国古代的畿服制度与朝贡体系。

在中国历史上，最早盛行的是畿服制度，周天子把土地分封给各地诸侯，各地诸侯按照距离周天子都城远近分为侯服、甸服、男服、采服等不同远近的藩属国，但从理论上它们都是周天子管辖之地，周天子可以定期巡守这些土地，诸国要承担朝贡义务，否则周天子有权剥夺爵位，削减土地，《孟子·告子下》说："诸侯朝天子曰述职。一不朝，则贬其爵；再不朝，则削其地；三不朝，则六师移之。"指的就是这种情况。

秦汉以后，随着大一统中央政权的建立，传统意义上的诸侯国都变成了新帝国的郡县，这些地方都由中央政府直接管理。在传统的管辖范围之外的一些地区，如现今的朝鲜、越南，当地政权向中原王朝称臣进贡，承认中原王朝的宗主国地位，它们变成了中原王朝的藩属国，政权接受中原王朝的册封，这被称为朝贡制度。

朝贡制度在中国历史上实行久远，很长时间内，东亚、东南亚一带众多国家都被当作是中原王朝的属国，中原王朝与它们形成了以朝贡为核心的关系格局，表现为：第一，不干预藩属国内政，明太祖朱元璋曾发布通告，称安南、朝鲜、琉球等藩属国为"不征之国"，不对这些国家进行征讨，因此历史上哪怕这些国家内部如果发生了篡位谋逆的事情，中原王朝也很少干预，只是对他们的既成事实进行追认，对通过弑君夺权上位的新君主进行册封，并未兴师问罪。第二，厚往薄来，《中庸》说："厚往而薄来，所以怀诸侯也。"厚往薄来指的是在实际生活中，藩属国往往象征性做一些进贡，但是中原王朝自认为"天朝上国无所不有"，对于番邦进贡，我们大行赏赐，往往赏赐比进贡多。第三，通过朝贡关系形成通商往来，汉唐两朝经营西域，也因汉唐对西域形成了宗主关系，两地贸易往来得以开展，在汉朝形成了所谓的"丝绸之路"。朝贡制度对中国的影响是深远的，长期以来都是我们中原王朝处理外交关系的准则，但是近代以来，朝贡制度的外交体系遭遇了严重挑战。

朝贡制度的基本前提是存在宗主国和藩属国关系，藩属国向宗主国进贡，宗主国册封、赏赐藩属国。近代以来，西方民主国家兴起，各国之间地位平等独立，在对外交往中，他们要求平等的地位，国与国地位平等。两种观念的冲突在晚清对外交往中表现明显，并使得观念冲突最终激化为政治军事冲突，这其中最为突出的表现便是第二次鸦片战争。

第二次鸦片战争的直接诱因是《南京条约》的修约，《南京条约》正本含混地允许英国人在通商口岸的寄居问题，但对细则交代不明。为此，英法使团要到京城向咸丰皇帝面递国书，陈述主张，但咸丰皇帝固守"邦内甸服，邦外侯服，侯卫宾服，夷蛮要服"的礼数，认为中国皇帝在名分和威望上都应是四海共主，不可与洋人平起平坐，更不能接受洋人以西洋礼仪觐见，因此他断然拒绝；在修约问题上，清政府还拘禁了以巴夏礼为首的英法谈判使团共 39 人，押送北京，使团成员后来遭到杀害。这种观念与行为激化了矛盾，英法联军最终以火烧圆明园对清王朝实施惩罚性报复。如今，我们虽不能说第二次鸦片战争根源在礼仪之争，但是双方对国与国关系的理解偏差无疑激化了矛盾，加深了冲突，导致了后来的悲剧。这次战争也对国人固守的朝贡观念产生了极大震撼，伴随着国力衰弱，在中国延行了数千年的朝贡制度也走向了终结。

【关键词】 **朝贡体系　畿服制度**

78. 纵 横 捭 阖

【原文】

1　子贡问曰："何如斯可谓之士[1]矣？"子曰："行己有耻，使于四方，不辱[2]君命，可谓士矣。"曰："敢问其次。"曰："宗族称孝焉，乡党[3]称弟焉。"曰："敢问其次。"曰："言必信，行必果[4]，硁硁[5]然小人哉！抑亦可以为次矣。"曰："今之从政者何如？"子曰："噫！斗筲之人[6]，何足算也？"

出处：《论语·子路》

2　纵横家者流，盖出于行人之官。孔子曰："诵诗三百，使于四方，不能专对，虽多亦奚以为？"又曰："使乎，使乎！"言其当权事制宜，受命而不受辞，此其所长也。及邪人为之，则上诈谖而弃其信。

出处：《汉书·艺文志》

【简注】

(1) 士：士在周代贵族中位于最低层。此后，士成为古代社会知识分子的通称。

(2) 辱：辱没，辜负。

(3) 乡党：家乡。

(4) 果：有决断，果敢。

(5) 硁硁(kēng)：象声词，敲击石头的声音。这里引申为像石块那样坚硬。

(6) 筲(shāo)：竹器，古代的饭筐。斗筲之人：比喻器量狭小的人。

【今译】

1. 子贡问孔子："怎样才可以称为士？"孔子说："做事有知耻之心，出使外国各方，能够完成君主交付的使命，可以称为士。”子贡说：“请问次一等的呢？”孔子说：“宗族中的人称赞他孝顺，乡邻们称赞他尊敬兄长。”子贡问：“那么再次一等的呢？”孔子说：“说话守信用，做事果断，但过于坚持己见，这是再次一等的士了。”子贡说：“那么现在的执政者，他们属于哪一等？”孔子说：“唉！他们器量狭小，不值一提，怎能算作士呢？”

2. 纵横家学派，应当是出自接待客人之官。孔子说：“能背诵《诗经》三百首，出使四方，不能随机应对，背诵的《诗》再多，又有什么用呢？”又说：“使者啊，使者！”是说使者应当懂得权衡，见机行事，接受使命但不从君主那接受固定的言辞，这是他们的长处。如果本性邪恶之人来担任使者，就会使用欺诈而背弃诚信。

【解读】

本篇介绍古代的外交出使和外交手段。总体说来，外交出使有两大任务：

一、实现目标，不辱君命，在此过程中可以使用必要的外交手段。出使外交开始于春秋战国时期，当时出现了一大批著名的使臣，他们在《晏子使楚》《唐雎不辱使命》《蔺相如完璧归赵》等故事中均有记载，他们的中心工作就是维护国家利益。出使工作的开启与纵横家有关，纵横家的任务就是接受使命，见机行事，完成君主任务。纵横家中最出名的当属苏秦和张仪，苏秦游说东方六国（齐、楚、燕、韩、赵、魏），合纵联合抗秦，苏秦本是穷困潦倒的书生，全凭游说的工夫，最后按民间说法他“挂六国相印”，其主张得到了东方六国君主的支持；张仪则专门拆苏秦的台，他担任秦国国相，他的外交政策是连横韩魏，使秦韩魏三国互相支持对方称王，这样来瓦解六国合纵对秦国的威胁，帮助秦国瓦解六国联盟，最后实现统一。刘向《战国策序》说：“苏秦为从，张仪为横，横则秦帝，从则楚王，所在国重，所去国轻。”说的便是他们在合纵连横方面发挥的外交特长。对于纵横家的这种外交本领，《鬼谷子·捭阖》称之为“纵横捭阖”，“捭之者，开也，言也，阳也；阖之者，闭也，默也，阴也。”说的便是要不计手段、注重权谋、虚实结合，完成使命。但是外交不能仅仅是手段，还需要遵循道义。这就涉及到古代使臣的第二层使命。

二、外交不能仅有术，还须有道。《汉书·艺文志》记载：“及邪人为之，则上诈谖而弃其信。”显然，外交过程不能仅仅使诈，还要有道，手段永远要服从目的，手段不能太低下。道义要求有很多，具体说来，外交要求是要宣扬道义或者实现道义；与外国相交往要保持天朝上国尊严；出使者要忠贞可靠。关于使者忠贞可靠的品质，以汉朝苏武牧羊的故事最为典型。公元前100年，匈奴新单于即位，尊大汉为丈人，汉武帝为了表示友好，派遣苏武率领一百多人出使匈奴。就在苏武完成了出使任务准备返回时，匈奴上层发生了内乱，苏武一行受到牵连，被扣留下来，并被要求背叛汉朝，臣服单于。苏武经受高官利禄的诱惑，经受艰难险阻，在极寒之地贝加尔湖边牧羊长达十九年，忠于汉朝，没有背叛。在昭帝始元六年，即公元前 81 年，苏武终于回到了长安。苏武牧羊的故事在古代一直受到传颂，人们认为苏武坚贞不二，奉为典范，可见，外交过程中，人们还是非常看重道义和价值的，这一点对现代外交也很有启示。

古代的外交不单纯是政治交往，利益不是外交的唯一目的，还非常重视文化价值传播。现代社会以来，有些国家过分强调外交利益，号称"没有永恒的朋友，只有永恒的利益"。这种没有价值立场的外交往往既失去道义形象，也交不到真心朋友，最终会被人背弃，名利双输。当前，西方国家往往把外交关系和价值观结合在一起，推行所谓"价值观外交"，根据意识形态和政治制度制定外交政策，并希望通过外交政策来影响他国国民价值观。这种"价值观外交"一方面占据了道义制高点，另一方面，建立了稳固的利益关系，获得了长远利益，名利双收。而就外交的道义性来讲，我们古代外交一直强调自己是天朝上国，怀柔远人，恩威并施，天朝恩泽施于远方，还把道义仁德布于蛮荒，这种外交的立场弥足珍贵。

【关键词】　纵横捭阖　不辱使命，雄辩四方

十六、宗　法

【题解】

本单元讨论古代社会结构和家族结构，内容涵盖婚姻习俗，家庭继承，家族关系，邻里相处，侠道义气等社会关系网，它们共同组成了古代的宗法社会。在宗法社会中，以家庭——家族关系为核心，家既是传统社会的主要内容，也为社会关系提供了交往原则，是为“家国同构”之说。全面了解上述内容，可以加深对我国古代社会关系结构的了解，进一步理解“宗法社会”的内涵。

79. 婚　　姻

【原文】

昏(1)礼者，将合二姓(2)之好，上以事宗庙(3)，而下以继后世也。故君子重(4)之。是以昏礼纳采、问名、纳吉、纳征、请期(5)，皆主人筵几(6)于庙，而拜迎于门外，入，揖让而升，听命于庙，所以敬慎重正昏礼也。

……

敬慎重正而后亲之，礼之大体，而所以成男女之别，而立夫妇之义也。男女有别，而后夫妇有义；夫妇有义，而后父子有亲；父子有亲，而后君臣有正。故曰：昏礼者，礼之本也。

出处：《礼记·昏义》

【简注】

(1) 昏：同“婚”。

(2) 古人主张“同姓不婚”，家族内

部的同姓婚姻是婚姻禁忌。“同姓不婚，惧不殖也”(《国语·晋语四》)，“男女同姓，其生不蕃”(《左传·僖公二十三年》)。

(3) 宗庙：古人祭祀祖宗的处所。

(4) 重：重视。

(5) 古代婚姻有六礼之说，即：纳采、问名、纳吉、纳征、请期、亲迎。

纳采：即男方家请媒人去女方家提亲。

问名：即男方家请媒人问女方的名字和生辰八字。

纳吉：即男方将女子的名字、八字取回后，占卜凶吉。

纳征：亦称纳币，即男方家给女方家送聘礼。

请期：男家择定婚期，备礼告知女方家。

亲迎：即新郎亲至女方家迎娶。

(6) 筵几(yán jǐ)：坐席与几案。古代礼敬尊长或祭祀时的陈设。

【今译】

婚礼，关系到两个家族交好，对上关系到祭祀宗庙、对下关系到传宗接代，所以君子很重视它。所以，在婚礼的纳采、问名、纳吉、纳征、请期这五个步骤中，每逢男方的使者到来时，女方家长都是在宗庙里铺设筵几，然后拜迎使者于门外。进入庙门，宾主揖让升阶登堂，在庙堂上听取男方意见。之所以这样做，以此表示对婚礼的敬慎和郑重其事。

……

郑重其事、相互敬重，然后夫妇相亲，这是婚礼的基本原则，这样便可确立男女之别，建立夫妇之义。因为男女有别，所以才会有夫妇之义；有了夫妇之义，才能父子相亲；有了父子相亲，君臣才能各正其位。因此说，婚礼是各种礼的根本。

【解读】

本篇介绍古代婚姻礼俗与婚姻制度。

《礼记》说：“昏礼者，礼之本也。”一方面，可以看出古人对待婚姻是非常重视的，关于婚姻的礼仪习俗内容丰富。缔结婚姻的基本禁忌是“同姓不婚”。缔结婚姻要有“六礼”。六礼指的是，纳采、问名、纳吉、纳征、请期、亲迎，缔结婚姻的礼仪相当庄重。而之所以说“昏礼者，礼之本也”，原因还在于，古人认为夫妇之间的关系影响君臣、父子之间伦常，夫妇之义强调的是男方主导，女方和顺，夫妇、父子、君臣的关系具有相通性，通晓夫妇之义，便可通晓伦常关系。

古人的婚姻制度实行一夫一妻制度，富贵之家常见一夫一妻多妾，但是妻妾之间等级森严，一般情况下妾不可为妻。《礼记》说“奔者为妾，父母国人皆贱之”，郑玄对此做了注释，说“妾合买者，以其贱同公物也”。《穀梁传》也说，“毋为妾为妻”。对此，我们一方面可以看出妻妾地位之别，另一方面，妻妾地位之别背后反映了男权社会男人对女人的支配权力。

婚姻既成，必须做到“夫妇有义”，何为夫妇有义？主要指各守其德。所谓各守其德，男尊女卑，女子做到三从四德。“三从”指幼从父、嫁从夫、夫死从子；“四德”指妇德、妇言、妇容、妇功，否则便是不守妇德。在婚姻存续期间，还有“七出三不去”之说，所谓七出三不去，是指七种情况下男方可以休妻，是为“七出”。另有三种例外情况，男方不得休妻，即为“三不去”。“七出”指的是：不顺父母、无子、淫、妒、有恶疾、多言、窃盗。“不顺父母”指妻子不孝顺丈夫的父母，也称不事舅姑。“无子”，指妻子生不出儿子来。“淫”指妻子淫乱家室、破坏伦常。“妒”指妻子好忌妒。“有恶疾”指妻子患了严重的疾病。“口多言”指妻子太多话或说别人闲话，引起不和。“窃盗”指偷人东西。三不去包括：“有所取无所归”，指妻子娘家已经没人，无法返回娘家；“与更三年丧”，指妻子曾为公婆服丧三年；“前贫贱后富贵”，指丈夫娶妻时贫贱，但后来富贵的。这三种情况下不得休妻。

从我国古代婚姻习俗和制度来看，两个特征非常明显。

第一，坚持家族本位。婚姻是结两姓之好，能否结成婚姻考虑的是家族关系，婚姻要求“父母之命媒妁之言”，而不是考虑男女双方个人是否两情相悦，如果仅有两情相悦而无父母之命媒妁之言，这样简直等于“私奔”，往往为社会所不齿。因为，此时独立于家庭、家族之外的“个人”尚未出现，每个人都是家庭、家族的成员，个人意识、个人权利尚未得到发展。

第二，强调男权主导。妻子的定位就是服从丈夫，相夫教子，始终处于婚姻的依附地位，这也使得中国的男尊女卑，重男轻女思想根深蒂固。男尊女卑的社会状况是和古代社会生活密切相关的，男主外，承担主要耕种任务，负责养家糊口，女人只能在家操持家务，不能也没有机会抛头露面外出工作，女子出嫁后也不能从娘家分得财产，经济上一直依附于男方。现代社会主张男女平等，实际上男女平等真正实现离不开经济领域提供的机会，女人走出家门，自主工作，经济不依赖于男人，这才带来了男女平等的普及，可见要真正实现男女之间的地位平等，离不开社会经济的发展。

【关键词】 **同姓不婚　一夫一妻　六礼　三从四德　七出三不去**

---

80. 嫡　　庶

【原文】

1　隐[1]长又贤，诸大夫扳隐而立之。隐于是焉而辞立，则未知桓[2]之将必得立也。且如桓立，则恐诸大夫之不能相[3]幼君也，故凡隐之立为桓立也。隐长又贤，何以不宜立？立適以长不以贤，立子以贵[4]不以长。桓何以贵？母贵[5]也。母贵则子何以贵？子以母贵，母以子贵[6]。

出处：《春秋公羊传·隐公元年》

2　庶子不祭，明其宗也。庶子不得为长子三年，不继祖也。别子为祖[7]，继别为宗[8]，继祢者[9]为小宗。有百世不迁之宗，有五世则迁之宗。百世不迁者，别子之后也；宗其继别子者，百世不迁者也[10]。宗其继高祖者，五世则迁者也。尊祖故敬宗之所自出。敬宗，尊祖之义也。

出处：《礼记·大传》

【简注】

(1) 鲁隐公：名息，隐是谥号。惠公死时太子允还年幼，于是隐公代掌国君之位，后为桓公所弑。鲁隐公息是鲁惠公与继室声子之子。后父惠公娶宋女仲子，仲子为惠公生下公子允，就是后来的鲁桓公。息和允二人的母亲都是陪嫁的“媵”，允的母亲仲子是右媵，地位仅次于嫡夫人，所以仲子地位比声子高贵。到惠公死时，息因年长而贤能，允当时太幼小，鲁国大夫们都举荐息，并要立他为国君。

(2) 鲁桓公：名允，鲁惠公之子，鲁隐公之弟。公元前711年，鲁隐公被杀，鲁桓公即位，后来娶齐襄公的妹妹文姜为夫人，公元前694年，发现齐襄公与文姜通奸，被齐国公子彭生杀死于齐国，嫡长子鲁庄公即位。

(3) 相：辅佐。

(4) 立子以贵：何休注：“子，谓左右媵及侄娣之子，位有贵贱。又防其同时而生，故以贵也。礼：嫡夫人无子，立右媵；右媵无子，立左媵；左媵之子，立嫡侄娣：嫡侄娣无子，立右媵侄娣……皆所以防爱争。”

(5) 母贵：隐公、桓公的母亲都是媵，他俩的身份都是公子。但桓公的母亲是右媵，地位仅次于嫡夫人。何休注：“桓母，右媵。”所以说桓公的母亲地位高贵。

(6) 子以母贵：何休注：“以母秩次立也。”母以子贵：何休注：“礼：妾子立，则母得为夫人。”

(7) 别子：即庶子，也指除嫡长子之外的其他儿子。

(8) 继别：谓继承别子位置的后代，也就是别子的嫡长子孙。

(9) 祢：指在宗庙中立了神主牌位的父亲。继祢是指继承别子诸弟的后代子孙。

(10) 指别子为一宗的正支，虽经百世仍得祭其始祖，是为别子后裔中是大宗。别子诸弟是一宗的旁支，传至五代之后其与别子关系已超出同一高祖范围，因此就不再祭别子的祖先，而另祭祀本支的祖先，是为小宗。

【今译】

1. 隐公年长又贤明，朝中大夫们都推选立他为君，隐于是被立为君，是因为他认为允不一定能够被立为君。即使允被立为国君，因为他太年幼，大夫们也未必能够尽心去辅佐他，(所以他没有辞让被立为国君这件事)。隐公年长又贤明，但为什么还说他不适宜被立为国君呢？因为嫡子之中，选立年长的，不考虑他是否贤能；庶子之中，选立地位尊贵的，不考虑他是否年长。桓公为什么尊贵呢？因为他母亲的地位高。为什么母亲地位高儿子就尊贵呢？因为儿子是由于母亲的地位高才尊贵的，母亲也会因儿子被立为国君而显贵。

2. 庶子不祭祖宗，这是凸显宗子的地位。庶子不能像长子一样为父亲服丧三年，因为庶子不是祖宗的继承人。别子为其后裔之始祖，继承别子的嫡长子是大宗，继承别子之庶子的是小宗。那些虽经百世依然祭祀家族始祖的是大宗；那些每经五世就要另祭始祖的是小宗。虽经百世依然祭祀家族始祖的大宗，就是别子一族中的嫡长子那一支。继承别子的嫡长子那一支，便成了虽经百世依然祭祀家族始祖的大宗。只能祭祀高祖的那一宗，是每经五世就要另祭始祖的小宗。因为尊崇先祖，所以才尊敬嫡长子，而尊敬嫡长子，也就等于尊崇先祖。

【解读】

本篇介绍中国古代的嫡庶之分。

从周朝起，我国就已经确立了嫡长子继承制，在我国古代，只有正妻所生子女才是嫡出，其他妾所生子女是庶出，嫡出的诸子中最为年长的是嫡长子，只有嫡长子才有爵位继承权，如果没有嫡子，再根据母亲尊卑，由地位高者之子继承，或者从诸庶子中选立，嫡庶界限明确，不可随意突破。

嫡庶之分主张嫡子继承父亲爵位，也就意味着庶子要另立为宗，自己成为自己后代的宗主，庶子的后代也要严格实行嫡庶之分。别子为宗的制度也就带来了我国古代姓氏问题上的“姓”与“氏”的区分，宋人刘恕在《通鉴外纪》中说：“姓者，统其祖考所自出。氏者，别其子孙所自分。”说的便是古人嫡长子及其子孙可以继续使用原来的姓，比如“姬”姓，“姜”姓；后代别子迁居他处，往往成为新的姓氏的开启者，所以古代有“氏以别贵贱”的说法。对于平民，一夫一妻没有妾，家庭内部没有嫡庶之分，在财产上，很多朝代实行诸子平分财产的制度，这也就是所谓的“分家”；但是长子依然具有较高地位，父亲去世后，长子就是家族之长，所以我国古代很多族长都是长房长子来担任，也具有“嫡长”色彩。

对于家族、家庭来说，嫡庶制度非常重要。分清嫡庶，嫡长子继承，这样家族便可延续下来，先辈列祖也可香火不断，受人祭祀。因此，对于每个家庭来说，必须要做到不绝宗，“不孝有三无后为大”，做到家族香火连绵不断才算是尽了一代人的责任。万一出现家庭无子的情况，处理的原则是“大宗不绝小宗绝”，优先保证嫡长子家后继有人，这就产生了古代的过继习俗，在兄弟之间，如果一家有多个儿子，而另一家无子，为了保证不绝宗，通常由多子之家把非长子过继给无子之家，而且通常是地位较低家庭过继给地位较高的家庭，被过继的孩子要视新的家长为父亲。

对于国家政权来说，嫡庶制度更有意义。其最突出的作用是，通过嫡长子继承制，维护社会秩序稳定，尤其是在爵位、王位继承时，因为嫡长子继承制深入人心，各人的名分爵位早有公论，这就杜绝了很多王子、世子对王位、爵位的觊觎，减少宫廷内斗，减少因王位继承而产生的流血事件。自古以来，废长立幼，取乱之道，所以君主对立嫡也是非常慎重。明初，朱元璋很早立长子朱标为皇太子，其他诸子分封藩王，成年藩王不得留驻京城，必须就藩，这便减少了宫廷内斗的可能。后来朱标不幸早逝，在考虑由谁来继承大统时，朱元璋曾经犹豫选立自己的其他儿子——诸藩王，但征求大臣意见时，几位重臣都主张按照儒家礼制，立太子之子，这才选立了朱允炆为皇太孙，最后由皇太孙承继大统，这是嫡长子继承制对稳定王位继承的重大作用。但是完全实行嫡长子继承制也有风险，最大的风险是会产生低能、白痴皇帝，不能择优选立，这最典型的败笔便是晋惠帝，晋惠帝司马衷是晋武帝司马炎之子，为人痴呆不任事，诸王不服，晋惠帝又无掌控应对能力，由此产生了八王之乱，最终使得“五胡乱华”，带来了几百年动荡，因此，清康熙以后便改变了嫡长子继承制，实行密诏立嫡，择优选立，这也使得终清一朝，几无昏君，这是对嫡长子继承的重大变通，也取得了很好的效果。

【关键词】　嫡长子继承制　别子为宗

---

81. 亲 亲

【原文】

1 仁者，人也，亲亲[(1)]为大。义者，宜也，尊贤为大。

出处：《中庸》

2 亲亲，以三为五，以五为九[(2)]。上杀[(3)]，下杀，旁杀，而亲毕矣。

出处：《礼记·丧服小记》

3 凡礼之大体，体天地，法四时，则阴阳，顺人情，故谓之礼。訾[(4)]之者，是不知礼之所由生也。夫礼，吉凶异道，不得相干，取之阴阳也。丧有四制，变而从宜，取之四时也。有恩有理，有节有权[(5)]，取之人情也。恩者仁也，理者义也，节者礼也，权者知也。仁义礼知，人道具矣。

礼：斩衰[(6)]之丧，唯而不对[(7)]；齐衰[(8)]之丧，对而不言；大功[(9)]之丧，言而不议；缌、小功[(10)]之丧，议而不及乐。

出处：《礼记·丧服四制》

【简注】

(1) 亲：第一个亲，动词，亲近；第二个亲，名词，指亲属。

(2) 以三为五：从三代扩展至五代。以五为九：从五代再上下分别扩展至九代。郑玄注："己上亲父，下亲子，三也。以父亲祖，以子亲孙，五也。以祖亲高祖，以孙亲玄孙，九也。"

(3) 杀：消减。

(4) 訾：诋毁。

(5) 节：权，权变。

(6) 斩衰：丧服名，衰通"缞"(cuī)。斩衰是"五服"中最重的丧服。用最粗的生麻布制做，服期三年。古代，诸侯为天子，臣为君，男子及未嫁女为父，承重孙(长房长孙)为祖父，妻妾为夫，均服斩衰。

(7) 对：对白，回答。

(8) 齐衰：丧服名，亦作"齐缞"(zī cuī)。在"五服"中列位二等，次于斩衰。其服以粗疏的麻布制成。具体服制包括父卒为母，为继母，母为长子，服期三年。父在为母，夫为妻，服期一年等情形。

(9) 大功：丧服名，是次于"齐衰"的

丧服。用粗熟麻布制做，服期为九个月。清代，凡为堂兄弟、未嫁堂姊妹、已嫁姑及姊妹，以及已嫁女为伯叔父、兄弟，均服“大功”。

(10) 小功：丧服名，是轻于“大功”的丧服，是用较细的熟麻布制作的。这种丧服是为从祖父母、堂伯叔父母、未嫁祖姑、堂姑、已嫁堂姐妹、兄弟之妻、从堂兄弟、未嫁从堂姐妹，和为外祖父母、母舅、母姨等服丧而穿。

缌：缌麻，丧服名；最轻的孝服，是用稍细的熟布做成的。凡为曾祖父母、族伯父母、族兄弟姐妹、未嫁族姐妹，和外姓中为表兄弟、岳父母穿孝都用这个档次。

【今译】

1. 仁，就是爱人，以亲近自己的亲人为大；义就是适宜，以尊敬贤者为大。

2. 凡人之亲其所亲，首先是上亲父，下亲子，形成三辈相亲。然后由父上推到祖父，由子下推到孙子，这样就扩展为五辈相亲。在五辈相亲的基础上，再往上推，亲及曾祖、高祖；再往下推，亲及曾孙、玄孙，这样就扩展为九辈相亲。由父亲往上，血缘关系愈远，亲情愈薄；由儿子往下，血缘关系愈远，亲情愈薄；在旁系亲属中，和自己血缘关系愈远，亲情愈薄。这样向上逐代减损，向下逐代减损，向旁逐代减损，亲情关系就完结了。

3. 制定礼的总的原则是，体悟天地，效法四时，顺乎阴阳，顺应人情。那些诋毁礼的人，他们不知道礼的由来。礼有吉礼、凶礼之分，二者的道理不同，但都取法于阴阳。丧服有四条规则，可以因时制宜适当变通，这也体现了取法四时的要求。在四条原则中，有感情、有理智、有原则、有权变，这些都要取决于人情。感情是仁的表现，理智是义的表现，原则是礼的表现，权变是智的表现。仁义礼智都有了，礼的道义也就齐备了。

居丧的人在和他人交往时，礼制有详细规定：如果是斩衰之丧，那就只能发出“唯唯”的声音而不能回答别人的问话；如果是齐衰之丧，那就只可以回答别人的问话，不可主动说话；如果是大功之丧，那就可以主动问人，但不可以发表议论；如果是缌麻、小功之丧，那是可以发表议论的，但还不可谈笑取乐。

【解读】

本篇介绍中国古代家族结构与家族成员的血亲关系。

丧服制度是家族观念的集中体现，在一个家族内部，如果谁家有丧事，家族成员都要来奔丧，家族成员根据与死者生前血亲的亲疏程度，穿戴不同的丧服。丧服分为五种等级，是为五服，分别是斩衰、齐衰、大功、小功、缌麻，不同的丧服代表不同的亲属秩序。而什么样的成员披戴什么样的丧服是由关系亲疏决定的，子为父、妻妾为夫服斩衰，再次子为母等齐衰，堂兄弟等之间大功，堂姐妹等小功，族兄弟姐妹等缌麻。出了五服九亲之外，因为血缘关系淡了，所以“亲毕”，亲族关系就很淡了。

我国古代家族通常聚族而居，同族人聚集在一起居住，直到现今，有些村镇往往所有成员都是同一姓氏，这便是历史上聚族而居的典型体现。在聚族而居的村落中，宗族祠堂往往是这个家族的象征，我国历来就有建家族祠堂的传统，一方面以祠堂来祭祀祖宗，表达对祖先的哀思，另一方面，祠堂象征着家族，祠堂建得高大华丽，象征这个家族人丁兴旺、昌盛发达。后来，宗祠逐渐成了村镇中公共活动的场所，家族村落凡有大事喜事，必定在宗祠举办，家族成员若有中科举之类的大喜事，也一定祭祖告知列祖列宗。除了祠堂之外，每个家族都会有一本自己家族的家谱，家谱记载家族繁衍、延续的谱系，同时，如果该家族出现了达官贵人、进士举人，也会被家谱浓墨重彩记载下来，作为家族的荣耀，这也就是古人的光宗耀祖的观念。

我国古代的家族制度中有两个特别现象，值得讨论：

一是家族内部的亲疏区分。古代家族聚族而居，阖村同姓，所以家族观念特别强，家族就是一个大家庭，如果发生大事，阖族团结，一致对外，特别当有外敌当前时，必定全族出动。同时，家族成员之间又以血源关系区分亲疏，所以在处理家族内部事务时，家族成员又会依据当事人与自己关系亲疏选择自己的立场，平常偶尔还会发生家族成员内斗，不同家庭会因此分派。可以说，聚族而居，内外有别，也是很有意思。

当前，我们既需要了解古代家族制度，借鉴其合理成分，更需要对古代的宗族制度进行反思，尤其需要对以血亲为基础的社会关系进行反思。传统社会，社会关系建立在血亲之上，关系亲疏以血缘亲疏而定，血亲关系重于是非曲直，这种观念有一定的狭隘性，社会利益往往在小圈子内部分配，而较少考虑社会整体，这也就是梁启超先生所言的“国人有私德，无公德”的判断，它阻碍了我们建立起更加广阔、更加公平的社会关系，也阻碍了社会公共利益、公共空间的发展，因此，在现代社会，我们需要对血亲原则有反思与限制。

二是家国同构问题。宗族当中，通常都有一位德高望重的老者出任族长，处理家族内部事务，并常常依据家法家规处置家族事务，家族内部事务实行充分自治；但实际上，聚族而居的情况下，家族内部事务也是村落事务，所以族长往往也是地方保甲负责人。不但如此，在古人看来，治理家族和治理国家是相通的，国家与家族在结构上也是相通的，这就产生了古人所谓“家国同构”的观念。家族是家庭的扩大，国家则是家族的扩大和延伸。在家国同构的格局下，家是小国，国是大家。在家庭、家族内，父家长地位至尊，权力至大；在国内，君王地位至尊，权力至大。父家长因其血统上的宗主地位，理所当然统率其族众家人，而且这一宗主地位并不因其生命的中止而停辍，而是通过血脉遗传，代代相继。所以古人经常把治理家庭、家族的原则推广到治理国家，提出“以孝治天下”。孝本来主张是家庭内部的孝，子女孝顺父母，但是“以孝治天下”推广到国家领域，帝王率先垂范，以身行孝，地方举孝廉，推选孝子出任官员，把家庭内部的道德观念推广到了整个国家治理之中。以现代观念来看，这是有问题的，治理家庭和治理国家依据的原则不一样，前者处理的是私人事务，后者是行使公共权力、管理公共事务，二者界限明显、原则不同，不应混同。

【关键词】 亲亲　五服　聚族而居　宗祠　家国同构

82. 乡　党

【原文】

1　分国以为五乡(1)，乡为之师，分乡以为五州，州为之长。分州以为十里，里为之尉。分里以为十游，游为之宗。十家为什，五家为伍，什伍皆有长焉。筑障塞匿，一道路，博出入(2)，审闾閈(3)，慎管键(4)，管藏于里尉。置闾有司，以时开闭。闾有司观出入者，以复于里尉。凡出入不时，衣服不中，圈属群徒，不顺於常者，闾有司见之，复无时(5)。

出处：《管子・立政》

2　令五家为比，使之相保；五比为闾，使之相受；四闾为族，使之相葬；五族为党，使之相救；五党为州，使之相赒(6)；五州为乡，使之相宾。

出处：《周礼・地官・司徒》

【简注】

(1) 乡与下文的州、里、游、什、伍都是地理单位，乡师、州长、里尉、游宗、什长、伍长都是地方行政长官。

(2) 博：“博”为“専”，简体为专。专：出入，设置一个出入口。

(3) 闾閈(lǘ hàn)：古代里巷的门。

(4) 管：钥匙；键：锁簧。管键：指钥匙与锁。

(5) 复：回复，上报。无时：及时，立刻。

(6) 赒：接济，救济。

【今译】

1. 把都城地区分为五个乡，乡设乡师。把乡分为五个州，州设州长。把州分成十个里，里设里尉。把里分为十个游，游设游宗。十家为一什，五家为一伍；什和伍都设官长。要修筑围墙，堵塞缺口，只定一条进出的道路，只设一个出入口。要细心看管里门，注意关锁，钥匙由里尉掌管。每个闾都有人专门负责，按时开闭里门。闾还要有人专门负责观察出入的人们，向里尉报告情况。凡是进出不遵守时间、穿戴不合时宜、家眷亲属成群结队，或者其他行迹异常的，负责观察的人发现以后，就随时上报。

2. 令五家组成一比，让他们互相保护。五比组成一闾，让他们相互托付。四闾组成一族，使他们遇到丧葬时互相帮助。五族组成一党，让他们互相救助。五党组成一州，使他们互相周济。五州组成一乡，让他们以宾客之礼相待。

【解读】

本篇介绍中国古代的乡邻关系。

在古代，乡邻又被称为乡党，《论语》中"孔子之于乡党，恂恂如也，似不能言者"(《论语・乡党》)说的便是乡里。不同朝代，乡党的建制不尽一致，比如周制五百家为一党(《周礼・地官・大司徒》，但总原则是一致的，那就是细分基层社会，把社会分为一层一级，各层级都设置相应的地方官进行管理。乡党是中国社会基层政权，按照《管子》的描述，乡师既要负责社会治安，也负责社会风化，还要教导人们相互帮助，共渡难关，这也就使得我国乡党制度非常具有特色。

乡党制度在我国历史上曾演变为保甲制度，比如王安石变法时便推行了保甲制度。北宋王安石变法时提出了十户为一保，五保为一大保，十大保为一都保，"变募兵而行保甲"。元朝也有"甲"，以二十户为一甲，设甲生。清朝与民国都有"牌甲制"，以十户为一牌，十牌为一甲，十甲为一保。保甲制度要求民众相互监管，若有不轨及时报官，否则连坐。它重在加强对社会民众的控制，维护政权统治，加重了历代王朝对民众的控制。

乡党在我国还有一个特出表现，便是如今所言的"乡绅自治"。所谓乡绅自治，指的是政府很少干预乡村基层治理，由民众自我治理调节，在自治过程中，发挥关键作用的便是"乡绅"。乡绅是古代农村的读书人，同时家境殷实，他们既可以通过科举或者担任幕僚充实到政府管理队伍中去，也有部分官员告老还乡后成为乡绅，是所谓“绅出为官，官退为绅”，这一批乡绅对推动乡村自治、宣扬传统教化发挥了重要作用。

学界当前对我国古代的乡邻关系，有一个较为成熟的认识，认为中国古代是“熟人社会”。所谓熟人社会是指整个乡党内的民众处于一张复杂关系网之中，人人皆熟识，人人都可攀得上关系，相互熟悉因而相互信任。但是当今中国正处于快速城市化过程之中，传统的乡邻乡亲相互迁移，人们进城之后面对的都是一些陌生人，“熟人社会”正向“契约社会”转型。在转型过程当中，传统熟人社会的一些弊端也逐渐暴露出来，这其中最为典型的便是社会诚信问题。中国传统社会是一个熟人社会，通常情况下，熟人之间、亲戚朋友之间交往诚信是有保证的，“乡党之间，观其诚信”（《逸周书·官人》）。人们会以诚信对待周围人。但如果把交往的范围从熟人扩展到陌生人，原来与熟人交往的一套规则就会失效，诚信问题就变得突出。当前我们市场经济的种种乱象也说明了国人在与陌生人打交道时诚信的缺失。对此，我们应该加强法制建设，熟人社会诚信靠“自律”，契约社会的诚信则需要依靠“他律”，通过法制规范和法律处罚，引导人们讲求诚信。当然，诚信问题仅是一例，熟人社会转向契约社会是个复杂而漫长的过程，在这个过程当中，我们首先应认识到古代社会的特征，在此基础上，有针对性地推动、促进社会转型的顺利完成。

【关键词】　乡党　保甲　乡绅自治　熟人社会　契约社会

83. 游　侠

【原文】

1　韩子(1)曰：“儒以文乱法，而侠以武犯禁。”二者皆讥，而学士多称(2)于世云。至如以术取宰相卿大夫，辅翼其世主，功名俱着于春秋，固无可言者。及若季次(3)、原宪(4)，闾巷人也，读书怀独行君子之德，义不苟合当世，当世亦笑之。故季次、原宪终身空室蓬户，褐衣疏食(5)不厌。死而已四百馀年，而弟子志之不倦。今游侠，其行虽不轨于正义，然其言必信，其行必果，已诺必诚，不爱其躯，赴士之戹困(6)，既已存亡死生矣，而不矜其能，羞伐其德，盖亦有足多者焉。

出处：《史记·游侠列传》

2 有狗彘[(7)]之勇者，有贾盗[(8)]之勇者，有小人[(9)]之勇者，有士君子之勇者。争饮食，无廉耻，不知是非，不辟[(10)]死伤，不畏众强，牟牟然惟利饮食之见，是狗彘之勇也。为事利，争货财，无辞让，果敢而振，猛贪而戾[(11)]，牟牟然[(12)]惟利之见，是贾盗之勇也。轻死而暴，是小人之勇也。义之所在，不倾于权[(13)]，不顾其利，举国而与之不为改视，重死持义而不桡，是士君子之勇也。

出处：《荀子·荣辱》

【简注】

(1) 韩子：指韩非子。

(2) 称：称赞。

(3) 季次：公晰哀，姓公晰，名哀，字季次，春秋时鲁国人，一说是齐国人。他家境贫寒，终身不屈节求仕。

(4) 原宪：字子思，春秋时期宋国人，孔子弟子。原宪出身贫寒，个性狷介，一生安贫乐道，不肯与世俗合流。孔子为鲁司寇时，曾做过孔子的家臣，孔子给他俸禄，他推辞不受。孔子死后，原宪回家隐居，茅屋瓦牖，粗茶淡饭，生活极为清苦。

(5) 褐衣：粗布衣服。蔬食：粗糙的饭食。

(6) 戹困(è kùn)：困迫，困难。

(7) 彘：猪。狗彘，泛指家畜。

(8) 贾：商人。盗：盗贼。

(9) 小人：普通人，平民百姓。

(10) 辟：躲避。

(11) 戾：凶狠。

(12) 牟牟然：迫切想要的样子。

(13) 权：权势。

【今译】

1. 韩非子说："儒生用'文'的行为来破坏法度，而侠士用'武'的行为违犯法令。"两者都应该受到讥笑，但儒生受到世人称赞。用权术取得宰相卿大夫的职位，辅助其君主，功名都被记载在史书之中，这是多数儒生走的道路，无需多加评议。像季次、原宪这样的儒生，他们出身平民，用功读书，心怀君子操守，坚守道义，不与世俗苟合，世俗之人嘲笑他们。所以季次、原宪一生住在草屋之中，家徒四壁，穿粗布衣服，连粗饭都吃不饱。但哪怕他们去世四百多年，他们的弟子们仍以此为志，不知倦怠。现在的游侠者，他们的行为虽然触犯了通行的法律，但是他们说话守信用，做事果敢，答应的事必定做到，如果能救助别人的危难，牺牲生命也在所不惜。

他们经历了生死存亡的考验，也不自我夸耀本领，更羞于夸耀自己功德，这些都是很值得赞美的！

2. 有狗和猪的勇敢，有商人和盗贼的勇敢，有平民百姓的勇敢，有士君子的勇敢。争抢吃喝，没有廉耻，不懂是非，哪怕死伤也不知躲避，遇到强大的众人也不知畏惧，急切地只顾吃喝，这是狗和猪的勇敢。只图利益，争抢财物，不知辞让，行动果断大胆而振奋，贪婪而凶狠，急切地只看见财利，这是商人和盗贼的勇敢。不在乎死亡而行为暴虐，是普通人的勇敢。只要合乎道义，就不屈服于权势，不顾及自己的利益，就是把整个国家都给他也不改变观点，虽然看重生命，但坚持正义而不屈不挠，这是士君子的勇敢。

【解读】

本篇介绍中国古代社会的侠义之道。

中国古代本是熟人社会，熟人之外存在着一个流动的群体，这个群体便是侠士，侠士或独来独往，或寄居依附于豪门大族，或者与素不相识的陌生人相处行侠义之道。侠义之道是我国古代熟人之间相处原则之外的一种处事原则，它一直或隐或现地存在于我们文化之中。

汉朝以前，游侠群体比较庞大。因为战国时期盛行养士，养士成为上层社会竞相标榜的一种时髦风气，而游侠与养士实为同一类人，所以群体较为庞大。当时，只要是有实力有抱负的国君、权臣，无不尽可能多地收养门客，著名的战国四君子(齐国的孟尝君田文、魏国的信陵君魏无忌、赵国的平原君赵胜、楚国的春申君黄歇)都养士。孟尝君家里日常“食客三千”，权臣好养士，客观上使得游侠有了集结的场所，所以彼时游侠群体特别庞大，春秋战国时期的诸多历史事件都有游侠的参与，比如《荆轲刺秦王》《专诸刺杀王僚》《信陵君窃符救赵》《毛遂自荐》等历史故事。按照余英时先生《士与中国文化》的论断，先秦时期，士与游侠本是一个群体。汉唐以后，随着大一统政治制度的日益强化，游侠群体逐渐消亡，但是侠义之道并未消失，而是一直留存下来，出现在我们的民间文化传统之中，比如《水浒传》《三侠五义》记载的都是民间的侠义。晁盖仗义疏财，虚怀若谷，主张“替天行道”；宋江同样仗义疏财，乐善好施，人称“及时雨”，他们都讲江湖道义，所以四面八方之人投奔他们，这才形成梁山的兴盛局面。

侠义之道有一个重要特征：行侠仗义者虽然并不认识对方但是非分明，主持道义，“其言必信，其行必果，已诺必诚，不爱其躯，赴士之戹困”，讲求义气，因而也受人尊重。《战国策》中说：“士为知己者死，女为悦己者容。”说的是侠士为知己之遇而不惜生命。侠义之道最重义气，义气是什么，是道义原则，重承诺，讲信用，所以，古人常说，“义气所在”，他们会以自己所认为的道义标准，替天行道，主持公义，“义之所在，虽千万人吾往矣”。侠义之道还有一个特征，就是游侠之辈多处于社会底层，三教九流无所不包，明朝诗人曹学佺说“仗义每多屠狗辈，负心多是读书人”，也是对底层侠义人士的一个形象描述。

游侠群体对我国传统的熟人社会、宗法社会是一个不可缺少的补充。长久以来，我们宗法社会都局限于熟人之间打交道，社会关系没有超出熟人圈子，而侠义之道的对象并不是熟人，很大程度上它面对的是陌生人。“路见不平，拔刀相助”，“十步杀一人，千里不留行。事了拂衣去，深藏身与名。”（李白《侠客行》）行侠仗义者之前并不相识，事后也不留名。侠客们在熟人之外、在陌生人之间确立了一个普遍的道义标准，虽然这个道义往往带有主观色彩，但这种普遍标准往往是熟人圈子中所缺乏的，因此它客观上为我们走向陌生人社会提供了一个出口，让国人处理人际关系时能够走出熟人圈子，进入陌生人领域。但是，在某种意义上，这种侠义之道并不为古代正统观念所认可，游侠群体也对家国同构的宗法社会的稳定性构成了挑战，所以，游侠群体也常遭到朝廷打压。

当前，我们正处于熟人社会向陌生人社会的转型之中，这种转型本身就是对传统宗法社会结构的扬弃，这种转型必须在观念上克服以往熟人圈子中的道德观念，建立普遍的道义公德，这方面，侠义之道为我们提供了启示。

【关键词】 养士　游侠　义气

十七、经　济

【题解】

本单元讨论古人对待经济问题的态度和基本经济形态与经济制度。经济生活是社会生活的重要部分，要全面了解古代社会生活，既要了解古人对待经济问题的基本态度，了解古人经世济民的胸怀和义利之辨的价值选择；也有必要走进经济生活，了解土地制度、税收制度、中国古代盐铁专卖制度和重农抑商的经济特点。全面了解古人的经济生活，可以进一步深化古今之间的沟通。

84. 经 世 济 民

【原文】

1　故披《洪范》(1)而知箕子(2)有经世之器，览九术(3)而见范生怀治国之略。

出处：《抱朴子·审举》(4)

2　《洪范》八政(5)，一曰食，二曰货。食谓农殖嘉谷可食之物，货谓布帛可衣，及金刀龟贝，所以分财布利通有无者也。二者，生民之本，兴自神农之世。"斫木为耜，煣木为耒，耒鲈之利以教天下"(6)，而食足；"日中为市，致天下之民，聚天下之货，交易而退，各得其所"，而货通。食足货通，然后国实民富，而教化成。黄帝以下"通其变，使民不倦"。尧命四子(7)以"敬授民时"，舜命后稷(8)以"黎民祖饥"，是为政首。禹平洪水，定九州，制土田，各因所生远近，赋入贡棐(9)，楙迁有无(10)，万国作乂。殷周之盛，《诗》《书》所述，要在安民，富而教之。故《易》称“天地之大德曰生，圣人之大宝曰位；何以守位，曰仁，何以聚人，曰财。”财者，帝王所以聚人守位，养成群生，奉顺天德，治国安民之本也。

出处：《汉书·食货志》

【简注】

(1) 洪范：洪的意思是大，范的意思是法。洪范即统治大法。相传《洪范》是周灭商后，箕子向周武王陈述统治大法的记录。今人或认为系战国后期儒者所作，或认为作于春秋。

(2) 箕子：名胥余，纣王的叔父，官太师，封于箕，周商之际，因其道之不得行，其志之不得遂，“违衰殷之运，走之朝鲜”。

(3) 九术：即洪范九法。

(4)《抱朴子》：书名。晋葛洪撰。以其自号名书。七十卷，其中内篇二十卷，外篇五十卷。内篇论神仙吐纳、符箓克治之术，为道教之言；外篇则论时政得失，人事臧否。

(5) 八政：《尚书·洪范》记载箕子向周武王建议重视八政，即食、货、祀、司空、司徒、司寇、宾、师等，主要是指重视粮食、布帛与货币、各项祭祀、工程、土地管理、赋役征敛、刑狱、礼仪、士子教育诸事。

(6) 出自《周易·系辞下第八》。

(7) 颜师古注：“四子，谓羲仲、羲叔、和仲、和叔也。事见《虞书·尧典》。”

(8) 后稷：尧舜时期掌管农业之官，周朝始祖。后稷出生于稷山，被尧举为“农师”，教民耕种。

(9) 贡棐(gòng féi)：盛贡品的竹筐。棐，通“篚”。

(10) 楙：通“贸”。楙迁有无，买卖货物，互通有无。

【今译】

1. 看了《洪范》才知道箕子具有经世济民的心胸，看了九法才知道他治国的才能。

2.《洪范》的八种政务官员中，一是管民食的官，二是管财货的官。食是指农民生产的可以吃的好谷；货是指可穿的布帛，以及金刀龟贝，后者可以用来分配财产扩散利益互通有无。这两者，是人民生活的根本，从神农的时代就开始兴起。“砍下木头作为耜，弄弯木头作为耒，把耒耨的好处传给天下”，这样食物就充足了；“到中午时就形成了集市，招来天下的人民，聚积天下的货物，交换后就走开，使他们各自得到自己想要的东西”，这样财物就流通了。食物充足货物流通，然后国家充实人民富足，这样教化才能成功。黄帝让百姓“便于变通，使他们不感到厌倦”。尧帝命令羲仲、羲叔、和仲、和叔四人“把时令节气告诉给民众”，舜帝命令后稷，把民众的吃饭问题看作是政治的首位任务。大禹平定了洪水，划定了九州，丈量了田地，让民众各自根据出产远近，把田赋交到盛贡物的椭圆竹器中，让天下人交换有无，万国就得到治理。商、周之所以强盛，根据《诗经》和《尚书》上的记述，主要在于安定百姓，使他们富足后再来加以教育。所以《易》上称“天地的大德是生命，圣人最宝贵的事物是帝位；用仁来守住帝位，用财富来聚积人”。财物，是帝王用来聚积人员保持帝位的，是抚养育民众、敬奉顺从上天的恩德、治理国家、安定人民的根本。

【解读】

本篇介绍古人对经济的定位。

在古人看来，经济学乃是“经世济民”之学，它负有经世济民、安邦定国的使命，因此非常重要。正如《抱朴子》所言，经济学本是治国之学；《汉书·食货志》也主张，经济是治国之本，帝王可以靠它“聚人守位，养成群生，奉顺天德”。这样的认识在古代文化典籍中还有很多，比如《宋史·王安石传论》记载：“朱熹尝论安石文章节行高一世，而尤以道德经济为己任。”《红楼梦》第三十二回中薛宝钗也曾欲劝说宝玉：“也该常会会这些为官作宦的，谈讲谈讲那些仕途经济，也好将来应酬事务。”强调的都是经济乃是经世济民、治理国家的本领。

从经济学的起源来看，在西方，经济学起源于“家政学”，在亚里士多德的《政治学》中，经济学就是家政学，是管理家庭日常事务的学问，这里的日常事务有点类似于中国古代豪门大户的管家所操心的事务。只不过，在《政治学》中，亚里士多德把这项工作交给了奴隶去从事，让奴隶去从事家政经济事务，目的是让奴隶主——即希腊城邦中的公民可以有更多的时间从事哲学思考这一高贵的事业，因为哲学需要闲暇，如果公民们天天为经济事务所累，必定没有时间从事思考。而中国古人从一开始就把经济学理解为治国安邦的根本大策，认为只有懂得了经世济民之术，才能成为一位有作为的帝王，才能让民众饱暖，民众饱暖问题解决了，才可以施行教化，最终实现天下大治。一个主张经济学是奴隶从事的低贱之学，一个主张经济学是经世济民之学，相比之下，中国古人对经济还是寄予厚望的。

但在历史发展过程中，经济学并没有成为显学。在很长时期内，古人强调义利之辨，认为道义最为重要，经济问题并不重要，“立国之道，尚礼仪不尚权谋，根本之图，在人心不在技艺”（清倭仁语），主张士人更应关心道德人心，在很长时期内，经济学也是受到鄙夷的，士大夫们普遍羞于谈经济，而乐于谈性命。这种状况只有在南宋事功之学、明末清初的实学中才有所改观。

南宋时期，朝廷孱弱，不能有效抵御北方少数民族的侵犯，于是叶适、陈亮等学者代表的永嘉学派提出了"事功"思想，主张利与义的一致性，"以利和义，不以义抑利"，反对理学的空谈义理。他们针对董仲舒的"正其义不谋其利，明其道不计其功"，主张"既无功利，则道义者无用之虚语尔"。规劝统治者考求历代国家的成败兴亡、典章制度的兴废，希望通过大力发展经济增强国家实力，有效抵御外敌并进而收复失地，一雪前耻。明末清初以顾炎武等为代表的一批实学家也主张兴起经世致用之学，他们批判宋明理学空谈心性，"无事袖手谈心性，临危一死报君王"（清颜元语），主张学术应关心国家大事。这些主张为"经济学"的"经济"二字做了有力"正名"，也再次说明，经济学不是义利之辨的利益之学，它不应受到轻视，因为它是经世济民之学，关系到国家的盛衰存亡，必须予以重视。

【关键词】 经世济民　事功　实学　家政学

85. 义 利 之 辨

【原文】

1　子曰："君子喻[1]于义，小人喻于利。"

出处：《论语・里仁》

2　子曰："富与贵，是人之所欲也，不以其道得之，不处也；贫与贱，是人之所恶也，不以其道去之，不去也。君子去仁，恶乎[2]成名？君子无终食[3]之间违仁，造次[4]必于是，颠沛必于是。"

出处：《论语・里仁》

3　子曰："富而可求[5]也；虽执鞭之士[6]，吾亦为之。如不可求，从吾所好。"

出处：《论语・述而》

4　夫仁人者，正其谊[7]不谋其利，明其道不计其功，是以仲尼之门[8]，五尺之童，羞称五霸，为其先诈力，而后仁义也。

出处：《汉书・董仲舒传》

【简注】

(1) 喻：通晓，了解。

(2) 恶乎：哪里，怎么。

(3) 终食：吃完一顿饭的时间，指时时都不违背仁。

(4) 造次：匆忙，仓促。

(5) 求：追求。

(6) 执鞭之士：古代为天子、诸侯和官员出入时手执皮鞭开路的人。意思指地位低下的职事。

(7) 谊：道理、道义。《中庸》说："义者，宜也。"

(8) 仲尼之门：指孔子的门徒学生。

【今译】

1. 对待君子，应该通过义来让他明白，对于普通人，应该通过利来让他明白。

2. 孔子说："富裕和显贵是人人都想要得到的，但不是以正道得来的，就不应去享有；贫穷与卑贱是人人都厌恶的，但不用正道去摆脱它，就不应去摆脱它。君子如果背离了仁，又怎么能叫君子呢？君子没有一顿饭的时间是背离仁的，就算在最紧迫的时刻也必须按照仁去办事，就算在颠沛流离的时候，也一定会按仁去行事的。"

3. 孔子说："如果富贵合于道就可以去追求，即使是做给人执鞭的下等差事，我也愿意去做。如果富贵不合于道就不必去追求，那就还是按我的爱好行事。"

4. 真正的仁人志士，应该发扬其道义而不是谋取其利益，因此孔圣人的门徒，哪怕是五尺幼童，都羞于讨论春秋五霸的功业，因为他们先使用诡诈，而后才使用仁义去掩盖诡诈。

【解读】

本篇主要介绍古人对待经济利益的态度。

在古人看来，义先于利，道义优先，其一，行为做事首先应关注它的道义效果，而不是着眼于它带来的功利，道义比功利更为重要，如果两者发生冲突，一定是选择道义而放弃功利。因此，董仲舒说的"正其谊不谋其利，明其道不计其功"，便是强调凡事以义为先，比起大义，功利实在微不足道。其二，对于个人来说，君子爱财取之有道，绝不谋求不当利益。应该注重个人气节名声，不要谋取不义之财，为人先立大义，以义修身，而不是心中常怀利益，因利妨义，有损气节。这也就是孔子说的"富与贵，是人之所欲也，不以其道得之，不处也"，不以其道便是只重视利而忽视了义，而孔子说"虽执鞭之士，吾亦为之"则是强调对待钱财当"取之有道"，即使是个"执鞭之士"，从事卑贱差事，但只要能保住气节，依然可贵。

义利之辨对中国文化产生了深远的影响，第一，它使得国人只重义，只言义，而少有言利，似乎“王亦曰仁义而已矣，何必曰利”(《孟子·梁惠王上》)，君子羞于言利，如果谁公开场合来言利，那一定不登大雅之堂，因为只有那些气节修养还不到家的人才会言利，孔子说“君子喻于义，小人喻于利”，只有平民百姓才会直白的去谈利，君子士大夫只应言义。时至今日，国人在表达个人利益时还常遮遮掩掩，不好意思言利，遇到利益问题或是顾左右而言他，或是用一些冠冕堂皇的空话掩盖利益，似乎国人从不关心自己利益一样。第二，它使得士人特别重视气节，士大夫一般都重视个人修身，把利益问题看作是关乎自己气节、修行的重大问题，在义利之辨大问题上更是严以修身，很多士人在利益诱惑面前，坚持原则，秉持大义，做到“富贵不能淫，贫贱不能移，威武不能屈”(《孟子·滕文公下》)，产生了很多人格典范、君子楷模，这些典范至今对我们修身励志都很有启示。第三，它也使得士大夫普遍不关心经济学科，比起经济利益，士大夫们更关心性理天道，平时多谈心性，认为经济利益是实务之学、器物之学，比不上性理天道；士大夫研究问题就只应研究大道，经济问题比较低贱，多不屑于去研究，直至今日，读书人不关心经济问题的现象才有改观。

其实，义利之辨在自身的论证逻辑上也有不足。第一，虽然义利之辨的出发点重在强调两者冲突时如何选择，但人们一般理解的义利之辨往往预设了义和利的对立，“鱼和熊掌不可兼得”，似乎是有义就一定无利，没有做到对义和利的适度平衡，允许某种范围内的义利兼备。第二，它拔高了对平民百姓的要求，让所有人都去讲义不讲利。它让人为了名声而只选一项，把利的地位贬得太低。这种要求对于君子士大夫也许不为过分，但对于平民百姓都有此要求，实际上是过严的，就如日常生活中，他让所有人都羞于言利，但人们心中还是会盘算具体利益，口上不说，心中盘算，只会增加道德虚伪，增加人与人交往的道德成本。

【关键词】 义利之辨　正其谊不谋其利，明其道不计其功

86. 赋 税 徭 役

【原文】

1　夏后氏五十而贡[(1)]，殷人七十而助[(2)]，周人百亩而彻，其实皆什一也[(3)]。彻者，彻也；助者，藉也。龙子[(4)]曰：“治地莫善于助，莫不善于贡。贡者校数岁之中以为常。乐岁，粒米狼戾[5]，多取之而不为虐，则寡取之；凶年，粪其田而不足，则必取盈焉。为民父母，使民盻盻然[6]，将终岁勤动，不得以养其父母，又称贷而益之[7]。使老稚转乎沟壑，恶在其为民父母也？”夫世禄，滕固行之矣[8]。《诗》云：“雨我公田，遂及我私。”[9]惟助为有公田。由此观之，虽周亦助也。

出处：《孟子・滕文公上》

2　乡大夫[10]以岁时登其夫家之众寡[11]，辨其可任者。国[12]中自七尺以及六十，野[13]自六尺以及六十有五，皆征之[14]。其舍者[15]，国中贵者、贤者、能者、服公事者、老者、疾者皆舍，以岁时入其书。

出处：《文献通考・户口考》[16]

【简注】

(1) 贡：贡赋。

(2) 助：出力。

(3) 什一：十分之一。

(4) 龙子：舜时大臣。

(5) 狼戾：比喻米多。

(6) 盻盻(xì xì)：勤苦不休息。

(7) 称贷：指举债，向人借贷。

(8) 本篇是孟子和滕文公的对话，称赞滕国已经实行的世禄制度。滕文公是战国中期滕国的国君，本谥名为滕元公。

(9)《诗经・小雅・大田》“有渰萋萋，兴雨祁祁。雨我公田，遂及我私。”

(10)《周礼・地官》称：“乡大夫之职，各掌其乡之政教禁令。”

(11) 登：登记。

(12) 国：指城廓之中。

(13) 野：指城廓之外，郊野。

(14) 征：征调民众服役。

(15) 舍：豁免，免于赋役。

(16)《文献通考》：书名。南宋马端临撰。是从上古到宋朝宁宗时期的典章制度通史。是继《通典》《通志》之后，规模最大的一部记述历代典章制度的著作。和《通典》《通志》合称“三通”。本篇引文介绍的是周代制度。

【今译】

1. 夏朝每家五十亩地，赋税采用“贡”法；商朝每家七十亩地，赋税采用“助”法；周朝每家一百亩地，赋税采用“彻”法。名称虽然不同，其实税率都是十份抽一。“彻”是贯彻到头的意思，“助”是出力的意思。龙子说：“管理土地的税法，没有比助法更好的，没有比贡法更差的。”贡法是计算若干年的收成，取出一个常数，按常数收税。丰年，粮食多得狼藉满地，即使多征些粮也不算暴虐，但以固定额征收比之收成就显得少；荒年，收成还抵不上肥料费用，这时以固定额征收就显得多。国君是民之父母，如果让治下百姓一年到头劳碌无休，结果还不能养活父母，还得靠借贷来交赋，最后一家老小都暴尸于沟壑之中，这怎么能算是民之父母呢？让做官的世代享受俸禄，滕国本来就实行了，（何不再实行井田呢？）《诗经》上说："雨先落到我们的公田里，接着落到我们的私田里。"只有实行助法才有公田。由此看来，就是周朝也实行助法的。

2. 乡大夫每年按季登记乡中男女的多少，分辨其中可以胜任役事的人。都城中从二十岁到六十岁，郊野从十五岁到六十五岁，都要为公事服役。其中是都城中地位尊贵的人、有德行的人、有才能的人、在官府当差的人、年老的人、有残疾的人，都可以免除役事，登记清查的结果每年按时上报给上级官员。

【解读】

本篇介绍中国古代赋税与徭役制度。赋税徭役都是农民向政府承担的义务，总体说来，赋税是指农民向政府交纳田赋，它的计算依据是田亩。徭役指农民既要为政府服役，还要向政府缴纳口赋，即人头税，它的计算依据是人口。

在中国古代，最早实行的是井田制，井田制度下，农民以耕种公田的方式向公家尽义务。井田制结束以后，土地私有，农民如果耕种土地要向政府交田赋，如果耕种的是地主贵族土地，还需要向土地所有者缴纳地租。

井田制是中国春秋以前较为普及的土地制度。因土地划分为许多方块，形似"井"字，所以称为井田制。井田属周天子所有，周边为私田，中间为公田，田地分配给民众耕种，公田出产作为田赋归领主所有，不需要再行征税，《礼记·王制》中"公田藉而不税"说的便是这个意思（但也有人认为耕种的民众还需要交一定的贡赋），井田不得买卖和转让。公田私田都处于一个"井"当中，先耕公田，后耕私田。所以孟子说："方里而井，井九百亩；其中为公田，八家皆私百亩，同养公田。公事毕，然后敢治私事。"《诗经》说："雨我公田，遂及我私。"到春秋末期，商鞅变法，提出了废井田、重农桑，井田制度退出历史舞台。《汉书·食货志》说："用商鞅之法，改帝王之制，除井田，民得卖买。"土地私有开始形成。

秦汉以来，土地私有制度正式确立，并一直延续到20世纪中期。在古代土地私有制度下，农民可以拥有属于自己的小块土地，成为自耕农，他们仅负担政府赋税和徭役，农民向政府交的贡赋一般稳定在十分之一左右，即交纳土地出产收入的10%，有些时期朝廷还会减免田赋。除了贡赋徭役外，农民别的负担不多，男耕女织，自给自足，生活相对可以平淡安稳。在土地私有制度下，另一个农民群体是佃农,他们自己没有土地,向地主租来土地耕种,他们除了向政府缴纳贡赋外(很多时候贡赋通过土地所有者地主缴纳,但实际上由佃农负担),还需要向地主交租,租金一般较高,很多时候占到出产收入的一半,所以农民在交完田赋和地租之后,所剩无几,生活惨淡辛苦。很多佃农本是自耕农,或遇天灾人祸,或被高利贷者勒索,致使他们卖田卖地,甚至卖妻鬻子,沦落为佃农。与佃农相对应的是地主,他们多是贵族或是富商出身,往往拥有千顷良田,有近万佃户为他们耕作,并交纳租金给地主,与佃农的穷苦生活状态相比,地主通常生活富足。但值得一提的是,在中国古代,自耕农是社会主力,占到总人口70%左右,社会绝大多数人是有自家耕地的,佃农和地主比重都不大,只有在一些王朝末期,天灾或土地兼并严重的情况下,才会有大批自耕农沦为佃农。

秦汉以来,一直实行土地私有制度,它作为我国古代基本经济制度,是有积极意义的,但也带来了社会问题:一是土地兼并严重,人们热衷投资田产,再加上地主豪强的巧取豪夺,使得很多自耕农失去土地沦为佃农,特别是王朝末年,往往绝大多数土地都掌握在少数地主手中。"富者连阡陌,贫者无立锥之地。"(《汉书·食货志》)二是农民负担过重,《汉书·食货志》记载董仲舒的话说:"或耕豪民之田,见税什五。"佃农在缴纳政府、地主税收后所剩无几,如果遇到荒年灾害,农田减产,但田赋地租不减,民不聊生,这时往往会引起农民起义,"均田免赋"分夺地主田地,直至推翻旧王朝。也正因为土地私有、土地兼并会对王朝统治形成严重威胁,所以很多朝代也注重抑制土地兼并,限制土地过分集中,如王莽改制实行公田,把公田均分给穷苦百姓。同时也注重减轻农民负担,不随意增加农民田赋负担,汉初休养生息实行三十税一,遇到灾荒天气,朝廷还会对特定地区免征田赋,清朝入关后不久即宣布"永不加赋",通过抑制兼并、宽免田赋的方式巩固统治。

除了田赋,其他赋税和徭役的计算依据是人丁,因此,中国古代非常注重编户齐民,通过编户齐民掌握国家人口,依据人口,征调民众服役,向民众收缴人头税。

服役又称徭役,指国家无偿征调各阶层人民所从事的劳务活动,包括力役、杂役、兵役等部分。兵役主要指成年男子服兵役当兵的义务,如汉朝规定成年男子要当兵两年,力役、杂役主要是朝廷征调从事体力劳动,如在筑城、开河、建造宫室、陵寝的工程中从事繁重劳动,徭役是民众的义务,不得逃避。

人头税主要是国家依据人丁数,向民众征收的税收。人头税制度在我国历史上沿用很久,一直到明清时期才有所改革。明朝中后期张居正改革,实行一条鞭法,"总括一县之赋役,量地计丁,一概征银,官为分解,雇役应付"。就是把各州县的田赋、徭役以及其他杂征总为一条,合并征收银两,按亩折算缴纳,把徭役、人头税纳入田亩之中,但因有地的皆是豪门大户,一条鞭法推行受到了很大抵制,后因明亡而终。真正对人头税制度实行大的改革的是清朝的“摊丁入亩”。康熙五十一年(1712),清政府规定以康熙五十年(1711)的人丁数作为征收丁税的固定数,以后“滋生人丁,永不加赋”,废除了新生人口的人头税;雍正元年(1723)开始普遍推行“摊丁入亩”,把固定下来的丁税平均摊入田赋中,征收统一的地丁银,不再以人为对象征收丁税。摊丁入亩制度对人头税的终结发挥了重要作用。

徭役和人头税是政府除了田赋之外的主要财税来源,在中国历史上产生了深远影响,它也带来了很多弊端:

第一,农民负担过重。农民除了承担田赋之外,还需要服役,交人头税,人头税和服役按照人口来计算,哪怕并无田地也要服役,所以对于穷苦百姓来说,负担很重。遇上一些好大喜功的皇帝,喜欢搞各种工程,修长城、挑河道、建宫室陵寝都要征调民力,百姓苦不堪言。就如杜甫的《石壕吏》所描述的:“暮投石壕村,有吏夜捉人。老翁逾墙走,老妇出门看。吏呼一何怒!妇啼一何苦!听妇前致词:‘三男邺城戍。一男附书至,二男新战死。存者且偷生,死者长已矣!室中更无人,唯有乳下孙。有孙母未去,出入无完裙。老妪力虽衰,请从吏夜归。急应河阳役,犹得备晨炊。’夜久语声绝,如闻泣幽咽。天明登前途,独与老翁别。”全家服役,最后仅剩老妇还要被抓服役。而且在实际执行中,很多负担都被豪门地主转嫁到农民身上,最后只有农民来承受这一部分负担,自然苦不堪言。

第二,逃避官方人口统计,往往出现“逃户”现象,躲避官方的人口统计,隐瞒户籍人口。一个明显例证是,在清朝取消人头税之前,我国历朝人口最鼎盛时期都在5 000万左右,明朝末年一条鞭法实行以后,人口总数接近1亿,康乾时期取消了人头税,人们不必要再隐瞒人口,这才出现了官方统计的人口数大增,道光时期开始直到民国结束,官方统计人口数一直稳定在4亿左右。人口总数变化的背后虽然有战乱、社会动荡等原因,但是取消人头税无疑是重要原因。

【关键词】 井田制 佃农制 徭役 人头税 一条鞭法 摊丁入亩

87. 盐铁官营

【原文】

惟始元六年(1),有诏书使丞相、御史与所举贤良、文学语(2)。问民间所疾苦。

文学对曰："窃闻治人之道，防淫佚之原，广[3]道德之端，抑末利而开仁义，毋示以利，然后教化可兴，而风俗可移也。今郡国有盐、铁、酒榷，均输[4]，与民争利。散敦厚之朴，成贪鄙之化。是以百姓就本者寡，趋末者众。夫文繁则质衰[5]，末盛则本亏。末修则民淫，本修则民悫[6]。民悫则财用足，民侈则饥寒生。愿罢盐、铁、酒榷、均输，所以进本退末，广利农业，便也。"

大夫曰："匈奴背叛不臣，数为寇暴于边鄙[7]，备之则劳中国之士[8]，不备则侵盗不止。先帝哀边人之久患，苦为虏所系获也，故修障塞，饬烽燧[9]，屯戍以备之。边用度不足，故兴盐、铁，设酒榷，置均输，蕃货长财[10]，以佐助边费。今议者欲罢之，内空府库之藏，外乏执备之用，使备塞乘城之士饥寒于边，将何以赡之？罢之，不便也。"

出处：《盐铁论·本议第一》

【简注】

(1) 昭帝始元六年(前81)，下诏将各郡国推举的贤良、文学人士聚集于京城，调查民间疾苦。这次聚会上，贤良、文学们请求废除盐、铁和酒的官府专营，并取消均输官。这次会议，以桑弘羊为代表的政府一方，与以贤良、文学为代表的民间一方互相辩论，《盐铁论》便是对他们辩论内容的记录与整理。

《盐铁论》作者桓宽，他的观点和贤良文学人士相同，所以书中不免有对桑弘羊的批评之词。

(2) 贤良、文学：汉代选拔官吏的方式，始于武帝时，朝廷通过察举贤良之士选拔政府官吏。语：发表观点。

(3) 广：扩大。

(4) 酒榷：本指酒市，文中实为政府的酒类的专卖店。

均输和平准是汉武帝时期利用行政手段干预市场和调剂物价的两种措施，均输就是在各地设置均输官，负责征收、买卖和运输货物，地方应交纳的贡物，折合成钱交给均输官，均输官再在各地之间贱买贵卖，调节物价，同时也为国家增加了收入。平准则是官府负责京师和大城市的平抑物价工作，贱时国家收买，贵时国家抛售，抑制奸商的投机倒把行为，稳定物价。

(5) 文：表面装饰，质：内在内容。孔子有言"文胜质则史，质胜文则野"(《论语·雍也》)。

(6) 悫(què)：诚实。

(7) 边鄙：边疆，边远的地方。

(8) 备之则劳中国之士：如果经常在那驻扎防备，则中原人们疲惫不堪。

(9) 烽燧：也称烽火台、烟火台。如有敌情，白天燃烟，夜晚放火，传递军事信息。

(10) 蕃货长财：繁殖货物，增长财富。

【今译】

始元六年，汉昭帝下诏，让丞相、御史与和被推选出来的贤良、文学一起讨论民间的疾苦。

被推选的贤良提出："我们听说，治理之道在于防范贪奢淫逸，扩展道德之端，抑制处于价值末端的利益而广开仁义之路。不要向百姓多展示物质利益，然后才可以实施教化，才能实现移风易俗。如今郡国里对盐、铁、酒实施专卖，有均输制度，都是与民争利。这些制度败坏了固有的淳朴之风，带来了贪鄙风气。它使得老百姓专心务本的日趋减少，贪利趋末者变多了。装饰太过繁华质朴内容就会受掩盖，末端太盛则本源要受影响。重视末端百姓会思变无定，重视本源百姓会勤恳工作。勤恳工作财物丰足，都无所事事就会有饥荒。因此，我们希望取消盐、铁、酒的专卖，撤销均输制度，这才能进本退末，它有利于农用，是有益的。"

官员们认为："匈奴背叛大汉不向我们称臣，多次侵扰边界。如果经常在那驻扎防备，则中原人们疲惫不堪，如果不防备他们就会常受侵扰。先帝(汉武帝)哀怜边疆百姓一直受匈奴侵扰，百姓被匈奴俘获，因此疏通障碍，整饬烽火台，在边界驻兵防备匈奴。戍边的费用不足，所以才兴办了盐铁酒的专卖，建立均输制度，用来增长财物，以此补充边界军费。今天人们认为应该撤销这些制度，对内使得国库空虚，对外使得防备用的军费吃紧，使那些戍边的将士忍受饥寒，(没有这些费用)我们靠什么来供养他们？取消这些制度，不好。"

【解读】

本篇主要介绍中国古代的盐铁专卖制度。

盐铁官营在中国的历史久远，它最早起源于汉武帝时期，汉武帝为了应付对匈奴的长期作战，通过盐铁官营来扩展政府收入来源，规定盐铁酒等由官方统一经营，同时还建立了均输制度，名义上是平抑物价，实际上也是变相专卖。通过盐铁官营制度，汉武帝时期政府积累了丰厚财力，为其取得对匈奴作战的胜利奠定了基础。盐铁官营制度在历史上虽然几经波折，多次被取消，也多次被恢复，但始终是古代中国政府扩展收入的重要制度。

盐铁官营制度经常受到批判，一方面它是事实上的垄断经营，凡是垄断经营的地方都会产生暴利，暴利也就意味着广大百姓消费者受到了苛刻的盘剥。另一方面，也因为它是政府经营，就不可避免的具有政府经营的共性问题——腐败，政府经营容易助长腐败，政府的垄断经营更带来严重的腐败，所以它也在事实上加深了民众的负担，被视为与民争利。

其实盐铁官营背后反映的问题是农业国家税制单一、财力紧张；某种意义上，政府实行盐铁官营实在是不得已而为之。民间常流传这样一句俗语，叫“和珅跌倒嘉庆吃饱”，说的是乾隆朝大贪官和珅聚敛巨额财富，嘉庆朝反腐，对和珅实施抄家，抄没的资产可以抵上清廷多年财政收入。据统计，和珅所聚敛的财富，约值白银八亿两至十一亿两，所拥有的黄金和白银加上其他古玩、珍宝，超过了清朝政府十五年财政收入的总和。(《清史稿·卷三百十九·列传一百六》)这一方面说明和珅贪腐的数额吓人，但另一方面，也反映出，农业国家政府财力实在有限，因为传统农业国家收入无非两块：一是田赋，二是人头税。明清以来，政府取消人头税，清朝实行“永不加赋”，可以直接向民间征收的财政收入实在有限，所以要“集中力量办大事”，还真离不开实施盐铁官卖等制度来“开源”。

农业国政府财力薄弱，突出体现在战争时期军费紧张，难以为继。我们常说明朝亡于李自成、张献忠农民起义，此话固然没错，李自成攻破北京城，才使得崇祯皇帝在景山上吊自尽。但如果从财政收入来看，我们更应该说明朝亡于辽东，明军与满清在辽东地区连年作战，政府财政被耗尽，而且在作战过程中，物资军饷短缺，大大影响明军战斗力，冬天明军常穿单衣作战，军队常因缺饷而哗变。而与此同时，江南大地依然是富甲天下，歌舞升平，政府无法向老百姓多收赋饷。最后，明朝政府为了应付战争，筹集军费，不得已向百姓开征三饷，即辽饷、剿饷和练饷三项赋税，所征费用主要被用于辽东的军事需要。但也因加征三饷激化了社会矛盾，才导致农民起义，最后被推翻。试想，如果明朝这样的农业国家能够有充足的税源和收入，明朝未必会亡。

在现代国家，税种多样，财政收入雄厚，农业早已不是国家财税的主要来源，据相关统计，20世纪末农业税占我国财政收入比重降到了10%以下，前些年我们国家还取消了农业税，试想，如果我们目前仍然是农业国家，将如何负担当前的支出和国防开支。因此，从提高政府财力的角度讲，“开源”是最为重要的，政府需要考虑如何扩展收入、拓展税源，提高财力，而不必仍把目光停留在农业税赋上面。只是，怎样不与民争利，减少对民众的盘剥、减少自身腐败带来的高消耗，这是扩展收入过程中应该考虑的。

【关键词】　盐铁官营　与民争利

88. 重农抑商

【原文】

昔者,七十九代之君(1),法制不一,号令不同,然俱王天下者,何也? 必国富而粟多也。夫富国多粟生于农,故先王贵(2)之。凡为国之急者,必先禁末作文巧(3),末作文巧禁,则民无所游食(4),民无所游食则必农。民事农则田垦,田垦则粟多,粟多则国富。国富者兵强,兵强者战胜,战胜者地广。是以先王知(5)众民、强兵、广地、富国之必生于粟也,故禁末作,止奇巧(6),而利农事。今为末作奇巧者,一日作而五日食。农夫终岁之作,不足以自食也(7)。然则民舍本事而事末作。舍本事而事末作,则田荒而国贫矣。

出处:《管子·治国》(8)

【简注】

(1) 七十九代之君:泛指历代君主。

(2) 贵:重视。

(3) 末作:指工商业。文巧,指奢侈品生产。

(4) 游食:不务正业,投机取巧为生。

(5) 知:知道,认识到。

(6) 奇巧:和文巧同意,指华而不实的奢侈品。

(7) 自食:自己养活自己。

(8) 管仲:(前 719—前 645)姬姓,管氏,名夷吾,字仲,谥敬,春秋时期法家代表人物。曾辅佐齐桓公成为春秋五霸之首。

【今译】

古代的历代君主,虽然他们施行的法度不一,颁布的号令不同,但都能统一天下,这是什么原因呢? 国富粮多来源于农业,所以先代圣王都是重视农业的。治理国家最为要紧的事,一定要先禁止奢侈性的工商业和奢侈品的制造,禁止了这些,人民便无法以不务正业投机取巧为生,人民无法投机取巧,就只好从事农业。人民从事农业则土地得到开垦,土地开垦则粮食增加,粮食增加则国家富裕,国富则兵力可以强大,兵强则打仗才能取胜,取胜才可以扩充土地。因此,先代圣王认识到人口多、兵力强、国土广和国家富都要依赖于粮食充足,因而都禁止奢侈性的工商业和奢侈品的制作,采用利于农业的措施。如今从事工商业和奢侈品制作的人们,干一天可以吃用五天。农民终年劳动，却不能维持自家生活。这样，人们就放弃农业而从事工商业了。弃农从商，必然带来土地荒芜、国家贫穷。

【解读】

本篇介绍中国古代的重农抑商政策。

重农抑商政策的基本含义是重视农业，古人历来重视农业重视农耕，不仅帝王重视，知识分子也重视农业，普遍提倡以农业为本，劝民耕种，抬高务农者的社会地位。比如《史记·秦始皇本纪》记载："皇帝之功，勤劳本事。上农除末，黔首是富。普天之下，抟心揖志。"汉文帝下诏说："农天下之大本也，民所恃以生也。"汉初名臣晁错说："方今之务，莫若使民务农而已矣。"（《汉书·食货志》）《韩非子·诡使》说："仓廪之所以实者，耕农之本务也。"无一例外，都是提倡农耕，以农为本。

重农抑商政策的另一面是我们不仅重视农业，还抑制商人，打压商人。打压商人的重要措施有课以重税，多设关卡限制流通，压低商人的社会地位，"士农工商"，商人成了四民之末，汉高祖刘邦说"令贾人不得衣丝乘车，重租税以困辱之"，商人不得穿丝绸衣服，不能乘坐马车，显著地压低商人社会地位。

我国古代为什么会采取重农抑商的政策，我们认为，主要有以下考虑。第一，重农抑商能够解决大多数人的吃饭问题，"民以食为天"，汉景帝发布上谕说："农，天下之本也。黄金珠玉，饥不可食，寒不可衣……令郡国务劝农桑。"考虑的便是农业能解决吃饭问题，商业却不行。只有解决了吃饭问题，才能够稳固政权，并实现富国强兵，这就是法家管子所说的"王天下"。第二，如果过分重视商业，会败坏社会风气，在古人看来，商业是"末作文巧"，人们的基本生活本不需要，过分追求商业奢侈享受，会使得民风败坏，大家热衷享乐，不事生产，"历览前贤国与家，成由勤俭败由奢"（李商隐《咏史》）。因此，在我国历史上，一直主张重农抑商。

我国古代是个农业国家，人口多，重农抑商政策基本解决了古代的吃饭问题，保持了社会稳定，是有积极意义的，但是长期实行重农抑商政策，也带来了一些社会后果。第一，它影响了古代商品经济的发展，带来了集权政治的"超稳定结构"，在重农抑商政策下，商人地位不高，很多成功的商人最终必须转型，购置良田，变为地主，过收租生活，商品经济始终在低水平重复。第二，它影响了现代商业精神的形成。现代市场经济需要的诚信精神和开拓精神，这种商业精神需要在商业活动中长期地培养和积淀，但是，我国古代商品经济长时期都是低水平的重复，并没有培养出现代市场经济所需要的商业精神，而商业精神的缺乏也成了我国当前市场经济发展的一个重要羁绊，当前市场经济发展过程中社会诚信问题突出是和传统商业精神缺失有密切关联的。

当前，提到“重农抑商”，人们还常会想到“重农学派”，重农学派是十八世纪中期的法国古典政治经济学的重要学派。重农学派把农业看成是“纯产品”，认为农业是一个国家财富的来源和一切社会收入的基础，重农学派的主要代表人物魁奈也被称作是“欧洲的孔子”，在这方面，两者之间确有共通之处，重农学派的很多人物也的确阅读了一些中国古典文献材料，受到了中国古代重农学说的影响。不同的是，重农学派是近代西方经济学的一个重要流派，他们借助于西方经济学的一些框架，把重农思想转化为税赋、地租、剩余价值等现代经济话语，并进一步融合进了西方古典经济学，成为西方经济学“价值理论”的一个重要来源，对现代经济学发挥了重要影响。而重农抑商并未进一步上升提炼为系统的经济理论学说，依然停留在国家经济政策层面。究其原因，既有民族思维习惯的影响，也受到了时代的局限，可以说，类似的经济学说，结局走向迥异，不能不说是时代差异使然。

【关键词】 农本　重农抑商　富国强兵

十八、教　化

【题解】

教化是以大道教化天下，教化的目的在于落实社会价值理想，贯彻人伦秩序。我国古代非常重视教化的作用，形成了多方位的教化途径，它可以分为官学、家学、乡规民约、名教纲常等，不同教化方式各有特点，相互补充。教化的内容反映了社会价值观念，教化的方式反映了古代社会的面貌，也为当代社会生活提供了启示。因此，我们有必要了解古代的教化方式途径。

89. 庠序之教

【原文】

1　谨庠序(1)之教，申之以孝悌之义。颁白者(2)不负戴(3)于道路矣。

出处：《孟子·梁惠王上》

2　公孙弘(4)为学官，悼道之郁滞，乃请曰："丞相御史言：制曰'盖闻导民以礼，风之以乐。婚姻者，居室之大伦也。今礼废乐崩，朕甚愍焉(5)。故详延天下方正博闻之士，咸登诸朝。其令礼官劝学，讲议洽闻兴礼，以为天下先。太常(6)议，与博士弟子，崇乡里之化，以广贤材焉'。谨与太常臧、博士平等议曰：闻三代之道，乡里有教，夏曰校，殷曰序，周曰庠。其劝善也，显之朝廷；其惩恶也，加之刑罚。故教化之行也，建首善自京师始，由内及外。今陛下昭至德，开大明，配天地，本人伦，劝学脩礼，崇化厉贤，以风四方，太平之原也。古者政教未洽，不备其礼，请因旧官而兴焉。为博士官置弟子五十人，复其身。太常择民年十八已上，仪状端正者，补博士弟子。郡国县道邑(7)有好文学，敬长上，肃政教，顺乡里，出入不悖所闻者，令相长丞上属所二千石(8)，二千石谨察可者，当与计偕，诣太常，得受业如弟子。一岁皆辄试，能通一艺(9)以上，补文学掌故缺；其高弟可以为郎中者，太常籍奏。即有秀才异等，辄以名闻。其不事学若下材及不能通一艺，辄罢之，而请诸不称者(10)罚。"

出处：《史记·儒林列传》

【简注】

(1) 庠、序：都是学校。《孟子·滕文公上》："夏曰校，殷曰庠，周曰序。"汉朝规定郡设学，县设校，乡设庠，聚(村)设序。

(2) 颁：通"斑"。斑白者指头发花白的老人。

(3) 负：背负。戴：顶着东西。负戴：泛指辛勤劳作。

(4) 公孙弘：(前 200—前 121)字季，西汉薛人。年轻时，他曾任过薛县的狱吏，因无学识，常发生过失而被免职。为此，他立志苦读，又随老师胡母子始修《春秋公羊传》，汉武帝即位后被任命为博士。公孙弘为相期间，曾建议设五经博士，推行儒家教化。

(5) 愍(mǐn)：悲悯。

(6) 太常：古代官名，掌宗庙礼仪。博士：古代学官名，掌经学传授。

(7) 郡国：郡和国的并称。汉初，兼采封建及郡县之制，分天下为郡与国。县邑：是指一个县的衙门所在地，相当于现在的县城(县政府所在地)。

(8) 二千石：汉郡守俸禄为两千石，故称郡守为二千石。

(9) 艺：六艺指诗书礼乐骑射，也指儒家六经。通一艺：指通晓儒家经典之一种。

(10) 请诸不称者：推荐不合格的人。

【今译】

1. 认真地兴办学校教育，把孝悌的道理反复讲给百姓听，头发花白的老人不会在路上背着或顶着东西了。

2. 公孙弘担任学官，他担心儒学受阻不能发扬光大，于是上奏请求说："丞相御史启奏：陛下曾说'听说为政者应该用礼乐教导感化百姓。婚姻是最重要的伦理关系。如今礼崩乐坏，我非常难过。所以聘请天下品行方正、见识广博之人入朝。我让礼官认真学习，讲论儒术，复兴礼乐，作天下人的表率。又命太常商议，给博士配置弟子，在民间推行教化，来拓宽培养贤才的道路。’根据陛下旨意。臣与太常孔臧、博士平等认真商议，我们听说夏、商、周三代，乡里都有教育的场所，夏朝称校，殷商称序，周朝称庠。他们勉励为善者，就让他名声得以在朝中彰显；惩治作恶者，对他们施以刑罪。过去教化的实施，都首先从京城开始树立榜样，再从京城扩散到地方。如今天下人都知道陛下至德，您德配天地，以人伦为根本，鼓励学术，讲究礼仪，崇尚教化，奖励贤良，教化四方，这是实现天下太平的根本之道。但是古代政治教化不协和，礼仪不完备，我们现在借助原有的官职来复兴它。请您允许为博士官配置弟子五十人，免除他们的赋税徭役。让太常从百姓中挑选十八岁以上仪表端正的人，补充博士弟子。

郡国、县、道、邑中如果有人喜好经学，尊敬长上，严守政教，友爱乡邻，出入言行皆不违背所学教诲，县令、县丞等地方官长要向上级郡守举荐，郡守应认真考察，认为合格的就让他们都到京师太常处，与博士弟子一同接受教育。他们学满一年都要考试，能够精通一种经书以上的人，可以让他们补充文学掌故的缺官；其中排名高的可以任用为郎中，由太常造册上奏。若是特别优异出众的，可直接将其姓名向上呈报。那些不努力学习、才能低和一经都不懂的人，就要罢斥，并惩罚举荐不合格的官吏。

【解读】

本篇主要介绍中国古代的官学及官学的教化职能。

我国历来就具有兴办官学的传统，三代时期就已设立官学：“夏曰校，殷曰庠，周曰序。”（《孟子·滕文公上》）“帝入太学，承师问道。”（《大戴礼记·保傅》）天子和诸侯均设官学。西汉以后，儒家思想成为官方指导思想，朝廷对于兴办官学更为重视，《汉书·董仲舒传》记载，董仲舒建议“立大学以教于国，设庠序以化于邑”。公孙弘曾经担任汉武帝丞相，更是为官学做了很多制度设计，并在中央建立起太学，郡国地方也建立相应学校，由政府选聘通晓儒家经典的“五经博士”教授儒家经典。史上，一定品级以上官员的子女才可进入太学成为太学生，历史上很多著名事件都有太学生的参与，比如汉末的党锢之争，北宋末年的太学生清议运动。地方官向朝廷推荐读经之人，既教授儒经，也可被擢升为官员，同时地方官还要负责地方教化，甚至很多地方官还要亲自主持地方官学的教学。官学制度从中央到地方都较为明确完备，因此这一官学制度一直延续下来，成为我国官学的主要内容。

就教学的内容来讲，官学主要教授儒家经典，五经博士讲授对儒家经典的理解，让太学生们熟读经典，成为儒家思想的传人，并运用儒家思想去评议、治理朝政。隋唐以后，朝廷实行科举取士制度，儒家经典融入了科举考试当中，从最初的十三经取士，到后来以四书五经为科举考试依据，科举考试考察学子对儒家经典的熟悉和掌握程度，并要求学子运用儒家经典来分析社会现象，评议朝政得失。教学内容无疑进一步维护了儒家思想的指导地位，官学与儒学一直互助互益。

就政府负责地方教化来讲，古代地方官要负责一地的教化，既要向朝廷推选孝廉之士，还要奖掖地方善人孝子；既要主持地方学政，主持地方科举乡试，还要自编教材、亲自授课；既要推行种种移风易俗之政，还要率先垂范，躬行儒家之道。中央政府评价地方官的奖擢标准不是经济发展，不是GDP，而是民风如何，故史书上对一些名臣的记载往往是“民风归朴，盗贼无有”。应该说，地方政府特别是基层政府官员都亲自负责政治教化，有力地推动了儒家教化的深入人心，是儒家思想的“落地”的不可或缺途径。

政府兴办官学，以官学取士，依官学行教化，政府参与社会风气建设，这也成了我国古代社会的一个鲜明特点。对此，我们也应客观分析，一方面，它强调政府的伦理职责，政府负责教化，政府办学，政府嘉奖有德之士，并把有德之士选拔为官员，考察地方官注重考察社会风气，官员多致力于推行儒家教化，着力移风易俗，上述措施对于培育社会风尚、改进道德状况是有积极意义的，也说明，在古人价值排序中，德性是非常重要的，值得肯定。但另一方面，我们也应认识到，这种方式的现代局限，政府推行教化、考察个人私德，把自己的价值标准推行给所有人，以公权去推行特定人群的价值观念，选拔通晓特定典籍的人担任公职，这也是有问题的。因为，首先，应该坚守公权和私权的界限，防止政府权力的滥用，个人的道德生活很大程度上属于个人事项，可以自我决断，不受公权干预，用公共权力来调节个人价值本身是公权的一种僭越，更何况很多情况下，公权的掌控者还会为了自己一己之私来推行一套所谓的公共道德，背后是特定群体的价值利益，只不过盗用公共之名，如果这样，危害无穷。其次，如果我们以现代社会的“政教分离”为原则来考察，政教分离要求公共权力在不同价值观面前保持中立，公平对待不同价值观念，不能用公权、公共资源去扶持、资助特定一方，这才符合公权公用的要求，否则就是对这一原则的背离。因此，我们有必要对以公权推行教化的行为也应保持警惕。

【关键词】 庠序之教　太学

90. 乡规民约

【原文】

德业相劝[1]

德谓见善必行，闻过必改，能治其身，能治其家，能事父兄，能教子弟，能御僮仆，能肃政教[2]，能事长上，能睦亲故，能择交游，能守廉介，能广施惠，能受寄托，能救患难，能导人为善，能规人过失，能为人谋事，能为众集事，能解斗争，能决是非，能兴利除害，能居官举职。业谓居家则事父兄，教子弟，待妻妾，在外则事长上，接朋友[3]，教后生，御僮仆。至于读书治田，营家济物，畏法令，谨租赋[4]，如礼乐射御书数[5]之类，皆可为之。非此之类，皆为无益。右件[6]德业，同约之人各自进修，互相劝勉。会集之日，相与推举其能者，书[7]于籍，以警励其不能者。

过失相规

过失，谓犯义之过六，犯约之过四，不修[8]之过五。……右件过失，同约之人各自省察，互相规戒，小则密规之，大则众戒之。

礼俗相交

礼俗之交，一曰尊幼辈行，二曰造请拜揖[9]，三曰请召送迎，四曰庆吊[10]赠遗。……右礼俗相交之事，值月主之，有期日者为之期日，当纠集者督其违慢[11]。

患难相恤

患难之事七……右患难相恤之事。凡有当救恤者，其家告于约正，急则同约之近者为之告，约正命值月遍告之，且为之纠集而绳督[12]之。

出处：《吕氏乡约》[13]

【简注】

(1) 德：品德。业：行为。劝：教导，勉励。

（2）肃：恭敬、严守。

（3）接：对待，交往，如待人接物之义。

（4）谨：严守，认真对待。

（5）礼乐射御书数：为古代“六艺”，是儒家要求学生掌握的六种基本才能。礼：礼节；乐：音乐；射：射箭技术；御：驾驭马车的技术；书：书法；数：算法。

（6）右件：古人从右至左竖排书写文字，写完的在右边，故称右件，意思指前面。

（7）书：动词，书写，记录。

（8）不修：指不修行，不整治。

（9）造请：登门晋见。拜揖：打躬作揖。

（10）庆吊：庆贺与吊慰。亦指喜事与丧事。

（11）违慢：违抗怠慢。

（12）绳督：督正。

（13）《吕氏乡约》是“蓝田四吕”（吕大忠、吕大钧、吕大临、吕大防）于北宋神宗熙宁九年（1076）所制订和实施的我国历史上最早的“村规民约”，对后世明清的乡村治理模式有很大影响。

【今译】

品德与修行要相互规劝

品德说的是，善事必行，闻过必改，能够侍奉父兄，能够教育子弟，能够管理仆从，能够严守政教，能够侍奉长辈，能与亲人故友和睦相处，交友游历有所选择，做到廉洁耿直，能广施恩惠，让人值得依赖，能救他人患难，能引导他人为善，能规劝别人过失，能为人谋事，能为众集事，能化解斗争，能决断是非，能兴利除害，能称职为官。修行说的是，在家则事父兄，教子弟，处理好与妻妾的关系；在外则侍奉长辈上级，交往正直的朋友，教导后生，管理仆从。至于读书治理田产，管理家庭经济事务，敬畏法律，认真交租交赋，如礼乐射御书数之类，都可以去做。不是这一类事情，做了对自己修行无益。上述品德与修行，参约的人各自进修，相互劝勉。定期聚会的时候，相与推举做得好的，记载在书籍上，以督促那些做的不好的人。

对于过失要进行规劝

过失主要包括：六种违背道义的行为、四种违反规约的行为、五种不重修行的行为。……对于上述过失，参约的人要各自反省对照检查，互相规戒，小的过失私下规劝，大的过失则公开劝诫。

相互交往的礼俗

相互交往的礼俗主要包括：一是尊与幼的辈分排行；二是如何登门晋见，打躬作揖；三是如何请人召人，怎样送迎；四是如何庆贺吊慰赠送赠与。……上述相互交往的礼俗，由值月的约正主持监督，有规定日期的检查，需要纠正那些违抗怠慢的人。

遇到患难相互体恤

生活中遇到的灾患一共有七种……对于上述患难之事。凡有需要救恤的，由该户人家报告给约正，紧急的则同约的邻居可以来报告，约正也可以命令值月人报告，并且为之召集民众来督促落实救恤之事。

【解读】

本篇介绍中国古代的乡规民约。

乡规民约是中国古代教化的又一重要途径，宋明以后，中国很多乡村都制定了乡规民约，至今一些村落，仍然可见到几百年前制定的乡规民约，可见乡规民约影响至深。其中《吕氏乡约》一直以来被视为中国最早的民约，它不但时间早，内容也很全面，体系完备，既包括德业相劝、过失相规、礼俗相交、患难相恤四个方面的主干内容，还包括罚式、聚会、主事等“程序规定”，罚式规定违背乡约的具体惩罚措施，聚会规定日常聚会频率和时间，主事则规定乡约的召集人、起草人、负责人、执行官等内容，显得非常完备，堪称后世乡约的典范，值得参照学习。

一般说来，乡规民约具有如下特点：第一，士大夫主持，民众自发订立。乡规民约多是由地方士大夫、绅士主持的，很多士大夫都是儒家知识分子，他们既通晓儒家道义，也具有“修齐治平”的情怀，能够也希望把儒家价值标准推行到乡村，建立符合乡民特点的道德伦理，这样，很多士大夫都积极投身乡规民约主持、起草工作之中。在士大夫主持下，民众自发参加订立，所以《吕氏乡约》说，“同约之人各自省察”，订立过程并无强制，所立民约对那些没有参约之人并无强制。第二，关注日常生活规范。民约的内容具体，都是些日常生活规范，我们以《吕氏乡约》为例，也可看出，乡约的具体内容包括“尊幼辈行，造请拜揖，请召送迎，庆吊赠遗”等看上去细枝末节的礼俗，都与我们生活联系紧密。第三，便于监督检视。参加乡约的人都是同村邻居，生活联系密切，参约之人若有失德，大家都能看到，便于发现错误，也便于监督提醒。第四，反映儒家道德。以《吕氏乡约》为例，其德业相劝、过失相规、礼俗相交、患难相恤四方面内容都反映了儒家的道德要求，德业相劝和过失相规是儒家的修身工夫，礼俗相交反映出儒家重“礼”，患难相恤也反映了儒家的仁爱思想，因此，乡规民约多是以儒家道德来约束当地乡民，引民为善，从而实现净化社会风气的效果。儒家道德正是通过乡规民约走进民众日常生活，最终实现了“日用而不知”。

在历史上，乡规民约对于儒家的教化起着非常重要的作用，宋明理学家们也非常注重乡规民约。很多儒家学者如蓝田吕氏兄弟、朱熹为提高乡约水平，都亲自参与，推动儒家价值标准日常生活化。同时，乡规民约也不断扩大自己的范围和领域，延伸到了乡村社会的各个角落。从居家治产、教子治仆、待人接物到生活相恤，涵盖生活方方面面，把道德规范日常生活化、礼仪化，真正把教化渗透到生活之中，起到了较好效果。

近年来，官方提出，发挥乡规民约在民众教化、社区自治中的积极作用。对此，我们充分认可，认为官方认识到乡规民约对于乡村基层的社会风气具有非常重要的意义，官方的认识也是难能可贵。但是我们也应看到，历史上的乡规民约，官方参与甚少，它更多是民众自治的结果，民众自发订立，自我约束。自主性尤为重要，主导乡规民约是公权之外的社会权力，处理得当，它能襄助公权，反之，如果它变成公权的一个部分，一方面，它将深化对民众的控制，另一方面，也不会产生实际效果。当前，也有一些地方在推动所谓乡规民约，但往往都是官方一厢情愿的结果，并不能真正“入耳入心”，成了形象工程、政绩工程。这种公权强推的做法实在要不得，也不是历史上乡规民约的本来面貌。

【关键词】 乡规民约

91. 家训家教

【原文】

夫圣贤之书，教人诚孝，慎言检迹，立身扬名，亦已备矣。魏晋已来，所著诸子，理重事复(1)，递相模学，犹屋下架屋、床上施床耳。吾今所以复为此者，非敢轨物范世(2)也，业以整齐门内，提撕子孙。夫同言而信，信其所亲(3)；同命而行，行其所服。禁童子之暴谑(4)，则师友之诫，不如傅婢之指挥，止凡人之斗阋(5)，则尧舜之道，不如寡妻(6)之诲谕。吾望此书为汝曹(7)之所信，犹贤于傅婢、寡妻耳。

吾家风教，素为整密，昔在龆龀(8)，便蒙诱诲。每从两兄，晓夕温清，规行矩步，安辞定色，锵锵翼翼，若朝严君焉。赐以优言，问所好尚，励短引长，莫不恳笃。年始九岁，便丁荼蓼(9)，家涂离散，百口索然。慈兄鞠养，苦辛备至，有仁无威，导示不切。虽读《礼》《传》，微爱属文，颇为凡人之所陶染。肆欲轻言，不修边幅。年十八九，少知砥砺(10)，习若自然，卒难洗荡。二十已后，大过稀焉。每常心共口敌，性与情竞[11]，夜觉晓非[12]，今悔昨失，自怜无教，以至於斯。追思平昔之指，铭肌镂骨[13]；非徒古书之诫，经目过耳也。故留此二十篇，以为汝曹后车[14]耳。

出处：《颜氏家训·序致》[15]

【简注】

(1) 重：重复。

(2) 轨物范世：作事物的规范、世人的榜样。

(3) 夫同言而信，信其所亲：关系亲密的人所说的话，人们容易相信。

(4) 暴：损害，糟蹋。

(5) 斗阋(xì)：争斗。

(6) 寡妻：嫡妻。

(7) 汝：你；曹：辈、们、类。汝曹：你们、尔等。

(8) 龆龀(tiáo chèn)：垂髫换齿之时，指童年。

(9) 荼蓼(tú liǎo)：指父母去世。

(10) 砥砺：本意为磨刀石，指磨炼锻炼。

(11) 性与情竞：古人把性与情对立起来，主张以性制情。

(12) 夜觉晓非：夜里才发现白天犯的错误。

(13) 铭肌镂骨：铭和镂都是雕刻的意思，形容感受极深，永记不忘。

(14) 后车：古人常说，前车之鉴，言下之意后车要吸取前车的教训。

(15)《颜氏家训》：书名。南北朝时期颜之推编。是他记述个人经历、思想、学识以告诫子孙的著作。七卷，共二十篇。颜之推，字介。颜氏原籍琅邪临沂(今山东临沂北)，先世随东晋渡江，后逃奔北齐，官至黄门侍郎。公元577年齐亡入周。隋代周后，又仕于隋。

【今译】

圣贤的书，总是教诲人们要真诚孝顺，说话谨慎，行为检点，建功立业扬名立万，这些教诲已经很完备了。魏晋以来，诸子所作的书籍，道理重复，互相模仿，这好比屋下架屋，床上放床。如今，我之所以要再写这部《家训》，并不是敢于在为人处世方面给世人做规范，只是想整顿家风，教育子孙后代。因为，同样的言语，你亲近的人说出的就相信；同样的命令，你所佩服的人发出的就执行。不让小孩破坏道义，师友的训诫比不上随从婢女的影响；阻止常人打架争吵，尧舜的教导不如妻子的劝解。我希望你们遵从信奉这本《家训》，我书中说的总比随从婢女、妻子的话要贤明一些。

我们家门风家教，向来周整严谨，我小时候就常受教导。每天跟随两位兄长，早晚侍奉双亲，举止端正，言语安详神色平和，就像朝见严君一样小心翼翼。双亲会勉励我们，问我们的爱好，矫正我们的缺点，引导我们的特长，言辞恳切。我九岁时父亲去世，家道衰落，人口萧条。哥哥抚养我，极其辛苦，他有仁爱而少威严，引导启示也不那么严厉。我当时虽也诵读《礼记》《左传》，但更喜爱文学（甚于道学），那是受到了世人的影响，放纵情欲，言语轻狂，不修边幅。到十八九岁，才稍加磨砺，但恶习已成自然，一时难以清除。直到二十岁以后，才很少犯下大的过错，但还经常心共口敌，善性与情欲相竞逐，晚上反省白天错误，今天悔恨昨天犯下的过失，自己常叹息是因为以前缺少教育才会如此。现在来回想以前的意愿志趣，都刻骨铭心，这种感受不像阅读别人的训诫，只是经过一下眼睛耳朵而已，而是终身难以忘怀。所以我写下这二十篇的《家训》，给你们晚辈作为鉴戒。

【解读】

本篇介绍中国古代的家教家训。

中国古人重视家教家训，认识到好的家教对于培养子女后代的重要意义，有些家族会专门制定家训，以家训约束、规范后世子孙，其中《颜氏家训》便是家训的代表。《颜氏家训》内容涵盖修身、治家、处世、为学等七卷二十篇。颜之推结合本人颠沛流离的人生经历和自己对为人处世的思考，写下了对子孙日常行为规范的训诫，词真意切，语言简练，遵从儒家道德规范，着重教育。《颜氏家训》世代相传，流传千年而不衰，影响深远。我国史上曾出现数十种家训，很多都直接或间接地受到《颜氏家训》的影响，因此，《颜氏家训》常被后世看作是家训典范。

在古人看来，教育教化首先是家庭、家族的责任，《三字经》就主张“养不教，父之过”，父母有责任把子女教育成人，如果子女晚辈没有家教，首先是家长的责任。对于很多家族来讲，家族也很重视家风传承，只有让好的家风代代相传，才能让家族代代兴旺。而且在儒家思想中，一直主张修齐治平，修身齐家是治国平天下的开始，人要立志有所作为，必须从修身开始，所以古人都很重视家教。

古人重视家教，还有一个重要原因，那便是古人的家族结构。中国古代多实行聚族而居，家族观念特别浓厚，培育子孙后代是每个家族成员的责任，而后代习家教重修身，目的也是为了成贤封侯，光宗耀祖。家族始终和个人教化“绑定”在一起，某种意义上，教化就变成了家族的事，所以才使得古人特别重视家教。古人重视家教典型的例子便是，古人经常兴办家学，特别是家族成员之中的商贾大户或官宦人士，多热衷在家族内部捐资办学，教化族人。

当前，很多人士也认识到家教的重要意义，提倡社会层面建立好家学、好家风、好家训，让家教与学校教育、社会教育相结合，综合运用多种教育形式来培育教育。的确，无论古今，家教家训都是有意义的，家庭教育不可缺少，它可以融入并渗透到生活细枝末节，有了好的家庭教育才可能有成功的教育。对于学生来说，如果他受到的家庭教育和学校教育相矛盾，必定会影响破坏学校教育、社会教育的效果。因此，我们的确应该重视家庭教育，多向古人学习，学习好的家教家风家训，推动实现教育的最大效果，达到育人化人的目标。

但是，古人重家教的理念在现代社会也面临着挑战，需要进一步思考。首先，我们应该认识到社会结构的变化，在传统宗法社会，个人不是独立的个人，而是整个家族的一个成员，教化目的是为了成贤封侯、光宗耀祖，现代社会特别强调个人自主性，教育背后追求的是个人价值的自我实现，在教化理念上，对个人的理解是不一样的。其次，我们讲求家教面临更为严峻的挑战是，现代社会价值多元多样，往往学校教育、社会教育层面的价值追求和家庭价值、个人价值追求并不一致，观念并不统一，家教往往就难以展开协调。古代社会不存在这个问题，因为儒家作为指导思想，已经渗透至国家、社会、个人各个层面，孔子说的“吾道一以贯之”(《论语·里仁》)，儒家之道纵贯上下，横扩生活方方面面，它们之间是统一的。而现代社会缺少这样的“道统支撑”，这也成了现代社会讲求家教的最大难点。由此看来，家教家训家风的良好运转，离不开社会核心价值规范的形成，这样才能真正实现学校、社会、家庭教育的协调一致。

【关键词】 家教　家训　家风

92. 纲常名教

【原文】

1　三纲者何谓也？谓君臣、父子、夫妇也。六纪[1]者，谓诸父、兄弟、族人、诸舅、师长、朋友也。故《含文嘉》曰：“君为臣纲，夫为妻纲。”又曰：“敬诸父兄，六纪道行，诸舅有义，族人有序，昆弟有亲，师长有尊，朋友有旧。”何谓纲纪？纲者，张也；纪者，理也。大者为纲，小者为纪，所以张理上下，整齐人道也。人皆怀五常[2]之性，有亲爱之心，是以纲纪为化，若罗纲之有纪纲而万目张也。《诗》云：“亹亹我王，纲纪四方。[3]”

出处：《白虎通·三纲六纪》

2 名者，所以教中人也。何也[(4)]？人者，情欲之聚也，任[(5)]其情欲，则悖礼蔑义，靡[(6)]所不为。圣人知夫不待[(7)]教而善者，上智也。待刑而惩者，下愚也。其在中人之性，情欲之念虽重，而好名之念尤重，故借名以教之，以为如此，则犯清议[(8)]，如彼，则得美名。使之有所惧焉而不敢焉，有所慕焉而不得不为。……好名者，人性也，圣人知好名之心，足以夺人所甚欲，而能勉其所大不欲。而以名诱，此名教之所设也。

出处：《珂雪斋集·卷二十·名教鬼神》[(9)]

【简注】

(1) 六纪：指古代社会中的六种伦常关系。

(2) 五常：即仁、义、礼、智、信。孟子提出“仁、义、礼、智”，董仲舒扩充为“仁、义、礼、智、信”，并以之作为儒家“五常”。

(3) 亹亹(mén mén)：勤勉。纲纪：治理，管理。亹亹我王，纲纪四方，我周王勤勉不已，统治天下理国家。出自《诗·大雅·棫朴》。

(4) 何也：为什么是这样呢？

(5) 任：放任。

(6) 靡：没有。

(7) 待：依靠。

(8) 清议：泛指社会道义，社会舆论。

(9)《珂雪斋集》：20卷。作者袁中道(1570—1630)，明代文学家，字小修，一作少修。“公安派”领袖之一，袁宗道、袁宏道胞弟。汉族，湖广公安(今属湖北)人。万历年间进士，官至吏部郎中。

【今译】

1. 三纲指的是什么？谓君臣、父子、夫妇关系。六纪指的是诸父、兄弟、族人、诸舅、师长、朋友的关系。因此君为臣纲，夫为妻纲。所以人们说：“要敬重父兄，以道施行六纪，对待舅舅要有义，族人之间要有序，兄弟之间有亲，师长有尊，朋友之间有交情。”什么叫纲纪？纲是用来展开(网)的；纪是道理。大的为纲，小的为纪，纲纪是用来张理上下，整理规范世间道义的。人们经常保有五常之性，保有亲爱之心，用纲纪来化人，就好比一张网，抓住了纲和纪，众多网孔才能展开。所以《诗经》说：“我周王勤勉不已，统治天下理国家。”

2. 名教，是用来教化中等人的。为什么这么说呢？因为人是情欲的聚合体，放任其情欲，则有悖于礼义，定会无所不为。圣人知道那些不需要别人教化就能为善的，是上智。需要刑罚来惩处的，是下愚。在上智和下愚之间的是中人，他们虽然也有比较严重的情欲之念，但他们更好名声，因此需要借助名教来教化他们，让他们认识到放纵情欲是违背社会公论的，节制情欲，才能得到美名。让他们有所畏惧而不敢胡作非为，有所钦慕而不得不为善……爱好名声，是人的本性，圣人知道众人皆有好名之心，好名之心足以压制人的情欲，所以借此勉励他们不要放纵欲望。而是通过名声来诱导他们，这是圣人设立名教的原因。

【解读】

本篇介绍中国古代纲常名教的思想。

古人常把纲常名教连用，纲常是三纲五常的简称。古代以君臣、父子、夫妻关系原则为三纲，以仁、义、礼、智、信为五常。纲常是社会基本价值规范。名教指的是以“正名分”为中心的礼教，名教范围更广，它是为应用儒家思想实施教化而设置的一整套规范。纲常是原则性的伦常规范，名教则是整套行为规范，人们经常纲常名教连用，作为儒家价值规范化的世俗礼仪的总称。

纲常名教对于实施教化具有重要的意义。纲常代表了基本价值规范，三纲五常是古代道德的根本。古人常说纲举目张，纲本是系渔网的绳子，抓住了纲，便可抓住关键。其次，“纲常”二字也意味着它是亘古不变之理，“天不变道亦不变”，纲常便是根本之道、永恒之道。最后，纲常还意味着它是社会道德底线，古人有四维八德之说。管子说：“礼义廉耻，国之四维，四维不张，国乃灭亡！”（《管子·牧民》）纲常是底线，不可触犯，如果纲常受到挑战，既是对儒家道德伦理的根本挑战，也将使得社会礼崩乐坏，无所适从。因此，名教纲常总以三纲五常为根本。

名教同样承担教化职能，名教的根本是以名为教，正如袁中道所言：“名者，所以教中人也。”对于上智与下愚，前者不教而成，后者教而不改，但是中人占据社会人群的大多数，这一批人待教而成，因此，抓住他们对名节的重视，以好名之心对抗情欲，诱导中人在日常行为中皆重视名节，通过名分来修身立德，这就产生了名教的需求。汉武时期，董仲舒倡导审察名号，教化万民，汉武帝接受了这种“以名为教”的建议，之后便开始了以名分、名节来规范百姓生活的名教教化，如上文所言，名教实为礼教的总称，事无巨细皆可纳入名教规范，故它的教化范围广泛、效果明显。魏晋时期曾出现了几百年乱世，同时也是一个思想多元碰撞的年代，因此出现了针对“名教”与“自然”的关系展开的论辩。嵇康等狂狷之士提出“越名教而任自然”的思想，实则主张抛弃名教，而放任自然，这其中便可看出时人对儒家礼教的否定。宋明理学强化了名教教化，理学把教化的重点放到了“中人”身上，强调对大众的教化作用，进一步丰富了名教的教化内容，把儒家伦常规范都视为名教，因此，名教也被称作“天理”，并提出了“存天理灭人欲”的观点，如果有谁违犯儒家伦理纲常，即被视为“名教罪人”，可见，名教的教化程度之深，对人们生活影响之深。

长期以来，纲常名教作为儒家伦常规范的总称，在教化方面发挥了重要作用。它既确立了社会道德根本与底线，使人们日常道德选择时有所依据，也通过日常行为的名分之别，让人们在日常生活中处处注意修行，使得伦常日用皆能体现道德教化。可以说，在过去二千年儒家思想占主导的社会中，纲常名教使得社会道德规范一直保持稳定，发挥了重要的教化作用。但近代以来，纲常名教经常受到批判，被视为封建礼教，被批判为“礼教吃人”“以礼杀人”，其实这种批判的实质反映的是名教对我们生活控制过细过严，使得个人自由无从发展，而现代社会往往以追求自由为首要目标，因此，名教在近代受到批判也是可以理解的。今天，我们完全可以有更高的视野来回顾名教的历史，来回顾近代对名教的批判，首先，名教的教化功绩不容否定，它以“中人”为重点，以日常生活规范为依托的教化形式还应得到学习和借鉴。其次，对名教的批判不应仅仅立足于对个人自由的束缚，而应触及名教背后的价值观念，如三纲所体现的尊卑等级，这些尊卑等级观念是现代社会所不能接受的，我们在批判名教对个人束缚的同时，应检讨它在价值观念上的不当之处，以此实现对纲常名教的批判与转化。

【关键词】 三纲五常　四维八德　名教　越名教而任自然

十九、技　艺

【题解】

技艺技术是社会生活的一个部分,人们对待技艺的态度、技艺的发展程度、技艺的主要特征都深刻反映一个民族的社会文化生活。本单元阐述古人对待自然与自然科学的态度,介绍古人以人文化自然、轻视技术、轻视逻辑的特点,介绍古代最为兴盛的技艺——炼丹术。通过这些内容的介绍,可以进一步了解古人的技艺技术与社会生活,深化认识我国古代自然科学的发展状况及其成因。

93. 天人之分

【原文】

天行有常(1),不为尧存,不为桀亡。应(2)之以治则吉,应之以乱则凶。强本而节用,则天不能贫;养备而动时(3),则天不能病;修道而不贰(4),则天不能祸。故水旱不能使之饥,寒暑不能使之疾,袄怪不能使之凶。本荒而用侈,则天不能使之富;养略而动(5)罕,则天不能使之全;倍道而妄行,则天不能使之吉。故水旱未至而饥,寒暑未薄(6)而疾,袄怪未至而凶。受时与治世同,而殃祸与治世异,不可以怨天,其道然也。故明于天人之分,则可谓至人矣。

出处:《荀子·天论》

【简注】

(1) 常:规律。

(2) 应:响应。

(3) 养：给养。时：顺时。
(4) 二：二心，违背。
(5) 动：活动。
(6) 薄：迫近，靠近。

【今译】

天有自己运行的永恒规律，它不因为尧而存在，也不为桀而消亡。用导致安定的措施去适应它就吉利，用导致混乱的措施去适应它就凶险。加强农业，节约费用，那么天也不能让他穷困；给养齐备，顺时而动，那么天也不能损害他；修行悟道，专心不二，那么天也不能降祸于他。所以水涝旱灾不能使他挨饿，严寒酷暑不能使他生病，妖异怪象不能降祸。农业荒废，用度奢侈，那么天也不能使他富裕；给养简略，活动又少，那么天也不能保他安全；违背规律，恣意妄为，那么天也不能使他吉利。即使没有水涝旱灾他也会挨饿，即使没有严寒酷暑他也会生病，即使没有妖异怪象他也会遭殃。他遇到的天时和治世相同，而灾祸却与治世不一样，在治世之中遭遇灾祸，这不可以埋怨上天，这是他自己的行为造成的。因此，只有明白了自然界与人伦社会的区分，才可以称作是至人。

【解读】

本篇介绍中国古人的天人之分观念。天人之分的意思是，把自然界与人伦分开，自然界有自然规律，世俗有人伦之道，天道与人道互不干涉，现世生活应重人道、重人伦，以人伦为中心。

由此说来，天人之分首先强调的便是人伦重于自然。中国古人考虑问题常以“人”为中心，他们最为关心的不是怎样认识自然，如何利用和改造外部世界，并以此来建立外部世界的科学；而是如何理解人际关系，建立伦常日用。在古人看来，自然虽有规律，但是它并不影响我们伦常日用，贫富与灾异的根源都在人本身，我们的重点应该是做好自己的日常伦理工作，这样才“明天人之分”。所以贾谊说“可怜夜半虚前席，不问苍生问鬼神”，他批评的是汉朝皇帝没有关心苍生疾苦。再如，我们科举考试，一直是以儒家经典为依据，或是十三经或是四书五经，在这些儒家经典中，记载最多的都是修身治国之道，几乎没有任何自然科学原理。

在此意义上，中国人从来没有西方那种“为科学而科学”的态度，虽然“为科学而科学”在某些方面值得商榷，但是这句口号反映了一个基本态度，那就是科学本身是有价值的，它的价值并非总是依附于世俗伦常，但是，在我们传统语境中，科学本身是没有独立价值的，只有服务于世俗伦常才有意义，而且，世俗伦常也不需要那么多的科学，只要有“圣人之道”，天下便可治，这样的话，科学本身都是可有可无的了。与此相应的是科学史上的“李约瑟难题”，英国著名学者李约瑟是当代科技史研究权威，他曾编著了著名的《中国科学技术史》，在这本书中他提出：尽管中国古代对人类科技发展做出了很多重要贡献，但为什么科学和工业革命没有在近代的中国发生？这个问题便被称为“李约瑟难题”，对于这个问题的回答，答案是多方面的，但有一点至为重要，那就是中国传统文化不重视科学，相比于科学探索，我们更关心伦常日用，这种文化根基上对科学的轻视，必然带来近代理论科学的失落。

天人之分进一步强调的是道德伦理，虽然都以人们的社会生活为重心，但相比之下，我们不像西方那样去强调法律或者信仰，而是强调道德伦理。汉以后占统治地位的是儒家的思想体系，维系这个体系的是德治。其实，先秦诸子都从不同的角度注重道德，以道德为本，以智慧为末。由于极重道德，固然使得我们文化道德氛围很重，但也使得信仰、法律等社会文化不被重视。《论语》说“子不语怪力乱神”，对于信仰等问题，“六合之外，存而不论”。

对于中华文化的天人之分特征，梁漱溟先生也曾有过精彩分析，它把中华文化称为“早熟的文化”，梁漱溟说，西洋文化是从身体出发，慢慢发展到心的，中国却有些径直从心发出来，影响了全局。前者是循序渐进，后者便是早熟。① 我们总体上同意梁漱溟的这个判断。此外，还可以进一步补充，早熟其实更多的是个人修身、人际关系、社会政治道德方面的早熟。这一早熟使得中华文化显著地区别于西方文化，但是它也带来了很多后果。一方面，我们没能发展出现代科学，没有“赛先生”，另一方面，以道德为中心，轻信仰也使得中国人圆滑世故、没有信仰。近年来，我们一直宣传弘扬传统文化，弘扬传统文化的一个必要前提便是正确认识传统文化，认识自身不足，对照不足，实现自身的现代转化，“他山之石可以攻玉”，在转化过程中，西方文化为我们提供了很好的借鉴，很多方面尤其是科学、技术、逻辑等方面都为我们提供了参照，值得学习。

【关键词】　天人之分　早熟文化　李约瑟难题

94. 机 心 技 巧

【原文】

1　子贡(1)南游于楚，反于晋(2)，过汉阴(3)，见一丈人方将为圃

① 梁漱溟：《中国文化要义》，上海人民出版社，2005年，第227页。

畦[4]，凿隧而入井，抱瓮而出灌，搰搰然用力甚多而见功寡。子贡曰："有械[5]于此，一日浸百畦，用力甚寡而见功多，夫子不欲乎？"为圃者仰而视之曰："奈何？"曰："凿木为机，后重前轻，挈水若抽，数如泆汤[6]，其名为槔。"为圃者忿然[7]作色而笑曰："吾闻之吾师，有机械者必有机事，有机事者必有机心。机心存于胸中则纯白[8]不备。纯白不备则神生不定，神生不定者，道之所不载也[9]。吾非不知，羞而不为也。"子贡瞒然惭，俯而不对[10]。

出处：《庄子·天地》

2 天下多忌讳，而民弥贫；人多利器，国家滋昏；人多伎巧，奇物滋起；法令滋彰，盗贼多有。

出处：《老子·第五十七章》

【简注】

(1) 子贡：端木赐，复姓端木，字子贡。春秋末年卫国人，子贡在孔门十哲中以言语闻名，利口巧辞，善于雄辩，且有干济才，办事通达。

(2) 反：返回。

(3) 汉：汉水。阴：水之南、山之北谓之阴。

(4) 圃畦(pǔ qí)：种蔬菜、花果的园畦。

(5) 械：机械，机器。

(6) 泆汤：形容水沸腾漫溢。

(7) 忿然：气愤的样子。

(8) 纯白：正白无杂色，指未受污染的淳朴之心。

(9) 载：承载，古人常说文以载道。

(10) 对：回答。

【今译】

1. 子贡在南方的楚国游历，返回晋国时，经过汉水北岸，见老大爷正在浇灌菜园，凿出隧道通向井里，用瓮取好水再抱出来浇地，每次浇灌都要使用很多力气，但是效果并不明显。

子贡对老者说："现今有取水的机械，用它一天可以灌溉百畦，费力少，功效大。老人家您想用这机械么？"老大爷井下抬头望子贡，问："什么样的？"子贡说："这个机械是木头凿成的，前轻后重，提水有如抽引，迅速有如水沸腾满溢，又轻又快。这个机械叫桔槔。"

老大爷面带怒色，冷笑着说："我记得我老师说过，使用机巧机器的人，必然想着做事如何投机取巧；投机取巧事做多了，必然萌生投机取巧之心。心里总想着投机取巧,纯洁的德性就会被破坏;纯洁的德性一旦破坏,人就变得六神无主;六神无主是无法承载玄妙大道的。我不是不知道机械,而是以此为耻,不愿意去做。”子贡满脸通红,低头没有回答就走了。

2. 天下越多禁令,人民越是贫穷。人们的利器越多,国家越是混乱。人的技巧多了,千奇百怪的事就来了。法令越多,犯罪的人越多。

【解读】

本篇介绍中国古人对待技术的态度。

上一篇介绍提到,中国古人强调天人之分,不重视自然科学。其实,在中国文化传统中,既不重视自然科学,也不重视技术工艺。技术一直被贬低为奇技淫巧,被看作雕虫小技,不值一提。原因在于,士大夫们认为治国之本在人心,应固守人心,让人心淳朴,这样才能实现天下大治。因此,最为重要的是人心道德,技巧技艺只会败坏人心,对治国为政起着破坏作用,唐朝名臣张庭珪《请勤政崇俭约疏》中说:“去奇技淫巧,损和璧隋珠不见可欲,使心不乱,自然波清四海,尘消九域。”便是有代表性地反映了士大夫们的态度。

古人对待技术的这种态度也被称为重道轻术,《易传·系辞上》说“形而上者谓之道,形而下者谓之器”,说的便是关于道术的学问才是最高的学问,技术工艺是形下之学,道决定器,器为道所用。人生的价值往往在于道,而不是屈从于技术,屈从于器,因此便有“君子不器”的说法。古人看重的最高学问叫大学,“大学之道在明明德,在新民,在止于至善”(《大学》),训诂词章、语言文字是“小学”,是学术基础,小学服从于大学,技术在其中根本不入流,只是奇技淫巧,受到鄙斥。

在古代,不但人们在观念上不重视技术,从事技艺的人社会地位还会受到种种贬低,工匠的地位也不高。在“士农工商”的社会分层中,工匠处于第三位,即使其顺位略高于商人,但是经济收入远比不上商人,所以总体社会地位是很低的。明代的户籍制度把民众分为三等,“曰民、曰军、曰匠”,工匠也处于最低等级。在这种制度下,很多人成为工匠都是迫不得已,为了谋生,很多工匠都不愿意自己子女再做工匠,而是希望购置一些田地,让子女成为农民,自耕自种,不再受人歧视。

应该说,儒家重视道,主张君子不器,认为社会安稳发达的关键在于人心,这些观点本没错,但是不应该把道与器根本对立起来,把所有的技术都看作是奇技淫巧,并在社会地位上打压工匠,这种观念在现今社会还有残留,它们严重妨碍了我国技术的发展。其实,从事技术也是社会分工的一种,我们不应该轻视技术,更不应该贬低社会技术工作者。而且,技术本身并不低贱,在很多方面,技术推动了社会进步,比如被称为我国四大发明的造纸术、印刷术等,它们不但推动了我国的社会文化进步,还对世界范围内的文化传播都产生了不可磨灭的积极影响。

说到重道轻术的文化传统,在现代社会也有很多表现,其中一个典型的现象便是中国人对待技校、职校的态度。应该说,技校、职校本是培养高技能人才的地方,它们所培养出来的高技能人才紧贴社会需求,在很多行业起着关键作用,技术的发展水平甚至制约和影响着整个国家工业基础,德国、日本等国家制造业之所以在很多方面都起着领导作用,就是因为他们有一批非常熟练的高级技工,所以在这些国家,技校职校还是受到很多人喜爱的。但在中国,人们的观念往往不是这样,人们通常把大学教育看作是"正途",能够通过高考进入名牌大学是很多中学生的梦想,家长们往往把孩子进入技校职校学习看作是教育失败的表现,即使当前,很多冷门专业的大学毕业生收入低于高技能蓝领工人,但是人们还是不重视技校。这其实是古代以来"重道轻术"思想的典型反映,在这一点上,我们应该反思我们的"重道轻术"传统,真正确立"三百六十行,行行出状元"观念,让成功的标准日渐多元,而不是以唯一标准来衡量他们。

【关键词】 奇技淫巧　机心　重道轻术　君子不器　工匠

95. 雄辩之术

【原文】

1　惠施[(1)]多方,其书五车,其道舛驳[(2)],其言也不中。……桓团、公孙龙[(3)]辩者之徒,饰人之心,易人之意,能胜人之口,不能服人之心,辩者之囿也。惠施日以其知与人辩,特与天下之辩者为怪,此其柢也。然惠施之口谈,自以为最贤,曰天地其壮乎!施存雄而无术。南方有倚人[(4)]焉,曰黄缭,问天地所以不坠不陷,风雨雷霆之故。惠施不辞而应,不虑而对,遍为万物说。说而不休,多而无已,犹以为寡,益之以怪,以反人为实,而欲以胜人为名,是以与众不适也。弱于德,强于物,其涂隩[(5)]矣。由天地之道观惠施之能,其犹一蚊一虻之劳者也。其于物也何庸!夫充一尚可,曰愈贵道,几[(6)]矣!惠施不能以此自宁,散于万物而不厌,卒以善辩为名。惜乎!惠施之才,骀荡而不得,逐万物而不反,是穷响以声[(7)],形与影竞走也,悲夫！

出处：《庄子·天下》

2 不法先王，不是礼义，而好治怪说，玩琦辞[8]，甚察而不惠[9]，辩而无用，多事而寡功，不可以为治纲纪；然而其持之有故，其言之成理，足以欺惑愚众；是惠施、邓析[10]也。

出处：《荀子·非十二子》

【简注】

(1) 惠施：(约前370—前310)战国中期宋国人。战国时期著名的政治家、哲学家，是名家学派的开创人物和主要代表。

(2) 舛驳(chuǎn bó)：庞杂，错乱，不统一。

(3) 恒团：名家代表人物，春秋战国时人，与公孙龙、邓析、惠施齐名，以辩论闻名于世。

公孙龙：战国时期赵国人，字子秉。名家的代表人物。他提出了“离坚白”“白马非马”等命题。

(4) 倚人：怪僻而不合于世俗的人。

(5) 隩(yù)：曲折。

(6) 几：差不多。

(7) 穷：竟也。穷响以声：用声音去追逐回响。

(8) 琦辞：奇异的言辞。

(9) 察：明察，知晓。不惠：没有用处。

(10) 邓析：郑国大夫，春秋末期思想家，与子产同时，名家学派的先驱人物。

【今译】

1. 惠施的学问广博，他的书多达五车，道术杂乱无章，言辞多有不当。……桓团、公孙龙这些好辩之徒，迷惑人心，扰乱人的主意，他们能用口舌胜人，却不能服人之心，这是辩者的局限。惠施每天靠他的智慧与人辩论，专与辩者制造各种怪诞之说，这就是他们的根本。而且惠施口若悬河，自认为最聪明，说天地真伟大啊！惠施有雄心而没有道术。南方有个名叫黄缭的怪人，问他天地为什么不坠不陷，以及风雨雷霆的成因。惠施毫不推辞地回答，不假思索就应对，把天地万物都说了一遍，滔滔不绝，没完没了，还嫌说得太少，又增加了一些奇谈怪论。他把违反常识的事说成是真实的，通过辩赢别人而获取名声，所以与众人合不来。他不注重内在德性，一心追逐外物，走上了歪门邪道。从天地之道来看惠施的才能，他就像一只蚊虫那样徒劳无功。对于万物有什么用呢？他勉强可以算作一家之言，如果要弘扬大道，那还差一些。惠施不安于此，分散心思于万物而且乐此不疲，最终只能以善辩出名。可惜，惠施虽有才能，但放荡于物不走正道，追逐万物而不知回头，这就像声音去追逐回响，身体和影子竞走一样。可悲啊！

2. 不效法古代圣明的帝王，不遵循礼义，而喜欢研究奇谈怪论，玩弄奇异的词语，即使明察但毫无好处，就算雄辩但没有用处，做了事多但功效少，不可以作为治国的纲领；但是他们立论有根据，言谈有道理，完全可以欺骗蒙蔽愚钝的民众。惠施、邓析就是这种人。

【解读】

该篇主要介绍了中国古人对待名家也即对待逻辑科学的态度。

中国传统文化不重视逻辑思维。认为逻辑学仅仅是一种辩论术，在辩论过程中，名家整天发表一些奇谈怪论，悖于常理，他们还自得于这种辩论术，沽名钓誉，哗众取宠，实际上这些辩论术仅仅“能服人之口，不能服人之心”。因此，在诸子百家时代，虽然墨家、名家曾经有过类似的逻辑学，但是在后来的发展中都消失了，既没有对相关学科发挥基础性影响，也始终没有进入中国文化主流。其中根本原因还是古代中国人过于注重实用，不重视理论知识。

逻辑学是众多学科的前提，逻辑学影响人们的思维方式，西方的逻辑学以形式逻辑为主要代表。顾名思义，形式逻辑讨论单纯的逻辑形式，往往并不参杂具体的内容，形式逻辑是一种抽象的思维，它借助概念进行思维。只有通过形式逻辑，才能把科学认识上升为普遍真理，因此，在很多学者看来，形式逻辑是自然科学的基础。但是，在中国文化传统中，人们一直没有实现形式和内容的分离，中国人一直习惯于具体思维，而不是抽象思维。逻辑推理被看成是无用之学，只知高谈阔论，喜欢钻牛角尖，不能解决实际问题。按照《庄子》的说法，最后只能是“形与影竞走”，属于自寻烦恼。

在中国传统思维中，比较突出的思维方式是辩证思维，辩证思维重视事物的相互对立和统一关系，比如：“天下皆知美之为美，恶已；皆知善，斯不善矣。有无之相生也，难易之相成也，长短之相刑也，高下之相盈也，音声之相和也，先后之相随，恒也。”（《老子·第二章》）“祸兮福之所倚，福兮祸之所伏。”（《老子·第五十八章》）但在某种意义上，辩证法只是日常生活经验的正反罗列，缺乏形式逻辑那样的理论阐释和说明，也缺少精确性和明确性，它限制了形式逻辑的发展和现代科学的形成。

西方社会一直重视逻辑学这门纯形式的基础学科，不但语言、思维讲逻辑，还形成了关于逻辑学的系统科学，亚里士多德的逻辑学便是其中代表。亚里士多德认为分析学或逻辑学是一切科学的工具，并详细列举了逻辑演绎的具体形式，成为了逻辑学科的奠基者。实际上,亚里士多德和我们古代名家生活在一个时代,亚里士多德活跃于公元前3世纪,名家活跃于战国时期,也是公元前3世纪,但令人惋惜的是因自身文化原因,我们文化传统中逻辑学渐渐归于消失,直到佛教传入中国,中国才重新有了类似的逻辑学科——因明学。然而,因明学也因为过于复杂、深奥而难以普及,也没有对中华文化产生深远影响。某种意义上,正是因为缺少逻辑学,我们没有出现现代科学,这也成了近代科技落后的重要原因。

【关键词】　名家　逻辑学

96. 炼丹问仙

【原文】

抱朴子曰:余考览养性之书,鸠集久视之方[(1)],曾所披涉篇卷,以千计矣,莫不皆以还丹金液[(2)]为大要者焉。然则此二事,盖仙道之极也。服此而不仙,则古来无仙矣。……既览金丹之道,则使人不欲复视小小方书[(3)]。然大药难卒得办,当须且将御小者以自支持耳。然服他药万斛[(4)],为能有小益,而终不能使人遂长生也。故老子之诀言云,子不得还丹金液,虚自苦耳。夫五谷犹能活人,人得之则生,绝之则死,又况于上品之神药,其益人岂不万倍于五谷耶?夫金丹之为物,烧之愈久,变化愈妙。黄金入火,百炼不消,埋之,毕天[(5)]不朽。服此二物,炼人身体,故能令人不老不死。此盖假求于外物以自坚固,有如脂[(6)]之养火而不可灭,铜青[(7)]涂脚,入水不腐,此是借铜之劲以扞[(8)]其肉也。金丹入身中,沾洽荣卫[(9)],非但铜青之外傅矣。

出处:《抱朴子・金丹》[(10)]

【简注】

(1) 鸠集:收集。久视:不老,耳目不衰。形容长寿。《老子・五十九章》:“有国之母,可以长久,是谓深根固柢,长生久视之道。”

(2) 还丹:道家术语,丹砂烧成水银之后,放置到一定时间水银又还原成丹砂，叫还丹。另外还丹也是气功学术语，指炼制外丹方法中的循环变化及所成之仙丹。金液：古代方士炼的一种丹液。因为古代练功方士极为重视唾液，所以也把周天过程中产生的唾液称为金液。

(3) 既览金丹之道，则使人不欲复视小小方书：既然知道了金丹的功效，就不再重视一般的方术了。

(4) 斛：古代量器，亦是容量单位，一斛本为十斗，后来改为五斗。

(5) 毕天：永久，永恒。

(6) 脂：油脂，可燃烧。

(7) 铜青：亦名铜绿，即铜器上所生的绿色物质。中医常以铜绿入药。

(8) 扞(hàn)：自卫，保护。

(9) 沾洽：普遍受惠。荣卫：中医有荣气和卫气之说，荣气是滋养全身的，卫气是护卫机体防卫外邪的。

(10)《抱朴子》：东晋葛洪撰，总结了战国以来神仙家的理论，集中介绍了魏晋炼丹术。

【今译】

抱朴子说，我考察了各种养生的书，收集各种长生的方术，所阅读的篇章数以千计，没有不是以还丹金液为根本的。还丹和金液，是成仙之道的根本，如果服用此二物还不能成仙，那么古往今来也就没有神仙了……既然知晓了金丹的道术，就不会再去看那些记载各种偏方的小书了。然而大药(指金丹)不能说有就有，因此仍有人服用一些小药偏方来养身。即使这样，服用他药万斛，也是有一些小的益处的，但终究不能使人长生不老。因此老子说，如果不能服用还丹金液，将白白受苦了。五谷都能养活人，人们有五谷就能活下来，不食五谷就不能存活，何况远高于五谷的上品神药，它对人的效果岂不是万倍于五谷吗？金丹这个东西，烧之愈久，变化愈妙。黄金在火里面，忍受锻炼而不会消失，把它埋起来，永远都不会腐烂。服用这两个东西，可以炼人身体，因此人可以长生不老。这是借助外物来坚固自己的身体，就犹如用油脂来涵养火候，火势不会熄灭。用铜绿涂到脚上，脚泡在水中不会腐烂，这也是借用铜绿的力道来保护肉身。金丹进入身体，可以滋养保护身体，而不像铜绿那样仅仅是护卫外部肉体。

【解读】

本篇介绍道家的炼丹术以及以炼丹术为代表的中国古代技艺的特点。

道家重视炼丹，认为通过服用丹药可以实现长生不老，因此炼丹成了道家修炼的必备技能。在道家乃至道教理论中，丹药有内丹、外丹之分。外丹是外部练就的丹药，通过服用丹药强生健体。同时，道家把人的身体看作是一个小鼎炉，在人的身体内部也可进行炼丹，这便是气功修炼工夫。外丹分为金丹、石丹、草丹三种，分别通过金属、石头、药材炼就而成，金丹最为高贵，是道士们用铅砂、硫磺、水银等天然矿物做原料，用炉鼎烧炼而成。

在中国历史上，很多皇帝都梦想长生不老，所以他们大多都痴迷于炼丹术，往往会在宫廷中供养一批道士，专门为他来炼丹。但就实际效果来讲，他们并没有实现长生不老，甚至很多皇帝不仅没有通过服用丹药延年益寿，反而因为服用丹药出现了金属中毒而早逝，金属中毒中最常见的便是汞中毒。明朝很多皇帝迷恋丹药，也大量服用丹药，因此，因为服用丹药而损害健康乃至丧命的也最多。因此，明朝历史上也常发生官员进谏要求皇帝驱逐道士的事件，比如海瑞就曾向嘉靖皇帝进谏驱逐道士，而很多证据也表明，实际上嘉靖皇帝的死也和服用丹药有关系。

炼丹术也典型地反映了我国古代技艺的一个特点——技艺不是被用于改造自然，而是用于长生不老，用于风水。就像鲁迅在《电的利弊》中说的："外国用火药制造子弹御敌，中国却用它做爆竹敬神；外国用罗盘针航海，中国却用它看风水；外国用鸦片医病，中国却拿来当饭吃。"中国很多技艺发明使用单调，并没有进一步突破，发展成为一门比较成熟的科学，而是始终停留在技艺的水平，在此过程中，很多技艺建立过分依赖个人体验，缺少形成文字的普遍性描述，也容易走上神秘主义。我们的自然科学或者说是技艺，一直停留在技艺水平，没有广泛使用，也没有产生近代科学，而之所以没有发展成现代科学，这也与我们的传统思维密切相关。

传统文化中，我们思维擅长的是经验总结和经验归纳，往往缺少对经验科学做出提升。这种提升包括几个方面的内容，第一，自然科学没有和数学相结合，我们古代数学没有与自然科学紧密结合，从而也就使得自然技艺难以精确化和普遍化，始终是少数人代代相传的技艺，很少取得大的飞跃与突破。第二，缺少抽象思维。这其中最为典型的是"勾股定理"，据载，中国古人最早发明了勾股定理，我们的记载是"勾三股四弦五"，意思是 $3^2+4^2=5^2$。毕达哥拉斯比我们晚了几百年才发现勾股定理，但是毕达哥拉斯非常了不起的发现，勾股定理不仅仅是 $3^2+4^2=5^2$，而是 $a^2+b^2=c^2$，这是一项了不起的发现，因为比之于我们的勾三股四弦五，毕达哥拉斯发现了更为普遍的情况，它超越了我们的特殊性而进入了普遍思维，这种思维方式是我们以炼丹术为代表的经验中所没有的。

【关键词】 炼丹术　内外丹　金丹

二十、理　想

【题解】

本单元阐述古人的社会理想，诸子百家皆有理想中的社会，儒家倡导大同社会，道家崇尚小国寡民，墨家主张兼爱，各家各派都推崇和谐中和。这些社会理想反映了古人对理想社会的追求与渴望，也一直指引着志士仁人为之奋斗，透过这些社会理想，也能反映出古代社会的一个总体概貌，值得我们学习了解。

97. 大同与小康

【原文】

大道之行也，天下为公。选贤与(1)能，讲信修睦，故人不独亲其亲(2)，不独子其子，使老有所终，壮有所用，幼有所长，矜寡孤独废疾者(3)，皆有所养。男有分(4)，女有归(5)。货恶其弃于地也，不必藏于己；力恶其不出于身也，不必为己。是故谋闭而不兴(6)，盗窃乱贼而不作，故外户(7)而不闭，是谓大同。

今大道既隐，天下为家，各亲其亲，各子其子，货力为己，大人世及以为礼。城郭沟池以为固，礼义以为纪；以正君臣，以笃父子，以睦兄弟，以和夫妇，以设制度，以立田里，以贤勇知，以功为己。故谋用是作，而兵由此起。禹、汤、文、武、成王、周公，由此其选也。此六君子者，未有不谨于礼者也。以着其义(8)，以考其信，着有过，刑仁讲让，示民有常。如有不由此者，在势者去(9)，众以为殃，是谓小康。

出处：《礼记・礼运》

【简注】

(1) 与：根据。

(2) 亲其亲：亲近他的亲人，第一个亲为动词，后一个亲为名词。

(3) 矜寡孤独：《礼记・王制》少而无父者谓之孤，老而无子者谓之独，老而无妻者谓之矜，老而无夫者谓之寡。

(4) 分：名分。

(5) 归：女子出嫁叫归，在古代，夫家才看做是自己的家。

(6) 谋：谋略。谋闭而不兴：人心淳朴，每人使用计谋算计。

(7) 户：门。

(8) 着：显著、显明。

(9) 在势者：指当权者。

【今译】

在大道施行的时候，天下人一心向公，人们根据才能来推选贤德之士(给大家办事)，人人讲求诚信，崇尚和睦。因此人们不仅仅亲善自己的父母，不仅仅喜爱自己的子女，老年人能终其天年，壮年人能为社会效力，儿童能健康成长，老而无妻的人、老而无夫的人、幼年丧父的孩子、老而无子的人、残疾人都能得到供养。男子有理想工作，女子及时婚配。对于财物，虽然人们不愿意把它抛弃在地上，但没有去独自享用；人们都想工作中多出力，却不是为私利而劳动。这样，人心淳朴没人搞权谋来算计，也没人盗窃财物和兴兵作乱，治安良好，家家户户夜里都不用关门了，这就叫作“大同”。

如今人们不再谈大道，天下人都为自家利益奔波。人们只亲善自己的亲人，只喜爱自己的子女，财物和劳力，都为私人拥有，天子诸侯们的权力变成了世袭，并把世袭作为礼制。人们修建城郭沟池来加固防守，以礼仪作为准则来确保君臣正位，父子淳厚，兄弟和睦，夫妻和谐；人们建立各种制度来划分田地和住宅，尊重有勇有智的人，建功立业为自己。所以产生了阴谋诡计，出现了战争。夏禹、商汤、周文王、周武王、周成王和周公旦，由此成为三代中的杰出人物。这六位君子都谨守礼制。他们用礼来彰显义，用礼来考察信，揭露过错，树立讲求礼让的典范，让百姓知晓礼法常道。如果有违反礼制的，即使有权势之人，人们也不会跟随他，因为百姓也会把它看成祸害。这就叫作“小康”。

【解读】

本篇介绍中国古代天下大同的社会理想和对大同与小康的描述。

大同社会一直被看作是儒家的最高理想，它对社会状态的描述很是详细，包括天下为公，人们相互关爱，各自安居乐业，社会治安良好(社会治安背后是社会道德风尚)等几个方面，这些方面都是社会理想的典范。与此相应的是小康社会，小康社会是对现今政治的描述，它实行家天下，需要用法纪来统治民众，借助权谋、战争来维系统治，即使这样，小康依然可以被看作是现实政治中的“治世”而非“乱世”，乱世则是天下大乱，相互残害，率兽相食，是所有人都不能接受的，小康在现实政治中尚能为大多数人所接受。

在历史上，大同社会的理想经常在两个角度上被阐述：一是天下为公，人心为公不为私，这反应了人们的道德理想。大同和小康的主要区别在于是“公天下”还是“家天下”。所谓“公天下”，就是天下为公，人家相互帮助，不仅仅关爱自家亲人，而是相互关爱，人们道德觉悟高，社会道德风尚好。所谓“家天下”，父子相传，以天下为家产，没人主动关爱他人，而且因为道德觉悟一般，所以不得已采用法纪刑名的手段来实现社会治理。这里面也可以看出，在儒家的理想中，只要有个人的道德觉悟，是不需要使用法纪刑名的，使用法律进行统治实为退而求其次的选择。

二是人人平等，不再有欺凌压迫，社会公平公正。每当王朝末期社会动荡之时，都有一些思想家政治家重提大同的社会理想，以此抨击社会不平等、等级压迫。我国近代思想家康有为在其《大同书》中，提出破除界别差异，实现“天下为公，无有阶级，一切平等，既无专制之君主，亦无民选之总统”的“大同之世”。其实强调的也是如何实现真正的平等。可见，平等公平对于一个社会来说，是最为基本也是最为直接的需求，人们在生活中感受到种种不平等，就会努力把这种需求转化为大同社会的理想诉求。

20 世纪上半叶的中国，中西文化碰撞，社会思潮激荡。西方文化传入中国，在传入过程中很多思想与中国本土文化交错共生，其中，共和革命思想、共产主义思想都与社会大同的理想发生过紧密联系。孙中山倡导社会革命，并把“天下为公”“人人平等”作为革命的目标；在共产主义传入初期，人们常把它当作中国一直以来大同社会的另一个版本，也正因为中国一直以来就有大同的社会理想，国人才较早地接受了共产主义。20 世纪末，官方提出建设“小康社会”，也是受到了传统大同小康思想的影响，突出表现便是，我们把小康社会放到需要长期坚持的社会主义初级阶段当中，其潜台词便是共产主义就是“大同”，是我们历史发展的目标，肯定了大同和共产主义的相通之处。这也说明，大同作为国人的社会理想是有感召力的，它并没有因为时代变化而褪色，大同社会的确可以为现实政治提供长远的价值目标。

【关键词】 大同　小康　共产主义

98. 小国寡民

【原文】

小国寡民，使有什佰之器(1)而不用；使民重死而不远徙(2)。虽有舟舆，无所乘之(3)；虽有甲兵，无所陈之(4)。使民复结绳而用之(5)。甘其食，美其服，安其居，乐其俗(6)。邻国相望，鸡犬之声相闻，民至老死，不相往来。

出处：《老子·第八十章》

【简注】

(1) 什佰之器：各种器物。

(2) 民重死而不远徙：民众看重生死大事，不愿意远迁。

(3) 舟：船。舆：车。

(4) 甲兵：兵甲，兵器。

(5) 结绳记事：比喻古代纯朴生活。

(6) 甘：以……为甘。美：以……为美。安：以……为安。乐：以……为乐。

【今译】

国家很小，民众也不多。即使有各种各样的器具，却并不使用；使人民重视死亡，而不向远方迁徙；虽然有船只车辆，却不必每次坐它；虽然有武器装备，却没有地方去布阵打仗。人民过着远古结绳记事一样的纯朴生活。人们认为自己吃得香甜，穿得漂亮，住得安适，过得快乐。可以看到周边邻国，也能听到邻国的鸡鸣犬吠声，即使这么近，普通百姓还是安于国内，与他国民众不相往来。

【解读】

本篇介绍道家的小国寡民的社会理想。

小国寡民是老子所描绘的理想社会。老子主张，在那里，没有剥削和压迫，没有战争和掠夺，也没有各种技巧工艺，人们不需要使用计谋勾心斗角，过着单纯、质朴的生活，这才是一种理想的生活状态。老子描述的小国寡民是我们古代农业社会的真实反映，在农业社会中，男耕女织，日出而作，日落而息，生活自给自足。在此意义上，人们的确不需要与他人发生太多关联，过多打交道，也不需要用各种技艺来扰乱朴实的生活，人与人之间也不需要互相算计，各过各的自在生活，这是小国寡民的田园诗一面。

小国寡民也反映了道家思想中逃避现实的一面，无论是在老子生活的春秋战国年代，诸侯争霸，战乱不止，还是在秦汉大一统之后，政府赋税徭役名目繁多，民众疲于奔命，遇上改朝换代的动乱时代，民众更是朝不保夕、妻离子散。所以说，如果能够有一块安居之地，地块虽小，但是可以耕种劳作，安度余生，也是一种非常好的选择。诸葛亮说“不求闻达于诸侯，但求苟全性命于乱世”(《隆中对》)，诸葛亮这样的千古名臣尚然如此，何况普通百姓，所以说，道家的逃避现实也是无奈之举，相比于小国寡民的安稳生活，外面世界实在凶险莫测，逃避的背后是现实的残酷。

与小国寡民思想相应的是，中国古代多隐士，梁漱溟先生在《中国文化要义》中列举了中国文化众多特征，其中一条便是“隐士文化”，并认为隐士是中国所独有的，这也反映了道家的“小国寡民”思想的深远影响，人们不求闻达，但求平安。陶渊明《桃花源记》记载的世外桃源，民众自耕自乐：“土地平旷，屋舍俨然，有良田美池桑竹之属。阡陌交通，鸡犬相闻。其中往来种作，男女衣着，悉如外人。黄发垂髫，并怡然自乐。”他们对外界一无所知，“乃不知有汉，无论魏晋”。人人“怡然自乐”，也不愿意别人来打破他们平静的生活，所以他们嘱咐说“不足为外人道也”。这反映出人们对小国寡民的向往。

在小国寡民中，老子主张民众无知无识，返璞归真，这也是一个值得讨论的话题。老子为什么主张民众无知无识，要恢复结绳记事，“有什佰之器而不用”，过回朴实生活？为此，有人认为，老子让民众无知无识，是一种愚民政策，便于统治，因为老子还说过“是以圣人之治，虚其心，实其腹，弱其志，强其骨，常使民无知无欲”。其实，从小国寡民的社会理想来看，这绝不是“愚民”的策略，而是真正“心向往之”，提倡无知无识，因为在道家看来，只有无知无识，少用技巧，才能保持民众的淳朴之心，而淳朴之心才是最为珍贵的。

在中国历史上，总体上小国寡民一直处于空想而未能付诸实践，或者说只在个别隐士身上以个人的方式实践了，世外桃源从未有过。原因在于，一方面，小国寡民太过空想，社会是一个密切联系的整体，要想从中分离独立出去是难以实现的，就如《孟子》中孟子对许行的评价，许行自耕自种，带领一群人隐居，很多人背儒而去，孟子说：“然则治天下独可耕且为与？有大人之事，有小人之事。且一人之身而百工之所为备，如必自为而后用之，是率天下而路也。”(《孟子·滕文公上》)社会分工的大环境下，完全的自耕自食难以实现。另一方面，中国历来主张“大一统”，“普天之下莫非王土”，政治不允许也不接受在它管辖之外的土地和方民，何况我国古代政治的力量过于强大，民众难以与之对抗，这也使得小国寡民无法实现。

【关键词】 小国寡民　隐士

99. 兼　爱

【原文】

1　当察乱何自起[1]？起不相爱。臣子之不孝君父，所谓乱也。子自爱，不爱父，故亏父而自利[2]；弟自爱，不爱兄，故亏兄而自利；臣自爱，不爱君，故亏君而自利，此所谓乱也。虽父之不慈子[3]，兄之不慈弟，君之不慈臣，此亦天下之所谓乱也。父自爱也，不爱子，故亏子而自利；兄自爱也，不爱弟，故亏弟而自利；君自爱也，不爱臣，故亏臣而自利。是何也？皆起不相爱。……故圣人以治天下为事者，恶得不禁恶而劝爱[4]？故天下兼相爱则治，交[5]相恶则乱。故子墨子曰："不可以不劝爱人者，此也。"

出处：《墨子·兼爱上》

2　子墨子言："视人之国，若视其国；视人之家，若视其家；视人之身，若视其身。是故诸侯相爱，则不野战[6]；家主相爱，则不相篡[7]；人与人相爱，则不相贼[8]；君臣相爱，则惠忠；父子相爱，则慈孝；兄弟相爱，则和调。天下之人皆相爱，强不执弱，众不劫寡，富不侮贫，贵不敖贱，诈不欺愚，凡天下祸篡怨恨，可使毋起者，以相爱生也，是以仁者誉之。"

出处：《墨子·兼爱中》

【简注】

(1) 察：考察，探究。

(2) 亏：损害。

(3) 虽：即使。言下之意是，即使是父子关系，仍然不相爱。

(4) 劝：规劝，荀子"劝学"意思也如此。

(5) 交：相互。

(6) 野战：在郊野打仗作战。

(7) 相篡：篡位。

(8) 贼：残害。

【今译】

1. 试问混乱起于何处？它起于人与人不相爱。臣与子不孝敬君和父，就是所谓混乱。儿子爱自己不爱父亲，损害父亲以自我得利；弟弟爱自己而不爱兄长，损害兄长以自我得利；臣子爱自己而不爱君上，损害国君以自我得利，这就是所谓混乱。如果父亲不慈爱儿子，兄长不慈爱弟弟，国君不慈爱臣子，这也是人们说的混乱。父亲爱自己而不爱儿子，损害儿子以自利；兄长爱自己而不爱弟弟，损害弟弟以自利；国君爱自己而不爱臣子，损害臣子以自利。这是为什么呢？都是起于不相爱。……圣人既然以治理天下为业，他们怎么不去禁止相互交恶、鼓励相爱呢？天下的人相亲相爱就会治理好，相互憎恶则会混乱。所以墨子说"不能不鼓励别人相爱"，说的就是这个道理。

2. 墨子说道："对待别人国就像自己的国，对待别人的家就像自己的家，对待别人之身就像自己之身。"因此，诸侯之间相爱就没有战争；家族宗主之间相爱就没有篡位；人人相爱就没有相互残害；君臣相爱，君主施惠、臣子效忠；父子相爱，父亲慈爱、儿子孝敬；兄弟相爱，关系就融洽、协调。天下的人都相爱，强大者就不会控制弱小者，人多者就不会威逼人少者，富有者就不会欺侮贫困者，尊贵者就不会轻视卑贱者，狡诈者就不会欺骗愚钝者，天下也不会再有祸患、掠夺、怨仇、憎恨，这是相爱而带来的结果。所以仁者称赞兼爱。

【解读】

本篇介绍墨子的兼爱思想。

兼爱是相互友爱的意思。墨子认为，古往今来之所以有乱世，主要是因为人们没有做到相互友爱，在墨子看来，如果没有"兼爱"，父子、君臣、兄弟、夫妻之间都会反目，互相损害，并带来大的祸害。如果人们相互友爱，不但家庭内部兄弟父子关系和睦，普天之下，人们都会讲求正义，不再会以大欺小、倚强凌弱，也再无坑蒙拐骗之事，所以只要做到了兼爱，天下就会实现大治，因此兼爱和非攻（不打仗）一起成了墨子的社会理想。

墨子主张的兼爱与儒家主张的爱有很大区别，墨子主张爱无差等："视人之国，若视其国；视人之家，若视其家；视人之身，若视其身。"把别人看作和自己一样。而儒家不这么认为，儒家主张"差等之爱"，提倡"老吾老以及人之老，幼吾幼以及人之幼"（《孟子·梁惠王上》）。历史上，儒家和墨家围绕爱有差等或爱无差等，争讼不断。在儒家看来，墨家的兼爱主张不顾人情，过于理想，无法实施。对于他们的争论，古代典籍中多有记载。在《孟子》中，孟子说"墨子兼爱，是无父也"（《孟子·滕文公上》),因为倘若把对自己父亲的爱等同于对路人的爱,根本无法体现对父亲的尊重,因此孟子说他“无父”。的确,从儒家的等级秩序和宗亲关系来看,墨家的兼爱显得很不现实,既无法实施,也违背人之常情和等级观念。但作为一种社会理想来看,墨家的兼爱还是有意义的,它提倡的是一种面向所有人的爱,把爱扩展出熟人圈子,爱也不再拘泥于等级秩序,它是有普遍意义的,其价值理想的成分应该受到肯定。

当前,讨论墨家的兼爱思想,人们常常联想到基督教的爱。我们知道,基督教的三主德便是“信、爱、望”。信是信仰,望是希望。爱要求的也是普世之爱,“要爱你的邻人”(摩西十诫),“你要尽心、尽性、尽意爱你的神……其次也相仿,就是爱人如己”(马太福音),生活中,很多基督教信徒恪守此条信念,关爱孤苦受难人群,做慈善,捐家财,终生实践此条爱的谕令。这两个“爱”都要求普遍的爱,从而有别于儒家的差等之爱,在形式上二者的确很近。但是,应该说,二者还是有区别的。基督教的爱是对上帝的义务,是人神沟通的工具,人们凭借爱感知上帝,而且正如马太福音要求的,首先是爱上帝,然后是爱人如己。墨家的兼爱则没有这层宗教源头,虽然在墨家思想中也有“天志明鬼”等宗教成分,但是“天志明鬼”主要是一种对普通百姓的恐吓,戒令他们要注意头上有神灵,不能胡作非为,兼爱并没有和宗教发生关系。兼爱主要仍然停留在社会伦常关系层面,做到了兼爱就可天下大治,反之,父子兄弟反目成仇,天下大乱,可以说,墨家依然没有超脱出伦常日用而达到为了信仰而去爱的程度,这是中西文化的一大区别。

在历史上,人如何能“群”——即如何过社会生活,一直是一个重要问题。应该承认,人性有残忍和贪婪的一面,如果放任这种本性,一定会带来人吃人的结局,这就像英国哲学家霍布斯在《利维坦》中说的,人们经常处于“一切人对一切人的战争”当中,如果这样,必定无法形成一个整体的社会,社会必将四分五裂,因此,社会需要整合力。从不同文化角度考虑,可以构想出不同的整合方案,比如西方文化强调通过社会契约、选定共同的统治者,来整合社会。在中华文化传统中,墨家则看到了爱,主张通过“兼爱”,人与人相爱来整合社会,这一思想是有意义的。墨家的兼爱思想植根于中国文化,立足于伦常日用,但又不同于儒家仍把爱限定在自己身边人小圈子当中,这种兼爱思想对于当代社会另有特别意义,它适应了非信仰民族的生活习惯,兼爱不离伦常,贴近中国文化。相对于儒家的“爱有差等”,墨家思想更契合了我们当前社会结构也由熟人社会向契约社会转型,如果依然固守熟人之间的爱,社会层面的普遍之爱必定难以确立,这方面墨家思想就显得难能可贵了。

【关键词】 兼爱 爱有差等 信,爱,望

100. 致中和

【原文】

1 喜怒哀乐之未发,谓之中;发而皆中节[1],谓之和。中也者,天下之大本也;和也者,天下之达道也。致中和[2],天地位焉,万物育焉。

仲尼祖述尧舜[3],宪章文武[4]。上律天时,下袭水土[5]。辟如天地之无不持载,无不覆帱[6]。辟如四时之错行,如日月之代明[7]。万物并育而不相害。道并行而不相悖。小德川流;大德敦化。此天地之所以为大也。

出处:《中庸》

2 有子[8]曰:"礼之用,和为贵。先王之道,斯为美;小大由之[9]。有所不行,知和而和,不以礼节之,亦不可行也。"

出处:《论语·学而》

【简注】

(1) 节:节度法度。

(2) 致:达到。

(3) 祖述:效法、遵循前人的行为或学说。

(4) 宪章:遵从,效法。文武:文王武王。

(5) 律、袭:都是符合的意思。

(6) 覆帱:覆盖。

(7) 错行:交错运行。代明:交替发光。

(8) 有子:名若,字子有,孔子弟子。

(9) 小大由之:无论大事小事都遵照它。

【今译】

1. 喜怒哀乐没有表现出来的时候,叫作"中";表现出来以后符合节度,叫作"和"。"中"是天下的根本,"和"是天下之大道,达到了"中和",天地便各在其位了,万物便生长繁育了。

孔子继承尧舜，遵从文王、武王，上遵循天时，下符合地理。就像天那样可以覆盖一切，地那样可以承载万物。这就像四季交错运行，日月的交替发光。万物共生，互不妨害，大道并行，互不冲突。小的德行如河水一样川流不息，大的德行使万物敦厚纯朴。这就是天地的伟大之处啊！

2. 有子说："礼的运用，以和为贵。古代圣王治理国家，最可贵的地方就在这里。但如果大事小事只顾按和谐的办法去做。如果行不通，那是因为人们往往为和谐而和谐，不以礼来节制和谐，也是不可行的。"

【解读】

本篇介绍中国古代致中和思想。

中和思想内涵丰富，先说中的思想，大体说来，中主要指命中、正确，《中庸》说"喜怒哀乐之未发谓之中"。朱熹在《四书集注》中说："中者，不偏不倚，无过不及之名。庸，平常也。"说的也是准确命中之意。作为宋明儒学"十六字心传"的"人心惟危，道心惟微；惟精惟一，允执厥中"（《尚书·大禹谟》）也特别强调"中"，指的是言行不偏不倚，符合中正之道。除了命中、正确，中还要求"中庸"，孔子说："中庸之为德也，其至矣乎！民鲜久矣。"（《论语·雍也》）强调凡事不走极端，做事既有节制，有分寸，能够体悟到度，准确把握度，而不是走极端。在此值得一提的是，儒家的中庸并没有一个准确的刻度，而是相对模糊的体悟，究竟度在哪里，往往需要体悟者的悟性来把握。中还包含礼仪法度的中正持平，近代史上有人取名"中正"，寓意便是中正持平，居中主持公道，要求正直，居于正中，因此，中也反映了我们古人渴求公平公正的想法。"中"字的丰富内涵，构成了古人价值理想的重要组成部分。

再说"中和"思想中的"和"，当前，人们常以和谐来对应"和"，就本意来讲，和谐本指乐章的和谐，不同声部和谐不冲突，才能奏出美妙乐章。而就传统的和谐的文化内涵来讲，它主要包括以下方面：

第一，天下万物之"和"。首先，"万物并育而不相害。道并行而不相悖。"万物竞相勃发，各自悄然绽放，互不妨碍，互不干扰，终显欣欣向荣，生机勃发。《诗经》的"鸢飞戾天，鱼跃于渊"（《诗经·大雅·旱麓》）也是描述的自然界万物各居其所、各得其乐的欢快景象。其次，天下万物之"和"还包括人与自然的和谐相处，这对于当前的环境生态问题尤其有借鉴意义。古人主张"天地人"三才，人居其一，人是天地间的一部分。人们或企盼"饮天气之精华，与日月之同寿"，或"与天地参"，从未把自己与自然界对立起来，更没有把自然看作是可以大肆开采与掠夺的资源，而是与我们同在一起的，天地人不可分，是为真正的天人合一。北宋大儒张载的《西铭》提出："民，吾同胞；物，吾与也。"把万物看作自己同类，加以重视和对待。再如北宋另一位大儒，二程的程颐曾担任宋哲宗的老师，春天时节，万物复苏发芽，宋哲宗游园一时起意折下柳枝，对此程颐严加训斥，认为春节万物复苏，此时折枝便为不仁，自然万物不可随意伤害，这两位宋朝大儒言行都可以看作是古人主张人与自然之“和”的重要说明。这是和谐思想的第一层意思。

第二，人与人的和谐，特别是社会关系的和谐。孔子说“礼之用，和为贵”(《论语·学而》)主张以和为贵。在个人层面，它的要求是，首先，生活和顺，待人接物要尽量和善，和气，与人为善，不要与人为恶。其次，哪怕有了矛盾冲突，也要平和处理双方矛盾分歧，尽量不要直接冲突。在社会层面，它的主要要求就是，尽量减少社会矛盾，努力化解社会矛盾，整个社会安定和谐。因此，哪怕在诉讼等问题上，孔子都主张“听讼，吾犹人也，必也使无讼乎”(《论语·颜渊》)，尽量让大家不打官司，通过庭外调解的方式顺利解决问题，只要能解决问题，就要避免直接冲突和对抗。这种以和为贵的态度也构成了我们传统文化的一个重要特征，它倡导生活和和顺顺；人与人之间平和相处，关系和睦；社会矛盾少，对待矛盾与冲突和平调解，它符合国人对社会秩序的追求与理解，至今仍有影响。前些年，我们倡导的“和谐社会”，它正是着眼于调节并化解社会矛盾、实现社会安定有序这一传统价值理想。

第三，推而广之，和也是天下大道之和。西方近代以来，一直倡导宗教宽容与多元文化的对话，因为在过去多少个世纪里，人类经常因为信仰与文化的不同，爆发各类战争与冲突，这些冲突也被看作是“诸神之战”，是为了各自信奉的神而展开的战争。前些年，有学者提出文明冲突理论，认为世界范围内，大的意义上存在基督教文明、伊斯兰文明、中华文明，不同文明之间存在冲突，国家内政外交应把文明冲突考虑在内。其实，中国传统提倡的“道并行而不相悖”也可理解为对多样文明的一种态度，主张不同的文明可以对话交流、和谐共处，而不必总是剑拔弩张、兵戎相见。在此意义上，古人所倡“道并行而不相悖”实在高明。

“中”与“和”，集中反映了中国古人的秩序观念，要求凡事不偏不倚，保持公平。天地万物并生不相害，自然界欣欣向荣；人和人和睦相处，与人为善，社会和谐安定；天下之大道和谐融通，文明文化并行不悖。这是一种理想的世界秩序，自然值得我们追求。

【关键词】 **中庸　和谐**

后 记

近年来,举国上下都在关心国学、讨论国学,校园更是如此。编者在各自学校都承担了一定的传统文化、中国哲学的教学任务,在教学中,我们时常感到,当前国学虽热,但是涵盖广泛、知识性强的教材读本并不多。恰在此时,上海辞书出版社张雪莉女士联系编者,建议我们编著一部国学的通俗读物。我们认为,这一工作很有必要,于是接受了上海辞书出版社的委托,编写了这部《国学素养一百篇》。

本书编写过程中借用中国古代内圣外王的思想框架,把全书内容分为内圣与外王两编,内容上以儒道两家为主,同时兼顾诸子百家,凡是在古代思想中有较大影响的篇目,我们都尽量选取,一共选取我们认为最重要的100个篇目。内圣编重在介绍古人如何修养身心,包括知识结构、道德观念、修身方法和人生境界等方面,共10个主题45篇。外王编介绍古人如何面对社会,包括政治、军事、法律、外交、经济、社会理想和教化等方面,共10个主题55篇。

本书的编写体例是,先概括主题,在该主题范围内摘录原文,对原文作注并以白话翻译,最后再做1 000字以上的解读。解读部分着重介绍该问题的学术内涵、历史意义,以及编者对该问题的看法。

就本书的定位与特点来说,首先,本书侧重传统文化的知识介绍,以相关原著为依据,全面梳理传统文化,力争让读者了解传统文化的方方面面;同时对相关知识配以适当解读,介绍学术背景,给予观点性评论,与读者交流对该问题的看法,在原著基础上适当提炼引申,表明作者态度。既有知识性介绍,又有观点性评论。其次,本书选编的框架较新,没有沿袭从立志、修身、勉行、待人接物到处世应酬这种以个人成长为中心的常见框架,而是以一种"观察理性"的态度进行选编,考察古人社会生活的方方面面,力求呈现社会生活全景。当然,这种在一定理论框架基础上进行的原著选编工作,所运用的理论框架、所选编的篇目本身自然也反映了编著者对一些问题的看法。最后,本书做到了学术性和通俗性的兼顾,本书不是单纯的学术著作，能够面向大众；同时，又不是完全的通俗读物，有一定的学术价值，力求实现学术性与通俗性的较好结合。对此，需要声明的是，本书的编著运用和借鉴了大量的学术资料和观点，其中大部分都随文注明了出处，由于本书的通俗性质，不可能也没有必要做到严格的学术标准。在此，我们对这些材料的作者致以崇高的敬意！

本书的编写，首先要感谢上海儒学会顾问、复旦大学上海儒学院理事长谢遐龄教授对本书的关心指导，编者在复旦求学期间一直聆听谢老师授课，谢老帅授课极高明而道中庸，充分显示了一位哲学家的睿智。此次编写《国学素养一百篇》，谢老不但多次对我们的主题划分、篇目选定提出了宝贵意见，还慨然应允，为本书作序，让我们这些学术晚辈非常感激。

我们还要感谢上海辞书出版社张雪莉女士，张雪莉女士和编者相识于复旦求学期间，毕业后我们一直就很多学术话题保持经常性的沟通。2014 年初，张雪莉女士向编者提出编写一套国学通俗读物的想法，后与编者几经沟通，定名为《国学素养一百篇》，张女士不但极力促成《国学素养一百篇》的出版，还对编者的想法表现了极大的包容与支持，没有出版社的支持，《国学素养一百篇》至今尚难面世。

本书的内圣编 45 篇由华东师范大学哲学系荀东锋博士编写，外王编 55 篇由上海市委党校哲学部李育书副教授编写，最后由李育书通读、审定全文，如有不足，自然由最终审阅人负责。编著《国学素养一百篇》对于编者来说，是个崭新的任务，两位编者都是学界新人，学术功力有限，编书经验不足，一些错误可能在所难免，我们衷心恳请学界同仁、热心读者能够帮我们指出错误。另一方面，学术问题经常见仁见智，我们选取的问题范围可能未能涵盖部分读者关心的领域，对一些问题的解读可能也会有不同意见，对此，我们热烈欢迎各位读者与我们就相关问题展开进一步讨论。

李育书、苟东锋
2015 年秋，于上海